心理専門職によるアセスメントを基盤とした教師との協働的援助

新　井　　雅　著

風　間　書　房

は じ め に

　現代では，実に多種多様な対人援助職が各々の専門性に基づいてヒューマン・サービス活動を行っている（阿部，2006; Harris, Moloney, & Rother, 2004）。人々のメンタルヘルス上の諸問題への援助や支援に関与することが期待されている心理専門職も，教育，医療・保健，福祉，産業等の諸領域において，心理援助活動を行っている。しかし，ポストモダンと呼ばれる現代社会の特徴を背景に，人々は複雑化・多様化した問題や課題，ニーズを抱えている。これらの問題や課題に対して効果的かつ適切な対人援助を行うには，個々の専門職が個別に支援に当たるだけではなく，様々な専門性を持った専門職同士の協働に基づく援助活動が重要となる（D'Amour & Oandasan, 2005; 松岡，2009）。

　しかし，専門性の異なる各職種が共に事例に関与するからこそ，着目する視点の違いや重視する価値観，援助方針に対する考え方の相違などから，職種間の葛藤や対立が生じる場合もある（Martín-Rodríguez, Beaulieu, D'Amour, & Ferrada-Videla, 2005）。したがって，専門職同士が不必要な葛藤や対立を生むことなく協働的に事例への援助を展開することが重要であり，心理専門職も，他職種と協働しつつ自らの専門性を発揮するためにはどのような姿勢が求められるのか，多様な他職種と効果的に協働するための知識，技能，態度とはどのようなものかを検討することが求められている（村瀬，2011; Rodolfa, Greenberg, Hunsley, Smith-Zoeller, Cox, Sammons, Caro, & Spivak, 2013）。

　以上の点は，多種多様な学校不適応問題を抱える学校現場で活動する心理専門職においても同様に重視されている。すなわち，複雑化・多様化した学校不適応の予防や改善に向けて，職種間の協働やチーム援助が重視されており，スクールカウンセラーに代表される心理専門職にとって，教師を中心と

した他職種と効果的に協働することが求められているのである（藤平，2009;
Splett, Coleman, Maras, Gibson, & Ball, 2011）。

　職種間の協働を促進あるいは阻害する条件や要因には様々なものが考えら
れ，これまで多様な研究が行われてきた。たとえば，宇留田（2004），菊地
（2004），藤井・川合（2012）などの観点を要約すると，制度や政策といった
社会レベルの要因，関係機関同士のネットーワークや組織体制などの組織レ
ベルの要因，関係組織内での役割分担や連絡・調整などのチームレベルの要
因，個々の職種一人ひとりの多職種協働に関する知識・技能・態度の要因な
どが職種間の協働に関連すると考えられている。学校現場における教師と
SC との協働に関するこれまでの数々の先行研究も，基本的にはこれらの要
因に沿って分類することができ，効果的な職種間の協働に向けて様々な検討
が行われてきた。

　しかし，より具体的な日々の事例援助の文脈で考えた場合，職種同士で事
例に対する考え方や視点をいかに意見交換し，共有するかが非常に重要とな
る。すなわち，事例の問題を見立て援助の方向性を探り意志決定するアセス
メントの作業が，職種間の協働やチームアプローチの基盤として重要となる
のである（Handler, 2008; 松澤，2008; 吉川，2009）。学校現場で様々な困難を抱
えている個々の事例の子どもたちに対して，より良く援助をしたいと願う教
師や心理専門職が，それぞれの専門性に基づきどのように事例を見立て，そ
れらの考えをどのように意見交換しすり合わせるか，どのように見解を調整
しながら事例理解を深め方針を定めていくかが，協働的な援助活動の前提と
して重要となる。

　教師や心理専門職の専門性の違いは，事例のどのような側面に着目し，ど
のように情報を解釈するか，どのような援助方針を形成するか，事例の改善
をどのような視点や情報に基づいて判断するかなどの違いとなって現れる可
能性がある。しかし，これは視点や考え方の違いによって職種間の共通理解
が困難になる可能性がある一方で，この職種間の多様性を利点として活かす

意識をもつことで，困難を抱えている事例を多角的に理解・援助することができる可能性をも意味する。メンタルヘルスケアを中心にその役割が求められている心理専門職も，様々な価値観や考え方をもつ他職種と共に事例に関与する際には，自らの見解を主張するだけでは円滑な協働は難しい。様々な意見を持った人々と意見交換し，対話し，相手の意見を受け入れつつ自らの事例理解の視点を広げ，一方では，自らの専門性に基づく見解を丁寧に他職種に伝える姿勢をもちながら，目の前の事例に関与することが求められる。そのような丁寧な相互交流により，心理専門職・教師双方における事例援助上の負担が軽減されたり，より包括的で深みのある事例理解や有効な援助方針が構築され，複雑かつ多様化している学校不適応事例への効果的な援助・改善につながると考えられる。

　加えて，近年の国家資格化（公認心理師）への動向に示されるように，心理専門職にはより一層の社会的な専門性が求められており，その養成・教育訓練の在り方を検討することは喫緊の課題である。特に，近年では，心理専門職にとって他職種との協働に基づく援助活動が必須とされている社会状況から，異なる専門性を有する他職種と共に活動するための知識・技術・態度を高める教育訓練が強く求められている。しかし，実際のところ，他職種との協働に関連した心理専門職の教育訓練の開発研究として，日本では藤川（2007b，2009），Fujikawa（2009）や下山（2009b，2010）が見られる程度であり，今後の研究の蓄積が求められている。

　以上を踏まえ，本研究では，学校教育領域に焦点を当て，アセスメントを基盤として心理専門職が教師と円滑に協働し，学校不適応事例への効果的な援助・改善へとつなげるための実践的な示唆を得るとともに，心理専門職の養成や教育訓練の在り方に新たな知見を提供することを目的とする。

　心理専門職による従来のアセスメント研究においては，ごく単純化して言えば，「心理専門職ならではのアセスメントをいかに適切に行うか」という検討が主に行われてきたと考えられる。「心理専門職の立場からのアセスメ

ントを行い，それに基づく見解を持ちながらも，他職種との協働の中で，いかに相互の考えや見解を共有し事例理解を発展させながら円滑な援助活動につなげるか」を検討した研究はほとんど行われていない。その点で，本研究は，専門職間の連携・協働に関する研究と事例へのアセスメントに関する研究の双方を有機的につなげ，アセスメントを基盤として心理専門職が他職種とつながり，円滑な協働への示唆を得るための重要な研究として位置付けることができる。さらに，本研究においてはアセスメントの観点から教師と効果的に協働するための知識・技能を学ぶ心理専門職の教育訓練プログラムについての検討も含まれるため，大きな社会的意義を持つと考えられる。

　もちろん，現代の社会状況を踏まえると，心理専門職がどのような領域で活動するにせよ，多様な学問的背景や専門性を持った対人援助職との協働的な援助活動を行うことは，今後益々求められると思われる。その際には，心理専門職ならではのアセスメントに基づく専門的見解をもつと同時に，多様な専門職の見立て，考え，事例に対する思いとどのようにすり合わせながら，共に援助の方向性を探っていくかが重要となる。本研究で検討する協働的援助の基盤としてのアセスメントに焦点を当てた研究は，学校教育領域に限らず，心理専門職が社会の中で他職種とつながり，より効果的に人々の抱える問題を援助していくための一助となり得る可能性があると考える。

付記

　本書は，独立行政法人日本学術振興会平成27年度科学研究費助成事業（科学研究費補助金）（研究成果公開促進費，課題番号15HP5166）「心理専門職によるアセスメントを基盤とした教師との協働的援助」によって刊行された。

目　　次

第Ⅰ部
理論的検討

第1章
心理専門職による他職種との協働に基づく援助活動
―協働的援助におけるアセスメントの役割と可能性―

　第1章では，本研究全体の背景となる問題意識を整理・概観する。まず第1節において，対人援助職によるヒューマン・サービス活動の成立背景や特徴について言及しつつ，専門職間の協働の必要性について検討する。第2節では，多様な対人援助職が活動を行っている現状の中で，心理専門職に求められる専門的能力とは何か，どのような役割を果たす必要があるのかについて言及し，他職種との協働の中で心理専門職ならではの専門性を発揮することの重要性を検討する。第3節では，心理専門職が他職種と円滑に協働するための要素の1つとしてアセスメントに着目し，心理専門職に求められるアセスメントの能力や知識・技能について概観する。さらに第4節では以上1～3節での議論を受けて，各種先行研究を概観しながら，アセスメントを基盤とした心理専門職による他職種との協働的援助に関する研究の発展可能性について考察する。特に第2章への議論や先行研究の検討につなげるため，この第3，4節では主として児童青年期の臨床事例に焦点を当てたアセスメント研究に基づいて検討する。最後に，第5節において第1章全体のまとめを行う。

第1節　対人援助職によるヒューマン・サービス活動と職種間協働

1．社会の移り変わりと人々の抱える問題・ニーズ
　人々が生活する社会は，大きな時代の流れとともに，移り変わる性質をもつ。そのような社会の中で，必ずしも人々は常に穏やかで安定した生活がで

きるとは限らず，それぞれの時代の社会情勢に特徴的な歪み，困難，苦悩などを抱えながら生活を送ることが少なくない。

Mcleod（1997）は，明確に区別することは難しいと指摘しながらも，大きな社会的な変化を，3段階に分けて捉えている。第一段階は伝統社会として特徴づけられる。人々は小規模な地域で暮らし，地域共同体，家族志向の生活習慣を基本とし，他者ときわめて近接に暮らしながら，宗教や神話に基づく規律に従って生活していたとされている。第二段階は，近代社会である。ここでは，科学とテクノロジーが大きく発展し，産業化が進み，人々の生活様式は都市的なものへ変化することとなった。地域共同体，家族志向の生活から，個人の幸福や価値性を重視する個人主義的な生活が中心となり，また神話や宗教に代わって，科学的な客観性や進歩への信頼と合理性が人々の心を占めるようになった。第三段階であるポストモダンと呼ばれる今日の現代社会においては，グローバル化された地域社会の中で，人々は無数ともいえるライフスタイルの在り方が提示されながら生活を送っており，情報処理労働が中心的な社会となっている。

以上から，現代は，伝統社会，近代社会を経て，ポストモダン社会に移り変わっていると考えられる。このような中で，人々は，家族形態の変化，人間関係の希薄化，地域コミュニティの結びつきの減少，氾濫する情報の数々，雇用の不安定さなどによって，様々なメンタルヘルスの障害や不適応問題などを抱えながら生活を送っているとされている（藤本，2002; 石原，2008）。

2．対人援助職によるヒューマン・サービス活動

このような社会の中で，苦悩を抱えながら生活する人々を支える職種として，ヒューマン・サービス活動を行う様々な対人援助職が重要な役割を果たしている（阿部，2006; Harris et al., 2004）。それぞれの対人援助職は，問題や苦難を抱えている人々を，各々の専門性に基づいて援助する。橋本（2009）を参考にすると，対人援助職には，たとえば，医師，弁護士，看護師，教師，

社会福祉士，臨床心理士などがあげられる。すなわち，このヒューマン・サービスは，特定の職種に限定されたものではなく，「人間生活にかかわる広大な諸分野を包摂した言葉」（宮本，2004）であると考えられる。

　このヒューマン・サービスについて，加茂（1998）は「基礎的理論や技法において多くの共通点を有する，ソーシャルワーク，カウンセリング，教育，司法等の分野での対人援助」であると述べ，宮垣（2003）は，「対人的・対面的に提供するサービスのうち，精神や身体等の人間の存在に直接かかわるサービス，すなわち，福祉，医療，保健，教育，援助・支援，権利擁護，相談などにおける対人的な支援サービス」と述べている。石隈（1999）は，「個人の well-being の向上を目的として，人が人に対して行う活動であり，教育，医療，福祉，リハビリテーションをさす」とし，「ヒューマン・サービスの従事者は，自らの教育訓練と経験から獲得した専門性に基づき，サービスの受け手の幸福に役立つ（人生の一こまを豊かにする）ことを目指した活動を行う」と述べている。

　これらを踏まえると，ヒューマン・サービスとは，様々な社会領域において，多様な対人援助職が，自らの専門性に基づき，困難やニーズを抱えた人々に対して援助を行う活動の総称であると考えられる。このようなヒューマン・サービス活動を行う対人援助職は，単に，ある特定の専門・学問分野に精通しているというだけでは十分ではなく，長期間の教育訓練を経て資格を得ること，仕事へのコミットメントを強く有し，適切な倫理的意識を持ちながら社会的活動を行うという，「専門職（profession）」と呼ばれるにふさわしい活動を行うことが求められる（橋本，2006; 金沢，2002a）。さらに現代では，対人援助職によるヒューマン・サービス活動が社会システムの中に適切に位置づけられることによって（望月・中村・武藤・サトウ，2010），人々は問題や苦悩を抱えつつも，様々な支援や援助を受けながら支えられている側面があると考えられる。

3．ヒューマン・サービス活動の展開と専門分化

　これらのヒューマン・サービス活動は，社会構造の複雑化や人々の生活スタイルの変化，近代における科学技術の進歩に伴って，もともと家族や地域共同体が担っていたものが，外部化され公共サービス化されたものであるという見解が指摘されている（宮垣，2003）。広井（2000）も，「ケアの外部化」として，介護，教育，子育て，医療などを例にとりながら，現代におけるケアの大部分は，もともと家族や地域共同体の内部で行われていたものが「外部化」されたものであると述べている。すなわち，経済社会の歴史的な変化に伴って，家族や地域共同体の中で行われてきた「ケア」が次第に外部化し，公的な制度の中で行われるようになったというプロセスが言及されているのである。

　このように外部化され公共サービス化されたヒューマン・サービス活動は，より一層の社会構造の複雑化と専門技術の進歩に伴って，専門職内や専門職間の専門分化（個々の専門職の知識・技能が複雑化，高度化し，専門性が細分化されること）が促進されてきた（広井，2000）。対人援助職の専門分化が促進されるということは，より高度で専門性の高い援助やサービスを人々に提供できるという大きな利点がある。しかし一方では，専門性が細分化された個々の専門職によるヒューマン・サービス活動では，援助対象となる人々が細分化されて捉えられてしまい，人間本来の多面性，全体性を踏まえた援助を行うことが困難になる欠点も指摘されている（阿部，2006; Eriksen, 1981）。個々の専門職が各々の専門分野に精通するほど，狭い専門領域に閉じこもることとなり，他の領域や社会全体への関心を喪失し（中野，1981），結果的に異なる専門性を持つ職種との葛藤や対立，異分野摩擦を生みだす危険性もある（藤垣，2003; 福山，2009）。Hall（2005）も，対人援助職の協働の障害に関して，専門職は独自の境界を作ることに躍起になって活動を行う傾向があり，自己のアイデンティティや価値観，役割などを確立させすぎることで，自己の専門にのみ没入してしまう点を指摘している。広井（2000）は，人間という存

在が持つ多面性や全体性にもかかわらず，現在の学問の体系は専門分化が進みすぎケアの全体像が見えにくくなっていること，あらゆる学問も人間のある部分だけを切り取って他を切り捨てて見ていることから，特定の専門分野のみにしばられて物事を考えていると，本来求められるケアの姿とは程遠くなってしまう懸念を述べている。このような職種間の専門性の差異や相違は，チーム援助上の障害につながってしまう危険性もある（Baxter & Brumfitt, 2008）。もちろん，このような職種間の専門性や信念，価値観等だけでなく，協働のための時間や場所の物理的問題，目的・目標の欠如，さらに個々の専門職の教育訓練の不十分さも協働の障害となり得る可能性がある（Nellis, 2012）。

4．対人援助職における協働的な援助活動

　このような中で，人々の抱える問題をより多面的に理解し，援助対象者の主体性やニーズを踏まえながら，複数の専門性を持った対人援助職が参加してサービスを構成すること，すなわち，統合的なヒューマン・サービスを行う必要性が強調されている（Eriksen, 1981; 藤川，2007a; 宮本，2004）。この実践を可能にするためには，それぞれの対人援助職が，各々の専門性を個別に発揮するのではなく，相互に協働しながら，援助活動を展開することが重要となる（松岡，2009）。

　この協働について，亀口（2002）は「所与のシステムの内外において異なる立場に立つ者同士が，共通の目標に向かって，限られた期間内に，互いの人的・物的資源を活用して，直面する問題の解決に寄与する対話と活動を展開すること」と述べ，一方，宇留田（2004）は「異なる専門分野が共通の目標の達成に向けて，対等な立場で対話しながら，責任とリソースを共有してともに活動を計画・実行し，互いにとって利益をもたらすような新たなものを生成していく協力行為である」と述べている。すなわち，統合的なヒューマン・サービスを行うには，この協働を重視しながら，異なる分野の専門職

が，円滑なコミュニケーションをとり，共通の目標をもって，それぞれの専門的な知識と技能に基づいた援助を行うことが重要になると考えられる。

　もちろん，堀越・堀越（2002）がまとめているように，個々の対人援助職の専門性の相違ではなく，それらに広く共通する専門的素養を検討することは，ヒューマン・サービス活動を行うための基本的な資質，姿勢，態度を明らかにし，様々な職種の教育訓練に生かすためにも重要である。同様に，原田（2004）による，多様な領域を包括する専門的相談の援助モデルの構築を目指す試みも，対人援助職全体として共通する援助の在り方を検討する意味で重要な意義がある。

　しかし，専門分化が進んでいる現状では，各々の専門職に独自の特徴や限界をわきまえて，援助を展開することが必要となる。すなわち，時には自己の専門性を発揮し，時には他職種と協働し，その専門性を補い合いながら，人々を援助する意識や姿勢をもつ必要があると考えられる。

5．職種間協働に関連する要因および個々の専門職に求められる能力

　以上のように職種間の協働の重要性についてはこれまでも指摘されてきたものの，実際に，どのような要因や方略によって職種間の協働的関係が構築されうるのか具体的な示唆を示した研究は発展途上であることも指摘されている（藤川，2007a）。したがって，職種間の連携や協働の重要性を指摘するだけではなく，それが成立するための要因や条件を詳細に検討することが，重要な検討事項となる。

　職種間の協働に影響を及ぼす要因には，宇留田（2004），菊地（2004），藤井・川合（2012）の指摘を要約すると，以下，大きく5点あげることができる。それは，①社会レベルの要因，②組織レベルの要因，③チームレベルの要因，④個人間レベルの要因，⑤個人内レベルの要因である。

　①社会レベルの要因は，公的な位置づけや政策・制度による支援，人員配置，協働の重要性に対する社会の意識などに関する要因であり，これらの政

策・制度や社会の意識によって現場の職種間の協働状態は影響を受けることとなる。現場の職種間の協働が円滑に行われやすい法的なバックアップ体制が必要といえる。②組織レベルの要因は，職種間協働に関する組織内の人員配置や運営体制，さらに関係機関同士のつながりや協働に対する意識差などに関する要因である。具体的な実践現場の組織内で，職種間の協働が円滑に進みやすい体制が整えられているかどうか，関係機関同士の中で協働的な援助活動が展開しやすいつながりが構築されているかどうかに関わる要因であると考えることができる。③チームレベルの要因は，関係者会議の運営，職種間の連絡・調整などに関する要因であり，1つの目標に対して協働するチームが，その目標を達成させるために，十分機能し，責任を果たしているかどうかに関わるものである。たとえば，松岡（2009）は多職種チームワークの形態として「マルチモデル（特定職種を頂点とした階層性を含むモデル）」，「インターモデル（チームメンバー間の関係は対等で，かつ意思決定はチーム全体で行われるが，各職種の知識・技術・役割・責任はしばしば重複する）」，「トランスモデル（役割開放を特徴とし自己の機能や知識・技術を他のチームメンバーに開放して共有化する）」を提示し，それぞれの職種ごとにチームで関わる際に想定するモデルが異なることによって，円滑な協働が進められにくくなる可能性を指摘している。加えて，チームで援助に関わる際には，関係者同士のつながりを促進するためのコーディネーションやリーダーシップを発揮できる関係者の存在も重要となる。④個人間レベルの要因は，他職種と人間関係を形成し，チーム内で自らの専門性を活かす能力・姿勢などに関する要因である。職種間の考えや専門性，価値観の違いを乗り越えるために，それぞれの専門職一人ひとりには基本的な対人関係スキルに加え，自らの考えと他職種の考えとの間で適切な折り合いをつけ，より良い実践を模索していくためのコミュニケーション・スキル，意見の対立が生じた場合の葛藤対処スキル等が求められる。⑤個人内レベルの要因は，個々の専門職独自の適性・能力に関する要因である。他職種と共により良い援助実践を進めていくためには，まず，

それぞれの専門職が独自の能力を適切に有していることが前提になる。

　さらに，どのような活動領域であっても，個々の専門職一人ひとりに必要な能力として，次の 3 点が重視されている。すなわち，「社会人としての基本的な対人関係能力」および「個々の専門職独自の能力」に加え，「多職種協働に関する能力」（様々な専門性を有する他職種と協働する能力）である（松岡，2009; 高橋，2011）。これらを図示したのが Figure 1-1 である。「個々の専門職独自の能力」は上述の⑤個人内レベルの要因に相当し，「多職種協働に関する能力」は，他職種との協働の際に一人ひとりの専門職に求められる④個人間レベルの要因，あるいは関係者同士のつながりを円滑にし，時にはリーダーシップやコーディネーション能力を発揮しながら職種間協働を進める③チームレベルの要因に相当すると考えられる。すなわち，自らの専門職領域にのみ高い専門性を保持するのではなく，他の専門職の専門性との共通性や相違性について理解し，円滑な関係を築く能力が一人ひとりの専門職に必要となるのである（松岡，2009）。

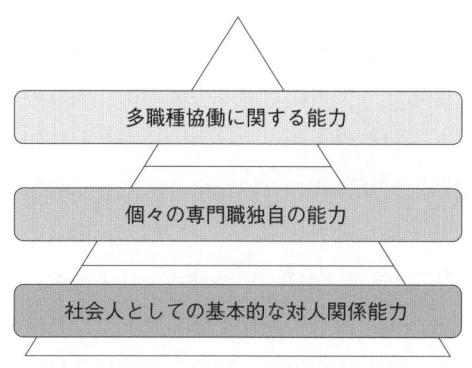

Figure 1-1　個々の専門職に求められる能力
（松岡（2009），高橋（2011）を参考に筆者が作成）

6．職種間の協働を促進する教育訓練プログラムの検討

　以上のように，職種間の協働では，①社会レベルの要因，②組織レベルの要因，③チームレベルの要因，④個人間レベルの要因，⑤個人内レベルの要因など様々な要因が関連し，特に個々の専門職それぞれに，「社会人としての基本的な対人関係能力」および「個々の専門職独自の能力」に加え，「多職種協働に関する能力」が必要とされることが示された。

　この流れから近年では，それぞれの専門職における「多職種協働に関する能力」の育成が重視されており，実際に，保健・医療，看護，福祉領域を中心に，「専門職連携教育（interprofessional education: IPE）」として，職種間の連携・協働に関する教育訓練の在り方が盛んに議論されている（新井，2007; 紀国谷，2007; 松岡，2009）。多職種連携のスキルはこれまで十分に研究されてこなかったが，日本のいくつかの大学で多職種連携の教育が取り組まれるようになってきた（松岡，2009）。宇留田・高野（2003）も，学生相談における心理相談員と学習相談員の協働に関する研究を行う中で，「利用者の利益を中心に考える価値観を持っている」，「相手の専門性について，ある程度の知識がある」，「相手を尊重する態度がある」，「互いの意見が一致しない事態に建設的に対処する」，「見立てや方針を協議する際など，自分の意見を伝えて，相手の意見を聴く基本的なコミュニケーションの技能を身につけている」などが援助者に求められる条件や基本姿勢であることを指摘し，蓄積された研究知見をもとに，協働を促進する援助システムの開発や，チームの一員としての専門職の教育プログラムの開発が必要であると述べている。

　海外においても，Interprofessional Professionalism Collaborative（IPC）という名称の研究チームが活動を行うなど，実際に職種間の協働に貢献しうる研究および教育訓練への関心は高まっている。Lown, Kryworuchko, Bieber, Lillie, Kelly, Berger, & Loh（2011）は，従来の専門職の継続的な学習および研鑽はそれぞれの専門職が独自で行ってきたが，他職種と共に活動するための知識・スキルを育成しながら継続的な専門職の成長・発達につなげる

学習経験や研鑽は喫緊の課題であると指摘している。特に，患者中心主義の下，援助対象者との間で援助に関する意思決定をすり合わせるだけでなく，異なる職種間で援助に向けての意思決定を共有するために専門職の学習・訓練が必要であると述べている。Körner, Ehrhardt, & Steger（2013）も，従来の研究では援助対象者との間で援助に向けての意思決定をどのように進めるかが議論されてきたが，職種間で共にゴールセッティング，治療プランを検討し，意思決定を共有することが重要であるとして，そのための専門職の教育訓練のあり方を探っている。この Körner et al., （2013）の研究では，援助対象者を対象としたフォーカスグループ，および専門職（医師，心理療法士，理学療法士，看護師）を対象とした調査研究を通して，①「援助対象者に対する尊重や個別的対応，意思決定に関する議論を行う時間や場所の検討，丁寧な手順を踏んだ意思決定の共有」，②「専門職間（チームメンバー）とのコミュニケーションの方法，葛藤や困難場面への対処やリーダーシップスタイル，意思決定のためのツールの検討，およびこれらのスキルの実践的活用法」の2点が，個々の専門職に対する訓練プログラムの要素として示されている。

第2節　ヒューマン・サービス活動における心理専門職の専門的能力と役割

1．メンタルヘルスケアの担い手としての心理専門職

　現代では，人々のメンタルヘルスの問題も，重要な社会的関心事となっている。たとえば，堀越（2002）は，世界保健機関（WHO）による人々の健康状態に関する調査結果を踏まえて，世界的な規模で心のケアの必要性が高まっている点を指摘している。同様に，高橋（2011）も，日本において臨床心理学が急速に注目されてきた背景として，1990年代の心の時代の到来があると述べている。すなわち，当時バブル経済で享受された物質的，経済的な豊かさの陰で忘れられてきた心への注目が集まり，世の中の様々な問題が「心の問題」として理解され，その解決のために，臨床心理学という学問に期待

が集まった経緯を述べている。実際に，一人ひとりの心の健康状態は，個々人の内面的な葛藤や苦悩として問題視されるばかりでなく，周囲の人間関係，家庭生活，社会組織等への影響を含めて，社会的・経済的な規模で影響を及ぼす（法政大学大原社会問題研究所，2003; 厚生労働省労働基準局，2010）。したがって，個々人のメンタルヘルス上の苦痛を軽減する意味だけでなく，社会的な安定・発展を図る上でも，メンタルヘルスケアに関わる心理専門職の役割は重要である。

　また，ヒューマン・サービス活動が，家庭や地域共同体で担われてきた機能が外部化し，公共サービス化されてきたものであるという見解は，先の第1節で述べた。これと類似して，心理専門職によって行われる心理援助も，かつては人々によって執り行われてきた癒しの行為が時代の流れとともに変容したものであることが，一つの見解として示されている（McLeod, 1997）。すなわち，過去の伝統的な社会では，人々は，家庭や身近な地域において，人と人との結びつきや支え合い，あるいは宗教的な思想によって，メンタルヘルス上の苦悩や困難を乗り越えてきた。しかし，社会構造や家族・地域形態，生活スタイルの移り変わりに伴って，そのような伝統的な癒しの行為が，近代産業社会の価値やニーズを取り入れて変容した結果，現代における癒しの一形態として，心理援助が社会的に求められるようになったと考えられている（McLeod, 1997）。このように，対人援助職によるヒューマン・サービス活動の展開と同様，心理専門職による心理援助も，社会の移り変わりに伴ってその重要性を増し，現代社会の中で求められる活動になってきた経緯があると考えられる。

2．心理専門職に求められる専門的能力

　社会からのニーズが高まっているということは専門性の高いサービスが求められることを意味しており，この社会情勢の中で心理専門職がいかにその専門性を発揮していくかが重要な課題となっている（金沢，2002a; 村瀬，

2011)。実際に人々のメンタルヘルスにおける問題の増大や複雑化・多様化に伴って，現在，臨床心理士に代表される心理専門職には国家資格化への動きがみられ，社会的な専門職としての期待が高まっている（日本臨床心理士会，2013）。

　では，心理専門職にはどのような専門的能力が求められているだろうか。たとえば，英米諸外国では，科学者—実践者モデル（Scientist-Practitioner Model）に基づいて，心理援助の実践と科学的な研究活動を効果的につなぎ合わせながら活動を展開することのできる者を育成する教育訓練が広く行われてきたとされている（松見，2002）。すなわち，現場の心理援助に貢献しつつ，現実社会において示される問題や課題を通して新たな研究課題を見出し精力的な研究活動を行うこと，さらに得られた研究知見を広く他の研究者と共有し学術研究の発展に貢献するだけでなく，社会や実践現場に適切に還元する姿勢が求められているのである。この科学者—実践者モデルは，科学的・実証的研究に裏打ちされた実践（Evidence-Based-Practice: EBP）として，現在も心理専門職に求められる重要な活動モデルとされている（Kazak, Hoagwood, Weisz, Hood, Kratochwill, Vargas, & Banez, 2010）。

　さらに近年では，心理専門職に求められる専門的能力として様々な見解が示されている。たとえばアメリカ心理学会（American Psychological Association: APA）においては，科学的志向および生物・心理・社会モデルを統合した Science-Based Biopsychosocial Approach（Melchert, 2013）が提案されている。Melchert（2013）は臨床心理学における伝統的な特定の理論志向性が未だに大きな影響力を持ち，理論的志向性の違いによる心理学の対立や葛藤が続いている現状を指摘し，これらの問題をこえるものとして，科学的志向に基づく包括的な生物・心理・社会モデルを提案し，心理専門職に求められる専門的能力の1つの枠組みを示している。一方，Rodolfa, Greenberg, Hunsley, Smith-Zoeller, Cox, Sammons, Caro, & Spivak（2013）はアメリカやカナダの臨床心理士への調査研究から，心理専門職に求められる専門的能力

として，37の具体的能力および277の行動例から構成される6つの能力を示している。すなわち，様々な科学的・心理学的研究に裏打ちされた知識を基盤とする「①科学的知識基盤（Scientific Knowledge Base）」，実証研究やエビデンスに基づく判断や意思決定を行う「②実証に基づく意思決定および批判的思考（Evidence-Based Decision-Making/Critical Reasoning）」，様々な特徴や背景・文化をもつ人々と良好な関係を築く「③対人関係及び文化的能力（Interpersonal and Cultural Competence）」，自身や他者の専門を自覚し倫理的意識を持つ「④プロフェッショナリズムと倫理（Professionalism/Ethics）」，臨床事例に関する様々な情報を収集し理解と援助方針を定める「⑤アセスメント（Assessment）」，実践的な援助としての「⑥介入・スーパービジョン・コンサルテーション（Intervention/Supervision/Consultation）」である。Rodolfa et al.,（2013）の研究では，①～④が心理専門職に求められる基礎的能力（Foundational Competency），⑤⑥が機能的能力（Functional Competency）であるとされている。さらに Fouad, Grus, Hatcher, Kaslow, Hutchings, Madson, Collins Jr., & Crossman（2009）の研究では，第一にプロフェッショナリズム（Professionalism），省察的実践／自己アセスメント／セルフケア（Refrective Practice/Self-Assessment/Self-Care），科学的知識・方法（Scientific Knowledge and Methods），関係性（Relationships），個人と文化の多様性（Individual and Cultural Diversity），倫理的・法的基準と政策（Ethical Legal Standards and Policy），多分野学際的システム（Interdisciplinary System）から構成される「基礎的能力（Foundational Competencies）」と，第二にアセスメント（Assessment）や介入（Intervention），コンサルテーション（Consultation），研究／評価（Research/Evaluation），スーパービジョン（Supervision），教育（Teaching），アドボカシー（Advocacy）からから構成される「機能的能力（Functional Competencies）」，第三に大学院教育（Doctoral Education），大学院インターンシップ／研修期間（Doctoral Internship/Residency），博士号取得後のスーパービジョン（Post Doctoral Supervision），研修期間／フェローシップ（Residency/Fellowship)，継続的能力（Continuing Competency）から構成される「専門職としての発達段階」の 3 軸をもとに Competency Cube Model が提案されている。Fouad et al., (2009) はこの 3 軸をもとに専門職としての発達段階にそって習得すべき必要な能力・行動指針を整理している。さらに Kaslow, Rubin, Bebeau, Leigh, Lichtenberg, Nelson, Portnoy, & Smith (2007) の研究では，以上のような専門的能力を育成・教育訓練することとの関連の中で，心理専門職の能力を適切に評価するための指針やガイドラインをまとめている。

　一方，英国では，ほとんどの臨床心理士は国民健康サービス（National Health Service: NHS）のバックアップを受けて働いており，その専門的活動として心理的アセスメント，心理的介入，心理学的評価に加え，他領域の専門職の教育訓練を行うこと，ヘルスサービスの活動の運営に関わり適切な指示を出すこと，ヘルスサービス活動の立案・政策に関与することが含まれている（Marziller & Hall, 1999）。英国では臨床心理士はチーム医療などでもリーダーシップを発揮することが期待されている（丹野，2006）。またイギリス心理学会（British Psychological Society: BPS）(2008) も，全ての臨床心理士に必要な実践ガイドライン（Generic Professional Practice Guidelines）の中で，アセスメント（Assessment），定式化（Formulation），介入・実践（Intervention or Implementation），評価と研究（Evaluation and Research），およびコミュニケーション（Communication）の 5 つを臨床心理士の中核的能力として定めている。アセスメント（Assessment）は心理検査や各種のアセスメント・ツール，観察や面接を通して情報を収集し，発達的プロセス・社会的状況も含めて統合的に理解すること，定式化（Formulation）はアセスメントのプロセスを通して得られた見解と統合，介入および実践（Intervention or Implementation）は定式化で定めた理解と方針に従って援助を実行すること，評価と研究（Evaluation and Research）はアセスメント，定式化，介入全体に関する評価や科学的な実証研究を進めるための活動，コミュニケーション（Communication）は臨床心理士としての活動のあらゆる場面で必要とされる対人的コ

ミュニケーション・スキルである。さらに，Toogood（2006）は臨床心理士に求められる知識・技能の枠組み（Knowledge and Skills Framework: KSF）の6次元として，対人関係の構築・維持・スキルに関する「①コミュニケーション（Communication）」，自己の成長・発達とともに他者の成長・発達を促す「②個人的および他者の発達（Personal and People Development）」，自己や他者，さらには環境の検討，安全，安心を維持する「③健康，安心，安全（Health, Safety and Security）」，より良い実践のために自己の実践や他者の実践を改善させる「④サービスの改善（Service Improvement）」，自己と他者の仕事の質を高める「⑤質（Quality）」，平等と多様性の意識を持って活動を行う「⑥ Equality and Diversity（平等と多様性）」を提示している。

　日本では，日本臨床心理士資格認定協会が臨床心理士に求められる固有の専門業務として次の4点を指摘している。すなわち，①臨床心理査定（種々の心理検査や観察・面接を通じて，個々人の独自性，個別性の固有な特徴や問題点の所在，どのような方法で援助するのが望ましいか明らかにし，他の専門家とも検討を行う専門行為），②臨床心理面接（困難を抱えた人々の特徴に応じて，様々な臨床心理学的技法を用いて，クライエントの心の支援に資する専門行為），③臨床心理的地域援助（専門的に特定の個人を対象とするだけでなく，地域住民や学校，職場に所属する人々（コミュニティ）の心の健康や地域住民の被害の支援活動，環境調整を行う専門行為），④調査・研究（心の問題への援助を行っていくうえで，技術的な手法や知識を確実なものにするために，基礎となる臨床心理的調査や研究活動を実施すること）である。さらに心理専門職の国家資格化の動きに伴って，日本心理学諸学会連合（2010，2012）は，心理師の人物像を「教育・発達，医療・保健，福祉，司法・矯正，産業等の分野において，以下の業務を行なう者とする。①心理的な支援を必要とする者とその関係者に対して，心理学の成果にもとづき，アセスメント，心理的援助，心理相談，問題解決等を行なう。②①の内容に加え，国民の心理的健康の保持及び増進を目的とした予防並びに教育に関する業務を行なう」と記述している。加えて，国資格化に係るカリ

キュラムの基本的枠組みとして, (1)教育・発達, 医療・保健, 福祉, 司法・矯正, 産業等の分野に対応できる知識及び技術, (2)生涯発達における様々な心理援助レベルに対応できる知識及び技術, (3)個人レベルの介入, 集団レベルの介入, ネットワーク・レベルの介入, システム・レベルの介入で動けるための知識及び技術, (4)人間をバイオ・サイコ・ソシオ・スピリチュアルな存在と捉えつつ他職種とのコラボレーションを可能にする知識及び技術の4点を提示している。大学院教育においても, 基本方針の1つとして実践と研究ができる者の養成, すなわち研究成果を利用するとともに, 自らも研究する能力のある者を養成することが指摘されており, Evidence-Based-Practice (EBP) の実践が基盤として重視されている。実証的研究に裏打ちされたアセスメントや援助介入を行うこと, 研究と実践を有機的につなげる姿勢は日本においても重視されるようになっており (坂本・伊藤・杉山, 2010), EBPの発想は科学的な臨床実践の基盤になると考えられる。

　以上, 各国それぞれに特徴的な心理専門職に求められる専門的能力に関する見解があり, 未だ議論がなされている現状もある。しかし, 全体としては心理学固有の科学的志向を基盤としながら, 心理専門職ならではの総合的な専門的能力の在り方が提示されていると考えられる。

3. 他職種との協働に基づく心理的援助活動

　以上, 現代社会の人々が抱えるメンタルヘルスの問題を踏まえ, 心理専門職にどのような役割が期待されているのか, 心理専門職独自の専門的能力とは何か, さらにその専門的能力の育成や向上のために必要な養成・教育訓練に関する研究を概観した。

　しかし, 社会や時代のニーズに合わせて心理専門職の役割や専門性を明確にする動き (Kaplan & Gladding, 2011) も非常に重要である一方で, 先述したように, 専門職は独自の境界を作りがちであること (Hall, 2005) を踏まえると, 心理専門職も自らの専門性やアイデンティティを確立させることに力を

注ぐことが，かえって他職種との協働の障害につながる危険性もある（Lee, Schneider, Bellefontaine, Davidson, & Robertson, 2012）。

　現代では，社会臨床心理学やコミュニティ心理学の観点から，心理専門職には，単に相談室内での閉鎖的な治療構造にこだわらず，社会に開かれた柔軟な活動が求められている（金沢，2002a; 下山，2000）。また，人々への効果的かつ適切な援助のためには統合的なヒューマン・サービス活動が重視されており（藤川，2007a），心理専門職にも，様々な専門性を持つ他職種と円滑に協働しながら，自らの専門性を発揮する姿勢が求められる。実際に，心理専門職の活動の場が心理療法「室」から社会の現場へと拡大するにつれて，他職種との連携・協働における心理専門職の役割・機能の検討を積み重ねる心理学研究が求められている（黒沢，2010; 無藤，2009）。Arredondo, Shealy, Neale, & Winfrey（2004）も，臨床実践において他職種との協働は重要な要素の1つであり，複雑な現実の中で最も効果的な実践につながると指摘している。

　加えて，心理専門職にとって他職種との協働が求められるようになってきた背景として，「心の問題の捉え方」が変化している点も指摘されている。すなわち，生物・心理・社会モデル（Engel, 1980）に基づいて，心の問題を，より幅広いシステムの中に位置づけて捉える傾向が高まっているのである（宇留田，2004）。このモデルは，精神的・身体的疾患などの問題が，生物的・心理的・社会的要素が多元的に重なって発生すると考えるものであり，臨床的にはこれらの要因同士が複雑に相互作用し合っていると理解した上で，事例の問題に関連・影響している生物的，心理的，社会的要因のそれぞれに対して多面的に介入を行う点に特徴がある（村瀬・飯田，2008）。このモデルは，すでに30年以上前から提示されているものであるが，現在の心理的援助においても重要な問題理解の枠組みとされている（黒沢，2010; Mash & Hunsley, 2007; Melchert, 2013; Ingram, 2011; Wilmshurst, 2013）。世界保健機構（WHO）による国際生活機能分類（ICF）（WHO, 2001）においても，人々の疾

患・障害を，心理機能・構造（生物レベル），活動（個人レベル），参加（社会レベル）を含んだ「生活機能」として捉えることが推奨されているが，この観点も生物・心理・社会モデルに立った統合モデルとなっている（上田，2008）。

　さらに Figure 1-2 に示されるように，このモデルに基づくことで，問題を抱えている事例を，生物，心理，社会的側面から幅広く捉えることができるだけでなく，クライエントの生物学的側面は医師や看護師，心理的側面は臨床心理士，社会的側面は教師やケースワーカー，ソーシャルワーカーが中心となって対応を行うといったように，様々な専門性を持った他職種との協働を展開しやすくなる利点も指摘されている（高橋，2011）。生物・心理・社会モデルに基づいて人々の抱える問題や課題の全体像を踏まえ，他職種と協働しながら心理専門職の果たす役割を考え，援助活動を展開することが必要とされているのである（Lee et al., 2012; 宇留田，2004）。村瀬（2011）も，これ

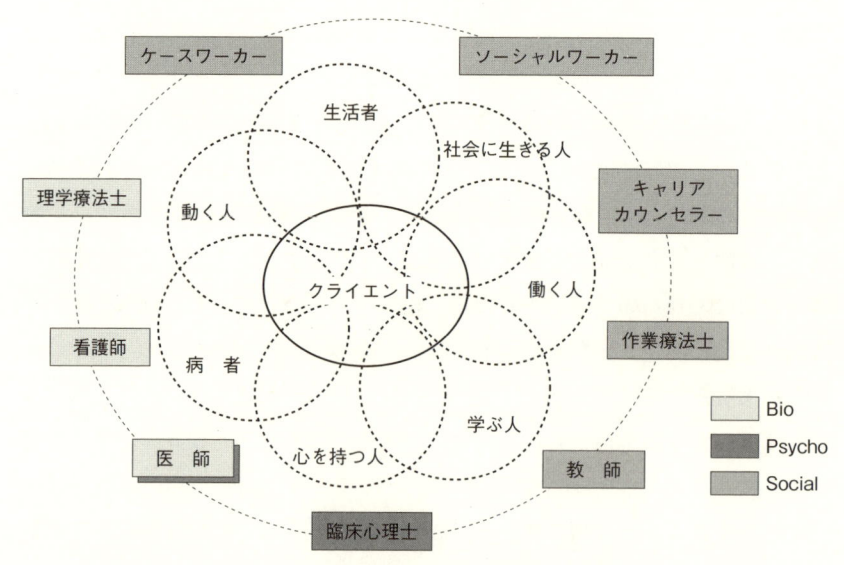

Figure 1-2　クライエントの多面的な理解と援助のモデル（高橋，2011）

からの心理専門職には，(1)生物・心理・社会モデルに則って，(2)他職種との
チームアプローチを重視し，(3)適切に心理臨床行為の有用性を示していくこ
とが，どのような活動領域においても重要になると指摘している。

　先に概観したように，心理専門職に求められる様々な専門的能力にも，他
職種との協働に関する能力が構成要素の1つとして取り上げられている。
Melchert (2013) が提案している Science-based Biopsychosocial Approach
は生物・心理・社会モデルに基づいていることから他職種との協働が想定さ
れ，一方，Rodolfa et al., (2013) が提示した心理専門職に求められる専門的
能力のうち，「③対人関係及び文化的能力 (Interpersonal and Cultural Compe-
tence)」では協働的観点を取り入れること，自己と他者との間の対人的葛藤
を認識し適切に対処すること，また「④プロフェッショナリズムと倫理
(Professionalism/Ethics)」では葛藤も含め専門職の活動全般において他者を
尊重することが行動指針の1つとして示されている。Fouad et al., (2009) の
研究においても，「基礎的能力 (Foundational Competencies)」のうちの多分野
学際的システム (Interdisciplinary System) は，多分野，他職種との相互作用
の中で，他職種の観点や世界観を学び，尊重し，効果的協働を目指した関係
を築く能力として重視されている。また，イギリス心理学会による臨床心理
士に必要な実践のガイドラインにおいても，「Working with other profes-
sionals including multi-disciplinary teams」と題する章が設けられており，
多分野協働・チームにおいて他職種とともに協働的に活動することが強調さ
れている (British Psychological Society, 2008)。日本においても，従来の日本
臨床心理士資格認定協会による臨床心理士の専門行為に関する記述では関係
職種との協働や連携に関する記述は見られないものの，近年の日本心理学諸
学会連合 (2010) による心理専門職に求められる知識・技術には「(4)コラボ
レーションを可能にする知識及び技術」が取り上げられるようになっている。

4．職種間の協働的援助がもたらす効果

　このように心理専門職にとって他職種との協働的な援助活動が求められて いるが，職種間の協働によってもたらされる効果にはどのようなものが考え られるだろうか。

　Hayes（2001）は，協働がもたらす成果として3点指摘している。第一に， 更新（Renewal）である。他職種と共に協働することでエネルギーや活力が 蓄えられ，目的を見失わずに当該の活動において何が大切なのかを丁寧に捉 え直すことができる効果が指摘されている。第二に専門性の向上（Profession- al Development）である。それぞれの専門職にとっては，協働を通して自分 が何を身につけているのか，専門家として成長するために何を身につけなけ ればならないのかを自覚することができ，コミュニティの中でいかにして学 んだことを活かすかという広い視野の獲得につながるとされている。第三に 学習者（協働への参加者）の共同体（Community of Learners）として，助け合 いながら活動が進められることで，孤立を防ぎ，安心感を得ることができる 効果が指摘されている。

　宇留田（2004）は先行研究を参考にしながら，協働がもたらす効果として 4点指摘している。第一に，治療効果の向上である。様々な職種からの多様 な専門的援助によって，対象となるクライエントのメンタルヘルスの問題へ の治療・援助が効果的に促進されるという点である。第二に，経済的効果で ある。特に，身体疾患を抱えたクライエントへの治療・援助において，心理 学的アプローチを追加して行うことで，状態悪化の防止や，再発防止，さら には医療費の削減につながる点が指摘されている。第三に，協働に参加する 専門職の専門性向上である。協働に参加する各職種にとっては，他職種とコ ミュニケーションを行う過程で，自らの専門性や役割をより広い文脈におい て見つめ直すことができ，専門性の向上につながると考えられている。第四 に，協働の参加者に与える心理的効果である。協働に参加する専門職の共同 体が形成されることで，各自に安心感が生じ，心理的な余裕を持って援助に

つなげていくことができる可能性が指摘されている。

　さらに松岡（2009）や福山（2009）では，ある特定の職種が一人で担うことのできない支援を，他職種の力を借りて実現することができる点が述べられている。事例の問題が複雑であるほど，特定の専門職や領域のみの支援では十分ではないことが多いため，他職種との協働によって，より包括的かつ効果的な問題解決につながる効果が指摘されている。

　以上，職種間の協働的援助がもたらす効果として様々な点が指摘されている。主として，多様な専門職の特徴・専門性を活かして共に事例に関与することで，複雑かつ多様な問題・困難を抱えている事例の問題の効果的な援助・改善につながるとされている。加えて，協働の過程では，共に困難な事例に関与していることから，職種同士のサポートや安心感を得ることができる。さらに，それらの実践の積み重ねを通して，専門職としての成長も期待でき，職種間で共に影響を与え合うことで，相互の専門的知識の獲得や学習，専門職としての成長が促され，より良い教育実践につながる可能性がある点は上記の研究の他にも指摘されている（e.g., Grout, 2006; Truscott, Kreskey, Bolling, Psimas, Graybill, Albritton, & Schwartz, 2012; van den Bossche, Gijselaers, Segers, & Kirschner, 2006）。心理専門職が関与するメンタルヘルスの問題においても，他職種と円滑に協働する実践を通して，上記の効果がもたらされることが期待される。

5．他職種との協働を実現するための心理専門職の養成・教育訓練

　実証に基づく心理臨床実践に関する教育訓練（Bieschke, Fouad, Collins, & Halonen, 2004; Hunsley, 2007; Lee, 2007）に代表されるように，心理専門職独自の専門性を高める養成・教育訓練や継続的な専門職としての成長・発達（Neimeyer, Taylor, & Philip, 2010）に関する議論が盛んに行われている一方で，異なる専門性を有する他職種と共に社会の中で活動するための知識・技術・態度を高める教育訓練の在り方の検討が行われている。たとえば，Arre-

dondo et al., (2004) は，専門職心理学（Professional Psychology）の主要素として
してのコンサルテーションとコラボレーションにおける能力と，それらを開
発するための教育訓練に関する青写真をまとめている。この論文では具体的
なプログラム計画などの議論は十分に行われているとは言い難いが，個人の
専門職としての成長に加え，他職種との協働のトレーニングについて，アメ
リカ心理学会（American Psychological Association, APA）のトレーニングに組
み入れたり，ワークショップの開催を行うなど，今後の目標を様々に提案し
ている。その他，Johnson, Stewart, Brabeck, Huber, & Rubin (2004) は，職
種間協働の概念的定義や実践的な必要性について議論し，Combined-Inte-
grated (C-I) doctoral programs に職種間協働のプログラムを取り入れる可
能性についてまとめている。Arthur & Russell-Mayhew (2010) は，従来の
専門職独自の専門性を高めるスーパービジョンの手続きにおいて，職種間協
働の実践に関する指導・助言を含める方法を提案し，教育機関と実習機関の
緊密な連携の下，実習において他職種と交流する機会を設けることの重要性
も指摘している。専門職個人としての成長・発達の議論に職種間協働の概念
を含めて検討する必要性を述べている。

　日本においても心理専門職の養成・教育訓練に関する議論は，1988年の日
本臨床心理士資格認定協会の創設以後，本格的に様々な議論がなされた（乾，
2003）。特に，いじめ問題の深刻化に伴って1995年にスクールカウンセラー
（以下，SC）委託研究事業が開始されたことをきっかけに，社会の側から臨
床心理士の養成が強く求められるようになった。そのため，養成制度として
1996年には大学院指定制が導入され，さらに2001年には，日本臨床心理士養
成指定大学院連絡協議会が発足し，臨床心理士養成のための指定大学院の発
展に寄与する検討が積み重ねられてきた。この社会的な動きと共に，心理専
門職の養成に関して実に様々な議論が行われてきた（乾，2003）。これらの議
論では，心理専門職のアイデンティティ（今田，1996）や学ぶべき基本知
識・技能は何か（藤原，1999; 金沢，2002b），大学院教育カリキュラムをいか

に整備するか（小川・永井，1997; 大塚，1999），臨床実習の場や活動の実態の検討（藤原，1999, 2003; 伊藤・村瀬・塚崎・片岡・奥村・左保・吉野，2001），さらに，そもそもの臨床心理学という学問体系をどのように捉えるのか（下山，2000）などについて，英米等の諸外国の養成カリキュラムを参考にして，日本ならではの教育訓練システムの構築・検討が行われてきた。

　その後，日本においても，臨床心理士の教育訓練システムにある程度のまとまりがみられるようになると（清水・河合・大塚，2003），次第に，より良い教育訓練の構築に向けて，様々な議論や提案が行われるようになった。その中では，海外の研究同様，エビデンスの発想を重視した養成モデル（近藤・河合・漆原・坂野・土肥・中野・森，2010; 村椿・冨家・坂野，2010）をはじめとして，乳幼児の情動調律を通した感受性訓練（葛西・中津・末内・久米・粟飯原・山下・塩路，2009），緩和ケアに特化した教育訓練の構築（兒玉・小池・笠井・服巻，2011），倫理的意思決定に関する訓練（慶野，2010）など，様々な教育訓練プログラムの構築および提案が行われている。

　特に，近年では，心理専門職にとって他職種との協働に基づく援助活動が必須とされている社会状況から，異なる専門性を有する他職種と共に活動するための知識・技術・態度を高める教育訓練（前川，2011）が強く求められている。すなわち，心理専門職に必要とされる基礎的かつ最低限の専門的能力の養成（藤原，1999）から，資格取得後の臨床活動を見据え，各活動領域の実態に即した教育カリキュラムの充実が求められている（中川，2010）。実際に，下山（2009b, 2010）による医療領域における臨床心理研修プログラムの検討が行われている。しかし，実際のところ，他職種との協働に関連した心理専門職の教育訓練の開発研究として，日本では藤川（2007b, 2009），Fujikawa（2009）や下山（2009b, 2010）が見られる程度であり，今後，より積極的な研究の蓄積が求められると考えられる。

第3節　心理専門職に求められるアセスメントに関する知識・技能

　以上に概観したように，現代では人々の複雑かつ多様な問題に効果的に対処するため，対人援助職による協働的援助が求められており，心理専門職も独自の専門的能力を活かしつつ他職種と協働する姿勢が求められる。特に，上記で概観した先行研究を踏まえると，職種間の協働関係に関連する要因には①社会レベルの要因，②組織レベルの要因，③チームレベルの要因，④個人間レベルの要因，⑤個人内レベルの要因など，様々な要因が関連しており，これらの要因全てを考慮に入れることが本来的には必要である。

　しかし，実際に協働的関係を構築するのは現場の専門職であるため，個々の専門職一人ひとりに「多職種協働に関する能力」（Figure 1-1）が求められる。中でも，日本において心理専門職には国家資格化への動きもあり，多職種と協働しながら自らの専門性を適切に示す姿勢が，近年強く求められている（村瀬，2011）。

　特に，日々継続的に行われる事例援助の文脈で考えた場合，心理専門職と他職種が，事例に関する情報交換や事例検討を行うなど，具体的な対話の中で，相互の考えをすり合わせ，共有しながら援助を展開しなければならない。すなわち，事例に関する相互の情報・考えを意見交換したり，対話しながら事例援助に関する意思決定を進める作業の中で，協働的な援助活動が展開される（Chong, Aslani, & Chen, 2013; Körner et al., 2013; Lown et al., 2011）。

　このように考えると，心理専門職と他職種との協働に必要な要素としてアセスメントに着目することの意義は大きい。なぜなら他職種と協働する際には，それぞれのアセスメントに基づく見解を，職種間で相互に共有し，意思決定しながら，援助活動につなげることが求められるためである（松澤，2008; 吉川，2009）。実際に，各種文献においてアセスメントとは単に事例理解だけの作業ではなく，心理専門職による見解を他職種にわかりやすく伝え

共有する作業までがアセスメントの重要な側面であるとされており（e.g.,
British Psychological Society, 2006, 2011; Curry & Hanson, 2010; Fouad et al., 2009;
Frick, Barry, & Kamphaus, 2010; Krishnamurthy, VandeCreek, Kaslow, Tazeau, Miv-
ille, Kerns, Stegman, Suzuki, & Benton, 2004; Maruish, 2012; 村瀬・津川，2012; 小川，
2008; Rodolfa et al., 2013; 下山，2008a; 植山，2011），事例の当事者や他職種との
協働的関係の構築につなげ，事例の問題の効果的な改善につなげるための実
践方略として捉えることが重視されている（e.g., Flanagan, 2007; Handler, 2008;
下山，2009a; Smith, 2010; 竹内，2009a, 2009b; Tharinger, Krumholz, Austin, & Mat-
son, 2011; Tharinger, Finn, Hersh, Wilkinson, Christopher, & Tran, 2008; Tharinger,
Finn, Wilkinson, DeHay, Parton, Bailey, & Tran, 2008; Tharinger, Gentry, & Finn,
2013）。

　まず，第3節では心理専門職に求められるアセスメントに関する能力を概
観し，続く第4節では職種間の協働的援助の基盤としてのアセスメントの役
割と今後の研究の発展可能性について検討する。なお，第3，4節では，第
2章への検討につなげるため，主として児童青年期の臨床事例に焦点を当て
たアセスメント研究に基づいて検討する。

1．心理アセスメントの定義・特徴

　心理専門職によるアセスメントに関してこれまで様々な立場の実践家・研
究家が，その定義や適用範囲，具体的な方法について述べてきた。アセスメ
ントといえば，心理検査やアセスメント・ツールの実施，結果の整理，解釈
を行う行為として紹介される場合もあるが（e.g., 上里，2001），広義には，心
理検査の実施・解釈のみを指すものではなく，様々なアセスメント方法を用
いた総合的な事例理解とされている（Krishnamurthy et al., 2004; Weiner, 2012）。
　氏原・小川・近藤・鑪・東山・村山・山中（1999）によるとアセスメント
は「被験者，患者やクライエントの治療方針，処遇や援助の方針を立てるた
めに，症状，パーソナリティや種々の環境要因を，心理テスト，観察や診断

面接，あるいは社会調査を行って明らかにすること」とされている。また，國分（2008）は，「クライエントの心理面，社会面，教育面，身体面などが，どのような状態にあるか把握することを意味する専門用語である」として，「そのクライエントはどのような環境で育ち，どのような問題を抱え，どのような解決方向があるのかといった援助方向性を見つけ，クライエントの問題解決をより有効な方法で援助するといった目的で行われる。このアセスメントには援助を行う前に行うものと，援助の途中や援助終結に向けて，その目的がどの程度達成されているか査定するものがある」と述べている。下山（2001）は，「臨床心理的援助を必要とする事例（個人または事態）について，その人格，状況，規定因に関する情報を系統的に収集し，分析し，その結果を総合して事例への介入方針を決定するための作業仮説を生成する過程」と述べている。さらに，村上・村上（2008）は「初回面接から治療終了時のアセスメントまで，臨床家が来談者や関係者との面接，観察，心理テストなどを通して，相談に対する援助介入を効果的にするために，系統的に情報収集する手続きを指す」と述べている。

　このようにアセスメントの定義は様々であるが，基本的には，当該事例を様々な視点や情報から，多面的な方法を用いて理解し，適切な援助方針の構築や事例の改善の程度を判断する意思決定作業と理解することができる。心理専門職にとって，どのような心理援助活動を行うにせよ，事例に対するアセスメントは援助活動の基盤として重要である。

　心理専門職によるアセスメントは精神医学的診断とも区別される。たとえば，精神疾患の診断・統計マニュアル（Diagnostic and Statistical Manual of Mental Disorders：以下，DSM）に基づく精神医学的診断は，海外では心理専門職も習得すべき知識・技能であるとされているように（堀越，2001; House, 2002），心理専門職によるアセスメントにおいても考慮されるべき観点の1つであろう。実際に，DSM は，表面的に示された症状を元にした操作的分類方法であり，わかりやすく，他の専門家との共通言語となりやすいといっ

た利点がある（大野，2001）。ただし，事例の複雑性を考慮しないため，個々の事例への援助には必ずしも有用ではない側面を持つ（Achenbach, 2005）。一方，心理専門職によるアセスメントは，個々の事例の問題状況や心理的に健康な部分も含めて多面的に情報を集め，問題の形成・維持要因に関する仮説を生成し，援助の方向性を立てる事例の定式化（case formulation）を定めることが1つの目標となる（British Psychological Society, 2008, 2011; Ingram, 2011; 下山，2008a; Wilmshurst, 2008, 2013; Winters, Hanson, & Styanova, 2007）。事例の定式化とは，クライエントの全体像を統合的に理解し，これに基づいて介入法の仮説を立てることである（丹野，2002）。表面化している問題行動や症状が同じでも，その形成・維持要因が異なれば援助方針が異なるように（Wilmshurst, 2008），事例の定式化では，個々の事例の個別性や具体性が重視される。アセスメントでは多面的にクライエントの心理的問題を把握するため，心理学の様々な知見を総合的に利用してどのような文脈の中でクライエントの問題が発生しているのかを理解することが必要となるのである（松澤，2004）。したがって，アセスメントには実に多様な心理学的知識，参照となる知見・理論が必要となる一方，精神医学的診断とは異なる特徴を持ち心理援助において重要な役割を担う作業であると考えることができる。

2．アセスメントのプロセスに関する検討

　従来のアセスメント研究は，種々のアセスメント・ツールの開発に関する研究や心理不適応の状態やメカニズムを検討した研究など幅広く行われてきた。しかし，先の定義の中にも示されるように，特に臨床場面でのアセスメントは，様々な情報に基づく一連の意思決定プロセスであり（Krishnamurthy et al., 2004; Mash & Hunsley, 2005; Weiner, 2012），現場に即した臨床的に有用な検討を行うためには，アセスメントを一連のプロセスとみる必要があると考えられる。

　プロセスとしてのアセスメントについて言及した研究として，まず，

Fernández-Ballesteros, De Bruyn, Godoy, Hornke, Ter Laak, Vizcarro, Westhoff, Westmeyer, & Zaccagnini（2001）は，「ケース分析（Analyzing the Case）」（事例に関する情報収集と分析を行う段階），「結果の整理と報告（Organizing and Reporting Results）」（総合的な事例の定式化を行い，結果についてクライエントに報告し，協議する段階），「介入計画（Planning the Intervention）」（具体的な介入方法を検討する段階），「評価とフォローアップ（Evaluation and Follow-up）」（介入効果の検討とフォローアップを行う段階）といった4段階のプロセスを提示している。

　石垣（2001）は，「情報の収集」，「仮説形成」，「仮説検証」，「仮説の確認／新たな仮説形成」を経たプロセスを述べ，事例に関する仮説形成・仮説検証を繰り返しながら援助を展開するというアセスメントの循環性についても言及している。介入効果の評定や終結への見通しをつけるため，介入後の事例の様子を評価することの重要性も指摘している。

　Merrell（2008）は，「同定と明確化（Identification and Clarification）」（クライエントは誰で，問題は何か，アセスメントの目的は何かを明確にする段階），「データ収集（Data Collection）」（問題状況を理解するために必要な情報を考慮してデータ収集を行う段階），「分析（Analysis）」（様々なアセスメント情報から問題に関連する要因を明らかにする段階），「解決と評価（Solution and Evaluation）」（得られた情報を踏まえて援助目標を定め，適切な援助法を選択し，解決に向けて援助を行う段階。援助の効果を評価する作業も含む）の4段階を提示している。

　下山（2008a）は，「受付段階」（状況や申し込み理由など事例の基礎情報を確認し，依頼者の申し込みを受け付ける），「準備段階」（受付で得られた情報を基にアセスメントの計画案を練る），「情報収集段階」（面接，観察，検査の技法を用いて，必要な情報を得る），「情報処理段階」（情報の分析結果を総合して問題となっている事柄の意味を解釈し，作業仮説を生成する），「結果報告段階」（作業仮説を，必要に応じて依頼人，または当事者にわかりやすく伝える。また，介入方針の説明をし合意を得る）といった5段階のプロセスを提示している。また，上記に加え

て，介入の効果の検討をアセスメントに含めることもできると述べている。

　滋野井（2009）は，①面接や観察から得られた記録や心理検査の結果など，アセスメントに必要な情報を包括的に収集する，②被面接者の抱えている心理的問題の性質や被面接者自身の性格などを適切に把握する，③臨床行為を有効にするための情報を整理する，④対象となる人の生活史や家族関係者の生活の中で生じる様々な関係性などについて本人や家族，関連機関から情報を聴取する，⑤得られた情報をもとに臨床像を見立てる，⑥見立てた臨床像を踏まえて具体的なアプローチを検討する，といったプロセスを提示している。

　Weiner（2012）は，「アセスメント情報の収集（Collecting Assessment Information）」（主訴をはじめとして，面接や観察，検査を通して様々な情報を集める），「アセスメント情報の解釈（Interpreting Assessment Information）」（事例に関する質的な情報と量的な情報を総合して解釈する），「アセスメント情報の活用（Utilizing Assessment Information）」（アセスメント情報の解釈を踏まえて，様々な意思決定，分類・評価，診断，援助プランに活用する）といったプロセスを示している。

　以上の先行研究の見解を整理したものを Table 1-1 に示す。ここに示されるように，アセスメント・プロセスを検討する際，何を基準として各段階を設定するかという点は研究者によって異なる。しかし，これらの文献の見解を整理して集約すると3つの共通要素を抽出することができる。それは，「(1)事例に関する情報の収集（アセスメントの目的を明確にし，面接や観察，検査等の方法を用いて，必要かつ適切な事例の情報を収集する）」，「(2)情報の解釈・援助方針の計画（収集された多様な情報を踏まえ，事例を統合的に解釈して仮説を生成し，援助方針を定める）」，「(3)事例の変化・改善把握（援助・介入の後，事例の変化や進展具合，改善の程度を把握する）」である。さらに，アセスメントは，問題状況に関する仮説生成・仮説検証を繰り返す作業のため（石垣，2001），(1)〜(3)が循環的に繰り返されながら援助が展開される。以上の流れをモデル

Table 1-1　アセスメントのプロセスにおける各段階の整理

	段階数	第一段階	第二段階	第三段階	第四段階	第五段階	第六段階
Fernández-Ballesteros et al. (2001)	4	ケース分析 (1)	結果の整理と報告 (2)	介入計画 (2)	評価とフォローアップ (3)		
石垣 (2001)	4	情報の収集 (1)	仮説形成 (2)	仮説検証 (3)	仮説の確認／新たな仮説形成 (3)		
Merrell (2008)	4	同定と明確化 (1)	データ収集 (1)	分析 (2)	解決と評価 (2),(3)		
下山 (2008a)	5	受付段階	準備段階	情報収集段階 (1)	情報処理段階 (2)	結果報告段階 (2)	
滋野井 (2009)	6	面接や観察，心理検査から情報を包括的に収集する (1)	心理的問題の性質や性格などを適切に把握する (1)	臨床行為を有効にするための情報を整理する (1)	生活史や家族の関係性等を，本人や家族，関連機関から情報を聴取する (1)	得られた情報から臨床像を見立てる (2)	見立てを踏まえて，具体的なアプローチを検討する (2)
Weiner (2012)	3	アセスメント情報の収集 (1)	アセスメント情報の解釈 (2)	アセスメント情報の活用 (2)			

注）本論文で設定したアセスメント・プロセス（Figure 1-3）の(1)〜(3)に相当すると考えられる段階に番号を記載した。

化すると Figure 1-3 になる。なお，研究者ごとにアセスメントのプロセスの各段階を設定する基準が異なるため一部重複する段階もあるが，Figure 1-3 の(1)〜(3)に相当する段階を Table 1-1 において具体的に対応づけて示した。

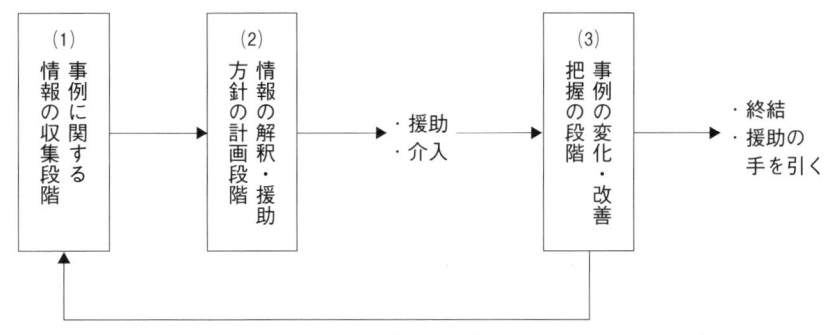

Figure 1-3　心理専門職による臨床事例に対するアセスメント・プロセス

3．アセスメントのプロセスに基づく研究知見の整理と心理専門職に求められる能力

　アセスメントのプロセスを複数の段階に分けることは，各段階の特徴や，各段階で心理専門職に求められる知識・技能を詳細に検討できる点で有用である。また，従来行われてきたアセスメント研究を，そのプロセスの中に位置づけながら，さらに議論や研究を発展させることも可能となる。そこで，以下，Figure 1-3 の各プロセス段階に相当する研究知見を整理しながら，心理専門職に必要とされる知識・技能について検討する。

1）事例に関する情報の収集段階

　この段階は，事例を理解するために必要かつ適切な情報を収集する段階である。児童・青年期の子どもの事例では，子ども本人のみならず，保護者や教師などから多面的に情報を集めて問題を理解することが多い。Merrell（2008）によれば，情報を多面的に収集する際には，情報源となる様々な人々に加え，子どもに関する「どのような側面の情報を得るか」（例：認知,感情，対人，学習，進路，発達，家族），「どの場所での情報を得るか」（例：家庭,学校，地域），「どのような方法で情報を得るか」（例：面接，観察，検査，記録）などの観点を考慮する必要があるとされる。

　以上の多面的な情報収集の必要性は従来から指摘されており，その意味では，「多面的理解のため，事例に関する情報は集められるだけ集めたら良い」という考えもあるかもしれない。しかし，多忙な臨床現場の中で，より効果的かつ有益な情報収集を行うためには，「どのような対象の，どのような問題の時に，どのような情報を収集することが，事例理解にあたって，より効果的で必要不可欠のものなのか」を詳細に検討することも重要な検討事項と考えられる。実際に海外のアセスメント研究では，単に事例に関する情報を多面的かつ量的に多く収集するのではなく，より適切かつ援助対象者の負担をかけずに事例に関する情報収集を行うという実践的，倫理的側面を考慮される。たとえば，当該事例の理解においていかに適切な情報を選定しながら収集・整理するか（Kraemer, Measelle, Ablow, Essex, Boyce, & Kupfer, 2003），様々なアセスメント情報をどのように追加していくことが効果的な問題理解や介入につながるのか（特定のアセスメント方法から得られる情報が追加されることによって問題理解や介入効果が促進されるかどうかの程度），すなわちアセスメントの増分妥当性（Incremental Validity）を厳密に検討すること（Johnston & Murray, 2003）が，近年，ますます重視されている。

　情報源となる様々な人々の多様性に焦点を当てると，どの問題の時に，どの情報提供者から情報収集することが役立つのか（Renk, 2005）に関して，情報提供者間の不一致（Informant Discrepancies）に関する研究があげられる（De Los Reyes & Kazdin, 2005）。子どもの問題に関する様々な情報提供者の評定は，相互に一致しない傾向にある点は以前から指摘されてきた（Achenbach, McConaughy, & Howell, 1987）。近年では，より詳細に，個々の情報提供者の評定の不一致が，子どものどのような問題（例：内面化問題か外面化問題か）において，どのような情報提供者の間に（例：子ども，母親，父親，教師，兄弟姉妹），どの程度の不一致が見られるのか，その不一致はどのような要因（例：子どもの年齢，性別，問題の重篤性，評定者の心理的状態，子どもとの関係性やコミュニケーションの程度）によって生じるのかが検討されている（Kraemer et al., 2003）。

　たとえば子どもの外面化問題に関して，子どもの自己報告より親や教師の報告の方が，問題行動や触法行為への予測力をもつ点を指摘した研究や（Loeber, Green, Lahey, & Stouthamer-Loeber, 1991），不安などの内面化問題に関しては，子どもは自身の感情的・認知的側面を，大人は子どもの行動機能を評価するのに適している可能性も指摘されている（石川・坂野，2005; Johnston & Murray, 2003）。また，虐待を受けた子どもの行動と情緒の問題に関して，自己評価と他者評価の差異を検討した坪井・李（2007）によると，施設職員は子どもが気付きにくい「社会性の問題」や「注意の問題」を客観的に捉えることができる一方で，「身体的訴え」「思考の問題」など子どもの主観的な問題を捉えにくい傾向にあるとした上で，自己評価と他者評価を総合的に捉えることで多面的に理解が進むと述べている。また，子どもの「年齢」や「性別」による違いが出てくる可能性もあり，たとえば，低年齢に比べ思春期の子どもと両親の認識には差異が生じやすいことが示されている（Seiffge-Krenke & Kollmar, 1998）。「評定者間の関係」や「評定する個人の心理状態」が差異を生む要因となっている可能性も指摘されており（Johnston & Murray, 2003），たとえば，抑うつ症状を持つ母親は，子どもの問題行動が目に付きやすい可能性が指摘されている（De Los Reyes & Kazdin, 2005）。

　Kraemer et al., (2003) は，情報提供者による情報内容（informant: I）には，純粋な子どもの特徴（trait: T）だけでなく，観察した場面や状況（context: C），観察の視点（perspective: P），誤差（Error: E）などの要素が含まれているとし，$I = T + C + P + E$ という数学的モデルを提案している。特に，C（例：家庭内か家庭外の場所か）や P（例：自己評定か他者評定か）は情報提供者間の差異を生み出す要因として重視されている。個々の情報内容を検討する場合には，情報提供者の置かれた場面や状況，観察の視点に注意を払う必要があり，新たなアセスメント情報を追加していく際には，異なる文脈や状況，観察の視点を有している情報提供者の情報を意図的に選択して収集していく必要が

あるとされている。つまり，ここでは，「どのくらいの情報を得るか」ではなく，「いかに適切な情報を選定しながらまとめていくか」が重要とされている（Kraemer et al., 2003）。

　以上のように，事例の関係者の情報・認識の不一致がどのような問題において生じやすいのか，どの情報提供者からの情報が子どもの適応を予測しやすいのかを考慮することは，多面的な情報収集を行う中で1つの重要な判断材料になる。実際に，種々の実証的研究知見を踏まえて，子どもの年齢や問題の性質に応じて，どのような問題のときに，どの情報提供者からの情報を重視する必要があるのかを整理した研究もある（e.g., Smith, 2007）。

　アセスメント情報を収集する段階においては，当該の臨床事例に合わせて多様な情報を得ることが重要となる。すなわち，「誰に，どの場面で，どのような方法を用いて，誰に関する，どのような情報を収集するか」を考慮しながら進める必要がある。特に，このアセスメント段階を適切に行うために有用な研究知見が求められており，情報提供者間の不一致に関する研究（Hunsley & Mash, 2007; Gresham, Elliott, Cook, Vance, & Kettler, 2010）やアセスメントの増分妥当性に関する研究（Johnston & Murray, 2003）は，その1つの重要な研究課題となっている。

　実際には，各関係者の事例情報にバイアスがかかるのは当然予想され，臨床的には認識の不一致そのものが事例を理解する上で重要な情報となる（Smith, 2007）。下山（2006）も，事例に関する情報はそれぞれの関係者ごとに見解が異なるのは自然なことであり，その見解が複雑に絡み合いながら事例が構成される場合が多いと述べている。すなわち，現実はひとつではなく複数のコンテクストから構成されているとされる。情報提供者の見方を尊重し共感的に情報収集しつつ，誰が正しいのかを判断するのではなく，そのような様々な見方が重なり合って問題が形成されているという観点から問題の所在を明確化し，それを重ね合わせて問題の現実を立体的に捉えることが必要になる（下山，2006）。

　したがって，事例に関する多面的な情報の収集においては，各種の実証的研究知見を踏まえた上での事例に関する情報収集を行いながらも，各関係者の事例理解が複雑に絡み合うことで事例が構成されている視点を意識する必要があると考えられる。

2）情報の解釈・援助方針の計画段階

　この段階は，事例に関する様々な情報を統合的に解釈して仮説を生成し援助方針を定める段階である。事例に関する多様な情報が集まったとしても，それらをどのように整理・解釈し，援助方針を定めるかが臨床実践では重要であると同時に非常に難しい作業となる（Kraemer et al., 2003）。さらに先述のように，複雑化・多様化した事例への理解・対応が求められている現状や，より一層の社会的専門性を有する心理専門職の活動が求められる現状を考慮すると，特定の臨床心理学理論に留まらない，より包括的な観点に基づく事例理解が求められる。

　そのような中，近年では理論横断的かつ総合的な観点に基づくアセスメントの在り方が示されるようになっている（e.g., Ingram, 2011; Mash & Hunsley, 2007; Melchert, 2007; 村瀬・飯田，2008; 下山，2008b; 杉山・坂本・前田，2007; Wilmshurst, 2008, 2013; Winters et al., 2007）。そこで，これらの文献を参考に，(1)生物・心理・社会モデル，(2)発達的観点，(3)臨床心理学理論，(4)心理学の研究知見の4つの観点から心理専門職に求められるアセスメント能力についてまとめる。

⑴生物・心理・社会モデルに基づくアセスメント

　第一は Engel（1980）による生物・心理・社会モデルである。このモデルは，個人の身体的・精神的健康に影響する様々な要因を，生物学的要因（神経，遺伝，細胞など），心理学的要因（認知，感情，対処行動など），社会的要因（ソーシャルサポート，社会環境，経済，文化など）という3つの側面で理解する

枠組みである。すなわち，心理的側面のみならず，個々人に特有の遺伝的要素や身体機能といった生物学的特徴を持ちつつ，多様な人間関係が営まれている社会・文化の中で生活している存在として捉えるという観点である。臨床的には，これらの要因同士が複雑に相互作用し合っていると理解した上で，それぞれの要因に対して多面的に介入を行う点に，このモデルの特徴がある（村瀬・飯田，2008）。このモデルは30年以上前から提示されているが，現在も，事例を包括的に理解する際の枠組みとして重視されており（Havighurst & Downey, 2009; Mash & Hunsley, 2007），それは子どもの臨床事例においても同様である（村瀬・飯田，2008; Wilmshurst, 2013）。さらに，他職種との協働やチームアプローチが重視される今日，このモデルを念頭に置くことで事例の心理的側面の理解・援助を専門とする心理専門職が，生物・社会的側面の理解と援助を専門とする他職種と協働しやすくなる利点もある（下山・村瀬，2010）。

　この生物・心理・社会モデルに関連して，障害概念の捉え方に関する世界的な変遷も，注目すべき観点である。1980年に WHO が提案した国際障害分類（ICIDH）の発展モデルとして，近年では，2001年に提案された国際生活機能分類（ICF）という観点から障害を捉える動きがある。ICIDH では，機能・形態障害，能力障害，社会的不利という 3 つのレベルで障害を捉えており（WHO, 1980），生物学的な機能・形態障害を抱えた個人は，その欠陥によって遂行能力が制約され，社会的に不利な状態を呈するというプロセスが想定されていたため，疾患が一方向・不可避的に障害を引き起こすかのような，「運命論的」な印象を与えがちとの限界もあった（上田，2008）。しかし，ICF では，障害を生活機能と捉え直し，疾患（健康状態）と背景因子（環境因子・個人因子）の複雑な相互作用により，生活機能上に種々の変化が生じると考えられている（WHO, 2001）。この観点によると，生物学的な形態・機能障害があっても，社会環境や個々人のあり方を工夫・改善することで，生活上の困難の程度は変わってくると考えられ，たとえば，生物学的な認知機能

の偏りや制約のある発達障害を持つ子どもの理解や援助においても，この
ICF の観点を活用した実践が行われている（徳永，2007）。生活機能は，心身
機能・構造（生物レベル）と活動（個人レベル），参加（社会レベル）を含んだ
包括的な概念であり，ICF は生物・心理・社会モデルに立った統合モデルと
なっている（上田，2008）。

⑵発達的観点に基づくアセスメント

　第二は発達的観点に基づくアセスメントである。比較的一貫した行動を取
る傾向にある成人とは異なり，子どもの行動は成長するにつれて変化しやす
いため発達的側面からの理解が不可欠である（Sroufe & Rutter, 1984）。子ども
たちが抱える様々な臨床的問題を，ある一時点だけで捉えるのではなく，発
達という時間経過の視点から捉えながら臨床的な援助の在り方を考えること
が重要となる（石川，2006）。

　子どもの発達的側面を重視した観点として発達精神病理学（Developmental
Psychopathology）がある。これは，発症年齢，発症原因，問題行動の変化，
発達的パターンの複雑さを含む個人の不適応行動の発症と経過を対象とする
学問であり（Sroufe & Rutter, 1984），子どもの臨床的問題を，ある一時点だけ
ではなく，発達という時間経過の視点から個人と環境の相互作用として捉え
る点に特徴がある（石川，2006）。ここでは，問題行動・症状を，通常発達か
らの逸脱であるが，全く別物ではなく連続性を持つものと捉えることが重視
される（Wilmshurst, 2008）。

　各種先行研究を踏まえると，アセスメントにおいて発達精神病理学的観点
を持つ意義としては，①通常発達を基準とした問題行動・症状の逸脱の程度
の理解，②各発達段階に特徴的な問題行動・症状の把握，③問題行動・症状
の発達的予測，④発達水準に適した援助・介入方法の考案などが挙げられる。

　まず，子どもの行動や症状が問題であるかどうかは発達段階によって異な
ると考えられる。発達心理学では，特定の年齢や段階における典型的な行動

パターンや能力，各発達段階における課題などが示されているが，子どもの行動や症状の中には特定の年齢層に共通して生じるものもある。様々な疫学研究によって，子どもの行動・症状の中には，通常の発達過程として生じやすく，その後の成長発達と共に消失するものがあることが示されている（Marzillier & Hall, 1999）。したがって，たとえば，夜尿は 2 歳の子にはほぼ一般的であるが，10歳の子どもでは問題とされやすいように，ある行動・症状が逸脱しているかどうかをアセスメントする際には，同年齢における基準を踏まえて理解する必要がある（Wilmshurst, 2008）。

　また，子どもの呈する問題行動や症状は各発達段階によって現れ方が異なる場合がある。たとえば，攻撃行動に関して，低年齢の子どもは身体的攻撃が多く環境に依存して生じやすいのに対して，年齢の高い子どもは敵意的・言語的な攻撃を隠れて行うなどの違いがあったり（Connor, 2002），同じ不安症状でも，低年齢の子どもは暗闇への不安が生じやすく，10歳では悪夢への不安が生じやすいという特徴もある（Wilmshurst, 2008）。

　問題とされる行動や症状がどのような発達的経過をたどりやすいのかを理解することも重要である。たとえば，5 歳児の選択性緘黙は，後の社会不安障害を引き起こす可能性がある点や（Wilmshurst, 2008），低年齢で引っ込み思案行動を示す子どもは，年齢を重ねるにつれて，孤独感や抑うつ感，否定的自己評価，所属感の無さなどにつながる可能性もある点（Rubin, Chen, Mc-Dougall, Bowker, & McKinnon, 1995）を考慮すると，早期の介入が必要かどうかを判断する上で重要となる。

　さらに，どのような介入が効果的かを計画する際にも，子どもの発達水準を踏まえることが重要である。石川（2006）は，認知行動療法を中心に，子どもの発達水準を加味した治療要素の開発・実践を行うことの重要性を述べている。たとえば，10歳以上の子どもの場合には基本的な認知行動療法の認知的課題を適用できるが，年齢の幼い子どもの場合にも，視覚的材料を用いるなどの工夫をすることで適用しやすくなる可能性を指摘している。他にも

子どもの場合はその発達的特性ゆえに，発達段階・時期によって，必要とな
る介入目標が様々に移り変わる点にも留意する必要がある（Kazak et al.,
2010）。特に，近年，学校現場では特別支援教育の推進に伴い，学習障害や
注意欠陥多動性障害，高機能広汎性発達障害などの発達障害を抱える子ども
達への理解と対応が様々な形で模索されている。発達障害においては，何ら
かの中枢神経系の機能障害により，認知（情報処理）過程に特異的な障害が
生じ，学習や行動の困難へとつながるメカニズムが想定され，個別的な教育
的配慮が求められるが（上野・牟田・小貫，2001），この場合も，個々の子ど
もの発達のペースや発達特性に合わせることの重要性は繰り返し指摘されて
いる（長崎，2006）。

⑶臨床心理学理論に基づくアセスメント

　第三は臨床心理学理論である。事例の問題行動や症状がどのように生じ，
なぜ問題が維持し続けているのかなどを探る上で役立つのが，種々の臨床心
理学理論である。具体的には，精神力動理論，行動理論，認知理論，愛着・
家族理論などがあり（Wilmshurst, 2008），それぞれに特有の問題理解および
改善のための枠組みがまとめられている。

　これらの理論は，事例をアセスメントする上での一定の見方を提供するも
のであり，事例理解に役立つ理論は多数見られる。また，アセスメントに基
づく事例理解は，各人の臨床心理学的理論の立場によって異なる。実際に心
理専門職にとって自身の依拠する理論に基づいて事例を理解することは，こ
れまで日本の心理援助において主流であった上に，より深い専門的視点を用
いて援助に携わることができる点で有用である。しかし，実践場面で自身の
依拠する理論に固執してしまうと，個々人の理論的立場の相違から，同じ心
理専門職であるにもかかわらず事例の理解や判断に違いが生じやすくなるこ
と，また，どのような事例であっても自身の依拠する理論のみで理解してし
まうといった問題が生じる（山口，2011）。すなわち，心理専門職がどのよう

な理論的観点を持つかによって，事例への理解と対応が異なってくるということであり，各種の理論が強調している視点に注意しなければ，個々の事例の重要な側面を見落としてしまう危険性がある（村瀬・飯田，2008; Wilmshurst, 2008）。問題をどのように捉えどこに介入するかを考える際，心理専門職の理論的志向性や主観的判断に委ねられることもあるが，それはしばしばアセスメントの誤りやバイアスを生む要因ともなるのである（Mash & Hunsley, 2007）。

　国家資格化への動きに伴って心理専門職全体のまとまりや統一性が求められている現状（下山・村瀬，2010）をふまえると，特定の理論的観点にのみ傾倒してしまうことは，心理援助を必要とする人々や多様な専門性を持つ他職種も含めた社会全体に対して，心理専門職としての専門性や有用性を十分に示すことができない問題にもつながる可能性がある。そこで近年では，複雑化・多様化した心理的問題に対して単一の理論では理解と対応に限界があるため，事例の実態に応じて様々な理論・技法の考えを取り入れることが求められ（杉山ら，2007），理論横断的かつ総合的なアセスメントが必要とされている（Mash & Hunsley, 2007）。

　したがって心理専門職にとっては，自分が好む理論や技法に依拠するばかりでは十分ではないことになる。たとえば，個人の内界世界には精神分析的アプローチ，問題行動・症状には行動論的アプローチ，周囲との関係性や関わりによって増幅されている問題には家族療法やシステムズアプローチを用いるなど，問題状況の全体像を踏まえた上で活用可能な理論や援助技法を選択的に用いる意識が必要となる（大河原・小林・海老名・松本・吉住・林，2000）。加えて，ブリーフカウンセリングの考え方が学校現場の制約や条件と適合しやすい（栗原・上地，2001）といったように，自身が活動する領域や現場において活用しやすい理論モデルを採用するなどの工夫も求められる。このように，多種多様な理論や技法に触れ，援助対象の特徴やニーズに適した心理的援助を行うこと（Prochaska & Norcross, 2007）を前提としたアセスメントが

求められる。

⑷心理学の研究知見に基づくアセスメント

　第四は心理学における研究知見である。先述したように，心理専門職の訓練モデルとして，欧米では，科学者－実践家モデル（Scientist-Practitioner Model）が強調されている（Hunsley, 2007; 丹野，2001）。これは，心理専門職には，実際にクライエントと出会って専門サービスを提供する実践家としての側面と，対象となる問題に対して専門的・実証的知見に照らして必要なサービスを検討する科学者としての側面があるというものである（杉山，2007）。特に科学者としての側面は，心理専門職と他の専門家との差別化を図るためのアイデンティティとして重要であるといわれている（森野，1995）。

　臨床心理活動に関連の深い実証的な研究分野として，異常心理学研究（Abnormal Psychology）がある。これは，心理的な問題や病理の記述・分類・類型化，心理的問題の発生・維持メカニズムの理解，問題や病理の転帰の予測，問題および病理発生の予測と予防などを明らかにする研究（丹野，2002）であり，アセスメントの作業を有効に行うための参照枠を提供する学問体系（下山，2002）とされている。臨床心理学理論だけでなく，基礎心理学を含めた心理学全体に目を向けると，「人間の心理はどうなっているのか」について，基礎心理学は新たな知見を提供し続けており（坂本・杉山・伊藤，2010），この基礎心理学と臨床実践をつなぐインターフェースの役割を果たすのが異常心理学であるとされている（丹野，2002）。たとえば，抑うつの自己注目理論，原因帰属や自己意識理論から見た統合失調症への理解などに代表されるように，なぜ精神疾患に陥り，どのようにすれば抜け出せるのかといった病理メカニズムを解明する異常心理学研究が社会心理学の知見を活かしてら行われている（丹野・坂本，2001）。このように，基礎心理学を土台に異常心理学研究を重ね，心理臨床に適用する試みが必要とされている（坂本・杉山・伊藤，2010）。

　以上を踏まえ，心理専門職には日常的に様々な研究知見に注意を払う意識が求められる（石川，2006）。したがって心理学研究の仕方や統計分析の学習だけでなく，実証的研究知見を検索・同定し，それらの研究知見を最も適切な形で臨床に活用する研究の利用者としての意識や教育訓練が必要とされているのである（岩壁・小山，2002; Hunsley, 2007）。

　以上，4つの観点に基づく事例情報の解釈・統合的理解の枠組みを示した。これらの有用な枠組みが示されながらも，この段階における有効なアセスメント方略については未だに一定のコンセンサスは得られていないという指摘がある（Klein, Dougherty, & Olino, 2005; Mash & Hunsley, 2005）。しかし，近年ではRiccio & Rodriguez（2007）やHavighurst & Downey（2009）のように多様な事例情報を整理・統合し，援助方針を定める手順について具体的に検討した研究も行われるようになっている。たとえば，Havighurst & Downey（2009）は，生物・心理・社会モデルに基づいて事例の問題の形成・維持要因を整理し，各臨床心理学理論を参照しながら援助方針を定めるアセスメントの手続きを示している。一方，Riccio & Rodriguez（2007）も，アセスメントデータの分析と統合を5つのステップ（ステップ1：子どもの状態に関するすべての情報を記録する，ステップ2：情報や方法を超えて共通する知見を同定する，ステップ3：情報や方法を超えてどのような違いや矛盾があるのかを考える，ステップ4：問題の把握に関してさらに必要な情報について決定する，ステップ5：事例の概念化の形成）にそって検討を進める手順を示している。心理専門職にとってはこれらの研究を参照することで，包括的な事例の解釈・統合を進めることが可能になると考えられる。

3）事例の変化・改善把握の段階

　この段階は，事例の変化や進展具合，改善の程度，終結への判断を検討する段階である。心理専門職による介入や他職種へのコンサルテーション，協

働的なアプローチの後，事例の改善の程度を把握することも，アセスメント
の重要な側面である。事例の変化や改善の程度によって，問題状況の改善に
向けた新たな仮説を生成したり介入方針を修正することとなる。

　この段階でのアセスメント作業は大きく次の2点に分けられる。すなわち，
援助を行っている最中に，「どのように事例の進展具合を把握するのか」，
「どのように終結（援助の手を引く）への判断を行うのか」である。前者は，
援助や介入に伴う事例の経過をモニタリングするアセスメントであり（Kaz-
din, 2005），行われている援助・介入の効果を検討したり，事例理解および援
助目標の修正が必要かどうかを判断するために重要とされる（石垣，2001; 下
山，2008a）。また，クライエントが援助を必要としなくとも良好な生活を送
ることができるという状態が心理援助の基本的な目標となる場合が多いため，
後者のように，終結といった援助の手を引く判断をすることも重要なアセス
メントとなる。これらの事例の進展具合や改善の程度を把握するアセスメン
ト作業は，臨床実践の有効性を振り返り，事例への援助の質を高めていくた
めに必要不可欠とされている（Lambert & Lambert, 1999）。介入結果を把握し
た上で今後の理解や対応の在り方を検討することを示す重要概念として Re-
action to Intervention があるが，臨床実践に関する説明責任を果たす上でも
この考え方は重視されている（Reschly & Bergstrom, 2009）。

　しかし，以上の判断について具体的にどう把握していけば良いのかという
点は，現場の心理専門職にとって主要な関心事であるものの（Lueger, How-
ard, Martinovich, Lutz, Anderson, & Grissom, 2001; Lutz, Saunders, Leon, Marti-
novich, Kosfelder, Schulte, Grawe, & Tholen, 2006），どのような方法で，何を指
標として把握するのかに関する一定の基準は明確にされていないため，今後
の研究の蓄積が求められている（Kazdin, 2005; Kelley & Bickman, 2009; Klein et
al., 2005; Riccio & Rodriguez, 2007）。

　実際に，事例の進展具合を把握するにせよ，終結への判断を行うにせよ，
その判断の方法については，大まかに「数量的な情報に基づいて判断を行う

方法」と，「質的な情報に基づいて判断を行う方法」の二つに大別される。

　「数量的な情報に基づいて判断を行う方法」について，たとえば，心理的援助法の1つである認知行動理論に基づくアプローチでは，対象となる問題行動や症状の強さ・頻度等を数量的に測定するアセスメント・ツールを定期的に実施することで，事例の改善の程度や進展具合を把握する方法が用いられることが多い（e.g., 小林，2005; 嶋田，2003）。また近年では，個々の事例の進展具合を子ども本人，保護者，教師，心理専門職などが定期的に評定するための尺度開発も盛んに行われている（Chorpita, Reise, Weisz, Grubbs, Becker, & Krull, 2010; Greenstein, Franklin, & McGuffin, 1999; Lavigne, Cromley, Sprafkin, & Gadow, 2009; Nakamura, Daleiden, & Mueller, 2007; Wells, Burlingame, Lambert, & Michael, 1999）。これらの方法は，心理専門職自身や当事者および関係者にとって，事例がどのような変化を示しているかを数量的・客観的に把握しやすくするために有効であるばかりでなく，アカウンタビリティの観点から，心理専門職の行っている援助活動が功を奏しているのかを検討するためにも重要であると考えられている（Howard, Moras, Brill, Martinovich, Lutz & Wolfgang, 1996; Reschly & Bergstrom, 2009）。

　このような「数量的な情報に基づいて判断を行う方法」の立場からは，後者の「質的な情報に基づいて判断を行う方法」は客観的で正確ではないという点から，あくまで補助的に参考にする情報であると考えられているかもしれない。しかし，実際の臨床現場では，量的に測定される症状の軽減だけではなく，子どもや家族，関係者の様子や言動の変化，問題改善に向けての意欲，子どもの絵や作文・詩等の精神所産の変化，遊び場面での象徴的意味，心理専門職との関係性などといった質的な変化を詳細に捉えることが，事例の変化を把握する上では重要である場合も多い（e.g., Bickman, Rosof-Williams, Salzer, Summerfelt, Noser, Wilson, & Karver, 2000; 岩壁，2008; 村瀬，1995）。実際に，現場では事例の変化を数量的に捉えるアセスメント・ツールの使用に関して時間的・実務的負担感があることも指摘されている（Garland, Kruse, &

Aarons, 2003; Hatfield & Ogles, 2004)。このような現状を考慮すると，「質的な情報に基づいて判断を行う方法」は，依然として実践現場において重要なアセスメント方法の1つになると考えられる。

　したがって，以上の検討を踏まえると量的及び質的側面の両面から，事例の変化を把握することが重要と考えられる。質的な情報と量的な情報は相互補完的に用いられることにより，全体として意味のある実態を捉えることができると考えられる。

第4節　心理専門職によるアセスメントを基盤とした他職種との協働的援助に関する研究の発展可能性

1．協働的な援助活動の基盤としてのアセスメント

　前節では，国内外の文献を通して，心理専門職によるアセスメントの特徴，定義，および心理専門職に求められるアセスメントに関する知識・技能について概観した。以上に概観したように，アセスメントといえば主として事例に関する様々な情報をもとに心理専門職の立場から事例理解，判断，意思決定につなげる専門的行為と考えられる。

　しかし，本章第3節冒頭で記述したように，アセスメントは，心理専門職による理解・判断のみならず，心理専門職の見解を事例の当事者や関係職種に伝え，相手と意見や見解をすり合わせ，共有する作業を含むものである。一般的なカウンセリング場面はもちろんのこと，他職種へのコンサルテーションやコーディネーション活動，そして他職種と協働しながら問題状況に取り組む際にも，心理専門職の立場からのアセスメントを踏まえた上で，自身の立場の見解を他の専門職にもわかるように説明したり，必要な情報・考えを共有しながら，援助活動を展開することが求められる。

　特に，児童青年期の子どもの場合には，成人に比べて自らの問題を主訴として相談に訪れることは少なく，教師や保護者など周囲の大人が問題を感じて，援助活動が開始されることが多い。したがって，子どもたちへのカウン

セリング以上に，教師や保護者へのコンサルテーションや協働的な援助活動が重視される（石隈，1999; 村瀬・飯田，2008）。専門職間の円滑な協働を展開するためには，目の前の困難を抱えている人々の問題状況に対するアセスメントにおいて，心理専門職ならではの見解を持ちつつも，他職種のアセスメントに基づく考えや見解を踏まえながら，相互に意見を交わし，意見をすり合わせ，円滑に共有しながら援助を展開していく姿勢が求められると考えられる。以上を踏まえると，心理専門職が他職種と協働し，事例の問題を効果的に援助・改善するための要素の1つとして，アセスメントの役割と可能性を検討することには大きな意義がある。

2．治療的かつ協働的援助につなげるアセスメントの実践に関する研究

アセスメントが事例の当事者や関係者との効果的協働の基盤であり，かつ事例の治療・改善につなげる重要な専門的行為である点は，様々な研究において指摘されている。たとえば，British Psychological Society（2013）においては，アセスメントに基づく事例の定式化（formulation）を通して事例の当事者・関係者と協働することが重要であり，そのためには心理学的な見立てや見解を明確に意味のある形で関係者に提供していく必要があると指摘されている。また，Krishnamurthy et al., （2004）や Fouad et al., （2007），Rodolfa ct al., （2013）の研究においても，心理専門職に求められるアセスメント能力として，多様な情報を整理・統合しつつ，自らのアセスメントに基づく見解を関係者に伝達するコミュニケーション・スキルが重視されている。下山（2009a）も同様の見解を述べており，治療的介入につなげる前提として，事例の当事者および関係者への心理専門職による見立て，見解を率直に伝達・コミュニケーションし，共通理解を図る説明作業の重要性を指摘している。

British Psychological Society（2012）では，事例の当事者の問題を理解し，心理学的にはどのように理解・説明でき，その問題を時と状況に合わせて適

切に表現・伝達すること，当事者の困難について共通理解を図り，チームに
基づいて援助を展開するための基盤としてのアセスメント・事例の定式化の
重要性を指摘している。特に，エビデンスに基づく実践（EBP）の重要性か
ら，客観的なデータに基づいて関係者との協働的援助へとつなげる方略のあ
り方が各種文献・研究で指摘されている（e.g., Skinner, Mccleary, Skolits, Poncy,
& Cates, 2013）。すなわち，関係者で共有しやすいデータを用いたり，客観的
に把握できる「行動」に焦点を当てて，事例の問題状況を把握し意見交換す
ることが，関係者との協働や円滑なチーム援助につながりやすくする方法の
1つとされている（望月，2004; 下山，2008b）。

　さらに，治療的かつ協働的なアセスメント（Therapeutic and Collaborative
Assessment）という概念を通して，心理専門職と事例の当事者および関係者
との協働に基づく問題解決へとつなげるアセスメントの実践を提示した一連
の研究も行われている。

　Finn & Tonsager（1997）は，アセスメントにおける情報収集モデル（心理
専門職が情報を収集し，治療的計画を立てることが主な目的となる）と治療モデル
（クライエントにポジティブな変化を生み出すことが主な目的となる）を比較し，従
来の心理アセスメントが情報収集モデルに偏っている点を指摘した。具体的
に両モデルを比較すると，情報収集モデルでは「クライエントを正確に記述
する」，「クライエントの問題解決に向けての意思決定に役立つ」という点が
重視され，治療モデルでは「クライエント自身が自己や他者の思考や感情に
関する新たな視点を学ぶ」，「クライエントが自分自身の問題を振り返り応用
することに役立つ」という点が重視される。また，情報収集モデルではアセ
スメントを行う心理専門職には「客観的かつ冷静な観察者であること」が求
められるが，治療モデルにおいては，「関与者であり観察者であること」「検
査やパーソナリティ，精神病理に関する豊富な知識と同時に豊かな対人関係
スキルを合わせ持つこと」が重視される。アセスメントの失敗について，情
報収集モデルでは「バイアス，あるいは不正確な情報が収集された」とされ

るが，治療モデルでは「クライエントは心理専門職によって尊重され，共感されていると感じてない」「クライエントがアセスメントによって新しい理解を得ていない」とされる。以上のモデルを比較検討した上で，Finn & Tonsager（1997）は，アセスメントにおける情報収集モデルおよび治療モデルは，相互排他的ではなく，相互補完的なものであり，アセスメントの実践において，どちらも同時に重視されるべきものであると指摘している。

　Handler（2008）は，伝統的なアセスメントでは心理測定的かつ情報収集的側面が重視されており，協働的で治療的なアセスメントの実践アプローチは，人間性心理学や実存主義的心理学を基盤としていると述べている。伝統的かつ心理測定的アセスメントにおいても対象者との信頼関係・ラポールの形成は重視されていたものの，それはデータの正確な収集を促進するための意図があり，協働的かつ治療的なアセスメントでは，事例の当事者が自分自身のパーソナリティ機能，対人関係機能などにおいて自己理解を深め，新たな視点を学ぶことを助けることが重視される。このアセスメントの実践では，エビデンスや正確性が重視されると同時に，クライエントと共に協働しながら，アセスメント目標を定め，アセスメント結果を共有しながら問題状況や今後の方針を探究すること，クライエントが自分自身のことを理解し，意味のある変化を感じられるかどうかが重視される。

　Maruish（2012）も心理アセスメントの特徴として，「臨床的意思決定としてのアセスメント」，「治療効果測定としてのアセスメント」，「スクリーニング・アセスメント」，「治療計画のツールとしてのアセスメント」と同時に，「治療技術としてのアセスメント」を指摘している。このアセスメントの実践では，ラポート形成と多様なアセスメント情報の収集，標準的なアセスメントセッションが含まれるものの，クライエントが自身のことを理解できることを助ける取組がなされており，アセスメント結果についてクライエントと協働的に話し合ったり，クライエントが自己理解する機会を与えること，さらにクライエントや関係職種も含めて結果について話し合い，今後の方針

を検討する作業が重視される。

　以上のアセスメントの実践は，事例の当事者の治療に役立つだけでなく，学校現場において教師，保護者との効果的協働に活かすことも可能とされている（Tharinger et al., 2011）。たとえば，Flanagan（2007）は，アセスメントと介入をつなぐ試みとして，対人関係的（Interpersonal）かつ間主観的（Intersubjective）なモデルを基礎とした治療的アセスメント（Therapeutic Assessment）実践の重要性を指摘している。子どもの保護者もアセスメント作業に積極的に参加し，アセスメント結果のオープンな説明やフィードバックは学校での協働的な心理実践にも適用できると述べている。以上のような，アセスメントと援助介入を効果的に結び付け，事例の問題理解のためのアセスメントにクライエントや関係者との協働作業を重視することなどから，認知行動療法との親和性についても言及されている。

　Tharinger, Finn, Wilkinson, DeHay, Parton, Bailey, & Tran（2008）の研究では，寓話（Fables）を通して子ども本人にアセスメント結果をフィードバックする方法を提案している。物語や寓話は子どもの心理療法において長く活用されてきたが，アセスメントに活用することは新しい試みであるとし，子どもや家族の特徴に適した個別的かつオリジナルな寓話の作成・提示を通して，子どもたちにアセスメントのフィードバックすることの重要性を指摘している。

　Tharinger, Finn, Hersh, Wilkinson, Christopher, & Tran（2008）においても，親や子どもに対する協働的なアセスメントの実践が検討されている。心理専門職は普段から，アセスメントを行った後，親や子どもにフィードバックを行うが，伝統的な方法では心理専門職が結果の運搬者で，親や子どもがその受け手であるという構図が設定されており，これはアセスメントの情報収集モデル（Finn & Tonsager, 1997）に基づく。一方，協働的なアセスメントではクライエントも協働的に参加し，共にデータ収集や解釈，報告書を書く作業を行うことがあり，これが結果的に治療的な作用を及ぼす。事例の当事

者は，現在の「(問題状況に関する) 物語」に愛着を持ち修正されることに抵抗をするが，クライエントは援助的，共感的な関係の中において，「新しい物語」を生み出すことができるのであり，親や子どもが新しい物語を生み出していくことを助けることが求められる。具体的には，自分が保護者だったとしたらアセスメント結果をどのように提示されると良いと思うか，アセスメント結果を共有する際，どのような言葉を使うべきか，話のトーンはどうしたら良いか，親が困惑しているときの対処や方法などについて考慮する必要性を指摘している。また，Frick et al., (2010) は，アセスメントの報告書・結果を関係者に適切に説明することは，心理アセスメント教育の中で十分に訓練されてこなかった経緯を指摘し，たとえば，保護者へのフィードバック面接では，直接的かつ正直であること，面接やフィードバックの際に質問されるであろう事柄に答えられるように準備すること，面接のために十分な時間を計画すること，不確かな言及・予測を避けること，難しい情報を伝えるために基礎的なカウンセリング・スキルを用いること，検査結果を受け入れられない保護者がいることを考慮するなどの姿勢が求められるとしている。さらに Smith (2010) も，保護者自身が積極的に問題状況についてアセスメント観察を行ったり，子どもの検査結果について協働的に議論に参加する方法は，援助介入を効果的に進めるための要素として機能すると述べている。

　Tharinger et al., (2011) は，子どもの臨床事例に関するアセスメントは，子どもや周囲の関係者にとって有用なものでなければ，援助も有効とはなり得ないと述べ，「関係者にとって有用なアセスメント」と「実証的知見に裏打ちされた実践 (Evidence Based Practice) に基づくアセスメント」の両立を重視している。これは，学校場面での教師との協働にも生かすことができ，教師と共にアセスメント結果を協働的に作り上げる作業を行うことで，教育現場における生徒理解・介入に長期的に役立つものになると述べている。

　日本では，森田・永田 (2012) による一連の研究の中で，心理検査を用い

たアセスメント結果を，クライエントやその関係者にどのようにフィードバックするか，的確なフィードバックをするためにはどのようなアセスメント・スキルが必要とされるのか，アセスメント・スキルを育成するために有効な養成教育とはどのようなものかが検討され，その結果の一部は，竹内（2009a）においてまとめられている。森田（2009）は検査結果のフィードバックは，それ自体が治療的コミュニケーションであり，クライエントあるいは関係者との間で協働関係をつくるための重要な仕事と述べている。小山（2008）も，心理専門職が他職種と交わる機会が増えたことで，心理査定領域における新たな課題として，心理査定結果に関する情報を他職種にも理解できるようなわかりやすい言葉を用いてフィードバックする努力が求められるようになっていると述べている。たとえば被検査者に対しては，「被検査者に伝わる言葉を用いる」，「伝える情報を選定する」，「受け入れられそうな肯定的内容から伝達し，徐々に現実の自己概念と相いれない内容を伝える」，「すべての結果を一方的に説明せず，個々の検査所見ごとに被検査者からの応答を求め，所見の推敲に被検査者の協力を求める」「解釈としてしっくりいかないところについて話し合う」，「結果に異議と唱えることはよいが結果すべてを放棄することはない」などの方法が提示されている。

　竹内（2009b）も「わかりやすい言葉（一般の人や他職種でもわかるような言葉）で伝える情報を絞って伝える（ポイントを絞る）」，「問題の理解と今後の援助の方向性について記述する」，「具体的な根拠を挙げて説明する」，「伝えるだけで終わらせず話し合う時間を設ける」，「出来上がった理解を伝えるに留まらず対話の流れの中で検査結果の理解を共に深める」など，双方向のコミュニケーションが重要であると述べている。この作業が結果的に，心理専門職にとっての見立てと方針に役立つだけでなく，クライエントの自己理解や保護者および関係者の理解の促進，治療面接中の課題の明確化と共有，セラピーを進める道具として心理検査を活用できる，検査のフィードバックによってセラピー継続の動機づけを高めることができる，などにつながると指

摘されている。

　吉川（2009）は，協働的な実践のためには互いの専門性を知り，相手にとってその専門性が最も発揮できるような接点を作ることが重要であるとし，アセスメントを俯瞰した立場から，協働的に活用できるようにするメタ・アセスメントの必要性を提示している。専門職が独自のアセスメントを行い，それぞれの専門性に基づく援助を実践しているのであれば，その違いを意識するとともに，共通性を把握し，他の専門職固有の視点とのつながりを把握することが援助において重要であると述べている。効果的な協働を実現するためには，自身の専門的アセスメントを行い，他職種・他組織の意見，考え，視点，立場をも考慮した上での幅広く俯瞰したアセスメントを行い，相手の立場を知った上で，相手にとって動きやすくなるようなつながりをつくること，クライエントを含めた他の専門性を含む人とのつながりを紡ぎだすことが求められる（吉川，2009）。

3．協働的援助につなげるアセスメントの実践に関する教育訓練

　以上，治療的かつ協働的援助につなげる様々なアセスメントの実践に関する研究を概観した。このアセスメントは，個々の専門職ごとに用語は異なるとしても（例：医師であれば診断，教師であれば児童生徒理解），援助対象者の問題の解消に向けて，独自の専門性に基づいて理解を深めるという点は共通している（吉川，2009）。しかし，各々の専門職のアセスメントは，受けてきた教育訓練や背景となる学問体系が異なるために，クライエントの問題に関する情報をどのような観点から集め，どのように情報を整理しつつ，援助方針を定めるかについて相違があると考えられる。もちろん，この違いこそが，各専門職それぞれの独自性につながる重要な部分ではあるものの，実際には，それぞれの専門職の中核をなす理念と価値観の違い，クライエントの診断・アセスメントの手順，および問題定義の方法が異なるといった点が，他職種との協働を困難にする一因としても指摘されている（渋沢，2002; San

Martín-Rodríguez, Beaulieu, D'Amour, & Ferrada-Videla, 2005）。

　したがって，どのような社会領域で活動する心理専門職においても，アセスメントに関して，他職種との専門性の違いを意識した上で，協働的に事例に関与するために必要な知識・技能を模索する必要がある。具体的には，様々な視点を持った他職種と円滑に協働しつつ事例の問題の効果的な改善につなげるために必要なアセスメントに関する研究知見を蓄積する必要がある。様々な困難や課題を抱えた人々を効果的に援助していくためにも，各々の専門職によるアセスメントの見解を相互に共有しながら援助の方向性を探求していくために，心理専門職はどのような点に配慮し，どのような工夫や方略を用いることが求められるのかを検討しながら，アセスメントを基盤として協働的な援助活動につなげるための実践的，研究的な議論を積み重ねる必要があると考えられる。

　加えて，アセスメントを基盤として心理専門職が他職種と円滑に協働するための実践的示唆を検討することで，心理専門職における「多職種協働に関する能力」（Figure 1-1）の育成・教育訓練につなげることも可能になると考えられる。

　実際に，先述したように協働にあたって専門職の多職種協働能力を育成する教育訓練が強く求められ，議論されている（新井，2007; 福山，2009; 神山ら，2009; Körner et al., 2013; Lown et al., 2011; 松岡，2009）。一方，日本における心理専門職にとっては多職種との協働に関する教育訓練は発展途上ではあるものの，下山（2009b，2010），藤川（2007a，2007b，2009），Fujikawa（2009）による研究が行われるようになってきている。

　たとえば，下山（2009b，2010）は，心理専門職にとって医療領域における医師と協働して医療サービスに携わることのできる心理職の必要性が高まっている現状を指摘し，医療領域における臨床心理研修プログラムの研修マニュアルの作成，および教育訓練の実施を行っている。特にアセスメントとの関連については，医療現場で働ける心理職としての基礎的な力としてアセス

メント能力の向上と同時に，主訴や状態を医師が納得できるように短時間で説明する能力を身につける必要性を指摘している。

　一方，藤川（2009）による研究では，異職種間コラボレーションの技能の教育に焦点化した臨床心理職の教育・訓練プログラムを開発することを目的とし，イギリスとカナダの8つの大学院・教育機関にて教育内容の実態調査を行い，得られた情報を元に，日本の臨床心理職養成大学院に適した教育・訓練プログラムについて考察している。その研究の一部として，Fujikawa（2009）は，海外の実態調査をもとに日本の心理専門職の協働に関する教育訓練の方向性について考察している。具体的には，日本の臨床心理学の歴史と展開について整理しながら，日本の臨床心理士は社会のニーズに応えるだけの準備が十分にできていないことを指摘している。現代の心理専門職において多職種協働やチームワークは必須の技能とされているものの，十分に実践的指針や教育訓練の在り方が整備されていない要因の1つとして，歴史的に精神内界，内的な心理療法モデルに基づいて日本の心理臨床活動が発展してきたこと，実証的研究に裏付けられた実践（Evidence-based-practice）を踏まえて社会の中で関係職種と協働し，臨床実践を行う基盤が十分に整っていない経緯を指摘している。その上で，予備的研究ではあるものの，大学院生を対象として，ロールプレイング課題を用いた臨床心理職養成のためのコラボレーション技能訓練プログラムを試行している。その結果，研究者独自が作成したコラボレーション技能評定尺度（20項目，5件法）やロールプレイ中に考えたこと，気づいたことに関する自由記述を通して，コラボレーション技能が高まる効果が見られ，プログラムの内容や評価方法を今後の課題として述べている（藤川，2009）。

　アセスメントが他職種との協働的援助の基盤となり得ることを踏まえると，心理専門職独自のアセスメント能力そのものを高める教育訓練に関する各種の議論（e.g., Krishnamurthy et al., 2004; Youngsrom, 2013）にとどまらず，今後はアセスメントを基盤とした他職種との協働的援助へとつなげる教育訓練プ

ログラムに関する議論を積極的に進める必要があると考えられる。

第5節　本章のまとめ

　第1章では，複雑かつ多様なメンタルヘルスの問題を抱えている現代社会の人々を効果的に援助するために，職種間協働が必要であること，心理専門職もメンタルヘルスの問題を生物・心理・社会モデルという幅広い視野で捉えつつ他職種と共に協働的な援助活動を展開することが求められていること，さらにアセスメントが他職種との協働の基盤となり得る可能性を指摘し，本研究全体の背景となる問題意識を整理した。

　現代では，社会構造や人々の生活スタイルの変化に伴い，ヒューマン・サービス活動を行う様々な対人援助職が，現代社会で生活する人々を支えるために重要な役割を果たしている。また，職種間の専門性の相違によって生じる葛藤・対立を乗り越えて人々を援助するために，職種間の効果的な協働および，そのための教育訓練が求められている。人々のメンタルヘルス問題への理解と援助に貢献することが期待されている心理専門職にも独自の専門的能力や役割が求められ，社会の中で心理援助活動を展開する際には，様々な専門性を持った他職種と協働的に活動しながら，自らの専門性を発揮し，事例の問題の効果的な援助・改善につなげることが必要とされている。このような職種間の協働に基づく援助を行うことは，複雑化・多様化した事例の改善につながるばかりではなく，職種間のサポートに伴う安心感の向上や，協働的援助の実践の積み重ねを通して，専門職としての成長・発達につながる可能性もある（Hayes, 2001; 宇留田, 2004）。

　職種間協働に関する要因は社会レベルの要因から個人内レベルの要因まで多種多様に指摘されているが（宇留田, 2004; 菊地, 2004; 藤井・川合, 2012），本研究では，心理専門職と他職種との協働に必要な要素としてアセスメントに着目した。なぜなら他職種と協働する際には，それぞれのアセスメントに基づく見解を職種間で相互に共有し意思決定しながら，援助活動につなげる

ことが求められるためである（松澤，2008; 吉川，2009）

　現代の社会状況を踏まえると，心理専門職がどのような社会領域で活動するにせよ，多様な学問的背景や専門性を持った対人援助職との協働的な援助活動を円滑に行うことは，今後益々求められる。本節で提示したアセスメントの役割と研究の発展可能性に関する議論は，他職種との協働的関係を構築するための要素の1つであるものの，心理専門職が現代社会の中で，より効果的に人々の抱える問題を援助・解決するための一助となり得る可能性があると考えられる。

　なお，心理専門職による活動は，教育，医療・保健，福祉，司法，産業など多領域に及び，当然のことながら，心理専門職には，それぞれの領域や対象者に応じた援助およびアセスメントが求められる。そこで，続く第2章では，児童青年期の子どもたちの学校不適応問題に焦点を当て，心理専門職と教師の協働や，その援助活動の基盤となるアセスメント研究の具体的な方向性について検討する。

第2章
学校不適応事例における心理専門職と教師の
協働的援助の基盤としてのアセスメント

　第2章では，心理専門職の活動領域として学校教育領域に焦点をあて，多様な学校不適応事例への理解と援助に関して，アセスメントの観点から心理専門職が教師を中心とした他職種と協働することの重要性，および今後のアセスメント研究の方向性を具体的に検討する。第1節では，様々な困難を抱える学校不適応問題の現状と，それらの問題に対して心理専門職が果たす役割や求められる専門的能力についてまとめる。第2節では，学校不適応事例への効果的な援助のために職種間協働の重要性を指摘し，心理専門職と教師の協働に関する各種の先行研究を整理・概観する。第3節では，心理専門職が教師と効果的に協働するための要素の1つとしてアセスメントに着目し，学校不適応への理解と援助に関連した心理学的アセスメント研究を整理・概観する。第4節では，第3節での議論を受けて，心理専門職が教師と円滑に協働し，学校不適応事例の効果的改善につなげるための今後のアセスメント研究の方向性を検討する。最後に，第5節において第2章全体のまとめを行う。

第1節　学校不適応問題の現状と心理専門職に求められる能力・役割

1．学校教育における学校不適応問題の現状
　学校教育は，その社会に生活する子どもたちが，望ましい人間的成長を果たすことができるよう，学校という場で組織的，計画的に進められる。したがって，学校教育の在り方は，常に社会の現状や課題と密接に関連しており，

今後の社会を担う子どもたちにどのような教育を行う必要があるのかを吟味すること，また，そのような学校教育が社会全体の流れに有益な変化を生み出す可能性がある点を意識することが重要となる（Center for Educational Research and Innovation, 2007, 2008）。特に，近年は，世界的に知識基盤社会と言われており，新しい知識・情報・技術が，政治・経済・文化をはじめとして社会のあらゆる領域での活動の基盤として重要性を増している（久野・渡邊，2009; 文部科学省，2008）。そのような社会情勢を踏まえ，平成20年の文部科学省による教育振興基本計画では，子どもたちに対して，社会で自立して生きていく力や，社会を支え国際社会をリードできる力を育てることが大きな目標として目指されており，様々な教育政策や教育活動を通して子どもたちの「生きる力」の育成が求められている（有薗・齋藤，2008）。

　しかし，現在では，様々な学校不適応問題が山積している。文部科学省（2013）による平成24年度「児童生徒の問題行動等生徒指導上の諸問題に関する調査」によると，小・中・高等学校における，暴力行為の発生件数は約56,000件で，前年度とほぼ同数であり，小・中学校における不登校児童生徒数は約113,000人で，前年度より約4,800人減少しているものの，高等学校では約5,800件と前年度より増加している。また，自殺した児童生徒数は196人と，前年度より6人減少しているが，依然として深刻な状況と考えられる。さらに，小・中・高・特別支援学校における，いじめの認知件数は約198,000件で，前年度より約128,000件増加しており，アンケート調査等を通して各学校におけるいじめ認知・対応が顕著に進められている（内閣府，2013）。

　その他にも，無気力，学習意欲の低下，耐性がなく未成熟等の社会性をめぐる問題，学校へ行く義務感の希薄化，家庭の教育力の低下，児童虐待など，児童青年期の子どもたちに関わる様々な諸問題がある（不登校問題に関する調査研究協力会議，2003）。また，平成19年度から特別支援教育が本格的に推進されているが（特別支援教育の在り方に関する調査研究協力者会議，2003），発達

障害に関する誤った理解や対応の不適切さによっては，いじめ，暴力，非行
など様々な不適応問題の表出につながる現状も指摘されており（横谷・田
部・石川・高橋，2010），子どもたち一人ひとりの教育的ニーズに応える，適
切な理解と支援，環境整備の充実が求められている（横尾・松村・大内・笹
本・西牧・小田・當島・藤井・笹森・牧野・德永・滝川・太田・渡邉・伊藤・植木
田・亀野，2009）。

　さらに，これらの不適応問題は，家庭，学校，地域などを含めた社会全体
の変化と子どもや大人の意識および行動の変化に伴って，近年，問題を引き
起こす背景・要因などが複雑かつ多様化しているとも言われている（国立教
育政策研究所生徒指導研究センター，2009）。実際に，不登校も，その要因や背
景は一つに特定することができず，多様な要因が複雑に絡み合って生じてい
るという見解（不登校問題に関する調査研究協力会議，2003）は，もはや自明の
こととなっている。したがって，現在の学校不適応事例は，特定の枠組みや
視点だけで理解できるほど単純ではなく，学校現場では，様々な背景要因を
抱えつつ，多様な問題を呈している子どもたちへの適切な理解と支援が求め
られている。

2．学校不適応問題における心理専門職の活動・役割

　このような複雑かつ多様化している学校不適応を抱えた子どもたちへの対
応について，日常的に子どもたちへの教育活動を行う教師の役割は大きい。
たとえば，不登校問題に関して，小林・小野（2005）や小林・平野・伊藤・
木村・江尻・金・早川・村松（2006）は，不登校数の減少のためには，不登
校になった後の教育臨床的介入を充実させるだけでなく，いかに不適応の初
期段階において早期発見・早期対応を充実できるかが重要であるとして，
日々子どもたちにとって身近な教師の役割が非常に重要であると指摘してい
る。

　さらにこれらの問題への援助にあたっては，1995年にスクールカウンセラ

一活用調査研究委託事業として開始された SC や，あるいは公立教育相談機関の心理相談員など，心理専門職が果たす役割も重視されている（文部科学省，2009; 植山，2011）。

　そこで以下，学校現場に関与する心理専門職の活動モデルや求められる能力について国内外の文献をもとに概観する。

1）米国スクールカウンセラー協会（American School Counselor Association: ASCA）

　まず，米国 SC 協会（ASCA）によるモデルがあげられる。Stone & Dahir（2007）は米国の SC に関する文献を通して，カウンセラーに求められる役割として「カウンセリング（クライエントの自己理解を促進し，自己効力感を高め，他者との関係性を発展させることを目指して，理解と行動変容を助けるプロセス）」，「コンサルテーション（親，教師，コミュニティが生徒の学力向上，キャリア開発，個人／社会的発達を促進することに役立つ情報・スキルを提供する）」，「サービス間のコーディネーション（教師，親，職員，コミュニティ資源間のつなぎ役として働く）」，「リーダーシップ（教師，学校管理者，学校関係者との協働におけるリーダーまたはチームメンバーとして活動する）」，「アドボカシー（経済的地位，性別，人種，民族の違いに起因する生徒の成績の重大な格差をなくすことの重要性を主張する）」，「協働とチーム作り（教師，学校管理者，学校外の関係者と協働する）」，「資源の管理（子どもの学校での成功を援助するのに必要な資源を学校内やコミュニティから見つけ出し，関わり，連携させる）」，「データの活用（データに基づく結果をスクールカウンセリングプログラムと学業達成と結び付ける）」，「情報テクノロジーの活用（生徒の状況や変化をモニターする）」をあげている。米国 SC 協会（ASCA）では子どもの学業発達，キャリア発達，個人的・社会的発達を包括的な視点，方法を用いて目指す「包括的発達モデル」を国家モデルとし，個々の発達目標は独立しているものではなく子どもの発達は相互に影響しつつ成し遂げられると考えられている（葛西，2007）。

　さらに，Stone & Dahir（2007）によると，1997年の Education Trust の「スクールカウンセリング転換イニシアティブ」により，データに基づくスクールカウンセリングの実践，リーダーシップ，アドボカシー，コラボレーション，システム変革が，SC の役割の中心として提起されたとされている。特に近年では，米国スクールカウンセラー協会の国家モデルにより，アカウンタビリティがスクールカウンセリングの4つの中心分野の一つとして提案され（American School Counselor Association, 2003; Campbell & Dahir, 1997），Stone & Dahir（2007）は MEASURE モデルを提案している。Stone & Dahir（2007）による MEASURE モデルでは，校長や教職員との協働に基づいてカウンセラーはデータを用いて学校発展のための問題を定め，測定可能なゴールを開発し，学校と地域の人材と協働して，進歩をモニターし，積極的な変革を想像していくものであるとされている。このモデルの特徴は単にSC の活動内容（例：週に何時間個人カウンセリングを提供したかを記録する）ではなく，どのように生徒たちの向上に貢献できるかを立証する事に重点をおいている（野内・井上，2007）。MEASURE は，Mission（学校の方針／任務：カウンセリングプログラムを学校の方針に関係づける），Elements（要素：重要なデータ要素を検討する），Analyze（分析：1つのデータに絞った後に，さらにそれを分析し，どのような障壁が背景にあるかを調べる），Stakeholders-Unite（利益関係者／貢献者による共同作業：活動においてどのような利益関係者が必要なのか，また彼らがどの様に貢献できるか，アクションプランを立てる），Reanalyze（分析，見直しと改正：アクションプランの導入と実行を経て，その結果の分析をもとにアクションプランがどのように目標達成に貢献したかを議論する），Educate（教育：各利益関係者／貢献者がいかに目標達成に携わったかを報告する）の頭文字で，この6つのステップにそって，スクールカウンセリングの効果を客観的に示すものであり，複雑な統計手法を用いずに，数量的，統計的な方法を用いて評価を行うのである（野内・井上，2007）。

　さらに，米国の SC を養成する大学院では一般的なカウンセリングの技術

の訓練，および実践訓練（面接と査定，個人と集団など）がなされた上に，専門的なスクールカウンセリングの知識や技術を行うのが一般的であり，米国のSCは国家資格として認定されており，かつ，ナショナルスタンダードとして統一した訓練方法が打ち出されている（葛西，2007）。

2）National Association of School Psychologist（NASP）

　次に，National Association of School Psychologist（2010）によると，包括的かつ統合的なスクールサイコロジストによるサービスのモデルとしては，大きく3つ提示されている（Figure 2-1）。第一にスクールサイコロジストの援助サービスの基礎（Foundations of School Psychologist' Service Delivery：発達や学習の多様性，研究とプログラム評価，法的，倫理的かつ専門職としての実践），第二に援助サービス全体に影響する実践（Practices That Permeate All Aspects

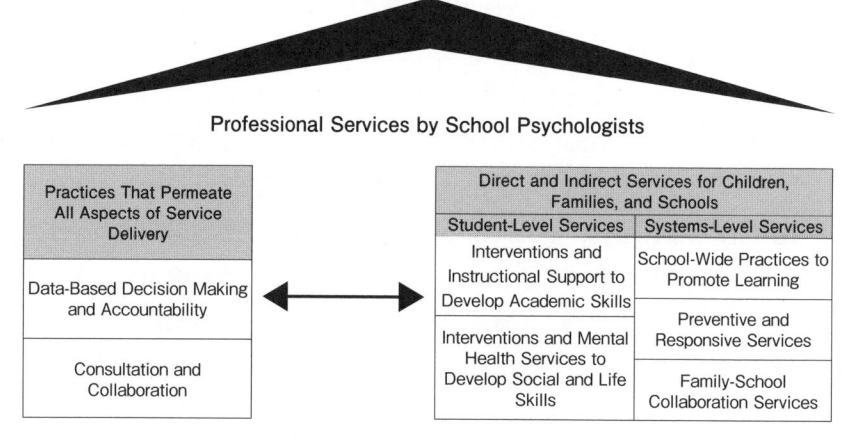

Figure 2-1　Model of comprehensive and integrated school psychological services.
（National association of school psychologist: NASP, 2010）

of Service Delivery：データを基にした意思決定とアカウンタビリティ，コンサルテーションとコラボレーション），第三に子どもや家族，学校に対する直接および間接的援助サービス（Direct and Indirect Sevice for Children, Families, and Schools）である。Tharinger, Pryzwansky, & Miller（2008）も学校心理学は専門職心理学（Professional Psychology）の１つの重要な専門領域であると述べ，Splett, Fowler, Weist, McDaniel, & Dvorsky（2013）も NASP モデルを参考に，学校メンタルヘルス実践のために求められる３段階から構成される心理教育的援助（Three tiered continumm of shool mental health（SMH）practice）を提示している。その実践では，スクールサイコロジストには，Tire1（Primary, Universal）としていじめ，自殺，暴力，心身の健康問題に関する予防的実践の計画・実施・評価に関する活動，Tire2（Secondary, Targeted）として付加的な援助が必要な子どものスクリーニングや介入の実践，Tire3（Indicated）としてエビデンスに基づくアセスメントと介入や他職種との協働に基づく援助の３点から包括的に活動することが求められている。

3）日本におけるスクールカウンセリング研究

　日本では，学校不適応に関する理解と対応を模索する研究は，SC 導入以前からすでに多数行われてきた。たとえば，内山（1996）によると，教育相談とは教育上の種々の問題について教育問題に詳しい教師やカウンセラーなどの専門家が行う相談活動であり，日本の教育相談事業は1917年に，久保良英が東京市（当時）の設けた児童教養研究所で行った教養相談からはじまったとされている。その後，1931年以降，様々な公私諸機関に教育相談関連の相談所，研究所が設置され，特に，第二次世界大戦後，各大学や都道府県，主要都市にも教育相談機関が設けられ，活発な活動が展開された。教育相談を構成する理論的基盤は，学際的かつ広範囲にわたっているが，カウンセリングや臨床心理学が主要なものであり，教育相談活動の充実のためにはこれらの発展が必要となると指摘されてきた（内山ら，1996）。

　その後，いじめの深刻化や不登校児童生徒の増加を背景として1995年の SC 制度導入以降には，SC の行うスクールカウンセリング活動の在り方に関して，多様な研究が行われるようになった。

　たとえば，スクールカウンセリング活動に関する実践報告を行った徳田（2000）は，SC には統合アプローチとして，個人（内省促進的支援）と環境（関係育成的支援）の両視点を含めたアプローチが必要であると述べ，竹森（2000）も SC は「個人療法をそのまま適応できない」としつつ，「個人（生徒）だけを対象としたものではなく，学校全体（管理職，担任，養護教諭など）のみならず，家庭をも含んだ複数の相談者を同時に対象とした治療技法が求められる」と指摘している。一方，スクールカウンセリング活動を理論的観点から述べた伊藤（2004）は，コミュニティ心理学の立場から「"不適応問題"を"個人"の"治療"すべき問題と位置づける個別的対応から，"個人"への丁寧な視座を保ちつつも，複雑に絡み合う問題を前に，子ども達だれもが抱える"発達課題"や"発達支援ニーズ""環境的要素"に目を向けて，統合的・包括的な成長促進的支援を行うことが求められる」と述べている。また，石隈（1999）も，学校心理学の立場から，子どもと環境との折り合い・適合の観点から問題を捉え，教師や SC，保護者によるチーム支援の重要性を指摘している。栗原・上地（2001）は，学校カウンセリングにおいては学校現場での生徒の援助ニーズや学校の制約条件を踏まえると，従来の心理臨床モデルではなく，ブリーフカウンセリングが最も適したモデルとなり得る可能性を述べている。

　米国では SC の活動に関して多様な理論的立場が存在し，異なるアプローチが行われてきた結果，学校管理者や教師，保護者などを混乱させてきたという経緯を踏まえ，ASCA による統合的な SC の活動モデルが提示されるようになったという経緯があるとされている（American School Counselor Association, 2003）。米国に比べると，日本の SC 活動における理念や目的は，各々の研究者や実践者によって異なっており（瀬戸・下山，2003），統一的な

SC の活動モデルに沿った養成課程も存在していないのが現状である（藤平，2009; 植山，2011）。しかし，日本では，学校現場に関与する心理専門職にとっての統一的な活動モデルの構築には未だに至っていないものの，学校現場に適した方法で心理的援助活動を展開するための実践報告や研究知見は様々に蓄積されている。特に，以上の先行研究では，問題発生後に，個人を対象に，心理臨床の専門家が，非生活空間で，治療的介入を行う，といった従来の個人療法的な心理臨床活動（近藤，1995）とは異なり，個と環境を踏まえた全体的かつコミュニティ感覚を持った活動や，学校現場の実態に馴染みやすく教師や保護者と協働しやすい活動が重視されているといえる。

　さらに，国および地方自治体においては，SC の成果を十分に検証し，その効果を可能な限りデータで示すことが求められている（文部科学省，2009）。MEASURE 法（Stone & Dahir, 2007）に関連して，日本においても森（2002）によるスクールカウンセリング・システムの評価研究，黒沢（2007）によるプログラム評価研究に基づくスクールカウンセリングの議論が行われ始めている。SC 活動の良し悪しはカウンセリングを行った回数や件数で評価されるものではなく（野内・井上，2007），勤務校の実態やニーズに応じた活動ができているかどうか，結果的にどの程度生徒の学校適応や卒業後の生活適応への支援に役立ったかどうか，SC にも自身の実践を適切に振り返る能力が求められている（葛西，2007）。SC には現状に満足することなく自身の活動を評価し，SC 活動が学校の教育活動や生徒支援にとってどのような効果があるのか，さらにより良い活動方法はないのか，SC 自身も反省的に振り返り，アカウンタビリティを示すこと，それを通じて自らの実践を改善させていくことが必要であると考えられる。

　以上の米国 SC 協会，国際学校心理士会，日本のスクールカウンセリングに関する研究を概観してきたが，国家間，文化差による相違はあるものの，以上のように，様々な活動能力が学校現場に関与する心理専門職には求めら

れている。特に，他の活動領域と異なり，量的にも質的にも多様な子どもた
ち，保護者，学校・教師との関係の中で活動を行うことが求められているた
め，学校現場において心理専門職にはこれらに対応できるような多様な活動
能力が求められる（Barden, 2003）。

第2節　心理専門職と教師の協働に関する先行研究の検討

1. 教師との協働に基づく心理援助活動の必要性

　多種多様な学校不適応問題に対して包括的かつ効果的なメンタルヘルス・
サービスを実践するためには，教師に加え心理専門職の役割が重視されてお
り（Splett et al., 2013），その包括的な実践のためには，教育活動と（身体的・
精神的な）ヘルスサービスが統合される必要がある（Phelps & Power, 2008）。
特に，近年の，複雑化・多様化した様々な学校不適応問題の現状を踏まえる
と，教師や心理専門職が，それぞれ独自の専門性に基づいて個別に事例に関
与するだけでは，効果的な支援は期待できない可能性があることから，立場
が異なる複数の関係者による連携や協働，ネットワークを踏まえた支援の必
要性が数多く指摘されている（e.g., Dougherty, 2008; 瀬戸，2006; 植山，2008）。
　たとえば，不登校問題における学校・家庭・地域の「連携ネットワーク」
（不登校問題に関する調査研究協力会議，2003），非行等の問題行動に対する地域
のネットワークを活用した学校と関係機関の専門家による「行動連携」（少
年の問題行動等に関する調査研究協力者会議，2001），特別支援教育における校内
委員会，特別支援教育コーディネーターの専門性，広域特別支援連携協議会
（文部科学省，2003）など，様々な学校不適応問題に対しては，役割や立場が
異なる複数の人々が協働して事例に対応することの必要性が高まっている。
　その一方で，様々な専門性を持った職種が共に事例に関与するからこそ，
置かれている状況や専門性の相違から，職種間の対立や葛藤が生じる場合も
ある（国立教育政策研究所生徒指導研究センター，2010; Nellis, 2012）。したがって，
様々な立場の職種が，不必要な葛藤や対立を生むことなく事例援助を展開す

ることが必要であり，また，学校教育領域に関与する心理専門職の臨床実践および教育訓練・養成課程においても，教師を中心とした他職種と円滑に協働するための知識，技能，態度が重視されている（藤平，2009; Splett, Reflections, Maras, Gibson, & Ball, 2011）。

　このように，SC や心理教育相談員などをはじめとした学校教育に関わる心理専門職に対して，様々な学校不適応事例の改善や予防への役割が期待されている今日，心理専門職の立場から，教師との協働の中でいかにその専門性を発揮するかが重要な課題となっていると考えられる。

2．教師と心理専門職の協働に関する先行研究

　第 1 章において，宇留田（2004），菊地（2004），藤井・川合（2012）の指摘を要約し，職種間の協働に関連する要因として，大きく 5 点あげた。すなわち，①社会レベルの要因（公的な位置づけや政策・制度による支援，人員配置，協働の重要性に対する社会の意識などに関する要因），②組織レベルの要因（職種間連携に関する組織内の運営体制などに関する要因），③チームレベルの要因（関係者会議の運営，職種間の連絡・調整などに関する要因。1 つの目標に対して協働するチームが目標を達成させるために，十分機能し，責任を果たしているかどうか），④個人間レベルの要因（他職種と人間関係を形成し，チーム内で自らの専門性を活かす能力・姿勢などに関する要因），⑤個人内レベルの要因（個々の専門職独自の適性・能力に関する要因）である。

　これらの要因を教師と SC の協働に当てはめると，①社会レベルの要因に関しては，たとえば SC の採用システム，勤務体制，各学校の実態・ニーズに応じた配置日数・方法の検討が行われている（文部科学省，2009）。ここでは，単独校方式や拠点校方式にこだわらない配置方法や，学校ごとに勤務時間が異なる等，一律としない勤務時間の在り方など，地域や学校の実情に応じた柔軟な活用について検討されている。SC の小学校への配置については，小・中学校が連携した配置（拠点校方式）など，効果的な配置方法を検討し，

今後とも進めていく必要があると指摘されている。

　②組織レベルの要因では，学校組織側の SC の受け入れ体制が重要とされており（伊藤，1999），SC 活動に関する教師のレディネスの向上（河村・武蔵・粕谷，2005），SC 活動に関する共通理解（田中・井上，2001）や職務内容の明確化（土居・加藤，2011b），学校組織体制の充実（瀬戸，2006; 山口・伊藤・下平，2012），連携する機会や時間の確保などが必要とされる。文部科学省（2009）においても，「学校は，スクールカウンセラーを有効に機能させるための組織体制を構築することが大事である。そのために，教育委員会は学校に，学校は教職員にスクールカウンセラーの持つ専門性や役割などを，適切な機会を設け，正しく認識するよう伝えることが必要であること」と指摘されている。

　③チームレベルの要因では，援助チームによる支援体制の構築（石隈・田村，2003; 田村，2003; 田村・石隈，2003），教師と SC をつなぐコーディネーターの配置（河村ら，2005; 文部科学省，2009），職種間の協働を円滑化するコーディネーション行動・能力の在り方（家近・石隈，2003，2007，2011; 瀬戸，2010; 瀬戸・石隈，2003，2008）が検討されている。実際に，「学校において，スクールカウンセラーを有効活用するためには，教育相談，生徒指導，特別支援教育などの校内組織の有機的な連携や，各分野を見てコーディネートを行うコーディネーター役となる教員を位置付けることが重要である。このような体制づくりには，校長の明確なビジョンと強力なリーダーシップが必要となる」と指摘されている（文部科学省，2009）。

　④個人間レベルの要因では，心理専門職が教師と関わる際に，心理臨床のやり方を押し付けず教師の立場や方法を尊重する，心理療法のみならず集団に関わるスキルやコンサルテーションの技術を磨く，中立的な場を生かし「つなぐ」役割をとる，積極的に教師と接触して事例の継続的支援を行うことなどが重視されている（安養・下田，2010; 土居・加藤，2011a; 松岡，2011; 鵜養，2001）。その他にも，たとえば，相模（2004）は SC が学校システムに溶

け込み，教師との協働を円滑にするために必要な点として，「伴走」（学校システムを把握し学校の教員組織に合わせながら SC が活動する枠組みを作ること），「調節」（子ども達に SC の存在を知ってもらうためのプロモーション活動を行うことや，教員のたまり場に出入りすること），「模倣」（挨拶などの学校内の有形無形のルールを模倣しながら，学校内に溶け込んでいくこと）などの重要性を指摘している。つまり，SC が教師や学校そのものと協働的な関係を築くために，「学校という土俵の上では，学校のルールに従う」（伊藤，2002a）ことが必要なのであり，その中で，SC としての専門性を発揮する姿勢を持つことが重要と考えられる。また吉村（2012）は，SC 側からの積極的な関与が教員の満足度につながることを指摘し，土居・加藤（2011c）は文部科学省（2009）による SC 事業のさらなる発展のために，SC には待機型から接近型の行動姿勢が求められるとの指摘を踏まえ，SC が児童生徒の問題に積極的に関わるための方法の一つとして教師への継続的支援を開発・試行し，これが SC と教員の連携促進に及ぼす効果を検討している。広瀬・渡辺（2010）は，公立教育相談機関のカウンセラーとして，授業観察を教師とともに行い子ども理解を進める体験が，自身の主観と他者の主観を明確にさせ，自身の主観を鍛えていく作業となる体験を報告している。さらに，根塚・伊東（2010）は，教育センターの子ども支援会議を通したコラボレーションに関する実践研究を行っている。学校不適応事例について関係者で集まり，情報交換，今後の方針について話し合う場，すなわち公的な場における多分野協働の場の設定と，その中で場の力動を見立て働くという，いわば黒子のような心理士ならではの動きが重要とされている。山本（2012）も担任教師に SC との協働の開始を促す状況についてボトムアップ的に現状把握を行っている。その研究では，担任教師が SC に期待する活動として，生徒・保護者に一緒に対応する人になること，自分が対応するにあたっての相談者になること，自分の対応に役立つ情報の提供者となることが示されており，SC にとって教師と協働する際の指針が示されている。

　最後に，⑤個人内レベルの要因としては，心理専門職独自の適性・能力があげられる。多職種との質の高い協働のためには，まず個々の専門職独自の専門性を確立させることが重要とされている（藤井・川合，2012）。したがって，米国 SC 協会や国際学校心理士会，日本の SC に関する研究で議論されているような SC ならではの多種多様な専門的能力を有することが必要と考えられる。

　このように，心理専門職と教師の効果的な協働に向けて，様々なレベルからの検討が行われてきた。実際的には，これらの要因の多様さを踏まえると，土居・加藤（2011a）が指摘するように，実際には学校の組織体制と心理専門職側の努力の双方が効果的な協働には必要であろう。しかし，社会の中で責任ある活動が求められる心理専門職の立場を踏まえると，心理専門職にも自らの専門性を適切に示し，社会的活動の中で自身の存在意義を認めてもらえるような活動の積み重ねが強く求められている（村瀬，2011）。

　現場の専門職一人ひとりに必要な能力のあり方として，「社会人としての基本的な対人関係能力」および「個々の専門職独自の能力」に加え，「多職種協働に関する能力」が必要である（松岡，2009; 高橋，2011）ことは第 1 章で述べた（Figure 1-1）。類似した見解として植山（2011）も，SC には教師と共に行う専門性と，SC が独自に行なう専門性の両方が求められると指摘しており，これも前者が多職種協働の際に求められる能力で，後者が SC に求められる独自の専門的能力であると捉えることができる。心理専門職が自身の有効性を社会や関係職種に表現することが求められている現状を考えると，学校現場に関与する心理専門職にとっても教師との円滑な協働のためにどのような知識・技能・態度が求められるのか，その具体的な実践方法をより詳細に検討する必要がある。

3．心理専門職が教師と協働することによって期待される効果

　第 1 章 2 節における先行研究の検討を通して職種間の協働することによっ

てもたらされる効果について言及した。協働がもたらす主たる効果としては，何よりも事例の問題の効果的な改善につなげやすくなる点が指摘されている。加えて協働的な援助の過程では，職種同士のサポートに伴う安心感を得られることや，それらの実践の積み重ねを通して，専門職としての成長が期待できると考えられている。

　学校教育領域においても，心理専門職と教師の協働について類似した効果が期待されている。安養・下田（2010）は，学校不適応事例の効果的な改善につなげるためには，様々な社会資源がただ存在するだけでは十分ではなく，協働的な援助活動として，各社会資源がそれぞれの専門性を十分に生かし，適切に動くことが肝要であるとしている。同様に，学校心理学において職種間の協働的な援助活動として「チーム援助」の実践が提示されているが，これは「援助ニーズの大きい子どもの学習面，心理・社会面，進路面，健康面における問題状況の解決を目指す複数の専門家と保護者によるチーム」（石隈，1999）とされており，チーム援助の実践において事例の問題解決が主に重視されていると考えられる。また，石隈（2001）によって開発されたチーム援助志向性尺度においては，チーム援助に対する期待として，「児童や保護者に適切な対応ができる」「打開策が見いだせる」「児童や保護者への適切な対応が考えられる」「自分の仕事の役割を明確に出来る」などといった事例の問題状況への打開策や適切な対応につながる効果だけではなく，「協力的な雰囲気が生まれる」「やる気が起きる」「自分の気持ちをわかってもらえる」「負担が軽減される」などといった職種間の信頼関係に基づく安心感や動機づけの向上につながる効果が期待されている。

　したがって，学校現場に関与する心理専門職においても，協働によってもたらされる効果の実現に結びつく援助活動の展開が求められているといえる。

第3節　学校不適応への理解と援助に関する心理学的アセスメント研究の検討

1．学校不適応事例に対する協働的援助の基盤としてのアセスメント

　学校現場では以上のように様々な学校不適応問題について，教師に加え，心理専門職の役割が重視されている。SC に代表される心理専門職にも，子どものメンタルヘルス向上につながる包括的な心理教育的アプローチの実践のため，多様な能力が求められている（Splett et al., 2013; 植山，2011）。特に，複雑化・多様化した学校不適応事例に対して効果的な援助を行うために，職種間の協働やチーム援助が必須とされている。

　しかし，様々な専門性を持った職種が共に事例に関与するからこそ，職種間の対立や葛藤が生じる場合もある（国立教育政策研究所生徒指導研究センター，2010; Nellis, 2012）。したがって，様々な立場の職種が，不必要な葛藤や対立を生むことなく事例援助を展開することが必要であり，また，学校教育領域に関与する心理専門職の臨床実践および教育訓練・養成課程においても，教師を中心とした他職種と円滑に協働するための知識，技能，態度が重視されている（藤平，2009; Splett et al., 2011）。

　特に第1章で検討したように，心理専門職が他職種と協働する際に必要な要素としてアセスメントに着目することの意義は大きいと考えられる。実際に，アセスメントはあらゆる心理援助活動の基礎に位置づくものであり，学校現場における連携や協働を行う際にも重要な役割を果たすことが示唆されている。たとえば，田村（2003）は援助チームの特長として「①複数の専門家で多面的にアセスメントを行い，②共通の援助方針のもとに，③異なった役割を担いつつ，④相互に補い合いながら援助を進めること」と述べている。その過程で，保護者は家庭内の，教師は学校内の子どもの情報を提供することになり，SC に代表される心理専門職は，多面的な情報を元に問題状況に関する仮説を立てて実行しやすい援助の方向性を提案する役割を担うことが

多く，アセスメントから援助方針決定への流れについて専門的知識を有しているしている。瀬戸（2006）も学校組織特性の観点から教師とSCとの協働について検討する中で，教師とSCの価値観の違いに伴うアセスメントの相違が職種間の協働的援助の展開に影響を及ぼす可能性を指摘している。

　そこで本節では，以下，心理専門職と教師の協働的な援助活動の基盤としてのアセスメントに着目し，学校不適応への理解と援助に関連したこれまでのアセスメント研究を整理・概観した後，心理専門職が教師との協働を促進する要素の1つとしての今後のアセスメント研究の具体的な方向性について考察する。

2．学校不適応の理解と援助に関連した心理学的アセスメント研究の選定

　まず，学校不適応への理解と援助に関連したアセスメント研究を整理・概観するため，2000〜2012年の心理臨床学研究，カウンセリング研究，教育心理学研究，学校心理学研究，発達心理学研究，心理学研究の文献の中から，小学生〜高校生の学校不適応への理解と援助に関するアセスメント研究を選定した。何をアセスメント研究とするかの判断には，飯田（2008）や黒沢（2010）の文献展望における選定基準（何らかの尺度や検査の作成・開発，精緻化に関する研究をアセスメント研究と判断）を参考とした。しかし，これらの基準だけでは，芳川（2006）が指摘するように選定される文献が限られてしまう可能性がある。また，実際にアセスメントとは，事例について，人格，状況，規定因に関する情報を系統的に収集し，分析し，その結果を総合して事例への介入方針を決定するための作業仮説を生成する過程であり（下山，2001），事例に関する仮説生成−仮説検証を繰り返すプロセスである。したがって，アセスメントを，各尺度や検査を用いて事例理解を行う行為として捉えるだけでなく，収集された事例情報に基づき，様々な心理学的知識を活用しながら情報を総合的に分析・解釈し，援助の方向性を定める包括的な概念として

捉える必要がある。

そこで，本節では，尺度や検査等の開発・活用に関する研究に限定せず，実質的には援助介入やコンサルテーションに役立つ研究であっても，学校不適応へのアセスメントの視点として活用可能と判断できる研究は，幅広く積極的に選定することとした。その具体的な判断の詳細は，後述の文献展望の過程で述べる。なお，ここでは心理専門職が関与することの多い心理的不適応を中心的に検討するため，学業困難・学習支援，特別支援教育に関連する研究は，今回は除外した。

以上の方法によって，選定された論文の総数は197件であった。それらを分類すると，①新たな尺度・検査の開発や既存の尺度・検査の妥当性検討を行った研究33件，②子どもの心理・学校適応・問題行動に関連する要因やメカニズムを探った研究116件，③尺度や検査を用いて対象別，発達段階別に子どもの不適応状態の特徴把握を行った研究36件，④心理学的アセスメント・モデルの提案を行った研究2件，⑤学校現場において尺度・検査等を活用しながら教育・臨床実践を行った研究8件，⑥心理専門職と教師のアセスメントの特徴を比較検討しながら協働への可能性を検討した研究2件であった。

以下，第一に①〜④を「学校不適応への理解を促進する心理学的アセスメント研究」，第二に⑤⑥を「心理専門職と教師の協働に焦点を当てたアセスメント研究」として分けて概観する。

3．学校不適応の理解を促進する心理学的アセスメント研究の概観

まず①新たな尺度・検査の開発や既存の尺度・検査の妥当性検討を行った研究として，たとえば，高校生用学校生活スキル尺度（飯田・石隈・山口，2009），怒りの多次元尺度（下田・寺坂，2012）の作成・開発に関する研究や，動的学校画の学校適応アセスメントとしての有効性を検討した研究（田中，2009）などが見られた。これらの研究では，単に尺度や検査の開発・有効性

を検討するだけでなく，子どもたちの学校適応への援助・支援につなげることが重視されている。すなわち，学校生活スキルの獲得状況を把握しサポートが必要かどうかを検討すること（飯田ら，2009），子どもの学校での怒りに対する理解と援助を充実させること（下田・寺坂，2012），描画を一つの情報として子ども理解と支援につなげること（田中，2009）など，尺度・検査の活用することで，子どもたちの特徴や適応状態を把握しながら，援助の方向性を探ることができる点で，重要なアセスメント研究である。

　次に，②子どもの心理・学校適応・問題行動に関連する要因やメカニズムを探る研究である。たとえば，小保方・無藤（2005）は，親子関係，友人関係，セルフコントロールの観点から中学生の非行行為の関連要因を検討し，その抑止要因としてセルフコントロールの高さや親子関係の親密さなどを見出している。牧・関口・根建（2006）は，中学生の無気力感モデルの検討を行い，非随伴経験の多さだけでなく，随伴経験の欠如に伴うコーピング・エフィカシーの低さが無気力につながる可能性を指摘している。その他にも，中学生を対象に自己解決に関するイラショナル・ビリーフと過剰適応が学校不適応に及ぼす影響を検討し，「問題を自分一人で抱えて解決すべき」という認知への囚われが不適応感を高めてしまう可能性を指摘した研究（石津，2012）などが見られた。

　また，③尺度や検査を用いて対象別，発達段階別に子どもの不適応状態の特徴把握を行った研究として，たとえば，小学4年生の被虐待児と対照群の子どものロールシャッハ反応を比較した研究（坪井・森田・松本，2007）では，被虐待児は，色彩などの外部刺激への反応性が高く，「食物」「死」「火」等の反応内容が多いことが示されている。姫野・嶋田（2008）は，社会恐怖傾向を示す児童とそうではない児童の特徴を，行動レパートリー尺度や行動評定尺度を通して比較し，社会恐怖傾向を示す児童が，一部のスキルについて客観的にはスキル遂行できているものの，遂行できていないという認知の歪みを有する可能性を指摘している。さらに，抑うつ傾向の高い中学生を，不

登校，身体症状，社会的スキルによって類型化し，各類型に応じた効果的な援助の在り方を検討した研究（山口，2012），小学5年生～高校2年生を対象に，曖昧な攻撃に対する解釈と対処行動における，発達段階別の特徴を検討した研究（戸田・渡辺，2012）なども見られた。

　これら②③の研究では，不登校，不安，ストレス，非行，攻撃，無気力，虐待など，様々な不適応を示す子どもの状態像や問題行動に関連する要因，メカニズムに関する見解が示されている。したがって，これらの研究は，実際の援助介入において参考になるだけでなく，個々の事例をアセスメントする上でも，参照できる心理学的知見と捉えることができる。これは心理的問題の特徴や関連要因，形成・維持メカニズム，予後等について検討された研究が，事例をアセスメントする上で参照できる研究知見となるという下山（2002）の指摘に通ずる考えである。①の研究で作成された尺度や検査は，②③の研究へと発展して検討する基礎的研究としても位置づくものであるが，全体として本研究で選定された文献の中では，②③の研究が最も多く蓄積されていた。

　さらに，④心理学的アセスメント・モデルの提案を行った研究として，大河原・小林・海老名・松本・吉住・林（2000）は6～18歳の子どもの不適応問題の事例研究を見立てと方法論の観点から展望し，内的世界へのアプローチ（例：精神分析），問題行動・症状へのアプローチ（例：行動療法），周囲との関係性によって増幅されている問題に対する家族療法やシステムズアプローチといった様々な方法論を包括するエコシステミックな見立てモデルを提示している。また，大対・大竹・松見（2007）は，先行研究の展望から，感情や認知を含めた子どもの行動的機能（水準1），子どもの行動が学校環境の中でどのように強化され形成されるのかという環境の効果に注目した学業的・社会的機能（水準2），個人の行動と環境との相互作用の結果として生じる子どもの学校適応感（水準3）の3水準から学校適応をアセスメントするモデルを提示している。心理専門職にとっては，これらの研究は包括的な事

例アセスメントを進めるための指針となり得る。

4．心理専門職と教師の協働に焦点を当てたアセスメント研究の概観

　まず，⑤学校現場において尺度・検査等を活用しながら教育・臨床実践を行った研究があげられる。たとえば，学級風土質問紙を用いて学級アセスメントを実施し，中学担任教師へのフィードバック面接を積み重ねて教師支援を行った研究（安藤，2012），学級生活満足度尺度を活用して，問題行動を示す児童を含めた学級全体の特徴把握および支援の方向性を，教師と心理専門職で協働して検討した研究（佐々木・苅間澤，2009），小学生を対象にストレス・チェックリストを用いて，学級担任と心理学の専門家で児童のストレス状態について情報・意見交換を行いながら，援助介入の実践を示した研究（土田・三浦，2011）などがあげられる。これらは，尺度や検査等の心理学的アセスメントを活用して，教師と心理専門職が意見交換し協働しながら，子どもを援助する過程を検討した研究と考えることができる。

　次に，⑥心理専門職と教師のアセスメントの特徴を比較検討しながら協働への可能性を検討した研究として，高嶋・須藤・高木・村林・久保・畑中・山口・田中・西嶋・桑原（2007）の研究がある。ここでは，P-Fスタディ風の投影法を用いて生徒対応場面を提示し，教師と心理臨床家の受け答えの共通点や相違点を自由記述型質問紙で検討している。その結果，心理臨床家は「内面に焦点を当てる」，「相手のことを想像・推測する」，「保留する」といった視点，教師は「状況把握」，「指導」，「解決志向」に特徴がみられている。さらに，仮想事例をもとに心理臨床家と教師の事例理解を比較検討した研究（高嶋・須藤・高木・村林・久保・畑中・重田・田中・西嶋・桑原，2008）では，教師は実際に観察できるものや明確なものに着目し，具体的で明確な方向性をもった援助方針を持つ一方，心理臨床家は，事例の見方や援助方針が多様であり，様々な情報から考えられる可能性を常に考慮するため，事例の判断を保留する場合があると指摘されている。

　なお，関連して⑥のような職種間のアセスメントの比較検討を行った研究については，大学紀要や書籍においても様々な言及がなされている。たとえば，伊藤 (2000) は教師とカウンセラーの問題行動の捉え方の差異として，教師は授業妨害や周りの子どもたちへの攻撃や侵害を問題として重視するのに対し，カウンセラーは引きこもり傾向や情緒不安定さを持つ子どもの問題を重篤と考える傾向について述べている。また，倉光 (2000) は，教師の場合，外界の客観的な内容に着目しやすく，カウンセラーは内界の主観的な体験に着目しやすい点があることを対比している。さらに，伊藤 (2002a) は，カウンセラーが心身の健康や自己実現を目標とするのに対し，教師は生徒の生活適応を目標とする傾向を述べている。さらに卯月 (2001) は，各種の文献や個人的臨床経験に基づいて，教師や学校教育に基づく視点と心理臨床の立場からの視点を比較検討している。具体的には，教師に特徴的な視点として，「①望ましい状態，照らし合わせる基準，目指すべき目標などが自明のものとして存在する」，「②はっきりした原因，結論，方針などを求める気持ちがある」，「③他の児童生徒の存在が常に念頭にある」ことを指摘している一方，心理臨床家は生育史や生活史，家庭・社会の人間関係，精神疾患や発達課題への理解など多層的な理解の視点を有しながらも，個人の内的体験に主眼を置き，共感的理解をしながら，心理的・人格的な成長を目指す特徴があることを指摘している。外部専門家として SC が学校システムに関与する意義について検討している神尾・生島 (2004) は，SC が週に 1 回程度の時間間隔で生徒に関わるからこそ，教師とは異なる側面から，生徒の変化や成長を捉えやすい利点を述べている。松本・嘉ノ海・上地・高橋 (2008) も，文献および教師カウンセラーとしての事例援助経験を通して，職種による専門性の差異（例：事例の情報交換における守秘義務と報告義務の意識のずれ，援助にあたって人格の形成を目指すか，生活適応を目指すかどうかという方針のずれ）を認識しながら，教師と SC の協働的関係を検討する必要性を指摘している。

　このように心理専門職と教師による専門的視点や考え方が異なる点を考慮

すると，職種間の意見交換の際には，どのような観点から事例情報を収集するか，集められた事例情報からどの情報を重視するか，様々な情報を踏まえ何を優先させて援助方針を立てるのか，何を見てどのように事例の変化や進展具合を捉えるのかなどにおいて見解の相違が生じる可能性があると考えられる。これらの事柄は，⑤のようなアセスメントに基づく教育・臨床実践においても同様に生じると思われる。

　しかし，心理専門職と教師の視点や考え方に相違があるということは，他職種と比較することで，心理専門職の視点や考え方の独自性・限界を明確にできるということでもある（古田・八城・乾，2008; Mellin, Hunt, & Nichols, 2011; 新保，2000）。したがって，この職種間のアセスメントの相違を，協働を阻害するものと捉えるのではなく，両者の専門的視点の違いを活かしながら協働し，効果的な事例援助へとつなげる発想が求められる。

第4節　心理専門職によるアセスメントを基盤とした教師との協働的援助に関する研究の方向性

　第3節では，心理専門職が教師と協働するための基盤としてアセスメントが重要である点を踏まえ，2000～2012年に行われたアセスメントに関する先行研究を，第一に学校不適応への理解を促進する心理学的アセスメント研究（①～④）と，第二に心理専門職と教師の協働に焦点を当てたアセスメント研究（⑤⑥）に分けて整理・概観した。この分類に基づくと，先行研究では前者の研究が多く蓄積されている。心理専門職にとっては，不適応を抱える子どもの特徴を把握したり問題の関連要因を探りながら，援助の方向性を検討するにあたって活用・参照できるアセスメント研究は多く蓄積されていると捉えることができる。ただし，研究の性質上，これらは教師などの他職種といかに事例に関する見解を共有し効果的な協働へとつなげるかを検討・考察する点に重きが置かれた研究ではない。第1章で概観したように，海外の研究では治療的かつ協働的なアセスメント（Therapeutic and Collaborative Assessment）に関する実践を提示している一連の研究も行われている（e.g., Tharinger et al., 2011）。しかし，日本では心理専門職と教師の間のアセスメントに基づく効果的協働に関する検討は十分に蓄積されているとは言い難い。したがって，心理専門職にとってアセスメントが他職種との協働の基盤となり得る可能性を踏まえると，今後は，⑤⑥の研究のように，「心理学的アセスメントに基づく見解を持ちながらも，心理専門職が教師との協働の中で，いかに相互の考えを共有しながら効果的な事例援助へとつなげるか」を丁寧に検討した研究を積み重ねる必要がある。

　そこで，後者の研究の蓄積が十分ではなく，今後検討されるべき課題点が散見される現状を踏まえ，心理専門職が教師と効果的に協働するためのアセスメントに関する研究課題を4つ指摘し，今後の研究の方向性を具体的に示す。

1．アセスメントのプロセスに基づく心理専門職と教師の専門的視点の比較に関する研究

　第一にアセスメントのプロセスに基づく職種間の専門的視点の比較に関する研究が必要である。上記で概観したように先行研究では，心理臨床と学校教育におけるアセスメントの視点の相違を踏まえて，教師と心理専門職の協働への可能性を探る必要性が指摘されてきた。しかし，卯月（2001），松本ら（2008），高嶋ら（2007，2008）に代表される先行研究の課題として，大きく2点があげられる。第一に，従来の研究では，関連文献や個人的臨床経験を基にした見解，仮想事例を題材とした質問紙による比較検討に留まる。そのため，現場の教師と臨床心理士の多様な実践経験を踏まえた検討が必要である。第二に，先行研究では心理専門職と教師の専門的視点を大まかに比較検討するに留まっている。すなわち，第1章で検討したように，実際のアセスメントは様々な情報や視点に基づく一連の意思決定プロセス（Figure 1-3）であるにもかかわらず，先行研究では，このプロセスの観点に基づいて職種

間のアセスメントにどのような特徴の違いがあるのか詳細に検討されていない。以上の先行研究の課題を踏まえると，現場の心理専門職や教師の多様な実践経験をもとに，アセスメント・プロセスの観点から職種間の専門的視点の比較に関する研究を行うことで，職種間のアセスメントの異なる視点や様相を Figure 1-3 の(1)〜(3)の各段階ごとに詳細に明らかにすることができ，より実践に即した職種間協働，および効果的な事例援助への実践的示唆が得られる可能性があると考えられる。

２．協働的な援助活動を促進するアセスメントの共有方略の検討

　第二に，アセスメントに基づく事例情報や事例理解を心理専門職が教師との間で円滑に共有するための効果的な方略を探る研究が必要である。前節で検討した高嶋ら（2007，2008）に代表される⑤の先行研究では，心理専門職と教師のアセスメントの違いを明らかにした上で協働への示唆を提示しているが，それはあくまで研究者側が考察・推測する協働への指針に過ぎず，実践的示唆が十分とは言い難い。心理学的アセスメント尺度や検査等を用いて教師と協働しながら事例への教育・臨床実践を行った⑥に関する研究（e.g., 佐々木・苅間澤，2009）などでも，心理専門職が教師と，どのように意見交換し，考えを共有することが効果的協働につながるのか，多少の記述は見受けられるが，あくまで数事例の検討に留まる。実際の援助場面では，心理専門職の立場からのアセスメントに基づく見解を，教師と相互に意見交換・共有し，協働的な援助活動へとつなげる姿勢が求められる。この場合，心理専門職による見解を，単にそのまま教師に伝えれば良いというものでは必ずしもない。その際には，守秘義務等の倫理的意識を十分に踏まえたり（長谷川，2003; 友清，2006），学校教育ならではの視点や見方を考慮に入れながら事例理解を教師と共有するための工夫が求められる（横山，2009）。したがって，アセスメントにおける専門的視点の違いを乗り越えて，相互の考えを共有し，円滑な協働へとつなげるため，現場の教師や心理専門職が用いている実践的

かつ効果的な方略を検討しながら，より質の高い協働への示唆を得る必要が
あると考えられる。

3．協働的な援助活動における心理専門職と教師のアセスメントの変容およ
　び相互作用の検討

　第三に，協働的な援助活動の展開に伴う心理専門職と教師のアセスメント
の変容および相互作用の検討が必要である。現実の援助場面では，職種間で
情報交換や事例検討を継続的に積み重ねるなど，より複雑な相互作用が生じ
ていると考えられるにもかかわらず，前節で検討した⑤⑥の先行研究では，
心理専門職と教師のアセスメントの相互作用について十分に踏み込んで検討
されているとは言い難い。実際に，協働とは立場の異なる者が相互に影響を
与えながら活動を継続することで，双方に変化がもたらされるような関係の
在り方であり（藤川，2007a），共に影響を与え合うことで，相互の専門的知
識の獲得や学習，専門職としての成長が促され，より良い教育実践につなが
る可能性があるとされている（Grout, 2006; Truscott et al., 2012; van den Bossche
et al., 2006）。一方，事例へのアセスメントも，臨床実践の過程で，問題状況
に関する仮説生成および仮説検証を循環的に繰り返しながら事例理解を変
容・発展させていく作業である。すなわち，協働的な援助活動もその活動の
基盤となるアセスメントも，援助が展開される過程で，職種間で相互に影響
を与え合いながら流動的に変化すると考えられる。したがって，協働的な援
助活動を進める中で，心理専門職と教師のアセスメントにどのような変容や
進展が生じ，どのような影響を相互に与え合いながら事例理解が発展するの
かを詳細に検討することで，より実践的に有用な知見が得られる可能性があ
る。

4．教師との協働を促進する心理専門職のためのアセスメントの実践に関す る教育訓練プログラムの構築

　第四に，教師との協働的援助の基盤となるアセスメントの実践に関する心理専門職のための教育訓練プログラムの構築が必要である。実践現場ではSC 等に代表される心理専門職の臨床実践および教育訓練・養成課程において，教師を中心とした他職種と円滑に協働するための知識，技能，態度が重視されている（藤平，2009; Splett et al., 2011）にもかかわらず，教師との協働を促進する心理専門職の教育訓練に言及した研究が十分に蓄積されているとは言い難い。

　心理専門職にとって他職種との協働に基づく援助活動が必須とされている現状を踏まえ，心理専門職独自の専門性や必要最低限の専門的能力の養成（藤原，1999）から，近年では，異なる専門性を有する他職種と共に社会の中で活動するための知識・技術・態度を高める教育訓練が強く求められている。学校教育領域で活動を行う SC 等の心理専門職養成においても，教師を中心とした他職種と効果的に協働する知識，技能，態度の育成が強く求められる（藤平，2009）。しかし，SC の養成・教育訓練に関する過去の先行研究では，米国のプログラムとの比較検討（高岡，1998），コンサルテーション技術の訓練（本田，1999），SC 実習の在り方（夏野・幸・浜名・辻河・浅川，2001），適切な活動評価のできる知識・技能の育成（葛西，2007），緊急支援対応のための研修（礒邉，2009）などの検討が行われてきたものの，教師との協働を促進するための教育訓練プログラムに特化した検討は十分に行われていないため，今後の研究の発展が必要である。従来の心理専門職を目指す学生を対象としたアセスメントに関する教育訓練（例：臨床心理士指定大学院でのアセスメント教育）においても，心理専門職の立場から事例をどのようにアセスメントし，理解・援助方針を立てていくかに重きが置かれてきた。しかし，心理専門職ならではのアセスメントに基づく事例理解を踏まえた上で，教師を中心とした他職種とどのように情報・意見交換し，事例理解を共有するかに関して焦

点を当てた教育訓練に関する研究は不足している。

　職種間の違いを克服し，円滑な協働に結びつけるために必要な協働に関する教育訓練は，さらなる研究や実践の発展が期待されている研究分野である（Körner et al., 2013; 宇留田，2004）。円滑な協働には様々な知識・技能が必要であるが，その1つの要素として，アセスメントを基盤として心理専門職が教師と円滑に協働するための知識・技能を促進する教育訓練プログラムに関する検討が必要であると考える。

第5節　本章のまとめ

　第2章では，学校不適応問題の現状および，SC等に代表される学校現場に関与する心理専門職の役割や専門的能力について概観し，アセスメントを基盤として教師を中心とした他職種と円滑に協働し，複雑かつ多様化した事例の問題の効果的改善につなげるための研究の具体的な方向性を示した。

　第1節では，様々な困難を抱える学校不適応問題の現状と，それらの問題に対して心理専門職が果たす役割や求められる専門的能力について整理・概観した。

　第2節では，学校不適応事例への効果的な援助に向けて職種間の協働の重要性を指摘し，心理専門職と教師の協働に関する各種の先行研究を整理・概観した。職種間の協働に影響を及ぼす要因には，(1)社会レベルの要因，(2)組織レベルの要因，(3)チームレベルの要因，(4)個人間レベルの要因などがある。この枠組みに基づくと，SC等に代表される心理専門職と教師の協働においても，(1)SCの採用システム，各学校の実態・ニーズに応じた配置日数・方法の検討（文部科学省，2009），(2)学校組織体制やSCの受け入れ体制および活用方法の検討（土居・加藤，2011a, 2011b; 河村ら，2005; 瀬戸，2006），(3)援助チームの構築（石隈・田村，2003）や協働を円滑化するコーディネーションの在り方（瀬戸，2010），(4)心理専門職が教師と関わる際の実践的な技術や態度（鵜養，2001; 土居・加藤，2011c）などが検討されてきたことが明らかとなった。

　第3節では，心理専門職と教師の効果的協働につなげるための要素の1つとしてアセスメントに着目し，学校不適応への理解と援助に関連した心理学的アセスメント研究を整理・概観した。先行研究では，学校不適応事例を心理学的にどのように捉えることができるかを検討した研究は多数行われている一方，教師等の他職種との協働につなげるためのアセスメント研究が不足している現状が明らかとなった。

　第4節では，第3節での議論を受けて，心理専門職が教師と効果的に協働するための今後のアセスメント研究の方向性を検討した。

　第一に，アセスメントのプロセスに基づく職種間の専門的視点の比較に関する研究が必要であるという点である。先行研究では，心理専門職と教師のアセスメントの視点を比較検討しながら協働への可能性を検討した研究が行われている。しかし実際のアセスメントは，①事例の情報収集を行い，②情報を解釈し援助方針を計画し，③援助後の事例変化の把握を行うといったように，一連の意志決定プロセスとなる（Figure 1-3）にもかかわらず，先行研究では，職種間の専門的視点を大まかに比較検討するに留まる。より実践に即した検討を行うためには，職種間の専門的視点を，アセスメントのプロセスに沿って明らかにし，円滑な協働および学校不適応事例への効果的改善への可能性を探る研究が必要である。

　第二に，協働的な援助活動の展開につなげるためのアセスメントの共有方略の検討に関する研究が必要である。先行研究では，心理専門職と教師のアセスメントの違いを明らかにした上で協働への示唆を提示しているが，それは研究者側が考察・推測する指針に留まる。実践場面では，心理専門職の立場からの見解を単にそのまま教師に伝えれば良いのではなく，学校現場の視点や考え方に馴染みやすい見解の伝達が求められている。よって，職種間のアセスメントを共有し円滑な協働へとつなげるため，現場の心理専門職や教師が用いる実践的な方略を検討し，質の高い協働への示唆を得る必要がある。

　第三に，協働的な援助活動の展開に伴うアセスメントの変容および相互作

用の検討に館関する研究である。現実の援助場面では，情報交換や事例検討を継続的に積み重ねるなど，職種間で相互に影響を与え合っていると考えられるが，先行研究では，心理専門職と教師のアセスメントの相互作用が十分に検討されていない。実際に，協働（藤川，2007a）もアセスメント（Weiner，2012）も，固定的なものではなく，援助活動の展開に伴って流動的に変化する性質がある。そこで，協働的援助が展開される中で，心理専門職と教師のアセスメントにおいて，どのような影響を相互に与え合いながら事例理解が発展するのかを検討する必要がある。

　第四に，教師との協働的援助の基盤となるアセスメントの実践に関する心理専門職のための教育訓練プログラムの構築に関する研究が必要である。SC 等の心理専門職の養成課程において，教師との協働を促進する知識・技能の教育訓練が求められているが（藤平，2009），他職種との協働を促進する心理専門職の教育訓練に言及した研究が十分に行われていない。円滑な協働には様々な知識・技能が必要であるが，その１つの要素として，アセスメントを基盤として心理専門職が教師と円滑に協働するための知識・技能を促進する教育訓練プログラムに関する検討が必要である。

　以上の議論を踏まえ，本研究ではアセスメントを基盤として心理専門職が教師と協働しつつ，学校不適応事例を効果的に援助・改善するための実践的な示唆を得るとともに，心理専門職の養成や教育訓練に有益な知見を得ることを目的とし，上述の４つの研究課題を具体的に検討する。

　なお，特に中学生以降，学校不適応が生じやすくなることから（伊藤，2002b），中学校段階における職種間協働の重要性は高いと考えられる。したがって，続く第４章以降の実証的検討では，主として中学生の学校不適応事例への援助に関与した経験を有する心理専門職および教師を対象とした検討を行うこととする。

第3章
本研究の目的と意義

　第3章では，本研究の目的と意義について整理する。まず第1節では，第1～2章における議論を整理し，各種の先行研究から導き出された研究課題について整理する。続く第2節では，以上の検討を踏まえた上で本研究の目的および実践的・研究的意義についてまとめる。最後に第3節では，本研究全体の構成について述べる。

第1節　先行研究から導き出された研究課題

　第1章において，対人援助職によるヒューマン・サービス活動の展開や，心理専門職にとって他職種との協働的な援助活動が重視されている社会的現状，および協働の基盤としてのアセスメントに関する先行研究を整理・概観した。第2章では学校教育領域に焦点を当て心理専門職と教師の協働の重要性，および協働的援助の基盤としてのアセスメントの役割について述べ，学校不適応事例への理解と援助に関連した心理学的アセスメント研究を整理・概観した。その上で，心理専門職が教師と協働し，学校不適応の効果的な援助・改善につなげるためのアセスメント研究を発展させていくために必要な課題を4つ指摘し，今後の研究の方向性を考察した。以下，それらの研究課題をまとめる。

研究課題①

　第一に，実際の援助活動におけるアセスメントは，様々な情報に基づく一連の意志決定プロセスとなるにもかかわらず，教師と心理専門職のアセスメントの視点を比較検討しながら協働への可能性を検討したこれまでの先行研

究では，職種間の専門的視点を大まかに比較検討しながら職種間の協働について考察するに留まる。第1章の第3節で検討したようにアセスメントのプロセスについて言及した先行研究を整理して集約すると（e.g., Merrell, 2008; 下山, 2008; Weiner, 2012），このプロセスは，大きく3段階に分けて理解することができる（Figure 1-3）。すなわち，(1)事例に関する情報の収集段階（アセスメントの目的を明確にし，面接や観察，検査等の方法を用いて，必要かつ適切な事例の情報を収集する），(2)情報の解釈・援助方針の計画段階（収集された多様な情報を踏まえ，事例を統合的に解釈して仮説を生成し，援助方針を定める），(3)事例の変化・改善把握段階（援助・介入の後，事例の変化や進展具合，改善の程度を把握する）である。また，アセスメントは，問題状況に関する仮説生成・仮説検証を繰り返すものであるため，実際には，このプロセスが循環的に繰り返されることとなる（Figure 1-3の(3)から(1)の流れ）。以上の枠組みを踏まえると，より実践に即した検討を行うためには，心理専門職と教師の専門的視点をアセスメントのプロセスに沿って明らかにし，学校不適応事例の効果的な改善につながる職種間の協働的援助への可能性を探る研究が必要である。

研究課題②

　第二に，高嶋ら（2007, 2008）に代表される先行研究では，心理専門職と教師のアセスメントの違いを明らかにした上で協働への示唆を提示しているが，それは研究者側が考察・推測する指針に過ぎず，実践的示唆が十分とは言い難い。心理学的アセスメント尺度や検査等を用いて教師と協働しながら事例への教育・臨床実践を行った研究（e.g., 佐々木・苅間澤, 2009）などにおいても，心理専門職と教師が，どのように意見交換し，考えを共有することが効果的協働につながるのか，多少の記述は見受けられるが，あくまで数事例の検討に留まる。実際の援助場面では，心理専門職の立場からのアセスメントに基づく見解を，教師と相互に意見交換・共有し，協働的な援助活動へとつなげる姿勢が求められる。この場合，心理専門職による見解を，単にそ

のまま教師に伝えれば良いというものでは必ずしもない。その際には，守秘義務等の倫理的意識を十分に踏まえたり（長谷川，2003），学校教育ならではの視点や見方を考慮に入れながら，事例理解を教師とすり合わせるための工夫が求められる（横山，2009）。実際に，近年では，アセスメントを単に事例理解の作業と捉えるだけでなく，事例の当事者や他職種との協働的関係の構築につなげるための実践方略として捉えることが重視されている（Handler, 2008; Tharinger et al., 2011）。したがって，アセスメントにおける専門的視点の違いを乗り越えて，相互の考えを共有し，円滑な協働へとつなげるため，現場の教師や心理専門職が用いる実践的かつ効果的な方略を検討しながら，より質の高い協働への示唆を得る必要があると考えられる。

研究課題③

　第三に，現実の援助場面では，職種間で情報交換や事例検討を継続的に積み重ねるなど，より複雑な相互作用が生じていると考えられるにもかかわらず，先行研究では，心理専門職と教師のアセスメントの相互作用について十分に踏み込んで検討されているとは言い難い。実際に協働とは，立場の異なる者が相互に影響を与えながら活動を継続することで，双方に変化がもたらされるような関係の在り方であり（藤川，2007a），共に影響を与え合うことで，相互の専門的知識の獲得や学習，専門職としての成長が促され，より良い教育実践につながる可能性がある（Grout, 2006; Truscott et al., 2012; van den Bossche et al., 2006）。一方，事例へのアセスメントも，臨床実践の過程で，問題状況に関する仮説生成および仮説検証を循環的に繰り返しながら事例理解を変容・発展させていく作業である。したがって，協働的な援助活動もその活動の基盤となるアセスメントも，援助が展開される過程で，職種間で相互に影響を与え合いながら流動的に変化すると考えられる。そこで，協働的援助が展開される中で，心理専門職と教師のアセスメントにおいて，どのような影響を相互に与え合いながら事例理解が発展するのか検討する必要があ

る。

研究課題④

　第四に，教師との協働を促進する心理専門職のための教育訓練に言及した研究がほとんど行われていない。心理専門職の養成・教育訓練に関する議論は，1988年の日本臨床心理士資格認定協会の創設以後，様々な議論がなされきた（乾，2003）。その後，心理専門職独自の養成・教育訓練システムにある程度のまとまりがみられると（清水・河合・大塚，2003），次第に，より良い教育訓練の構築に向けて，様々な議論や提案が行われるようになった。特に，近年では，心理専門職にとって他職種との協働に基づく援助活動が強く求められている社会状況を背景として（村瀬，2011），基礎的かつ最低限の専門的能力の養成（藤原，1999）から，社会の中で異なる専門性を有する他職種と共に活動するための知識・技能・態度を高める教育訓練が求められている（藤川，2009; 下山，2009b，2010）。それは，学校教育領域における SC 等の養成課程においても，同様に重視されている（藤平，2009）。しかし，教師を中心とした他職種と効果的に協働するための教育訓練プログラムに特化した検討は未だに十分に行われていないため，今後の研究の発展が必要である。実際に，職種間の違いを克服し，円滑な協働に結びつけるための教育訓練は，さらなる研究の発展が期待されている研究分野である（Körner et al., 2013; 宇留田，2004）。円滑な協働には様々な知識・技能が必要であるが，研究課題①〜③における議論や検討を踏まえたうえで，アセスメントを基盤として心理専門職が教師と円滑に協働し，学校不適応事例への効果的援助へとつなげるための知識・技能を促進する教育訓練プログラムの検討を行う必要があると考えられる。

第２節　本研究の目的と意義

１．本研究の目的

　以上から本研究では，アセスメントを基盤として心理専門職が教師と円滑に協働し，学校不適応事例への効果的な援助・改善へとつなげるための実践的な示唆とともに，心理専門職の養成や教育訓練の在り方に新たな知見を提供することを目的とし，以下，４つの研究を設定する。なお，中学生以降において学校不適応が表出しやすく，様々な心理的問題が発症しやすい年齢段階とされている（伊藤，2002b）。そのため，中学校で生じている学校不適応事例に対する職種間の協働の重要性が高いと考え，主として中学生の学校不適応事例への援助に関与した経験を有する心理専門職および教師を対象とする。

　第４章【研究１】：研究課題①を検討するため，アセスメントの一連の意思決定プロセス（Figure 1-3）の観点から心理専門職と教師の専門的視点の特徴を比較検討し，アセスメントを基盤とした効果的協働への実践的示唆を検討する。

　第５章【研究２】：研究課題②を検討するため，心理専門職と教師が用いているアセスメントの共有方略の実態を把握すると共に，それらの方略が職種間の協働的援助に及ぼす影響を検討し，効果的な協働につながるアセスメントの共有方略を探ることを目的とする。

　第６章【研究３】：研究課題③を検討するため，学校不適応事例に対する協働的援助が展開される中で，心理専門職と教師のアセスメントにどのような変容や進展が生じ，どのような影響を相互に与え合いながら事例理解が発展するのか，その様相を具体的に明らかにすることで，効果的な協働へ

の実践的示唆を得る。

第7章【研究4】：研究課題④を検討するため，アセスメントに基づいて，教師と協働的に事例に関与するために必要な心理専門職の教育訓練プログラムを試験的に作成し，その有効性と課題について検討する。

2．本研究の意義

　ヒューマン・サービス活動において，心理専門職の社会的な役割が求められる現在，社会の中で様々な専門性を持つ他職種と共に円滑に協働する意識が益々求められている（村瀬，2011）。特に，他職種との協働的援助の基盤となり得るアセスメントのあり方（松澤，2008; 吉川，2009）を検討することは重要な課題である。実際に，第1章で概観したように海外の研究では，治療的かつ協働的なアセスメント（Therapeutic and Collaborative Assessment）という概念を通して，事例の当事者や他職種との協働につなげるアセスメントの実践の在り方を提示した一連の研究も行われている（e.g., Tharinger et al., 2011）。しかし，日本の学校現場において，教師と心理専門職の協働的な援助活動の基盤となり得るアセスメントに焦点を当て，幅広く検討した研究は十分に発展しているとは言い難い。

　そのような中で本研究は，専門職間の効果的な協働と事例へのアセスメントの双方を有機的に結び付け，アセスメントを基盤として心理専門職が教師とつながり，円滑な協働および学校不適応事例への効果的援助への実践的示唆を得るための研究として位置づけることができる。すなわち，本研究は，近年の児童生徒の不適応の複雑化・多様化に伴って，効果的に教師と協働するために心理専門職に求められる知識・技能・態度を，アセスメントの観点から検討する点に大きな特徴がある。

　実際に，教師と心理専門職の協働に関する従来の先行研究では，学校組織体制の在り方（河村ら，2005），SC の活用法や職務内容の明確化（土居・加藤，

2011b），教師と SC をつなぐコーディネーターの働き（瀬戸，2010）などの観
点から検討されてきた。その中で本研究は，日々の事例援助の文脈に沿いな
がらアセスメントを基盤として心理専門職と教師の協働につなげる検討を行
うため，従来とは異なる観点から，より実践的な検討を行うことができる。
さらに，従来の心理学的アセスメント研究においては，内容やテーマは様々
であるものの，基本的には「心理専門職独自の専門的視点に基づくアセスメ
ントをいかに効果的かつ適切に行うか」に関して有用な知見の検討が主に行
われてきた。そのため，本研究は「心理専門職のアセスメントに基づく見解
を持ちながらも，異なる専門的視点を持つ教師と，いかに相互の考えや見解
を共有しながら円滑な援助活動へとつなげるか」について，様々な角度から
検討を行う点で，従来の研究とは異なる独創的な研究であると考えられる。
　特に，学校教育現場では，様々な子ども達，教師，保護者に対し，学校教
育の目的・活動・理念に沿う形で，心理専門職ならではの専門性をいかに発
揮するかが求められる。本研究は，心理専門職が学校教育の中で，アセスメ
ントという観点から教師と効果的につながり，自らの専門性を発揮しながら，
困難を抱えた事例を効果的に援助する実践的な示唆を探るという点で大きな
意義を持つと考える。さらに，近年の国家資格化（公認心理師）への動向に
示されるように，心理専門職にはより一層の社会的専門性が求められており，
その養成・教育訓練の在り方を検討することは喫緊の課題である。本研究を
通して得られる数々の知見は，心理専門職の養成・教育訓練において，教師
を中心とした他職種との協働に関する知識・技能を育成することが強く求め
られている現状に対しても重要な貢献をもたらすと考える。

第 3 節　本研究の構成

　本研究は以下に示す構成で展開される（Figure 3-1）。第Ⅰ部では第 1, 2
章において本研究の問題意識および理論的検討を行った。本章（第 3 章）で
は，第 1, 2 章の検討を踏まえた上で，本研究の目的と意義について論じた。

第Ⅰ部　理論的検討

〈第1章〉
心理専門職による他職種との協働に基づく援助活動
―協働的援助におけるアセスメントの役割と可能性―

〈第2章〉
学校不適応事例における心理専門職と教師の
協働的援助の基盤としてのアセスメント

〈第3章〉
本研究の目的と意義

第Ⅱ部　実証的検討1―調査研究―

〈第4章【研究1】〉
心理専門職と教師による
アセスメントの特徴の比較検討
―アセスメントのプロセスの観点から―

〈第5章【研究2】〉
心理専門職と教師の
アセスメントの共有方略が
職種間の協働的援助に及ぼす影響

〈第6章【研究3】〉
協働的な援助活動の展開における
心理専門職と教師のアセスメントの
変容および相互作用の検討

第Ⅲ部　実証的検討2―実践研究―

〈第7章【研究4】〉
教師との協働を促進する心理専門職のための
アセスメントの実践に関する教育訓練プログラムの効果検討

第Ⅳ部　総合的考察

〈第8章〉
本研究の結論と今後の展望

Figure 3-1　本研究の構成

　続く，第4〜7章では実証的検討を行う。第4章【研究1】では，本章第1節で述べた研究課題①を検討するため，アセスメントのプロセスの観点から心理専門職と教師の専門的視点における特徴の比較を行う。第5章【研究2】では，研究課題②を検討するため，心理専門職と教師によるアセスメントの共有方略の実態把握および，それらの共有方略が職種間の協働的援助にどのような影響を及ぼしているのかを検討する。第6章【研究3】では，研究課題③を検討するため，協働的な援助活動が展開される中で心理専門職と教師のアセスメントにどのような変容や相互作用が生じるのかを検討する。第7章【研究4】では，研究課題④を検討するため，【研究1〜3】で見い出された研究知見や各種先行研究を参考に，教師との協働を促進する心理専門職のためのアセスメントの知識・技能に関する教育訓練プログラムを試験的に作成・実施し，その有効性や課題について検討する。以上，第4章【研究1】，第5章【研究2】，第6章【研究3】が調査研究（第Ⅱ部），第7章【研究4】が実践研究（第Ⅲ部）として位置づく。

　第Ⅳ部では総合的考察として，第8章において本研究の結論と今後の展望について考察する。まず【研究1〜4】を通して見出された本研究の成果と結論について述べ，それらを踏まえた上でアセスメントを基盤とした心理専門職による教師との協働的援助への実践的・教育的示唆について述べる。最後に，本研究の限界と課題，さらに今後の展望について考察する。

第Ⅱ部

実証的検討 1

―調査研究―

第4章【研究1】
心理専門職と教師によるアセスメントの特徴の比較検討
―アセスメントのプロセスの観点から―

第1節　目的

　第4章【研究1】では，心理専門職と教師の多様な実践経験をもとに，アセスメントのプロセス（Figure 1-3：①事例に関する情報の収集，②情報の解釈・援助方針の計画，③事例の変化・改善把握）に沿って職種間の専門的視点の特徴を比較検討し，アセスメントを基盤とした効果的協働への実践的な示唆を得ることを目的する。

第2節　方法

1．調査対象

　本研究では，心理専門職として学校現場の心理支援に携わる SC や公立教育相談機関の教育相談員，学校不適応事例の援助で中心的な役割を担う存在でありながら SC との連携や協働が依然として課題とされている学級担任（河村ら，2005; 山本，2012），さらに，学級担任とは異なる専門性を持って学校保健活動に従事し，心理専門職が協働することの多い教師である養護教諭（伊藤，2003; 北村，1997）を対象とした。

　縁故法および機縁法（雪だるま式標本法）により対象者を募った。実際の対象者は中学生に対する事例援助経験を有する SC・教育相談員10名（30〜40代の男性 3 名，20〜30代の女性 7 名，平均経験年数6.20年，$SD = 3.26$），学級担任 8 名（30〜40代の男性 4 名，20〜40代の女性 4 名，平均経験年数13.00年，$SD = 6.57$），養護教諭 9 名（20〜50代の女性 9 名，平均経験年数12.56年，$SD = 8.65$），計27名

であった。

2．調査内容と手続き

　半構造化面接を用いて中学生の学校不適応事例について他職種と協働して援助を行った経験を自由に想起してもらい，アセスメントのプロセス（①事例に関する情報の収集，②情報の解釈・援助方針の計画，③事例の変化・改善把握）について，「自身の立場の特徴と他職種との違いとして思い当たることは何か」を尋ねた。このようなデータ収集を行うことで，職種間のアセスメントの相違を明確に抽出することを意図した。その際，各対象者には自身のアセスメントの特徴を中心的に語ってもらいつつ，各職種の特徴を包括的に捉えるため，自身の特徴と対比するかたちで他職種の特徴として思い当たる点を尋ねた。個別事例のプライバシーへ配慮すると同時に対象者の多様な実践経験を幅広くすくい上げるため，様々な事例援助の経験を自由に想起してもらった。対象者から許可を得たうえで面接は IC レコーダーに録音された。また，対象者の自由な語りを妨げないように，面接の展開によって質問の実施順序を変更したり，語りの内容から派生して追加質問を行うなど，柔軟に面接を実施するよう配慮した。

　なお，調査時期は2012年 3 ～ 7 月で，一人あたりの面接時間は平均約69分（約43~119分，$SD = 18.52$）であった。本研究は所属大学の研究倫理審査委員会の承認を得て行われた。

第 3 節　結果

1．質的分析によるカテゴリーの生成

　まず，録音された面接での語りを文字起こしし，逐語録を作成した。次に語りの内容から，アセスメントのプロセスの各段階に相当する内容を区別・整理した上で，職種の特徴を分析・抽出した。分析には，質的コード化の技法（Coffey & Atkinson, 1996），および質的データ分析（佐藤，2008）を参考に

した。これらは，いずれもデータに即して分析カテゴリーを生成する質的分析法である。予め設定された視点や枠組みではなく，データそのものからカテゴリーを作成し，分析する方法である。手順としては，内容や語りの特徴に適したラベルをつけコード化し，作成されたコードごとにデータ間の比較検討を行いながら，各々の語りの類似性・相違性に基づいて，コードを分類，整理，統合するカテゴリーを生成した。分析にあたっては，心理臨床および教育相談を専門とする教員 2 名，SC 2 名に意見を求めながらカテゴリーを生成した。なお，カテゴリーの分類の妥当性を検討するため，教育臨床を専門とする大学院生 1 名に上記で生成されたコード全てについてカテゴリー分類を依頼し，一致率を求めた結果，85.7%であった。

　最終的に生成されたカテゴリーの一覧とその具体的説明，およびカテゴリーを構成するコード，実際の発話例を Table 4-1～4-3 に示した。

　①事例に関する情報の収集段階に関しては15のカテゴリーが生成され，具体的には，問題行動や学習，対人関係，保健室への来室などの学校生活場面に関連した情報，家族構成や子育てなどに関する家族歴・家族関係の情報，子どもの内面の気持ち，関係者間の認識の違いなどの情報に関するカテゴリーが生成された。

　②情報の解釈・援助方針の計画段階では11のカテゴリーが生成され，たとえば学校とのつながりを促す援助方針や具体的で明快な理解と援助方針，内面の気持ちに寄り添う個別援助，さらに，関係者との役割分担・協力などのカテゴリーが生成された。

　③事例の変化・改善把握の段階では 8 つのカテゴリーが生成され，対人関係，学習態度，子どもの認識・気持ち，身体症状の改善，子どもを支える環境の変化，事例変化の意味の慎重な把握などのカテゴリーが生成された。

Table 4-1　①事例に関する情報の収集段階におけるカテゴリー一覧

カテゴリー名	カテゴリーの説明	カテゴリーを構成するコード名	発話例
問題行動の現状と経過	現在生じている問題行動の現状と経過に関する情報	問題行動の現状と経過	学級担任：問題っていうのは，何かに不具合が出ているっていうことだと思うので，どんな場面で問題が出ているかっていうことに着目しています。
出席・学習状況	出席や遅刻状況および学習に対する取り組みに関する情報	出席・遅刻	養護教諭：欠席はわりと養護教諭もつかめるんですが，遅刻は担任が把握していますよね。遅刻が続いたりとかっていうのも大きな要素ですよね。
		学習	学級担任：あとは，学力的なところが，その授業についていけなくてっていうところですかね。
人間関係・コミュニケーション	日頃の学校生活におけるコミュニケーショや友達づきあい，学校・学級内での子どもの人間関係の位置に関する情報	友達とのコミュニケーション	学級担任：最初は，班の子たちとうまくできているかを見ます。だいたいグループで活動するのでね。〈あ～，グループの〉給食でも掃除でも。そういうことをやっているときに，他の子たちとかかわっているかどうかを見ますね。
		学校・学級内での人間関係の位置	養護教諭：やっぱり，学級の中でのその子の位置関係ですよね。中心的であるのかとか，どの子と仲が良いのか。
		学年・学級の枠にとらわれない人間関係	学級担任：（養護教諭は）その学年の枠を超えて，いろんなつながりをつかんでいますよね。同じ学年というよりも，先輩との関係でそうなっているのかなとか。その保健室っていうところが学年の枠を超えて生徒が来る場なので。そういうのは大きいかなと思いますね。
日々の学校生活の態度・様子	授業場面以外の休み時間や給食，放課後，部活動などにおける子どもの様子や態度	休み時間，給食，放課後などの様子	学級担任：もうひとつは，あの，学級担任ならではっていうふうになると，やっぱり，朝の会と給食と，帰りの会ですかね，あと，掃除も少しありますが，クラス全員の子たちの姿を見ることができますよね。そこでの観察ですね。
		部活動での様子	養護教諭：中学生はほとんどが部活に入っていますので，部活の状況や参加状況を調べます。

Table 4-1　　①事例に関する情報の収集段階におけるカテゴリー一覧（続き）

カテゴリー名	カテゴリーの説明	カテゴリーを構成するコード名	発話例
		子どもの様子・行動の観察	学級担任：で，もう一つが，実際に，関わっていく中での情報収集になるんですが，まずは観察ですね。
家族構成と保護者の考え	当該事例の子どもの家族構成，日頃の保護者の考えや認識に関する情報	基本的な家族構成	学級担任：家庭環境調査票っていう，本人が出してくる家庭環境を見ます。おじいちゃん，おばあちゃんと一緒に住んでるのか，お父さん，お母さんいるのか，兄弟はいるのかとか。
		保護者の情報や認識	心理専門職：親子関係とか，お父さんお母さんがいる場合は，それぞれの考え方とかも聞くし。
		家庭訪問を通して得られる情報	学級担任：担任しか家庭訪問できないので。担任以外が行くと不自然なので。なので，家庭訪問とか保護者との連絡とかって言うのは，特権っていうわけではないですけれども，担任から連絡取るのが一番自然ですよね。
学校内外の関係者からの情報	各教科担任や他の生徒から得られる情報，および小学校など学外の関係者から得られる子どもの情報	学外の関係者や申し送りからの情報	学級担任：で，その方法としては，ちょっとこれ，優先順位じゃないんですけれども，小学校からの情報。申し送り事項ということで，小学校からくる情報を自分なりに一応頭にはいれますけれども。
		各教科の教員からの情報	学級担任：自分の教科以外の先生から授業の様子の話を聞くっていうことがあります。
		他の生徒からの情報	学級担任：要は，子ども同士によって，例えば，喧嘩の話がでたときに，まぁ，さりげなく聞くパターンと，「それもうちょっと聞かせてくれない？」っていうような形で，要するに当該者じゃない生徒からの情報収集ですね。
身体症状・健康状態	問診を通した身体症状のチェック，身体症状の背景にある要因，既往歴や過去の身体疾患に関する情報	身体症状の問診・チェック	養護教諭：何かそんな身体症状から入って，熱測ったり，脈図ったりしながら，顔色見たりして。

Table 4-1　①事例に関する情報の収集段階におけるカテゴリー一覧（続き）

カテゴリー名	カテゴリーの説明	カテゴリーを構成するコード名	発話例
		心身の不調	養護教諭：〈なるほど，保健室での様子っていうのは養護教諭の先生ならではの…〉そうですね。あと，やはり健康診断の結果とか，毎日の健康観察の様子とか，そういうところも持っている情報としてありますよね。もちろん公開で，担任にはそういうことも知らせますけれども，一番最初に知る情報としてありますし。
		身体症状の背景にある影響図	養護教諭：〈そういう生活のところも，子どもさんから聞きながら理解したり，イメージを膨らませたりすると。〉そうですね。でも，もちろん，まず，その症状がどうして生じているのかっていうところを中心に聴くわけですけどね。頭が痛いっていってきたらですね，寝不足なのかなとか，風邪ひいているのかなとか考えますよね。で，それが全部終わったら，心因性にいくので。
		既往歴・過去の身体疾患	養護教諭：あと，親御さんからの保健調査票ですかね。あの，既往症とか書いているようなマル秘の情報があるので，そこらへんをすべて総合してみています。
保健室への来室状況と過ごし方	保健室への来室頻度や時間帯，保健室で過ごす態度や様子の情報	保健室への来室頻度や来室時間帯	学級担任：で，保健室には日誌があって，今日誰が何時間目に来たとか，それも見せてもらって，今日うちの生徒が行ったみたいですけど，どうでしたか？とかって（養護教諭に）聞いたりします。
		保健室での様子	心理専門職：ただ，養護教諭の先生は，例えば保健室登校しているような生徒について話をしていると，先生はどう見ていますか？っていうようにお尋ねすると…（中略）…クラスの中というよりも，保健室の中での関係ですね。他の子との関わりですよね。
日常生活リズム	起床時間や睡眠時間，食事状況などの生活リズムや，学校外の習い事や塾への参加状況に関する情報	生活リズムのチェック	学級担任・本人と生活リズムの話をして，ここのところ眠れていないみたいだとか，ご飯を食べられていないみたいだとか，朝ぐずっているみたいだっていうようなことが（養護教諭から）聞けます。

Table 4-1　①事例に関する情報の収集段階におけるカテゴリー一覧（続き）

カテゴリー名	カテゴリーの説明	カテゴリーを構成するコード名	発話例
		学外での生活・習い事	養護教諭：あとは，家の様子っていうのは聞いていいのかどうかわからないんですけれども，塾ですか，スポーツ少年団とか，サッカーとかしている子もいるので，下校後の生活っていうんですか。そういうのも聞きますね。
		生活態度から家庭状況を把握・想像する	養護教諭：遅刻って，家庭の生活がわかったりするんですね。要するに，お母さんが仕事が遅くて朝起きていないとか。そうすると，朝自分で起きて準備しなきゃならないってことになりますよね，子どもは。そうなると，遅刻も増えるし，お休みも増えてくるんですよね。
学校組織・教師の特徴	学校組織や教師関係，および個々の教師の特徴や状態，子どもに対する考え方に関する情報	学校組織・教師関係	心理専門職：結構，学校を知ることが大事。前提だと思います。組織の，結構それを知るのに，最初は結構時間がかかる。誰がどういう動きをするのかとか。…（中略）…その辺がきちっとできていないと，どこに何の情報を持って行ったらいいのか，誰が一番（情報を）持ってるのかとか。
		各教師の状態・特徴	心理専門職：管理職から担任に関する情報をもらったりもします。どういう先生なのかとか，どんな感じでこれまでやってこられたのかとか。子どもを理解するために担任の理解も必要なので。
内面の気持ち・認識	当該事例の子どもが語る内面的な悩みや困難感，および明確に言語化されない内面状態（例えば，言葉としては語られないが相談場面での態度・様子から感じられる内面の印象など）に関する情報把握	語られる内面の思いや気持ち	心理専門職：基本的に養護の先生ってすっごい情報を持っていますよね。友達関係でもそうなんですけれど，担任の先生には話さないけれど養護の先生には話したりとかっていうことが，生徒にはありますよね。

Table 4-1　①事例に関する情報の収集段階におけるカテゴリー一覧（続き）

カテゴリー名	カテゴリーの説明	カテゴリーを構成するコード名	発話例
		言語化されない内面状態	心理専門職：言葉にならない部分を想像する，辛いと言いたいけど，言えないところを見ます。
生育暦や子育て	生育歴や生い立ち，幼いころの子育てや母子関係などに関する情報	生省歴	心理専門職：生育歴，生い立ち，現在の問題だけじゃなく，過去から遡って情報を集めます。
		子育て・母子関係の経過	心理専門職：親だったら，逆に，親でしか見えない情報もあると思うから本当に幼稚園のときどうだったかとか，生まれたときどうだったかとか，育てにくかったかどうかとか，困ったことがあったかとか，親から見た情報を集めますね。
家族の特徴・関係性	夫婦関係や家族成員の関係，保護者の原家族や世代間家族関係など，より深い家庭生活・家族関係に関する情報	詳細な家庭生活・家族関係	学級担任：このうちはお母さんのほうが強いとか，この家でお父さんは，あんまりいろんなことにかかわっていないとか。っていうのは（SCから）教えてもらったりしていますね。〈あ～，結構，家族の詳細な関係っていうのは，（SCは）把握されておられる〉はいはい，そうですね。担任からだと，お父様どうなんですかっていうのは，あんまり聞けないところだと思うんですね。…（中略）…家の，夫婦の関係とか，うまくいっていないとか，離婚するんだとか，そういうところまでは聞けないので。
		原家族や世代間家族関係	心理専門職：その原家族の家族関係だったり，世代間のこととかも色々あると思うので，そういった話にもなるかもしれないし。
関係者ごとの問題認識・関わり	事例に関与する各関係者の問題認識や見立て，関わり方を区別して整理したり，様々な場面での子どもの様子の違いについて把握する	関係者ごとの問題意識や困り具合	心理専門職：というのも，子ども自身も困っているのかどうかを知る必要もあるので。先生が困っているって言っても，子どもは全然困っていなかったっていうこともあるので。

Table 4-1　①事例に関する情報の収集段階におけるカテゴリー一覧（続き）

カテゴリー名	カテゴリーの説明	カテゴリーを構成するコード名	発話例
		関係者ごとの見立て・関わり	心理専門職：で，先生自身は，どんなことが原因だと考えるか，そのことまで聞きますね。
		場面ごとに異なる子どもの様子	心理専門職：あと，個別に見たいというか，集団でいるときの様子と，個別にいた時の様子なんかは見たりしますね。集団でいるときと，個別にかかわったときの様子の違いだったり。
		教師と子ども・家庭の関係	心理専門職：（養護教諭は）どの授業に抜けてくるかで，また体育に休んでいるとか，やっぱり数学かなとかって，パターンがわかれば，その学年の体育と数学の先生との関係とか，なんかそういうのも考えてたりもするようです。
事例の肯定的側面と相談意欲	当該事例のネガティブな側面だけでなく，健康的かつポジティブな側面に関する情報や，子どもの相談意欲等に関する情報	事例の健康約・ポジティブな側面	心理専門職：あの，学校の先生方って子どものネガティブな部分はすごい理解するんだけれども，それは目にとまりやすいかもしれないんだけれど…（中略）…こっちとしてはどれだけポジディブな，健康な部分があるかっていうのが，一応アセスメントとして持っておきたい。
		相談意欲・相談状況	心理専門職：ひとつは関係機関って言うのは，例えば，それについてカウンセリングを受けたことがあるかとか。

Table 4-2　②情報の解釈と援助方針の計画段階におけるカテゴリー一覧

カテゴリー名	カテゴリーの説明	カテゴリーを構成するコード名	発話例
社会適応を目指した援助方針	学校卒業後に適切に社会に適応できるよう，できるだけ早期の問題解決を目指し，積極的に進歩や前進を後押しする理解と援助方針	卒業後の社会適応を見据えた援助	学級担任：学校の教員として，子どもを社会に送り出していくということが（子ども理解や援助にあたっての）前提。
		進歩・前進を目指した援助	学級担任：（養護教諭は）月曜日の休みあけだったり，修学旅行明けで，生徒が疲れているからっていうようなことも，さらっと指摘してくださる…（中略）…担任からすると，なんでこんなに疲れちゃってるのか，がんばってほしいって思ったりもする…（中略）…〈そうなると，やっぱり，担任の先生としては，一歩でも二歩でも生徒に頑張ってほしいって思うようなことが良くおありなんですかね。〉あるでしょうね。それはあると思います。
		早期の問題解決	養護教諭：う〜んと，担任の先生とかは，なるべく早く問題を解決したい，教室いけないんだったら教室に行かせたいって考えるんですね。
具体的で明快な理解と援助方針	事例の問題点や子どもの障害名などを，できる限り明確にして，日々の生活での具体的な対応方針を積極的に考案する	具体的で明確な理解	心理専門職：学校の先生は私からみれば，考え方とか決まっているっていうか。こういう生徒はこういうタイプが多いとか，あの子にはこういうふうにした方が良いとか，かなりはっきりしている感じがしますね。それは良いことでもあるんですけれど，見方が決まっているっていう印象がある。
		日々の具体的な対応方針	学級担任：（学級担任は）やっぱり，毎日接しているっていうのが大きいと思いますね。なので，本人に声かけしやすいと思いますね。
学校とのつながりを促す援助方針	クラスメイトへの協力を求めたり，学校行事や	クラスの絆を大切にした援助	養護教諭：担任の先生って，そのクラスの中でのその子の存在っていうか，それを，クラスの子たちにどう植え付けていくかっ

Table 4-2　②情報の解釈と援助方針の計画段階におけるカテゴリー一覧（続き）

カテゴリー名	カテゴリーの説明	カテゴリーを構成するコード名	発話例
	イベントをきっかけとしながら，当該事例の子どもを学校や学級にひきつける援助方針		ていうことはやっていますよね。だから，給食当番とかは，やれればやろうっていうようなことは言いますよね。あなたがいないぶん，誰かがあなたの仕事をやってくれている。やれるもんだったらやろうっていうようなことは言ったりしますかね。
		クラスメイトへの説明・協力の要請	養護教諭：学級の中で，他の子たちも巻き込んで，その子を支えていこうっていうような働きかけは，やっぱり学級担任ならではですよね。養護教諭はやっぱり個別に見ることが多いですが，やっぱり学級担任は，クラスの中のその子っていうような見方をしますよね。他の子も巻き込んで支援していきますよね。
		学校の行事・節目・活動を目標とした支援	学級担任：あと，目標つくってあげたり。修学旅行いけるようにしようよ，とかって。それで，あの，修学旅行いけたら満点じゃないとかっていったりもしますね。
		登校重視の援助方針	学級担任：やっぱり，とにかく学校に来させることですね。
教育・指導的な理解と援助方針	粗悪な態度・様子には明確に教育・指導したり，当該事例の子どものみならず他の子どもの存在も踏まえた上で，集団と個への支援のバランスを考える	規範やルールに従った教育的指導	学級担任〈SC や養護教諭の先生と連携していく中で，援助方針みたいなところが食い違うっていうようなことはございますか？〉ありますね〜。例えば，私はもっと厳しく接したいし，もっと規範的に，ルールに従って教えていきたいって思うのに，気持ちの方を先に救ってもらっているので，どこか甘えちゃっているんじゃないかって思ったりもしますよね。
		子どもたち自身による問題解決の後押し	養護教諭：問題があっても，その子ができることは何か，できないことは何かっていうことを，できることまでは奪わないようにしていたかなと思います。…（中略）…実際に行動を起こしていくことは本人に任せるというか，自分でも解決できたんだっていうようなところを体験してもらったり。

Table 4-2 ②情報の解釈と援助方針の計画段階におけるカテゴリー一覧（続き）

カテゴリー名	カテゴリーの説明	カテゴリーを構成するコード名	発話例
		他の子どもへの教育指導と個別支援の両立	心理専門職：（養護教諭は）その事例の子のためには，これこれこういう援助をしていかなきゃっていうことはあるかもしれないけど，でも，集団の中でのこの子の位置づけを考えると，集団の中で見て行かなきゃいけないことがあるから，両方のバランスを取りながらやっていかなきゃいけないところもあるんじゃないかと思います。
		周囲の子どもへの配慮	心理専門職：〈担任の先生の，事例の問題理解や援助方針に違いを感じたことはございますか？〉そうですね…SC としては，困っている本人を考えているんですけれど，先生はクラスの中の一人なので，特別級いはいかないっていうことはありましたね。
保健室での安心感・癒しの提供	保健室を居場所として，安心感・癒しを提供し，教室での生活など，現実場面に適応できる力を蓄えられるような援助方針	居場所の提供	養護教諭：でも，う〜ん，とりあえず今できることとか，学校生活で使える資源とか，100％できなくても出来ること探したり，保健室を場所としてあげたり，教室にいることというよりも，子どもが学級生活にいられることをサポートするというようなことを意識していたと思います。
		保健室における安心感の保証	心理専門職：ワンクッション置いてとか。しんどくなったら保健室に来てちらってもいいしとか。そのときに，保健室いけば，体調不良とか書いて，担任に見せて帰らせるってことができるから，SC は（養護教諭と違って）そういうのできないから。
		保健室で適応のための力を蓄える	養護教諭：保健室の中で，人間関係は変えられないと思うんですよ。集団じゃないので。具体的な人間関織を変えるには，実際の教室とか部活とか家庭でしかできないので。でも，ここでは，そのための準備というか，そのための力をためるとか，そういうことはできますよね。
身体症状の理解と軽減	事例情報と子どもの身体症状との関連性を理解し，生活リズム	心身症状の理解	養護教諭：生徒指導上，名前がたくさん上がってくるような子は，何か抱えていると思うし，そういった子には，最初から，先生方と情報交換して…（中略）…そういう

Table 4-2　②情報の解釈と援助方針の計画段階におけるカテゴリー一覧（続き）

カテゴリー名	カテゴリーの説明	カテゴリーを構成するコード名	発話例
	指導も行いながら，身体症状を軽減する手立てを行う		情報をいったん自分の中に入れておいて，それをその子の身体症状との関係性を見つけていく。
		身体症状の軽減	養護教諭：お腹が痛いとか頭が痛いとか気持ち悪いとかだるいとかっていうように，不定愁訴で来たときに，結局，身体症状として出てきちゃうじゃないですか。その身体症状のところに付き合うとか，窓口にするとか，そこを軽くしてあげる。
		生活リズムの指導	養護教諭：生活リズムをきちんと確認させるであるとか，養護護教諭の援助はすごく大事になってきますよね。結局，自律神経のバランスを取る，高めるために，えっと，交感神経と副交感神経をしっかりとるための援助は，やっぱりしっかり子どもに話していきたいなと思っています。
指導と受容の両面を考慮した援助方針	教育的な指導援助と，子どもの状態や気持ちを受け止める援助の両方を意識的に考慮に入れながら，理解と援助を行う	気持ちを受け止めつつ指導的に関わる	学級担任：養護教諭の先生だと，生徒に対して，じゃあ，1時間休んでから授業にでようかっていうような言い方をされることはありますね。私（担任）だと，今すぐ授業に戻りなさいっていうような感じなので，あと時間を決めてくださったりもしますね。今から，何時何分になったら戻ろうねとかっていうような言い方も。
		指導と受容の中間的な理解と援助	養護教諭：担任は集団をまとめなければならないし，ある程度，中学校3年間で，進学・進路っていうように，かたちをつけていかないといけない…（中略）…SCの先生は，そうじゃないので，難しいなら無理に学校いかなくていいよとか…（中略）…で，養護教諭はその間にいるんですよね。
内面の気持ちに寄り添う個別援助	子どもの内面状況を理解し，援助者に対する期待や援助ニーズを考慮にいれながら，気持ちに寄り添う個別的	丁寧な個別援助	養護教諭：やっぱり本人と話したり，コミュニケーションをとったりっていうところですよね。で，やってみて，駄目そうだったら，引いてやめておくっていうようなことも必要ですよね。…（中略）…去年とかは保健室登校が3，4人いたんですけれども，やっぱり，一人ひとり違うので…それ

Table 4-2　②情報の解釈と援助方針の計画段階におけるカテゴリー一覧（続き）

カテゴリー名	カテゴリーの説明	カテゴリーを構成するコード名	発話例
	な援助方針を立てる		ぞれに合わせた援助が必要ですよね。
		内面を理解し受容する	学級担任：（SC は）指導っていう概念が無くて，例えばですよ，お酒飲んだみたいな話が出たときに，普通，学級担任だったら，絶対指導入れるんですよ。親も含めて。…（中略）…でも，SC は，とにかく聴く。良くも悪くも黙って聴いて。…（中略）…それだけラフに話せる場所ではあったと思います。
		気持ちの状態に寄り添った援助方針	養護教諭：（心理専門職は）やっぱり，その子自身の持っている力とかパワーがあるかないか，またそのパワーっていうのはモチベーションだったり動機がどこにあるのかとかそこを見て援助を考えていますよね。全然，教室に戻る気がないのに，教室に向かわせてもしょうがないとか。
		援助者に対する援助ニーズに基づく援助	心理専門職：保護者とか，子どもとかが，どういうふうに（SC を）使いたがってるんだろうっていうようなこととかは考えますね。SC に対して，話をただ聞いてほしいと思っているのかとか，学校に物申したいのかとか。だったら，話を聴く人として関わろうとか。
多面的かつ緩やかな理解と援助方針	多様な視点から事例を捉え，長期的な視点に立って，事例理解を一つに固定せず，様々な可能性を考慮して理解・援助方針を立てる	多様な意見・観点を踏まえた事例理解	養護教諭：（SC は）もう少し，多角的にみていらっしゃるんだと思います。いろんな見方をしているんだと思います。…（中略）…その事例にピンポイントっていうことは無いかもしれないですが，いろんな方向から，こういうことも考えられるんじゃないでしょうかとか。
		事例理解の修正可能性	心理専門職：あとは，事例の見立てっていうか，考えて，よくなることが一番ベストなんだけれど，ゴールセッティングしていくのに，その過程においてもその見立てっていうのは変わるもんなんだっていう理解で。それが絶対じゃないから，常に変わるもんだっていうので。

Table 4-2　②情報の解釈と援助方針の計画段階におけるカテゴリー一覧（続き）

カテゴリー名	カテゴリーの説明	カテゴリーを構成するコード名	発話例
		第三者の立場からの冷静な理解	学級担任：私はお母さんの気持ちにぐ〜っと寄ってしまっているんですよ，お母さんと同じ気持ちになってしまっているんですよ私が。でも，SC の先生は，もっと第三者的な立場から，意見をもらえるじゃないですか。それで，なるほどって思ったりしますね。
		問題状況のポジティブな理解	心理専門職：そう考えると，休むこと自体に意味があるっていうこともあると思うんですね。そこの理解ですね。
		長いスパンでの援助方針	養護教諭：それは，やっぱり私が個に対応しているからだと思いますね。〈なるほど。そうすると，担任はやっぱり集団を見ているとか，他の子も見なきゃいけないとか。〉そうですね。見なきゃいけない子が多いじゃないですか，やっぱり。…（中略）…思い入れっていうか，私は長いスパンでも見るから，今，それができなくても，来年できるかもしれないっていうのもあるし。
		事例の今後の予測	養護教諭：SC は，きっとあの子は，これこれこうなって，サポート校に行くんじゃないでしょうかというように，卒業までなかなか難しいっていうようなことを言って。
心理学的な知識と事例経験の活用	心理学的な知識・理論やこれまでの事例援助経験をもとに，人間行動の意味やメカニズムを理解し，援助方針を立てる	心理学的な知識・理論を用いた事例理解	心理専門職：探りながら，心理学の知識を使ったりしますよね。この人の病理は何だろうとか。かき回す系なのかとか，お母さんの持っている病理に巻き込まれないようにしたりとか。…（中略）…そういう…別に転移・逆転移ではないですけど…（中略）…こういうことが起こってるんだろうっていうのを判断するときには，客観的な知識を使いますよね。
		精神疾患の有無の判断	養護教諭：精神疾患の有無とか受診が必要かどうかの判断は SC が鋭いですよね。
		人間の行動の意味・心理メカニズムの理解	学級担任：（心理専門職は）やはり学級担任的な立場の考えではないというか，こう，目からうろこになるような，こう人間っていうのは，なんでわざと困った行動をする

Table 4-2　②情報の解釈と援助方針の計画段階におけるカテゴリー一覧（続き）

カテゴリー名	カテゴリーの説明	カテゴリーを構成するコード名	発話例
			のかっていうと，こういう本能があってこうなんだよとか，こうしたほうが，人間楽じゃないですかとか。こう人間の本質的な考えを言うので。
		豊富な事例経験に基づく見解	養護教諭：なんか，その今までの持っているSCさんの知識とか事例を踏まえて，こう，予後まで見通しているっていうような感じがしました。
		一般化した事例理解と方針	学級担任：あの，個別個別の事例を一般化してくださるんですね。で，安心できます。具体的にはですね，暴れまくって授業が成立しないということが，学年でも自分の授業でもあったときに，SCの先生は，あれはADHDの一般的な特徴を持っているお子さんですねとか。
他職種・他機関との協力関係に基づく援助方針	学校内の関係者や保護者との役割分担，および他機関へのリファーを考慮に入れた援助方針を考案する	援助の役割分担	養護教諭：そうですね，そうなりますよね。役割分担っていうことと，その人の仕事に対して理解をする，それぞれの職種を理解したうえで，役割分担かなっていうふうに思いますね。
		家庭・保護者との連携や協力	養護教諭：そうですね…あ～，担任の先生は，家庭に協力を求めることが多かったような気がします。あの，お母さんからもこう言ってあげておいてくださいとかって言っておいたんですよ。保護者とやっぱり距離が近いので，援助するにあたっても，結構家庭の力を期待していて，それで何とか卒業まで持っていこうみたいな。
		環境調整を行う	心理専門職：結局，SCって，子どもの問題行動に焦点を当てるんですけれども，その先生がどうしてそこに困っているのか，そこに焦点を当てて，なんか，こう，環境調整っていうんですかね。その子だけを変えて良くなるっていうことはあんまりないので。なので，その先生が困っていることも支援しつつ，その子自身も支援しつつ。
		他機関へのリファー	心理専門職：学校で見るべきか，専門家に任せるべきかの判断をしている。

Table 4-3　③事例の変化・改善把握の段階におけるカテゴリー一覧

カテゴリー名	カテゴリーの説明	カテゴリーを構成するコード名	発話例
登校・集団活動・学習態度の変化	子どもの登校日数の増加や，日頃の学習への取り組み，集団活動への参加状況の変化を把握する	欠席・遅刻の減少	養護教諭：それは，やっぱり教室にいるっていうことだと思いますよ。それが1番だと思います。…（中略）…あと，家にこもりがちだった子が，学校に来られるようになったとか。
		集団活動や部活の取り組み	心理専門職：あと，何かの係りでこういう行動をしていたとか，行事がやっぱりあるからその行事で集団行動がやっぱり多いから，（教師は）集団から見ての評価。
		学習への参加状況や態度	学級担任：あと，提出物。全然やってなかった子が，ちゃんと出してくるようになったとか。授業にノートもとっているみたいだし。よくなってきたのかね，みたいに。
		様々な学校生活場面での様子・態度	学級担任：えっとそれは，担任は毎日いるので，授業以外だと，朝の時間とか給食の時間の様子とか，そういうところは把握できますよね。で，毎日みているからこそ，ちょっと変わったなっていうようなところにも気付きやすいと思います。
対人関係やコミュニケーションの変化	日々の友達との関係やコミュニケーションの取り方，グループでの過ごし方，クラスメイトとの関わりに伴う反応や行動の変化を把握する	友達とのコミュニケーションの取り方	学級担任：あと，休み時間に，また別の子と仲良くなれたなとか。前の仲良かった子とまた一緒になれたなとか。だいたい，子どもたちの問題状況の半分は友達関係が大きいので。
		友達関係・グループで過ごし方	養護教諭：担任の先生も集団のことみていますよ。最近，あいつ，あのグループにいないんだよねとか，休み時間になると，違うところいってるんだよなっていうのは，そういうところでわかる。もちろん，良くなっているところも。
		クラスメイトとの関わりに伴う反応	養護教諭：あと，友達関係のことで，あの子いやだって言っていたような子が，その嫌いな子と保健室に来てっていうようなこ

Table 4-3　③事例の変化・改善把握の段階におけるカテゴリー一覧（続き）

カテゴリー名	カテゴリーの説明	カテゴリーを構成するコード名	発話例
			とがあったときに，その後にそれとなく本人に，あの子とどうなったの？って確認して，いや実はあの後，こういうことで仲直りしてっていうような話が聞ければ，大丈夫そうなのかな，良かったなって思いますし。
具体的かつ客観的な行動変化	子どもの目に見える客観的で具体的な行動変化を改善指標として判断する。客観的な視点から他の子どもとの優先順位に基づいて改善の程度を把握する	目に見える具体的な行動変化	心理専門職：（学級担任は）例えば，不登校だったら，学校に来られるようになったから OK っていうふうになると思うんですけど。目に見える形で，行動が伴った形で，具体的に見えるところで変化したり良くなっていれば，大丈夫って考えることが多いと思います。
		客観的な変化を通した改善の判断	養護教諭：だるいっていっても教室にまだいられるだけのだるさと，保健室で休まなきゃいけないだるさとがあるからって。最低でも月に2回っていうふうに，なるべく，保健室で休ませないようにしたんです。それも段々できるようになって，本当に後半，保健室来なくても，休み時間来るくらいで進んでいったんですね。
		主訴が解消すれば問題解決と判断する	学級担任：私なんかは，落ち着いたら，それで OK って思ったりして，何か思い出すことはあったとしても，そこまででもないかなって思っていたんですけど。
		優先順位に基づく改善判断	学級担任：学校に来られる回数が増えてきたりすると，今度，この子じゃなくて違う子を，優先にしてっていうのはありますよね。カウンセラー部屋いっぱいになっちゃうから，時間帯に優先順位を，この子は，もう背中押していいよって。
		子ども中心の改善把握	養護教諭：う～ん，わりと，他の部分も含めて事例っていうようには見たことはないですかね。どちらかといえば，経過をみるときには，子どもの変化を中心に見ますよね。

Table 4-3　③事例の変化・改善把握の段階におけるカテゴリー一覧（続き）

カテゴリー名	カテゴリーの説明	カテゴリーを構成するコード名	発話例
日常の表情・言動・態度の変化	日々の生活で見せる表情や態度、および挨拶をしたり受け答えが良くなるなど言葉数や言動の変化を把握する	表情・態度の変化	心理専門職：言葉が増えている、顔が下向かない、それだけでも十分な判断材料ですけど。
		言動・言葉数の改善	養護教諭：声が大きくなったり、挨拶がしっかりできるようになったり。
保健室来室状況や身体症状の改善	保健室来室回数の減少や、身体症状の改善、多少の身体症状を抱えながらも前向きに頑張る様子がみられるなどの変化を把握する	保健室来室回数や過ごし方の変化	養護教諭：でも、なんか教室の方でうまくいってくると、保健室に来る回数も減ってきますし。
		身体症状の軽減	養護教諭：まず身体的に健康になっていることですよね。
		身体症状への耐性	養護教諭：あとは…身体症状でも、最初は、気持ち悪かったりするんだけれども、頑張って行ってみたら大丈夫で治ったっていうようなことがあったりすると、この前もそうだったから頑張ってごらんっていうようなところはありますよね。
		生活リズムの改善	養護教諭：やっぱり、眠れている、食べることができている、生活リズムから（事例変化の確認に）入ります。
事例変化の意味の慎重な把握	事例の変化を慎重に把握したり、一時的な問題悪化も援助の過程と判断したり、過去から現在、将来とのつながりで事例変化を判断する	肯定的な変化かどうか慎重に捉える	心理専門職：紙の裏表を見ているっていうようなところですかね。もちろん、前進してそうだなっていける要素もあると思うけど、ひょっとして、根元というか、本当に大丈夫かなっていうようなところで、そういうところも忘れないっていうのはありますよね。

Table 4-3　③事例の変化・改善把握の段階におけるカテゴリー一覧（続き）

カテゴリー名	カテゴリーの説明	カテゴリーを構成するコード名	発話例
		問題悪化も肯定的変化の過程と捉える	心理専門職：そうですね。やっぱり，行動的な部分を，先生はご覧になったりするけれども，でも，行動上で変化がないような場合とか，ネガティブに変化しているって一見するとみられるような場合でも，心理的な面からみると，そうじゃない場合もあるので，そこはお伝えしますね。
		現在の状況を踏まえた今後の予測	養護教諭：そう，なので，今こういう状態で，こうなるかもしれないから気をつけてみたいなところまで（心理は）判断されたりしますよね。私たちは，今こういう状態なのかって，それで終わったりしますけど。
		長いスパンで変化を捉える	心理専門職：心理は，わりと，細かく，長く変化をみるっていうことがありますかね。
子どもの認識・気持ちの変化	自信が持てる，問題の捉え方が柔軟になる，気持が安定するなど，子ども自身が語る認識や気持ちの前向きな変化を把握する（援助者が感じる印象・感覚から子どもの内面を把握し変化の指標とする場合も含む）	肯定的な自己評価	養護教諭：あとは，子どものほうからも，「先生，僕元気になったから」って，直接的に言ってくることもあります。「問題解決したよ」とか「もう大丈夫」とかって。
		認識の深まり・柔軟性	心理専門職：そうですね…例えば…人の立場っていうか，あいつ嫌なんだよってばっかり言ってた子が，まぁ，そういうこともあるかなとか，自分も言いすぎたなとか，そういう視点がちょっと柔軟になったとか，そういうことなのかもしれないですね。
		気持ちの安定	心理専門職：重たい内容に普通についてこられるっていうことですかね。自分の一番嫌なことを，背けたい内容に触れられるようであれば，それで十分です。

Table 4-3　③事例の変化・改善把握の段階におけるカテゴリー一覧（続き）

カテゴリー名	カテゴリーの説明	カテゴリーを構成するコード名	発話例
		子どもから感じられる感覚・主観的印象	心理専門職：生徒と接してて感じるエネルギーっていうか，言葉数もそうかもしれないですし，表情もそうかもしれないんですけど，あ，なんかこう，エネルギーが上がってきたなっていうか，そういうところは見ますかね。いろんなところから。…（中略）…何を指標にしているかっていうとなかなか難しいんですけれども。やっぱり何か感じられることってあると思うんですよね。
		主訴・悩み以外に関心事が移る	心理専門職：それは，あんまり，カウンセリング来ても来なくてもいいよって言ったときですよね。友達と遊びたいとか，子ども本人が言い出したりとか。どっちかなと最初は思うんですけど，カウンセリングが嫌なのかなとか。でもケースの流れの中で，来なくてもいいっていう感覚を持てば，どうぞっていうように終わりにすることもあるし。
		自発的かつ意欲的な気持ち	心理専門職：あと，自分から何かやってみたっていのがありますよね。例えば，こういうふうにしてみたらどうですかっていうのをお母さんとの話のなかでやるじゃないですか。そしたら，やってみたらこうでしたとか，本人が変化としてやってくれたことは膨らませます。
子どもを支える環境の変化	子どもの関係者や環境が変化し，子どもを支える環境として機能しているかどうかなど，主訴となる訴え以外の微細な変化を事例改善の指標とする	保護者の認識・接し方の変化	学級担任：そうですね…（SCは事例の変化として）お母さんが，よくこういうように，こう，待てるようになったとか，あせちゃって，学校に行かせなくちゃって焦っていたのが，少し待てるようになったとか，そういうことはおっしゃいますよね。そういう保護者の方の反応を教えてくださいますよね。
		教師の認識・接し方の変化	心理専門職：あと，先生自身が，その子の問題状況について話を持ってくるときって，結構先生が，う〜ん，なんていうのかな，

Table 4-3　③事例の変化・改善把握の段階におけるカテゴリー一覧（続き）

カテゴリー名	カテゴリーの説明	カテゴリーを構成するコード名	発話例
			その子に対する視点が固まっていたりするから，それがどのくらい変わっていったようになったかとかですね。
		子どもを支える環境としての機能	心理専門職：子どもの問題は多少感じていたとしても，学校の先生も理解ある先生で，任せられると感じた場合には，心理が手を引いても大丈夫だろうと判断する。
		学校内の居場所	養護教諭：例えば，保健室登校の子だったら，最初は，学校に来られなかった子が，市の適応指導教室に行けるようになったとか。あと，家にこもりがちだった子が，学校に来るようになったとか。…（中略）…保健室だけだったのが違う場所にも行けるようになったりとか。
		主訴に限らない事例の微細な変化	心理専門職：（焦点となる問題・主訴だけでなく）ちょっと嫌なことでも，嫌なものを嫌といえるようになったとか，その周辺のことも気になることがあって。その周辺っていうのは，事例によっても違うんですけれども，その周辺のことは指標としてみているかもしれないですね。

2．職種間の特徴の量的分析

　職種間のアセスメントの特徴を検討するため，生成されたカテゴリーごとに対象者の発言数を算出した。具体的には，学級担任，養護教諭，心理専門職のアセスメントの特徴としてカテゴリーを構成するコードに関連した発言があった場合，その発言の長短や発言回数に関係なく1カウントとして算出した。その際，たとえば心理専門職が自身のアセスメントの特徴として挙げた点に加え，学級担任や養護教諭から出された心理専門職の特徴に関する発言数も含めて，全体としての心理専門職の特徴と捉えて加算することとした(学級担任と養護教諭の特徴の算出も同様である)。自身の立場では重要な視点として気づきにくい特徴も他職種の立場からは当該職種の重要な特徴と捉えられる場合があり，職種間の協働を検討するためにはこれらを包括的に捉える必要があると考えたためである。ただし，職種間の特徴の違いを考察するにあたっては，自身が捉えた特徴と他職種が捉えた特徴に関する発言数の差異にも留意しながら検討した。

　各職種のアセスメントの特徴を比較検討する前提として，職種を独立変数，発言数を従属変数として，各プロセス段階ごとに，各職種の発言数に差があるかどうかを分散分析で検討したところ，有意差は見られなかった(「事例に関する情報の収集段階」$F(2, 42) = .42$，「情報の解釈と援助方針の計画段階」$F(2, 30) = .22$，「事例の変化・改善把握の段階」$F(2, 24) = .15$)。次に，各職種のアセスメントの特徴に差があるかを検討するため，算出された発言数をもとに，Fisher の直接法による分析を行った。分析の結果，アセスメントのプロセスの3つの段階全てに1%水準で有意な偏りが見られた。そこでカテゴリーごとに，各職種の特徴に関する発言の合計数に差があるかどうかを検討するため，Ryan 法による多重比較を行った。その結果を Table 4-4〜4-6 に示した。

　①事例に関する情報の収集段階では，【問題行動の現状と経過】，【出席・学習状況】，【人間関係・コミュニケーション】，【日々の学校生活の態度・様

Table 4-4　アセスメント・プロセスにおける各職種の特徴の比較
（①事例に関する情報の収集段階）

アセスメント・プロセスにおけるカテゴリー	学級担任	養護教諭	心理専門職	合計		多重比較
①事例に関する情報の収集段階						
問題行動の現状と経過	8 (2,2,4)	0 (0,0,0)	0 (0,0,0)	8	2.43%	担任>養護・心理*
出席・学習状況	18 (4,8,6)	4 (0,4,0)	0 (0,0,0)	22	6.69%	担任>養護・心理**
人間関係・コミュニケーション	18 (4,9,5)	6 (1,4,1)	0 (0,0,0)	24	7.29%	担任>心理**・養護>心理**・担任>養護†
日々の学校生活での態度・様子	13 (7,5,1)	4 (0,4,0)	3 (0,1,2)	20	6.08%	担任>養護>心理†
家族構成と保護者の考え	14 (7,4,3)	8 (0,5,3)	5 (0,1,4)	27	8.21%	
学校内外の関係者からの情報	16 (12,3,1)	5 (0,5,0)	1 (0,0,1)	22	6.69%	担任>養護*・担任>心理**
身体症状・健康状態	3 (2,1,0)	32 (5,19,8)	1 (0,0,1)	36	10.94%	養護>担任・心理**
保健室への来室状況と過ごし方	0 (0,0,0)	16 (1,9,6)	0 (0,0,0)	16	4.86%	養護>担任・心理**
日常生活リズム	2 (2,0,0)	10 (1,6,3)	0 (0,0,0)	12	3.66%	養護>心理**・担任>心理**
学校組織・教師の特徴・認識	0 (0,0,0)	10 (0,4,6)	9 (0,1,8)	19	5.78%	養護>心理**・担任>担任†
内面の気持ち・認識	3 (2,1,0)	19 (8,6,5)	20 (9,4,7)	42	12.77%	養護>担任・心理**
生育歴や子育て	0 (0,0,0)	5 (0,5,0)	7 (0,2,5)	12	3.65%	心理>担任†
家族の特徴・関係性	4 (3,1,0)	4 (0,3,1)	12 (3,2,7)	20	6.08%	心理>担任†
関係者ごとの問題認識・関わり	10 (8,0,2)	5 (0,3,2)	22 (1,2,19)	37	11.25%	心理>担任†・心理>養護**
事例の肯定的側面と相談意欲	0 (0,0,0)	1 (0,1,0)	11 (0,3,8)	12	3.65%	心理>養護・担任**
合計	109	129	91	329		

注1）数値は各職種の特徴に関する発言数の合計である。括弧内はその内訳であり，左から順に学級担任，養護教諭，心理専門職からの発言数を表す。

注2）†p<.10, *p<.05, **p<.01

Table 4-5　アセスメント・プロセスにおける各職種の特徴の比較（②事例に関する情報の収集段階）

アセスメント・プロセスにおけるカテゴリー	学級担任		養護教諭		心理専門職		合計		多重比較
②情報の解釈と援助方針の計画段階									
社会適応を目指した援助方針	22	(8,6,8)	3	(1,1,1)	2	(0,1,1)	27	10.42%	担任>養護・心理**
具体的で明快な理解と援助方針	20	(4,3,13)	7	(0,5,2)	8	(5,2,1)	35	13.51%	担任>養護†
学校とのつながりを促す援助方針	24	(10,7,7)	4	(1,3,0)	0	(0,0,0)	28	10.81%	担任>養護・心理**
教育・指導的な理解と援助方針	20	(8,4,8)	3	(0,3,0)	0	(0,0,0)	23	8.88%	担任>養護・心理**
保健室での安心感・癒しの提供	0	(0,0,0)	9	(1,5,3)	0	(0,0,0)	9	3.47%	養護>担任*
身体症状の理解と軽減	0	(0,0,0)	12	(2,8,2)	0	(0,0,0)	12	4.63%	養護>担任・心理**
指導と受容の両面を考慮した援助方針	0	(0,0,0)	10	(4,4,2)	0	(0,0,0)	10	3.86%	養護>担任・心理**
内面の気持ちに寄り添う個別援助	3	(3,0,0)	12	(1,9,2)	16	(6,5,5)	31	11.97%	心理>担任*　養護>担任†
多面的かつ緩やかな理解と援助方針	2	(2,0,0)	8	(4,1,3)	17	(3,3,11)	27	10.42%	心理>担任**
心理学的な知識と事例経験の活用	0	(0,0,0)	3	(1,1,1)	21	(5,7,9)	24	9.27%	心理>養護・担任**
他職種・他機関との協力関係に基づく援助方針	8	(7,1,0)	12	(1,9,2)	11	(0,0,11)	31	11.97%	
合計	99		83		75		257		

注1）数値は各職種の特徴に関する発言数の合計である。括弧内はその内訳として左から順に学級担任，養護教諭，心理専門職からの発言数を表す。

注2）†p＜.10，*p＜.05，**p＜.01

Table 4-6　アセスメント・プロセスにおける各職種の特徴の比較（③事例に関する情報の収集段階）

アセスメント・プロセスにおけるカテゴリー	学級担任	養護教諭	心理専門職	合計		多重比較
③事例の変化・改善把握の段階						
登校・集団活動・学習態度の変化	34(13,14,7)	12(2,9,1)	1(0,0,1)	47	19.42%	担任>養護・心理**
対人関係やコミュニケーションの変化	13(6,5,2)	6(0,6,0)	1(0,0,1)	20	8.26%	担任>心理**
具体的かつ客観的な行動変化	26(9,6,11)	8(1,7,0)	2(1,0,1)	36	14.88%	担任>養護・心理**
日常の表情・言動・態度の変化	10(6,2,2)	11(2,8,1)	1(0,0,1)	22	9.09%	担任>養護>心理*
保健室来室状況や身体症状の改善	0(0,0,0)	21(4,13,4)	1(0,0,1)	22	9.09%	養護>担任・心理**
事例変化の意味の慎重な把握	1(1,0,0)	11(1,8,2)	20(3,4,13)	32	13.22%	養護>担任* 心理>担任**
子どもの認識・気持ちの把握	1(1,0,0)	10(3,7,0)	23(0,4,19)	34	14.05%	心理>担任* 養護>担任*
子どもを支える環境の変化	3(3,0,0)	7(1,6,0)	19(5,2,12)	29	11.98%	心理>担任** 心理>養護*
合計	88	86	68	242		

注1）数値は各職種に関する発言数の合計である。括弧内はその内訳としてその内容を左から順に学級担任，養護教諭，心理専門職からの発言数を表す。

注2）*p<.05．**p<.01

子】,【学校内外の関係者からの情報】は学級担任,【身体症状・健康状態】,【保健室への来室状況と過ごし方】,【日常生活リズム】は養護教諭,【生育歴や子育て】,【関係者ごとの問題認識・関わり】,【事例の肯定的側面と相談意欲】は心理専門職,【学校組織・教師の特徴】,【内面の気持ち・認識】は学級担任よりも心理専門職や養護教諭に特徴的な視点であることが示された。

　②情報の解釈と援助方針の計画段階では,【社会適応を目指した援助方針】,【具体的で明快な理解と援助方針】,【学校とのつながりを促す援助方針】,【教育・指導的な理解と援助方針】が学級担任,【保健室での安心感・癒しの提供】,【身体症状の理解と軽減】,【指導と受容の両面を考慮した援助方針】が養護教諭,【多面的かつ緩やかな理解と援助方針】,【心理学的な知識と事例経験の活用】は心理専門職,【内面の気持ちに寄り添う個別援助】は学級担任よりも心理専門職や養護教諭に特徴的であることが示された。

　③事例の変化・改善把握の段階では,【登校・集団活動・学習態度の変化】,【対人関係やコミュニケーションの変化】,【具体的かつ客観的な行動変化】が学級担任,【保健室来室状況や身体症状の改善】が養護教諭,【子どもの認識・気持ちの変化】,【子どもを支える環境の変化】が心理専門職,【日常の表情・言動・態度の変化】は学級担任と養護教諭,【事例変化の意味の慎重な把握】は心理専門職と養護教諭に特徴的な視点であることが示された。

第4節　考察

1. 事例に関する情報の収集段階における職種間の比較

　Table 4-4 に示された結果から, 学級担任は, 問題行動の現状や経過に加え, 小学校からの申し送りや他の教師・生徒から当該事例の子どもの情報を得やすいこと, 一日を通した子どもの学校生活上の様子や態度, 対人関係の持ち方, 学習・授業態度などを把握しやすい立場にあると考えられる。特に出席・学習状況や人間関係については, 他職種から見た学級担任ならではの情報収集の重要な視点として語られる傾向がみられた。一方, 集団全体の教

育的な指導や評価を行う立場にあるため，個々の子どもの本音や内面に深く
立ち入ることが難しい場合がある。

養護教諭は，保健室への来室頻度や時間帯，身体症状や生活リズムに関す
る状態把握を丁寧に行う一方，その活動範囲から，子どもの普段の客観的な
学校・学級生活上の生活，対人関係，学習等は，学級担任ほど把握しにくい
ところがある。しかし，保健室という落ち着いた空間で，評価しない立場と
して個別的に子どもに関わるため，体調不良を一つのきっかけとして，子ど
もの様子が把握できたり，【内面の気持ち・認識】を聴くことも少なくない。
特に内面の気持ちは，他職種からみても養護教諭の重要な情報収集の特徴の
1つとして捉えられる傾向がみられた。その他，他の教師とは一歩離れた立
場で客観的に【学校組織・教師の特徴】に関する情報収集の視点を有する点
も特徴的である。

心理専門職は，日頃の学校生活での様子・行動よりも，子ども本人の気持
ち・内面の状態を把握しやすく，生育歴や子育てなど過去に遡っての情報収
集の視点を有することが示された。養護教諭の結果と同様，学校組織や教師
の特徴を丁寧に把握することを重視したり，特に内面の気持ちに関する情報
収集の視点は，他職種からみても心理専門職の重要な情報収集の特徴の1つ
として捉えられる傾向がみられた。また，当該事例の子どもだけでなく周囲
の関係者を含めて幅広く状況把握を行い，関係者の誰が困り問題と感じてい
るのか，どのような事例理解や援助案を考えているのかを区別・整理して把
握する傾向も見られた。さらに，事例のネガティブな側面のみならず健康
的・ポジティブな面も意識的に情報収集しようとする傾向が見られた。

以上，各職種に特徴的な情報収集の視点を踏まえると，職種間の相違とし
て3点指摘することができる。

第一に，子どもの客観的な行動の様子か，主観的な内面に重きを置く情報
収集をするかの違いである。教師は外界の客観的な内容に着目しやすく心理
専門職は内界の主観的な体験に着目しやすい（倉光，2000）という指摘にあ

るように，心理専門職は（部分的には養護教諭も），指導・評価的な立場である教師とは異なり，個別の内面的な気持ちや悩み事，学校に対する不満，プライベートな家庭状況まで踏み込んだ内容を把握していることが多い。その一方，学級担任は，日頃の学校生活における客観的な様子や態度の状況把握に長けている。養護教諭は，子どもの心理面の状態・気持ちは把握するようにしているものの，その職務上，身体疾患・怪我の有無は敏感に見極めている。これらは，事例の情報収集に関して各職種が重視する視点の違いであると同時に，各職種の立場や活動範囲，事例情報を集める方法によって集まる（収集やすい）情報の違いであるとも捉えられる。たとえば，学級担任は学校生活の中で観察や日常的なコミュニケーションを通して子どもに関する情報収集を中心的に行うが，心理専門職は，観察よりも面接を通して子どもの内面的な気持ちに触れることが多い傾向にあるため，結果的に学級担任は日常生活に密着した客観的な行動に関する情報収集がなされ，心理専門職は関係者の情緒・認識・内面的側面に関する情報が収集されやすくなると考えられる。

　第二に，現在の事例情報の収集が中心か，過去に遡って情報収集を行うかの違いである。学級担任は事例の問題状況の現状・経過をよく理解する一方，現在の視点が中心となり，過去に遡って事例情報を把握する視点は少ない傾向にある。一方，【生育歴や子育て】に示されるように，心理専門職は，長い時間経過の視点で事例の状況や問題の成り立ちを把握する傾向にある。第1章で概観した心理専門職のアセスメントにおいても，時間軸に沿った発達的経過に基づく視点はアセスメントの重要な側面とされている（e.g., 石川, 2006; Wilmshurst, 2008）。

　第三に，事例として捉える対象・範囲の相違である。特に，心理専門職は学級担任・養護教諭とは異なり，子どものみならず周囲の関係者や環境の状況も含めて幅広く事例を把握する傾向にある。中でも【関係者ごとの問題認識・関わり】に示されているように，他職種は心理専門職の特徴として把握

してはいないものの，心理専門職が自身の情報収集の視点として重視している観点であった。事例の関係者による情報・認識の不一致を把握する視点はアセスメント情報の収集において重要な観点であり（Smith, 2007），様々な関係者の情報・認識を幅広く確認し，問題状況を立体的に捉えることは心理専門職にとって必要不可欠なアセスメント作業とされている（下山，2006）。さらに，情報収集の範囲という意味では，【事例の肯定的側面と相談意欲】に示されるように，事例のネガティブな側面だけでなくポジティブな側面・健康的な側面も含めて多面的に情報収集を行う点も心理専門職にとって特徴的なアセスメントの観点である（下山，2008a; Winters et al., 2007）。

2．情報の解釈と援助方針の計画段階における職種間の比較

　Table 4-5 の結果から，学級担任は基本的に，子どもが先々の社会に適応できることを目標に，適切な学校生活や集団行動につながるよう，できる限り早期の問題解決を促す理解と援助方針を立てる傾向にある。学校とのつながりを重視し，学期等の節目や学校行事を目標として子どもを援助する場合もある。また，日々，目の前の子どもに関わらなければならない立場であることから，できるだけ明確に問題状況を理解し，日々の関わりに役立つ具体的な対応方針を意識する傾向にある。特に社会適応を目指したり具体的で明快な援助方針を立てる点は，他職種からみても学級担任ならではの特徴として捉えられる傾向が見られた。さらに，クラスメイトに協力を求めやすく，子ども同士の関係性や，学級の受け入れ体制を整えることができるのも特徴的である。ただし，立場上，学級全体の運営や他の子どもへの教育的配慮も必要であることから，当該事例の子どもへの個別支援との間のバランスを常に念頭に置かなければならないと考えられる。

　養護教諭は，身体症状や，身体症状の基盤としての生活リズムの改善を意識し，教室など現実場面に適応するための力を蓄える居場所として保健室を提供する。また，適切な学校生活・集団行動へと後押しする教育的指導と子

どもの気持ちの受容や内面の気持ちに寄り添った援助の大切さの両面を意識しており，指導と受容のバランスを考慮しながら理解と支援方針を立てる傾向にある。

　さらに心理専門職は，子どもの気持ちが前向きに動くこと，自己認識が深まること，自発的に行動することに寄り添う援助方針を立てる傾向にある。特に内面の気持ちに寄り添う援助方針は，心理専門職だけでなく他職種からみても心理専門職の重要な理解・方針の特徴として捉えられている傾向が見られた。また，心理学的な知識や理論，これまでの事例経験をもとに，問題を理解し，教師とは異なる視点で理解と方針を提供する。事例理解をして援助方針を立てる際も，周囲の関係者の意見や考えを十分に踏まえたり，生じている問題そのものにも肯定的な側面・意味を見出す場合がある。さらに，学級担任ほど具体的で明確な理解・方針ではなく，事例理解・援助方針が援助の過程で適宜修正される可能性を常に念頭に置くなど，緩やかな捉え方を有する。子どもの内面に寄り添う分，問題解決を急ぎ過ぎないよう比較的長いスパンで援助方針を考える点も特徴的である。

　以上，各職種によって重視しやすい事例理解や援助方針の特徴を踏まえ，特に学級担任と心理専門職に焦点を当てると，職種間で見解の相違が生じやすい点として 2 点指摘できる。

　第一に，問題状況の捉え方の相違である。学級担任はできるだけ早期の支援に結びつけるため，事例状況の問題点を具体的かつ明確に捉える傾向がある一方，心理専門職は事例に関する様々な可能性を考慮し，事例理解が固定的かつ一面的であることを避けるように捉えている可能性が考えられる。このため，事例の問題状況の理解に関する具体性や明確性において相互の見解に違いが生じやすい可能性が考えられる。第二に，援助方針の相違である。学級担任は先々の将来を考え，教師として子どもと関わることのできる期間内での問題改善を目指す傾向がある。一方，心理専門職は，子ども自身の内面変化，自主的変化を重視しているため，場合によっては事例問題の改善や

適応は学校卒業後でも良いと判断して緩やかに援助方針を立てる傾向がある。さらに，それぞれの職種の立場上，事例の個別援助に重きを置くか，集団への援助や配慮に重きを置くかで見解の相違が生じる可能性がある。実際に，教師は授業妨害や周りの子どもたちへの攻撃や侵害を問題として重視するのに対し，心理専門職は引きこもり傾向や情緒不安定さを持つ子どもの問題を重篤と考える傾向が指摘されており（伊藤，2000），学級担任は他の子どものことを念頭に置きながら，事例の問題理解・援助方針について検討していると考えられる。

　以上のような相違が生じる背景には以下のような点が推察できる。たとえば，様々な情報をつなぎ合わせて事例の問題状況などの全体像を理解し今後の対応を模索するためには，問題に影響する要因やメカニズムを理解することに役立つ理論・観点が有用であるが，心理臨床においてはそれがあるものの教育にはそれがないとされている（卯月，2005）。むしろ，学校現場における生徒理解は，教師個々人の実践的・経験的な知恵に支えられているところが多く（卯月，2001），個々の事例に対する援助の際には自らが体験してきた経験で判断するため，個別事例を超えた枠組みを持ちにくい傾向にあるといえる。一方，心理専門職は【心理学的な知識と事例経験の活用】に示されるように，様々な理論的観点や多数の事例経験を踏まえているからこそ，長期的な見通しや，【多面的かつ緩やかな理解と援助】へとつながっている可能性が考えられる。心理専門職と学級担任にとっては同じ事例に関する情報を得たとしても，その情報を解釈する観点の相違や，一つの情報から想像力を働かせて新たな情報収集を行う視点に相違が生じる可能性にもつながってくると考えられる。

　また，学級担任は立場上，子どもの理解と支援に日常的に関わらなければならない存在であるため，より具体性のある援助方針を求められ，少しでも早く改善をと願う傾向にあると考えられる。情報が十分に整っていない状況（事例について詳細に理解できていない状況）でも，継続的に子どもに関わらな

ければならない立場である。その意味では，日々継続的に子どもに接しているからこそ，より現実的で具体性のある事例理解や援助方針へとつなげることができると考えられる。一方，SC 等の心理専門職は日常的に子どもと関わる機会は少なく，明確な事例理解ができない場合は判断を保留する場合もある（高嶋ら，2007，2008）。その点で，学級担任ほど現実的で具体的な事例理解や援助方針の立案につながりにくい可能性がある。さらに心理専門職は様々な観点を有しているからこそ事例情報を丁寧に多く収集してから意思決定や判断をしている可能性があり，より迅速な理解と対応を求める教師と，事例の改善に求める時間的感覚に相違が生じている可能性があると考えられる。

3．事例の変化・改善把握の段階における職種間の比較

　Table 4-6 から，学級担任は，周囲の関係者の変化よりも，子ども本人が学校生活の中でいかに学習態度や対人関係を良好に築くことができているか，その行動・態度の変化を重視する傾向にある。子ども自身が登校し，少しでも学校で長く過ごし，授業や学校行事，集団行動に参加できているかどうかが改善の指標として重要となる。そのため，子どもの気持ちや認識，保護者などの認識や関わりが前向きに変化しても，実際の学校生活場面で具体的な言動・行動・態度に改善がみられなければ，肯定的な変化として感じにくい可能性がある。逆に，子ども自身に客観的に前向きな態度・行動が生じていれば，事例の問題は解消したと判断する傾向もある。特にこれらの登校状態や集団活動での様子，学習態度，具体的で客観的な行動変化は，他職種からみても学級担任ならではの視点の特徴として捉えられる傾向がみられた。援助にあたっての優先順位も重要であり，他の子どもの抱える問題状況との比較の上で，当該事例の改善の程度を判断する場合もある。

　養護教諭は，身体症状の改善や耐性の向上，保健室への来室回数や来室時間帯の変化・改善を事例変化の指標として捉える。ただし，単に保健室への

来室回数の減少や学級集団への参加状況が良いといっても，それが本当に問題の改善と言えるかどうか慎重に判断する傾向もある。その他，子どもの主観的な悩みの改善を把握しつつ，学級担任ほどではないが，登校日数や学校・学級への参加状態等を客観的な行動レベルで判断する視点も有する。

　さらに，心理専門職は，子どもの情緒の安定，肯定的な自己評価，認識の柔軟性などを大切に捉える傾向にある。悩み相談以外に関心事が移り現実場面の活動を優先するなど，悩み事を話しに相談室に来談しなくなる点が改善指標となる場合もある。さらに周囲の関係者（教師や保護者）の心境や認識，行動の変化も重視し，子どもを支える周囲の環境が整っているかどうかが改善の指標の1つになる。その点で，子どもの問題が残っていても，関係者に任せられる状態であれば，自身は援助活動から手を引く判断をする場合もある。さらに，事例の変化，改善の意味を慎重に解釈する傾向もあり，たとえば，客観的には問題が悪化したように見えても，事例の前向きな変化と捉える場合がある（例：愚痴・文句を言えるようになる，消去抵抗による問題行動の一時的悪化など）。また，実際の問題状況が落ち着いていても，本当の意味での問題解決なのかを慎重に考えたり，今後，問題が表面化しやすい状況や可能性にも気を配り，丁寧なフォローアップを心がける点も特徴的である。

　以上の結果を踏まえ，特に学級担任と心理専門職に焦点を当てると，職種間で見解の相違が生じやすい点として3点指摘できる。

　第一に，事例の変化として，子どもの変化を中心に把握するか，周囲の関係者の変化も重視するかの相違である。学級担任は，登校状態であれ学習・対人関係であれ，主として子ども本人の変化を事例の変化として中心的に捉える傾向にある。一方，心理専門職は，子ども自身に変化が生じていなくとも，周囲の関係者の認識・関わりの変化も事例変化として重視する。

　第二に，客観的な行動の改善を重視するか，内面状態の変化を重視するかの違いである。学級担任は，主として子ども自身の客観的な行動や態度に変化が生じているかどうかを事例変化として大切に捉える一方，心理専門職は，

実際の行動・態度に変化が無くとも，子ども自身の気持ちや認識に前向きな変化が生じていれば，改善に向かっていると判断する場合がある。

　第三に，問題行動の消失に対する捉え方の違いである。学級担任は，子どもの客観的な行動・様子が改善されていれば，基本的に問題の解決と判断する傾向にあるが，心理専門職は客観的な行動・様子が改善されても，それが本当に問題解決といえるかどうかを検討したり，先々に生じる問題の可能性にも気を配り，事例変化の解釈を個別的かつ慎重に行う傾向にある。また，学級担任は援助にあたっての優先順位として，他の子どもの抱える問題状況との比較の上で，当該事例の改善の程度を判断する傾向もある。卯月（2001）は，教師は集団全体に目を向けており，集団内の相対的な位置を評価すると述べ，伊藤（2000）も教師は個々の子どもを見る場合でも，集団目標に照らしてどういう状態にあるかという眼で見ることが多いと述べており，他の子どもとの関係，優先順位を考える点で，個別的かつ慎重な判断をする心理専門職と事例の改善における判断に相違が生じやすくなると考えられる。

4．アセスメント・プロセスにおける専門的視点の相違を踏まえた協働的援助への示唆

　アセスメント・プロセスにおける視点や考え方の違いを踏まえると，アセスメントに基づいて心理専門職が教師と円滑に協働し効果的な事例理解の発展および事例問題の援助・改善につなげるための実践的指針として，異なる視点や考え方を一致させるより，むしろ，その多様性を生かす発想が必要と考えられる。すなわち，第 1 章で概観した先行研究の中で吉川（2009）がメタ・アセスメントという概念で説明しているように，多様な職種が存在し，職種間の専門性の共通点や相違点を俯瞰した視点をもつことで，複数の専門性を統合的に活用しながら援助を展開する姿勢が必要と考えられる。他職種との相違点については，自らの優れている点を差別化するのではなく，他職種の優れている視点をポジティブに捉え，返していくことが重要となり（神

山ら，2011），これは協働的な援助を展開するためのアセスメントの実践においても同様であろう。

　(1)事例に関する情報の収集段階では，職種によって重視する情報，収集しやすい情報が異なるため，そもそも事例理解に相違が生じやすいことを前提として認識する必要がある。その上で，職種間の相違を自覚し，相互に不足する情報を補い合うように情報交換を行うことで，情報を包括的に収集し共有することができる。すなわち，他職種だからこそ得られる情報，他職種だからこそ気づくことのできる事例に関する情報を相互に補完し合うように情報交換をすることで，より深みのある事例理解につながると考えられる。特に心理専門職にとっては，このような多面的な情報収集に加え，第1章第3節で検討したように，「どのような対象の，どのような問題の時に，どのような情報を収集することが，事例理解にあたって，より効果的で必要不可欠のものなのか」などといった，実証的研究に裏付けられた情報収集の必要性や方法を考慮しながら（e.g., De Los Reyes & Kazdin, 2005; Smith, 2007），関係者の認識の相違も含めて問題状況を立体的に捉える（下山，2006）必要があると考えられる。

　(2)情報の解釈・援助方針の計画段階では，相互の役割分担の重要性を踏まえ，各職種が得意とする支援法を生かすことで協働しやすくなる可能性がある。例えば，学級担任は教育的な指導や他の教員・子どもも巻き込んだ学校生活上の支援を行い，心理専門職は子どもの行動・態度の背景にある気持ちや認識に寄り添う援助や心理学的な専門的視点の提供を行い，養護教諭は指導と受容の両面を考慮しながら子どもの身体症状の理解とケアに努めるなどである。相互に役割の異なる支援を行う点に関しては共通理解をした上で，全体として多方面から子どもを援助しているというイメージを共有することが必要と思われる。

　(3)事例の進展・改善把握の段階では，客観的な行動の変化は学級担任が把握しやすく，心理専門職は背景にある認識や気持ちの変化を捉え，養護教諭

は身体症状の軽減の程度を把握するなど，複数の視点で子どもの改善状況を把握することができる。たとえ，事例の改善に関して意見が一致しなくとも，職種ごとに複数の視点・観点から把握するからこそ，変化や変動，成長発達の著しい子どもの多様性を捉えることができる，という利点として活かすことができる。

　さらに，本研究で示された知見を踏まえると，共に情報交換や事例検討を行う場合には，心理専門職も自身の見方や視点に固執し過ぎず，学級担任や養護教諭にとって認識しやすい，あるいはそれぞれが大切にしている考え方や願いに合わせた事例検討，援助活動を行う工夫や配慮も必要と考えられる。特に，日本では心理臨床活動において実証的研究の知見を活用する姿勢の不足から，事例理解を深めるために様々なアセスメント・ツールを積極的に活用しようとする意識が低く（山口，2011），本研究で対象とした心理専門職においても，これらのアセスメント・ツールを活用することに関する見解はほとんど見出されなかった。エビデンスに基づく実践（EBP）の観点から，客観的なデータに基づいて関係者で協働的援助へとつなげる必要性は各種研究において指摘されている（e.g., Skinner et al., 2013）。すなわち，関係者で共有しやすいデータを用いたり，あるいは客観的に把握できる「行動」に焦点を当てて，事例の問題状況を把握し意見交換することが，関係者との協働や円滑なチーム援助につながりやすくする方法の1つとされている（望月，2004; 下山，2008b）。たとえば，学級担任はアセスメントにおいて客観的かつ具体的な視点を用いて事例をアセスメントしている傾向などを踏まえると，心理専門職の立場から伝えられること，把握できる専門的視点を有することも重要であるが，他職種にとって理解しやすい視点や方法に歩み寄った形で，相互の意見交換を図り，事例理解を深める姿勢も必要と思われる。

　以上のように心理専門職と教師によるアセスメントの特徴を比較することは，他職種と比較することで心理専門職独自の専門性を明確にできると同時に（Mellin et al., 2011; 古田ら，2008），どのような場合に職種間の事例理解に

食い違いが生じやすいのか，どのようにこの専門的視点の違いを活かしなが
ら包括的に事例理解を深める，問題改善のための援助へとつなげることがで
きるのかを検討できる点で，実践的意義がある。心理専門職にとって，職種
間のアセスメントの違いや特徴に関する知見を踏まえて，自身の立場とは異
なる視点を持つ専門職への理解を深める，自身の立場に足りない視点を学ぶ，
さらに，協働相手の視点や強みを活かしたり，互いの専門性を補い合いなが
ら不適応事例の効果的な改善につなげるかたちで活用することが必要と考え
られる。

第5節　本章のまとめ

第4章【研究1】では，心理専門職と学級担任，養護教諭を対象に，アセ
スメントのプロセスに沿って専門的視点の特徴を比較検討することで，アセ
スメントを基盤として職種間の効果的協働への示唆を得ることを目的とした。
Figure 1-3 の(1)～(3)にそって職種間の事例理解にどのような違いがあるの
かをさらに検討し，そこで示された相違が，職種間の協働をどのように阻害
する可能性があるか，どのような要因・条件によってその違いが生じている
可能性があるか，さらに職種間のアセスメントの相違を乗り越えて，円滑な
協働へとつなげるための実践的示唆を考察した。

本章の結果に示されるように，心理専門職と教師におけるアセスメントの
基本的な視点は，先行研究（e.g., 松本ら，2008; 高嶋ら，2007，2008; 卯月，
2001）と類似した結果が得られた。しかし，本研究では先行研究と異なり，
職種間の特徴や相互の見解に違いが生じやすい点を，アセスメントのプロセ
スにおける(1)～(3)の段階ごとに詳細に明らかにした点で，先行研究の知見を
さらに洗練・発展させたといえる。加えて，本研究では学校での心理支援に
とって重要な役割を担う養護教諭も対象として検討した。養護教諭に関して
は，独自の専門的視点に加え，学級担任と心理専門職に特徴的な視点も部分
的に有しており，両者の中間的なアセスメントを行っている可能性が示され

た。

　以上，本研究で明らかとなった職種間の専門的視点に相違が生じやすい観点を考慮することは，事例援助に携わる学校現場の心理専門職にとって，教師との円滑な協働および学校不適応事例への効果的な理解・援助へとつなげるための1つの実践的な示唆になり得ると考えられる。

第5章【研究2】
心理専門職と教師のアセスメントの共有方略が
職種間の協働的援助に及ぼす影響

第1節　目的

　本章（第5章）【研究2】では，心理専門職と教師が用いているアセスメントの共有方略の実態を把握すると共に，それらの方略が職種間の協働的援助に及ぼす影響を検討し，効果的な協働につながるアセスメントの共有方略を探ることを目的とする。

第2節　アセスメントの共有方略に関する尺度項目の検討
　　　　（研究2-1）

1．目的
　心理専門職および教師が用いるアセスメントの共有方略の実態を調査・把握し，アセスメント共有方略に関する尺度を作成するための項目を収集する。

2．方法
1）調査対象者
　中学生に対する事例援助経験を有する SC・教育相談員10名（30～40代の男性3名，20～30代の女性7名，平均勤務年数6.20年，$SD=3.26$），学級担任8名（30～40代の男性4名，20～40代の女性4名，平均勤務年数13.00年，$SD=6.57$），養護教諭9名（20～50代の女性9名，平均勤務年数12.56年，$SD=8.65$）を対象とした。

2）調査手続き

　半構造化面接法により，これまでの事例援助経験を自由に想起してもらいながら，各職種に「事例に関する情報や，事例理解，援助の方針を職種間で円滑に共有するため，普段どのような点に配慮し，どのような工夫を行っているか」を尋ねた。担任と養護教諭には SC との情報・意見交換，SC や教育相談員に対しては担任や養護教諭との情報・意見交換の場面を想定して回答を求めた。調査対象者の許可を得て面接での会話を IC レコーダーにより録音した。なお，調査時期は2012年 3 〜 7 月であった。本研究は所属大学の研究倫理審査委員会の承認を得て行われた。

3．結果と考察

　面接で得られたデータから逐語録を作成し，質的データ分析（佐藤，2008）の手続きを参考に，各職種のアセスメントの共有方略の特徴を分析・抽出した。具体的には類似した項目をまとめ，生成されたカテゴリーを代表するようなラベルを作成し，予備項目（45項目）を作成した。分析にあたっては，教育臨床を専門とする大学教員 1 名の意見を参考に項目を作成した。この予備項目について，教育臨床専門の大学院生 4 名の協力を得て各項目を類似性に基づいて分類し，どの項目群にも属さないと判断された項目（例：事例の認識に誤解が生じないように情報交換する）を除外し40項目を選定した。次に，項目群を代表するカテゴリー名とその説明を考案し（例「自己の専門・立場による意見の提供（他職種とは異なっていても自分の立場や専門の意見は伝える）」），これを参考に大学院生 5 名に40項目の分類を個別に依頼し，80％以上の一致率を示した項目を採用した。80％以下の項目も数項目みられたが，教育臨床を専門とする大学教員との協議の上，いずれも本尺度の重要な項目と考え，表現を修正・吟味し直し（例：事例についてより良く理解してもらえるよう，なるべく多くの情報を教師（SC）に伝える→事例について正確に伝えるために，なるべく多くの情報を教師（SC）に伝える），再度，大学院生に分類を依頼した。一致率

を算出した結果，全てが80％以上の一致率を示したため項目として採用した。最後に，教育臨床を専門とする大学院生 1 名および SC 1 名に文章表現の確認をしてもらい，最終的に40項目から構成されるアセスメントの共有方略尺度が作成された。

第 3 節　アセスメントの共有方略が職種間の協働的援助に及ぼす影響の検討（研究2-2）

1．目的

　予備調査（研究2-1）で作成された項目を含めた質問紙調査を実施し，心理専門職および教師が用いるアセスメントの共有方略が職種間の協働にどのような影響を及ぼしているかを検討する。

2．方法

1）調査対象者

　公立中学校の SC と，学級担任や養護教諭など SC と協働して援助を行った経験を有する教師を対象とした。

2）調査手続き

　現在，SC は全国的に配置されているが，年間の勤務時間数や勤務形態などは，各地域の中学校によって異なる場合がある。【研究2-2】では，事例について情報・意見交換する際の工夫や方略が職種間の協働に及ぼす影響を検討することであるため，定期的に SC が来校し，教師と SC との間で事例に関する話し合いや打ち合わせが行われている状況にある学校を対象とする必要がある。そこで，各学校ごとの SC と教師の打ち合わせ状況を細かく把握した上で調査を行うことは困難であるが，SC の勤務日数・時間数の観点から，年間を通して週 1 回，年間で30日以上 SC が勤務している地域の公立中学校を対象とすることとした。該当する関東地方の公立中学校500校を無作

為に抽出し，各学校に，SC用1部・教師用4部を同封した質問紙を郵送・配布した。以上のように対象地域の学校に無作為に郵送・回収する方法は，先行研究（土居・加藤，2011a）においても同様に行われており，本研究の手続きはそれに倣って行われた。

　質問紙には，同封した研究の依頼文とともに，研究の概要，倫理的配慮，質問紙の回答・返送をもって同意されたものと判断する旨の事項を記述した。質問紙の回答を依頼した教師としては，【研究1】に引き続き，主として学級担任および養護教諭を対象として依頼した。ただし，各学校の実情や実務的負担を考慮して，学級担任や養護教諭に限らず，SCと共に事例援助に携わった経験のある教師であれば，どのような立場の教師でも回答可能であるとの記述も追記した。各対象者ができる限り率直な回答ができるよう個々人の回答済みの質問紙を入れることのできる個別の封筒を同封した。各対象者による質問紙への回答後，用紙を個別の封筒に入れて封をし，各学校の他の回答者の封筒ととともに一括して返送してもらえるように依頼した。調査時期は2013年7月〜9月であった。本研究は所属大学の研究倫理審査委員会の承認を得て行われた。

　以上の手続きの結果，128校から返送され（回収率，25.6%），439名からの回答者のうち，データの欠損が多いなど回答の不備が見られたものを除いたSC96名，学級担任142名，養護教諭69名，その他の教師111名，合計418名（有効回答率，95.2%）を分析対象とした。

3）質問紙の構成

　SCによる回答と教師による回答を総合的に検討し，職種間の特徴の比較検討を行うため，質問紙で尋ねる項目内容は，SC用と教師用で共通するように構成した。具体的には，以下の(1)〜(5)から構成される質問紙を作成した。(2)は本研究において新規に作成した尺度であり，この尺度の併存的妥当性を検討するため(3)の尺度を用いた。(4)，(5)の尺度でSCと教師の協働状態を測

定し，(6)で各学校における SC と教師の事例に関する打ち合わせ状況を測定
した。(3)〜(6)の尺度は著者の許可を得て本調査に沿うように項目内容を修正
して用いた。

(1)フェイスシート

　研究の目的，倫理的配慮などに関する説明を記載し，同意できる場合に質
問紙への回答および返送をするように求めた。回答者の基本属性や勤務状況
を尋ねるため，性別，年齢，他職種と協働しながら援助を行った事例数，こ
れまで経験したことのある職種，勤務年数などを尋ねる項目を設けた。具体
的には，SC 用の質問紙では，中学校 SC としての勤務経験年数，取得して
いる資格，現在勤務している中学校での勤務時間および年間の勤務回数，
SC 以外に経験したことのある心理職，当該校における教師と協働した事例
数などを尋ねた。一方，教師用の質問紙では，所有免許・資格，担当科目，
校内分掌，カウンセリングに関する学習経験，SC と連携して援助を行った
事例数などを尋ねた。

(2)アセスメントの共有方略尺度

　他職種と事例に関する情報交換や意見交換，援助の方針について話し合う
など，職種間でアセスメントを共有する際に用いている工夫や方略に関する
尺度である。予備調査（研究2-1）で作成された40項目から構成され，現在の
勤務校において，SC（教師）と事例に関する情報交換を行ったり，事例の理
解・援助方針について話し合う場面を想定した上で，各項目について，それ
ぞれどのくらい当てはまるかを尋ねた。より具体的には，SC に対しては現
在勤務している中学校（質問紙を受け取った中学校）における各教師との事例
に関する情報交換・意見交換の場面を想定して，普段，自らが用いている工
夫や方略として回答を求めた。一方，教師には，現在勤務している中学校の
SC との事例に関する情報交換・意見交換の場面を想定して，普段，自らが

用いている工夫や方略として回答を求めた。SC・教師共に，各項目に対して「ほとんどあてはまらない(1)」，「あまりあてはまらない(2)」，「どちらともいえない(3)」，「ややあてはまる(4)」，「よくあてはまる(5)」の5件法で回答を求めた。

(3)集団内葛藤対処行動尺度

　これはグループや集団での活動において，対立や葛藤が生じた場合に，どのような対処行動を行うかを尋ねる尺度（村山・三浦，2012）であり，「能動性」因子7項目（活動的で主張的な葛藤対処行動の程度）および「同意性」因子7項目（協調的で共感的な葛藤対処行動の程度）の2因子14項目から構成される。

　協働的援助の過程では意見や考えの相違が生じるなど，職種間の葛藤・対立は避けがたいものでもあるため，葛藤場面での適切な対処行動が求められるだろう。実際にグループの満足度やパフォーマンスに影響を及ぼす対処行動として，上述した能動性と同意性の重要性が指摘されている（村山・三浦，2012）。本研究において協働的援助の基盤として想定するアセスメントの共有方略は，関係者間での葛藤場面を適切に乗り越えようとする対処行動との関連性が予想される。そこで本研究では，集団内葛藤対処行動尺度を用いて，新たに作成したアセスメントの共有方略尺度の併存的妥当性を検討することとした。

　具体的には，現在の勤務校において，SC（教師）との事例に関する情報交換や意見交換を行う場において，互いの意見や考えにくい違いが起きた時，普段，どのような対処を行っているかを尋ね，各項目への回答を求めた。なお，使用の際には，本調査内容に沿うように，一部の項目の表現を修正して使用した。具体的には，「能動性」因子では，「うまく相手を納得させられる意見を言う」を「相手に納得してもらえるような意見を言う」に，「相手が理解するまでとことん説明する」を「相手が理解するまで説明する」に，「人任せにしない」を「相手任せにしない」に，「自分の意見を受け入れさせ

る」を「自分の意見を受け入れてもらうよう伝える」に，同意性因子では，「互いによく認め合うようにする」を「互いの考えをよく認め合うようにする」に修正した。各項目に対して「ほとんどあてはまらない(1)」，「あまりあてはまらない(2)」，「どちらともいえない(3)」，「ややあてはまる(4)」，「よくあてはまる(5)」の5件法で回答を求めた。

⑷チーム内葛藤尺度

　これは，チームでの活動の際の葛藤状態を測定する尺度（西村，2005）である。「関係葛藤」因子5項目（気持ちが張り詰めたりぶつかったりするような感情的要素を含めた対人的不調和に関する項目），「課題葛藤」因子4項目（チームやグループの職務に関する考え方や意見の違いが生じていることに関する項目），「プロセス葛藤」因子3項目（チームやグループの職務の遂行をどのように進めていくかに関連した葛藤に関する項目）の3因子の全12項目から構成される。西村(2005)の研究では，事例援助における教師同士の葛藤状態を測定するものとして使用されていた。本研究ではSCと教師の間で，どの程度，過剰な葛藤が生じることなく，協働的に援助が展開されているかを測定するものとして本尺度を使用することとした。

　なお，使用の際には，本調査内容に沿うように，項目の表現を修正して使用した。具体的には，関係葛藤因子では，「グループのメンバーの間で情緒的な葛藤が生じること」を「SC（教師）との話し合いの中で情緒的な葛藤が生じること」に，「グループのメンバーの間で怒り（イライラした感情）が表出されること」を「SC（教師）との話し合いの中で，いらいらした感情を感じること」に，「グループ内で物事を決定する際に，個人内（自分自身の中に）の葛藤が生じること」を「SC（教師）との間で事例に関する物事を決めるとき，自分の中に葛藤が生じること」に，「グループのメンバー間で，性格的に合わなくて人間関係がうまくいかないこと」を「SC（教師）との間で，性格的に合わなくて人間関係がうまくいかないこと」に，「グループ内で物

事を決定する（話し合いや情報交換をする）際に，張りつめた雰囲気になること」を「SC（教師）との間で事例に関する物事を決定する（話し合いや情報交換をする）際に，張り詰めた雰囲気になること」に修正した。課題葛藤因子では，「グループのメンバー間で，児童・生徒への対応（相談活動）を行う上で意見が食い違いこと」を「SC（教師）との間で，生徒への対応を行う上で意見が食い違うこと」に，「ケースの捉え方や対策について複数の考え方が提案され，メンバー間で意見がまとまらないこと」を「事例の捉え方や対策について複数の考え方が提案され，SC（教師）との話し合いの中で意見がまとまらないこと」に，「決定した内容について，グループが乗り越えなくてはならない異なる意見が存在すること」を「SC（教師）と考え方の違いがあり，話がまとまらないこと」に，「グループ内で，意見がかみ合わないこと」を「SC（教師）との間で，意見がかみ合わないこと」に修正した。プロセス葛藤因子では，「グループの中で，役割分担（誰が何をするか）に関して意見が食い違うこと」を「SC（教師）との話し合いの中で，役割分担（誰が何をするか）に関して意見が食い違うこと」に，「仕事の責任について，グループ内に葛藤が生じること」を「事例への対応の責任について，SC（教師）との間で葛藤が生じること」に，「援助資源をどのように利用するかについて，グループ内の意見が一致しないこと」を「援助資源をどのように利用するかについて，SC（教師）との間で意見が一致しないこと」に修正して用いた。

　現在の勤務校において，SC（教師）と事例に関する情報交換や意見交換をする際に，各項目について，普段，どの程度経験していると感じるかを尋ね，「ほとんどない(1)」，「あまりない(2)」，「どちらともいえない(3)」，「時々ある(4)」，「よくある(5)」の5件法で回答を求めた。

⑸事例援助における SC と教師の協働尺度

　これは，SC と教師との間で，事例援助においてどの程度協働できていると感じるかを測定するための尺度であり，先行研究及び補足的な項目収集を

通して作成されたものである。石隈（2001）によるチーム援助志向性尺度の「期待」因子9項目の表現を修正して用いることとした。具体的には，「教師の協力的な雰囲気が生まれる」を「協力的な雰囲気が生まれている」に，「児童や保護者に適切な対応ができる」を「子どもや保護者に適切な対応ができている」に，「打開策が見いだせるという期待がある」を「問題の打開策が見出せるという期待を感じる」に，「児童や保護者への適切な対応が考えられる」を「子どもや保護者への適切な対応が考えられている」に，「児童理解において，新たな視点が得られる」を「事例理解において，新たな視点が得られている」に，「チームだとやる気が起きる」を「事例への援助に関してやる気が出ている」に，「自分の気持ちをわかってもらえる」を「自分の考え・気持ちをわかってもらえている」に，「自分の仕事の役割を明確にできる」を「子ども援助における自分の役割を明確に出来ている」に，「自分の仕事の負担が軽減される」を「自分の負担が軽減されている」に修正して用いた。また，補足的に項目の追加収集を行うため，「事例援助にあたって他職種と連携や協働がとれている状態とは，どのような状態か？」を中学校教師10名，SC5名を対象に自由記述調査で尋ね，それらの回答から見出された4項目（「事例に対する率直な情報交換・意見交換ができている」，「相互の苦労や困難を分かち合ったり，労っている」，「事例の話し合いが前向き・建設的に行われている」，「連携によって，子どもに良い影響・変化が生じているように感じる」）を追加した。なお，これらの項目作成では，教育臨床を専門とする大学教員1名と項目の内容・表現を協議しながら行った。

　以上の手続きを経て，全13項目から構成された「事例援助におけるSCと教師の協働尺度」が作成された。SCおよび教師それぞれに，現在の勤務校において，SC（教師）と共に事例援助を行う中で，各項目に対して，どの程度あてはまるかを尋ね，「ほとんどあてはまらない(1)」，「あまりあてはまらない(2)」，「どちらともいえない(3)」，「ややあてはまる(4)」，「よくあてはまる(5)」の5件法で回答を求めた。

⑹教師とSCの打ち合せ状況に関する質問項目

　先述のように，【研究2】では，教師とSCが事例について情報・意見交換する際に用いる工夫や方略が職種間の協働にどのような影響を及ぼすのかを検討することである。そのため，アセスメントの共有の前提として，そもそもの教師とSCが事例について情報交換，意見交換するための打ち合わせ状況（打ち合わせの時間や場所の確保，SCと教師をつなぐ連絡・調整役の教師の存在など）が，各学校によってどのような状態であるか，適切に設定されているかが，本研究の結果と関連する可能性がある。実際に，SCと教師の協働に関しては，両者の事例に関する打ち合わせや話し合いの機会や時間の確保，SCと教師の連絡・調整を行うコーディネーターの動きが，職種間の協働に影響を及ぼすことが示唆されている（土居・加藤，2011a; 河村ら，2005）。実際には，この打ち合わせ状況が良好かどうかは学校組織によって様々であり，打ち合わせ状況の程度によって共有方略の職種間協働へ及ぼす影響がどのように異なるのかを検討することも，多様な学校組織で活動する専門職にとって有用な知見が得られる可能性があるだろう。

　そこで本研究では，SCと教師の連携促進要因について検討した土居・加藤（2011a）の「受入体制」尺度と「SC活動」尺度の一部の項目を参考に，当該中学校におけるSCと教師の打ち合わせ状況について質問した。具体的には，「SCと教師の打ち合わせができる機会が設けられている」，「SCによる生徒や保護者への面接・カウンセリングの前後に，関係する教師がSCに情報提供したり，打ち合わせをするようにしている」，「SC担当の教師は，SCと他の教師の打ち合わせができる機会を設定したり，相互の情報交換・情報共有の仲介役を担っている」，「SCは情報交換が必要な教師に話しかけたり，SCの持つ情報や考えをSC担当の教師を仲介役として各教師に伝えている」の4項目を用いて，現在勤務している中学校の打ち合わせ状況として当てはまると思うかどうかを尋ね，「そうではない⑴」，「あまりそうではない⑵」，「ややそうである⑶」，「そうである⑷」の4件法で回答を求めた。

3．結果

　以上の手続きを経て収集された質問紙調査のデータを用いて，アセスメントの共有方略における SC や教師の特徴や，それらの共有方略が職種間の協働的援助にどのように影響しているかを分析した。

1）各尺度の項目分析と因子構造の検討

⑴アセスメント共有方略尺度の項目分析と因子構造の検討

　アセスメントの共有方略尺度の全40項目に対して，項目分析を行った。具体的には，まず，全40項目の平均値と標準偏差を算出し，天井効果，フロア効果の有無を検討した。その結果，平均値と標準偏差の和が選択肢の値の最大値を超えていた15項目において天井効果が生じている可能性が考えられた。しかし，いずれも本研究におけるアセスメントの共有方略の項目として検討に値する項目であること，また，本調査の手続き上，SC と教師の連携や協働について協力的な回答者によるデータが多く収集されている可能性が考えられた。そのため，ここでは，後の因子分析における因子負荷量が低い場合に，当該項目を削除することとした（この手続きについては土居・加藤（2011a）を参考とした）。また，パラフレーズの問題を検討するため，総項目間相関を算出したところ，.70〜.75の値が 2 つ見出されたが，その他の項目についてはいずれも.70より低い数値を示していたため，大きなパラフレーズの問題は生じていないと判断された。さらに，各項目について I-T 相関を算出したところ，.28〜.64の値を示し，有意水準 1 ％で有意であったため，いずれの項目も，アセスメントの共有方略尺度を構成する項目として問題がないと判断された。

　次に，各職種が活用している共有方略の共通要素を抽出しつつ，後の統計分析にて職種間の違いを比較検討しやすくするため，ここでは職種ごとではなく対象者全体のデータを用いて因子分析を行った。この40項目に対して，一般化最小二乗法による因子分析により解の抽出を行い，初期の固有値の減

衰状況と解釈可能性から6因子解が適当と判断した。そこで，再度，6因子解を仮定して，一般化最小二乗法・Promax による因子分析を行った。その結果，.30より低い負荷量を示した13項目を除外し，再度，6因子解を仮定して，一般化最小二乗法・Promax による因子分析を行った結果，6因子27項目が抽出された。初期の固有値は，第1因子から順に7.00，2.63，1.69，1.51，1.33，1.12であり，6因子の累積寄与率は56.57%であった。Promax 回転後の最終的な因子パターンと因子間相関，共通性，α 係数を示したものを Table 5-1 に示した。

　第1因子は，因子負荷量の高い項目から順に，「12）事例について正確に伝えるために，なるべく多くの情報を SC／教師に伝える」，「10）事例について一人で判断せず SC／教師の意見，アドバイスをもらう」，「1）援助方針を立てるとき，SC／教師から積極的に意見を聞く」などの8項目であった。項目内容から，事例に関する情報や意見の交換・共有における積極性や即時性などが重視されている方略であると考えられたため，「積極的かつ迅速な情報・意見交換」因子と命名した。

　第2因子は，「29）事例の問題の原因を責任追及するような言葉づかいをしないようにする」，「31）断定的な表現で意見や考えを伝えるのは控える」，「35）子どもや保護者の気持ちを考えながら，SC／教師に情報を伝える」などの7項目から構成される因子である。事例に関する情報や意見を，他職種に伝達し相互で共有する際に，細かな側面にまで気を配り，配慮をする方略と考えられ，「情報・意見共有時の配慮」因子と命名した。

　第3因子は，「11）SC／教師の努力や苦労を聞く」，「6）SC／教師の苦労を聴いたり，労いの言葉をかける」などの3項目から構成される因子である。単に事例そのものの情報や意見の共有を行うだけでなく，実際に事例に関与する他職種の苦労や困難を労うための方略と考えられたため，「苦労への労い」因子と命名した。

　第4因子は，「38）SC／教師と事例に対する考え方が違う場合，その間を

Table 5-1　アセスメントの共有方略尺度の因子分析結果

	F1	F2	F3	F4	F5	F6	h^2
F1　積極的かつ迅速な情報・意見交換							
（α = .84）							
12) 事例について正確に伝えるために，なるべく多くの情報を SC／教師に伝える	.84	－ .17	－ .04	.09	－ .03	－ .10	.54
10) 事例について一人で判断せず SC／教師の意見，アドバイスをもらう	.82	.00	.00	.08	－ .19	.00	.57
1) 援助方針を立てるとき，SC／教師から積極的に意見を聞く	.75	－ .16	.15	.02	－ .13	.10	.58
2) 事例に関する情報は，SC／教師に対等かつ正確に伝える	.67	－ .10	－ .09	－ .12	.08	－ .07	.48
26) 情報の伝達に遅れがでないように，素早く SC／教師に情報を伝える	.62	.16	.05	.01	－ .09	.11	.62
25) SC／教師が，子どもや保護者に少しでも関わりやすくなるように，情報や事例理解を伝える	.50	.10	.05	－ .08	.13	.08	.58
18) 自分の情報や理解を伝えた後に，SC／教師がそれについてどのように思ったか，意見を積極的にもらう	.50	－ .09	－ .01	－ .01	.25	－ .18	.38
22) 自分の立場からは見えない事例情報を SC／教師から積極的にもらう	.42	.08	.05	.01	.03	.13	.44
F2　情報・意見共有時の配慮（α = .77）							
29) 事例の問題の原因を責任追及するような言葉づかいをしないようにする	－ .12	.85	－ .03	－ .02	－ .16	.00	.49
31) 断定的な表現で意見や考えを伝えるのは控える	－ .18	.78	.01	.02	－ .15	－ .08	.40
35) 子どもや保護者の気持ちを考えながら，SC／教師に情報を伝える	－ .08	.67	.04	.04	.02	－ .02	.50
36) 誤解のないよう，事実と自分の意見・考えを区別して伝える	.11	.66	.02	－ .08	－ .05	－ .07	.56
30) SC／教師に正しく理解してもらうために，具体的な表現を用いて情報や考えを伝える	.29	.51	－ .10	－ .08	.09	.02	.59
15) 事例の守秘義務を考えて必要な情報を共有する	－ .01	.47	.03	.12	－ .07	－ .07	.31
19) 事例の子どもや保護者の良い点・肯定的な面を積極的に伝える	.02	.33	.02	－ .02	.19	.11	.39

F3　苦労への労い（α = .82）

11）SC／教師の努力や苦労を聞く	− .03	− .03	.94	.04	.04	.02	.89
6）SC／教師の苦労を聴いたり，労いの言葉をかける	.03	− .01	.81	− .06	.01	− .03	.68
32）SC／教師と，お互いの困難や苦労を分かち合う	.10	.19	.48	.05	.04	− .13	.47

F4　他の教師を通した意見調整（α = .73）

38）SC／教師と事例に対する考え方が違う場合，その間を取り持ってくれる他の教師を交えて，意見交換をする	.11	.04	− .12	.83	− .11	.05	.67
24）SC／教師と事例に対する考え方が違う場合には，他の教師にも加わってもらって検討する	.09	.05	− .13	.64	.29	− .16	.59
4）SC／教師と事例に対する考え方が違うため，自分からうまく情報や意見を伝えられないとき，他の教師を通して伝えてもらう	.00	.01	.07	.61	− .15	.10	.45
17）SC／教師と事例に対する考え方が違う場合，自分の考えや意見に肯定的な他の教師を探して伝える	− .18	− .06	.25	.54	.02	.02	.45

F5　専門的見解の伝達（α = .64）

23）SC／教師の事例理解や援助方針と違っていても，自分の専門や立場からの意見・考えを伝える	− .06	− .25	.00	− .04	.97	.02	.67
8）SC／教師とは異なる自身の専門・立場に基づく意見や考えを伝える	− .05	.06	.17	− .04	.45	.01	.41
39）事例の現在の状況だけでなく，今後どのようになりそうかという専門的立場からの見通しも合わせて伝える	.13	.21	.01	.04	.30	.13	.48

F6　見解の不一致時の対処（α = .53）

37）事例理解や援助方針の考えがSC／教師と違っても，大まかな方向性が共有できていれば良いと考える	.01	− .17	− .03	.01	− .03	.83	.58
27）事例理解や援助方針が，SC／教師の考えと異なる場合，無理に意見を一致させることより，まずお互いが取り組める援助から行う	− .19	.13	− .08	.10	.21	.44	.38

因子間相関					
F2	.63				
F3	.41	.49			
F4	.00	.19	.22		
F5	.58	.63	.35	.24	
F6	.32	.48	.38	.17	.40

取り持ってくれる他の教師を交えて，意見交換をする」，「24）SC／教師と
事例に対する考え方が違う場合には，他の教師にも加わってもらって検討す
る」などの 4 項目から構成される因子である。SC と教師の間で円滑な情報
交換や意見交換が難しい場合に，他の関係する教師の協力や仲介を得て，職
種間協働へとつなげる方略であると考えられたため，「他の教師を通した意
見調整」因子と命名した。

　第 5 因子は，「23）SC／教師の事例理解や援助方針と違っていても，自分
の専門や立場からの意見・考えを伝える」，「8 ）SC／教師とは異なる自身
の専門・立場に基づく意見や考えを伝える」などの 3 項目から構成される因
子である。他職種の意見や考えを踏まえつつも，自身の専門的立場から考え
られる事例に対する見解は率直に伝達する方略であると考えられたため，
「専門的見解の伝達」因子と命名した。

　第 6 因子は，「37）事例理解や援助方針の考えが SC／教師と違っても，
大まかな方向性が共有できていれば良いと考える」，「27）事例理解や援助方
針が，SC／教師の考えと異なる場合，無理に意見を一致させることより，
まずお互いが取り組める援助から行う」の 2 項目から構成される因子である。
他職種との間で意見や考えが食い違った場合に用いる対処に関する方略であ
ると考えられたため，「見解の不一致時の対処」因子と命名した。

　以上の項目および因子について，Cronbach の α 係数を算出したところ，
尺度全体（27項目）で $\alpha = .87$，「積極的かつ迅速な情報・意見交換」因子が
$\alpha = .84$，「情報・意見共有時の配慮」因子が $\alpha = .77$，「苦労への労い」因子
が $\alpha = .82$，「他の教師を通した意見調整」因子が $\alpha = .73$，「専門的見解の伝
達」因子が $\alpha = .64$，「見解の不一致時の対処」因子 $\alpha = .53$であった。第 6
因子の内的整合性が，やや低い結果となったが，これは項目数の少なさが一
因と考えられ，また，尺度全体では十分な信頼性が示されている。そこで，
本研究では，第 6 因子も含めた，全27項目を「アセスメントの共有方略尺
度」として扱うこととした。

　これらの因子から下位尺度を構成し，それぞれの因子を構成する項目の評定値の平均値を算出して下位尺度得点とした。各下位尺度の項目数，平均値と標準偏差はそれぞれ，「積極的かつ迅速な情報・意見交換」因子が項目数8，$M=4.31$，$SD=.52$，「情報・意見共有時の配慮」因子が項目数7，$M=4.21$，$SD=.52$，「苦労への労い」因子が項目数3，$M=3.73$，$SD=.96$，「他の教師を通した意見調整」因子が項目数4，$M=1.60$，$SD=.48$，「専門的見解の伝達」因子が項目数3，$M=3.92$，$SD=.67$，「見解の不一致時の対処」因子が項目数2，$M=3.98$，$SD=.72$であった。

(2)集団内葛藤対処行動尺度の項目分析及び因子構造の検討

　集団内葛藤対処行動尺度の全14項目に対して，先行研究（村山・三浦，2012）で示された因子構造を想定し，2因子設定，主因子法，Promax回転による確認的因子分析を行った結果，「相手任せにしない」の項目のみ低い因子負荷量を示していた。そのため，この項目を除いて，再度，2因子設定で主因子法，Promax回転による確認的因子分析を行った。その結果，先行研究と同様の因子構造が確認された。最終的に，「相手任せにしない」を除いた，「能動性」因子6項目および「同意性」因子7項目の2因子13項目が構成された。Cronbachのα係数を算出したところ，尺度全体（13項目）で$\alpha=.83$，「能動性」因子が$\alpha=.79$，「同意性」因子が$\alpha=.81$であり，各因子および尺度全体で十分な内的整合性が確認された。そこで，これらの因子から下位尺度を構成し，それぞれの因子を構成する項目の評定値の平均値を算出して下位尺度得点とした。各下位尺度の項目数，平均値と標準偏差はそれぞれ，「能動性」因子が項目数6，$M=3.98$，$SD=.52$，「同意性」因子が項目数7，$M=4.12$，$SD=.55$であった。

(3)チーム内葛藤尺度の項目分析及び因子構造の検討

　チーム内葛藤尺度の全12項目に対して，先行研究で示された因子構造を想

定し，3 因子設定，主因子法，Promax 回転による確認的因子分析を行った
結果，先行研究と同様の因子構造は確認できなかった。回転前の初期の固有
値の減衰状況，スクリープロットおよび解釈可能性の観点から検討した結果，
本調査で収集されたデータにおいては 1 因子構造が妥当であると考えられた。
そこで，再度，主因子法による因子分析を行った結果，想定通り 1 因子が抽
出されたため，本研究では，この 1 因子12項目をチーム内葛藤尺度として用
いることとした。Cronbach の α 係数を算出したところ，$\alpha = .96$であり高い
内的整合性が確認された。この因子を構成する項目の評定値の平均値を算出
して尺度得点とし，尺度の項目数，平均値と標準偏差は，項目数12，
$M = 1.84$，$SD = .80$であった。

⑷事例援助における SC と教師の協働尺度の項目分析及び因子構造の検討

　事例援助における SC と教師の協働尺度の全13項目に対して，項目分析を
行った。具体的には，まず，全13項目の平均値と標準偏差を算出し，天井効
果，フロア効果の有無を検討した。その結果，平均値と標準偏差の和が選択
肢の値の最大値を超えていた 3 項目において天井効果が生じている可能性が
考えられた。しかし，いずれも本研究における SC と教師の協働状態を測定
する項目として検討に値する項目であること，また，本調査の手続き上，
SC と教師の連携や協働について協力的な回答者によるデータが多く収集さ
れている可能性が考えられた。そのため，ここでは，先のアセスメントの共
有方略尺度での手続きと同様に，後の因子分析における因子負荷量が低い場
合に，当該項目を削除することとした。また，パラフレーズの問題を検討す
るため，総項目間相関を算出したところ，いずれも.70より低い数値を示し
ていたため，大きなパラフレーズの問題は生じていないと判断された。さら
に，各項目について I–T 相関を算出したところ，.63〜.81の値を示し，有
意水準 1 ％で有意であったため，いずれの項目も，本尺度を構成する項目と
して問題がないと判断された。

次に，この13項目に対して，主因子法による因子分析により解の抽出を行い，初期の固有値の減衰状況と解釈可能性から1因子解が適当と判断した。そこで，本研究では，この1因子13項目を，事例援助における SC と教師の協働尺度として用いることとした。Cronbach の α 係数を算出したところ，α ＝ .93であり高い内的整合性が確認された。この因子を構成する項目の評定値の平均値を算出して尺度得点とし，尺度の項目数，平均値と標準偏差は，項目数13，M ＝ 4.15，SD ＝ .57であった。

2）SC と教師の基本属性の検討

本調査に回答した SC96名，教師322名（学級担任142名，養護教諭69名，その他の教師111名）の基本属性を検討した。

まず，職種，年齢，性別ごとの質問紙回答数のクロス集計表を Table 5-2 に示した。その結果，SC に関しては30代，40代，50代が多く，順に27名（28.13％），26名（27.08％），23名（23.96％）であった。また女性の回答が多く，SC 全体では男性13名（13.54％），女性83名（86.46％）であった。学級担任に関しては，30代，40代が多く，順に45名（31.69％），42名（29.58％）であった。また男性による回答と女性による回答が同程度であり，学級担任全体では男性69名（48.59％），女性73名（51.41％）であった。養護教諭に関しては，40代，50代の回答が多く，順に24名（34.78％），29名（42.03％）であり，養護教諭全体の76.81％であった。その他の教師（学年主任，特別支援教育コーディネーター，各教科担任など）としては，40代，50代の回答が多く，順に40名（36.04％），53名（47.75％）であった。また男性による回答と女性による回答が同程度であり，その他の教師全体では男性54名（48.65％），女性57名（51.35％）であった。SC と学級担任，養護教諭，その他の教師を合わせた全体の総数としては，40代，50代の回答が多く，順に132名（31.58％），130名（31.10％）であり，全体としては男性よりも女性による回答者が多く見られた（男性136名（32.54％），女性282名（67.46％））。

Table 5-2　職種，年齢，性別ごとの質問紙回答者数

		SC	学級担任	養護教諭	その他の教師	合計
20代	男性	0(0.00)	15(10.56)	0(0.00)	4(3.60)	19(4.55)
	女性	4(4.17)	15(10.56)	8(11.59)	5(4.50)	32(7.66)
	合計	4(4.17)	30(21.13)	8(11.59)	9(8.11)	51(12.20)
30代	男性	4(4.17)	29(20.42)	0(0.00)	4(3.60)	37(8.85)
	女性	23(23.96)	16(11.27)	7(10.14)	3(2.70)	49(11.72)
	合計	27(28.13)	45(31.69)	7(10.14)	7(6.31)	86(20.57)
40代	男性	5(5.21)	17(11.97)	0(0.00)	20(18.02)	42(10.05)
	女性	21(21.88)	25(17.61)	24(34.78)	20(18.02)	90(21.53)
	合計	26(27.08)	42(29.58)	24(34.78)	40(36.04)	132(31.58)
50代	男性	2(2.08)	8(5.63)	0(0.00)	25(22.52)	35(8.37)
	女性	21(21.88)	17(11.97)	29(42.03)	28(25.23)	95(22.73)
	合計	23(23.96)	25(17.61)	29(42.03)	53(47.75)	130(31.10)
60代	男性	2(2.08)	0(0.00)	0(0.00)	1(0.90)	3(0.72)
	女性	14(14.58)	0(0.00)	1(1.45)	1(0.90)	16(3.83)
	合計	16(16.67)	0(0.00)	1(1.45)	2(1.80)	19(4.55)
合計	男性	13(13.54)	69(48.59)	0(0.00)	54(48.65)	136(32.54)
	女性	83(86.46)	73(51.41)	69(100.00)	57(51.35)	282(67.46)
	総計	96(100.00)	142(100.00)	69(100.00)	111(100.00)	418(100.00)

注）数値は度数（人数），括弧内は％を表す

　次に，職種別の中学校での総勤務年数，および現在の中学校での勤務年数を Table 5-3 に示した。SC に関しては，中学校での総勤務年数，現在の中学校での勤務年数が，それぞれ10年未満，5年未満が最も多く，順に78名（81.25％），79名（82.29％）であった。学級担任に関しても，SC と同様の傾向がみられ，中学校での総勤務年数，現在の中学校での勤務年数が，それぞれ10年未満，5年未満が最も多く，順に，68名（47.89％），114名（80.28％）であった。養護教諭も，SC や学級担任と同様の傾向がみられ，中学校での

Table 5-3　職種ごとの中学校での総勤務年数および現在の学校での勤務年数

		SC	学級担任	養護教諭	その他の教師	合計
中学校での勤務年数（総勤務年数）	10年未満	78 (81.25)	68 (47.89)	27 (39.13)	17 (15.32)	190 (45.45)
	10年以上20年未満	17 (17.71)	27 (19.01)	18 (26.09)	19 (17.12)	81 (19.38)
	20年以上30年未満	0 (0.00)	28 (19.72)	11 (15.94)	45 (40.54)	84 (20.10)
	30年以上	1 (1.04)	19 (13.38)	13 (18.84)	30 (27.03)	63 (15.07)
	合計	96 (100.00)	142 (100.00)	69 (100.00)	111 (100.00)	418 (100.00)
現在の中学校での勤務年数	5年未満	79 (82.29)	114 (80.28)	55 (79.71)	78 (70.27)	326 (77.99)
	5年以上10年未満	15 (15.63)	24 (16.90)	12 (17.39)	30 (27.03)	81 (19.38)
	10年以上15年未満	2 (2.08)	4 (2.82)	1 (1.45)	3 (2.70)	10 (2.39)
	15年以上	0 (0.00)	0 (0.00)	1 (1.45)	0 (0.00)	1 (0.24)
	合計	96 (100.00)	142 (100.00)	69 (100.00)	111 (100.00)	418 (100.00)

注）数値は度数（人数），括弧内は％を表す

　総勤務年数，現在の中学校での勤務年数が，それぞれ10年未満，5年未満が最も多く，順に，27名（39.13％），55名（79.71％）であった。その他の教師に関しては，中学校での勤務年数（総勤務年数）は20年以上30年未満が最も多く45名（40.54％），現在の中学校での勤務年数は5年未満が最も多く78名（70.27％）であった。

　続いて，SCにおける中学校教師と連携しながら援助を行った事例数をTable 5-4，教師におけるSCと連携しながら援助を行った事例数をTable 5-5に示した。SCに関しては，これまでの経験で，中学校教師と連携

Table 5-4 SC における中学校教師との連携事例数

		SC
これまでに中学校教師と連携しな	1〜20事例	9(9.38)
がら援助を行った事例の総数	21〜40事例	7(7.29)
(連携事例数(全体))	41〜60事例	12(12.50)
	61〜80事例	12(12.50)
	81事例以上	56(58.33)
	合計	96(100.00)
現在の中学校で教師と連携しなが	1〜10事例	20(20.83)
ら援助を行った事例数	11〜20事例	26(27.08)
(連携事例数(現在))	21〜30事例	14(14.58)
	31〜40事例	11(11.46)
	41事例以上	25(26.04)
	合計	96(100.00)

注)数値は度数(人数),括弧内は%を表す

しながら援助を行った事例の総数としては,「81事例以上」が最も多く,56名(58.33%)であった。また,現在の中学校において教師と連携しながら援助を行った事例数としては,「11〜20事例」「41事例以上」「1〜10事例」が多く,順に26名(27.08%),25名(26.04%),20名(20.83%)であった。学級担任に関しては,これまで,および現在の中学校におけるSCと連携しながら援助を行った事例数としては,「1〜5事例」が最も多く,それぞれ70名(49.30%),104名(73.24%)であった。養護教諭に関しては,これまでの経験で,SCと連携しながら援助を行った事例の総数としては,「21事例以上」が最も多く,29名(42.03%)であった。また,現在の中学校においてSCと連携しながら援助を行った事例数としては,「1〜5事例」が最も多く,順に22名(31.88%)であった。その他の教師では,養護教諭と同様の傾向がみられ,これまでの経験で,SCと連携しながら援助を行った事例の総数とし

Table 5-5　中学校教師における SC との連携事例数

		学級担任	養護教諭	その他の教師	合計
これまでに SC と連携しながら援助を行った事例の総数（連携事例数（全体））	1～5事例	70(49.30)	13(18.84)	24(21.62)	107(33.23)
	6～10事例	36(25.35)	8(11.59)	20(18.02)	64(19.88)
	11～15事例	21(14.79)	9(13.04)	25(22.52)	55(17.08)
	16～20事例	5(3.52)	10(14.49)	9(8.11)	24(7.45)
	21事例以上	10(7.04)	29(42.03)	33(29.73)	72(22.36)
	合計	142(100.00)	69(100.00)	111(100.00)	322(100.00)
現在の中学校でSC と連携しながら援助を行った事例数（連携事例数（現在））	1～5事例	104(73.24)	22(31.88)	48(43.24)	174(54.04)
	6～10事例	25(17.61)	15(21.74)	24(21.62)	64(19.88)
	11～15事例	8(5.63)	11(15.94)	15(13.51)	34(10.56)
	16～20事例	1(0.70)	8(11.59)	5(4.50)	14(4.35)
	21事例以上	4(2.82)	13(18.84)	19(17.12)	36(11.18)
	合計	142(100.00)	69(100.00)	111(100.00)	322(100.00)

注）数値は度数（人数），括弧内は％を表す

ては，「21事例以上」が最も多く，33名（29.73%）であった。また，現在の中学校において SC と連携しながら援助を行った事例数としては，「1～5事例」が最も多く，順に48名（43.24%）であった。

3）職種別の各尺度得点の特徴の検討

　続いて，アセスメントの共有方略尺度，集団内葛藤対処行動尺度，チーム内葛藤尺度，さらに事例援助における SC と教師の協働尺度といった各尺度得点において，SC と学級担任，養護教諭，その他の教師に，どのような特徴が見られるのかを比較検討した。具体的には，職種（SC，学級担任，養護教諭，その他の教師）を独立変数，各尺度得点を従属変数とした1要因分散分析を行った（Table 5-6）。

　その結果，アセスメントの共有方略尺度に関しては，「積極的かつ迅速な

Table 5-6　職種別の各尺度得点の分散分析結果

	SC (N=96)	学級担任 (N=142)	養護教諭 (N=69)	その他の教師 (N=111)	F値	多重比較
	M (SD)	M (SD)	M (SD)	M (SD)		
アセスメントの共有方略						
積極的かつ迅速な情報・意見交換	4.26(.42)	4.29(.50)	4.43(.47)	4.31(.63)	1.61 *n.s.*	
情報・意見共有時の配慮	4.49(.36)	4.12(.51)	4.22(.49)	4.08(.58)	14.05**	SC＞学級担任・養護教諭・その他の教師 養護教諭＞その他の教師
苦労への労い	4.38(.60)	3.35(.94)	3.86(.94)	3.58(.95)	28.04**	SC＞養護教諭＞その他の教師＞学級担任
他の教師を通した意見調整	1.77(.47)	1.61(.47)	1.47(.46)	1.53(.48)	6.69**	SC＞学級担任＞養護教諭・その他の教師
専門的見解の伝達	4.18(.61)	3.79(.63)	4.02(.68)	3.81(.68)	8.90**	SC・養護教諭＞学級担任・その他の教師
見解の不一致時の対処	4.21(.60)	3.99(.74)	3.89(.82)	3.81(.69)	5.97**	SC＞学級担任・養護教諭・その他の教師 担任＞その他の教師
集団内葛藤対処行動						
能動性	4.34(.40)	3.88(.47)	4.00(.41)	3.80(.57)	3.97**	SC＞学級担任・養護教諭・その他の教師 養護教諭＞その他の教師
同意性	4.29(.42)	4.05(.62)	4.08(.50)	4.10(.58)	25.23**	SC＞学級担任・養護教諭・その他の教師
チーム内葛藤	2.45(.79)	1.65(.71)	1.58(.62)	1.77(.69)	30.83**	SC＞学級担任・養護教諭・その他の教師
事例援助における協働	4.02(.51)	4.16(.61)	4.22(.55)	4.21(.59)	2.41†	学級担任・養護教諭・その他の教師＞SC
打ち合わせ状況	3.36(.58)	3.15(.72)	3.34(.63)	3.33(.65)	2.66*	SC・養護教諭・その他の教師＞学級担任

†p<.10,　*p<.05,　**p<.01

情報・意見交換」では，職種間に有意な差は見られなかった（$F(3, 414)$ =1.61, *n.s.*）ものの，それ以外の尺度においては全て有意差が見られた。Tukey の HSD 法による多重比較を行った結果，「情報・意見共有時の配慮」においては，SC が学級担任・養護教諭，その他の教師よりも有意に高く，養護教諭がその他の教師よりも有意に得点が高かった。「苦労への労い」では，SC ＞養護教諭＞その他の教師＞学級担任の順で有意に得点が高かった。「他の教師を通した意見調整」では，SC が学級担任や養護教諭，その他の教師よりも有意に得点が高く，学級担任に関しては養護教諭，その他の教師よりも有意に得点が高かった。「専門的見解の伝達」では，SC および養護教諭が学級担任とその他の教師よりも有意に得点が高かった。「見解の不一致時の対処」では，SC が学級担任，養護教諭，その他の教師よりも有意に得点が高く，また学級担任はその他の教師よりも有意に得点が高かった。集団内葛藤対処行動尺度においては，「能動性」に関して，SC が学級担任，養護教諭，その他の教師よりも有意に得点が高く，養護教諭はその他の教師よりも得点が高かった。チーム内葛藤尺度においては，SC が学級担任，養護教諭，その他の教師よりも有意に得点が高かった。事例援助における SC と教師の協働尺度においては，有意傾向ではあるものの，学級担任，養護教諭，その他の教師が SC よりも得点が高かった。最後に，SC と教師の打ち合わせ状況の認識に関しては，SC，養護教諭，その他の教師が，学級担任よりも有意に得点が高かった。以上，「事例援助における SC と教師の協働」を除いて，全体的に SC は教師よりも，各尺度得点に関して有意に得点が高く示されていた。

4）アセスメントの共有方略と他の変数との関連

(1)各尺度得点の相関分析

　まず，アセスメントの共有方略尺度の各下位尺度得点と，集団内葛藤対処行動尺度の同意性尺度得点，能動性尺度得点，チーム内葛藤尺度得点，事例

援助における SC と教師の協働尺度得点，さらに，これらの尺度得点と関連する可能性が高いと思われる，「これまでに SC（教師）と連携した事例数（連携事例数（全体））」，「現在の中学校において SC（教師）と連携した事例数（連携事例数（現在））」，および「SC と教師の打ち合わせ状況に関する認識得点（打ち合わせ状況）」を含めて，職種別（SC，学級担任，養護教諭，その他の教師）に相関分析を行った（Table 5-7）。

　その結果，まず，集団内葛藤対処行動尺度の「同意性」とアセスメントの共有方略尺度の「他の教師を通した意見調整」について，学級担任，他の教師では関連が見られなかったものの，SC に関しては弱い正の相関，養護教諭に関しては弱い負の相関が見られた。「創意性」因子と他のアセスメント共有方略に関しては，養護教諭に関して，「苦労への労い」や「見解の不一致時の対処」で有意な関連は見られなかったものの，それ以外については有意な正の相関を示していた。

　チーム内葛藤尺度とアセスメント共有方略の各下位尺度の相関については，SC において，「積極的かつ迅速な情報・意見交換」「苦労への労い」「専門的見解の伝達」と負の相関，学級担任および養護教諭に関しては「積極的かつ迅速な情報・意見交換」「情報・意見共有時の配慮」が負の相関，「他の教師を通した意見調整」が正の相関，その他の教師に関しては「積極的かつ迅速な情報・意見交換」「情報・意見共有時の配慮」「苦労への労い」が負の相関，「他の教師を通した意見調整」が正の相関を示していた。SC と教師の協働尺度に関しては，SC において「積極的かつ迅速な情報・意見交換」「苦労への労い」「専門的見解の伝達」「見解の不一致時の対処」と正の相関，学級担任において，「積極的かつ迅速な情報・意見交換」「情報・意見共有時の配慮」「苦労への労い」「専門的見解の伝達」と正の相関，「他の教師を通した意見調整」と負の相関，養護教諭においては「積極的かつ迅速な情報・意見交換」「苦労への労い」「専門的見解の伝達」と正の相関，「他の教師を通した意見調整」と負の相関，他の教師において「積極的かつ迅速な情報・

意見交換」「情報・意見共有時の配慮」「苦労への労い」「専門的見解の伝達」と正の相関を示していた。

「連携事例数（全体）」に関しては，SC において，「苦労への労い」と正の相関，学級担任において「苦労への労い」「専門的見解の伝達」と正の相関，養護教諭において「積極的かつ迅速な情報・意見交換」「苦労への労い」「専門的見解の伝達」と正の相関，他の教師において，「積極的かつ迅速な情報・意見交換」「苦労への労い」と正の相関，「他の教師を通した意見調整」と負の相関を示していた。

「連携事例数（現在）」に関しては，SC において，「情報・意見共有時の配慮」「苦労への労い」「他の教師を通した意見調整」「専門的見解の伝達」と正の相関を示していた。学級担任に関しては，「専門的見解の伝達」のみ，弱い正の相関を示していた。養護教諭においては「積極的かつ迅速な情報・意見交換」と正の相関，「他の教師を通した意見調整」と負の相関を示していた。その他の教師においては，「積極的かつ迅速な情報・意見交換」「情報・意見共有時の配慮」「苦労への労い」「専門的見解の伝達」と正の相関を示していた。

「打ち合わせ状況」に関しては，SC において，「積極的かつ迅速な情報・意見交換」「苦労への労い」「他の教師を通した意見調整」「専門的見解の伝達」と正の相関，学級担任において，「積極的かつ迅速な情報・意見交換」「情報・意見共有時の配慮」「専門的見解の伝達」と正の相関，養護教諭において，「積極的かつ迅速な情報・意見交換」「情報・意見共有時の配慮」「専門的見解の伝達」と正の相関，その他の教師においては，「積極的かつ迅速な情報・意見交換」「情報・意見共有時の配慮」「苦労への労い」「専門的見解の伝達」「見解の不一致時の対処」と正の相関を示していた。

全体のデータにおいては，アセスメントの共有方略は，チーム内葛藤，事例援助における協働，連携事例数，打ち合わせ状況との間に，低～中程度の相関がみられた。能動性や同意性との間にも低～中程度の正の相関が示され

Table 5-7　アセスメントの共有方略と他の変数との相関（職種別）

		集団内葛藤対処行動		チーム内葛藤	事例援助における協働	連携事例数（全体）	連携事例数（現在）	打ち合わせ状況
		能動性	同意性					
SC ($N=96$)	アセスメントの共有方略							
	積極的かつ迅速な情報・意見交換	.56**	.52**	− .29**	.56**	.11 *n.s.*	.10 *n.s.*	.30**
	情報・意見共有時の配慮	.48**	.33**	− .12 *n.s.*	.20 *n.s.*	.08 *n.s.*	.31**	.16 *n.s.*
	苦労への労い	.50**	.43**	− .24*	.43**	.19†	.19†	.27**
	他の教師を通した意見調整	.34**	.19†	.09 *n.s.*	.12 *n.s.*	.10 *n.s.*	.20*	.19†
	専門的見解の伝達	.37**	.27**	− .25*	.39**	.16 *n.s.*	.23*	.21*
	見解の不一致時の対処	.27**	.18†	− .11	.26**	.05 *n.s.*	.11 *n.s.*	.09 *n.s.*
学級担任 ($N=142$)	アセスメントの共有方略							
	積極的かつ迅速な情報・意見交換	.46**	.42**	− .30**	.52**	.14 *n.s.*	.12 *n.s.*	.34**
	情報・意見共有時の配慮	.32**	.52**	− .17*	.28**	.11 *n.s.*	.06 *n.s.*	.25**
	苦労への労い	.45**	.27**	− .02 *n.s.*	.28**	.18*	.06 *n.s.*	.11 *n.s.*
	他の教師を通した意見調整	.17*	.05 *n.s.*	.30**	− .15†	− .11 *n.s.*	− .04 *n.s.*	.00 *n.s.*
	専門的見解の伝達	.46**	.27**	− .06 *n.s.*	.32**	.14†	.15†	.22**
	見解の不一致時の対処	.28**	.31**	− .09 *n.s.*	.10 *n.s.*	− .09 *n.s.*	− .10 *n.s.*	.16 *n.s.*
養護教諭 ($N=69$)	アセスメントの共有方略							
	積極的かつ迅速な情報・意見交換	.35**	.57**	− .31**	.40**	.38**	.26*	.51**
	情報・意見共有時の配慮	.27*	.59**	− .21†	.20 *n.s.*	.13 *n.s.*	.06 *n.s.*	.46**
	苦労への労い	.49**	.15 *n.s.*	− .12 *n.s.*	.25*	.31**	.14 *n.s.*	.11 *n.s.*

他の教師を通した意見調整	.25*	− .22†	.31*	− .23†	.00 n.s.	− .21†	− .14 n.s.
専門的見解の伝達	.37***	.21†	− .10 n.s.	.25*	.30*	.17 n.s.	.28*
見解の不一致時の対処	.26*	− .05 n.s.	.10 n.s.	− .10 n.s.	.10 n.s.	.08 n.s.	.05 n.s.
その他の教師 (N=111)　アセスメントの共有方略							
積極的かつ迅速な情報・意見交換	.49***	.58***	− .48**	.63***	.29**	.35**	.44**
情報・意見共有時の配慮	.37***	.68***	− .20*	.40***	.14 n.s.	.11 n.s.	.23*
苦労への労い	.36***	.52**	− .34**	.44**	.23*	.24*	.33**
他の教師を通した意見調整	.30***	.09 n.s.	.29 n.s.	− .15 n.s.	− .23*	− .20*	.04 n.s.
専門的見解の伝達	.47***	.39**	− .08 n.s.	.18†	.13 n.s.	.17†	.23*
見解の不一致時の対処	.29**	.34**	− .04 n.s.	.09 n.s.	− .02 n.s.	.07 n.s.	.16†
全体 (N=418)　アセスメントの共有方略							
積極的かつ迅速な情報・意見交換	.42***	.49***	− .34***	.54**	.20**	.20**	.38**
情報・意見共有時の配慮	.43***	.57***	− .03 n.s.	.24**	.21**	.20**	.27**
苦労への労い	.51***	.37***	.02 n.s.	.27**	.37**	.28**	.22**
他の教師を通した意見調整	.30***	.07 n.s.	.30**	− .13**	− .03 n.s.	− .03 n.s.	− .03 n.s.
専門的見解の伝達	.47***	.32**	− .02 n.s.	.25**	.25**	.24**	.24**
見解の不一致時の対処	.32**	.25**	.03 n.s.	.06 n.s.	.03 n.s.	.06 n.s.	.13**

† $p < .10$, * $p < .05$, ** $p < .01$

たが，他の教師を通した意見調整のみ同意性との相関がみられなかった。

　特に，能動性・同意性との相関分析から，他職種と事例理解・援助方針を積極的かつ協調的にすり合わせようとする葛藤対処行動と協働的援助の基盤と想定する共有方略との関連がみられた。他の教師を通した意見調整のみ同意性との相関がみられなかったが，本方略が他の教師に頼ることが中心となり，他職種の考えを自らが協調的に受け入れようとする意識が低い方略のためであると考えられる。

　以上から，アセスメントの共有方略尺度と葛藤場面での対処行動や職種間協働に関連した尺度との有意な関連が見られたと共に，共有方略尺度の併存的妥当性が概ね確認された。

⑵ SC と教師の協働およびチーム内葛藤を従属変数とした共分散構造分析

　【研究2-2】では SC および教師によるアセスメントの共有方略が，実際に職種間の協働的援助にどのような影響を及ぼしているのかを検討することが目的である。そのため，アセスメントの共有方略尺度の各下位尺度得点を独立変数，事例援助における SC と教師の協働尺度およびチーム内葛藤尺度の尺度得点を従属変数とした共分散構造分析を行うこととした。ただし，Table 5-7 の相関係数で示されているように，「これまでに SC（教師）と連携した事例数（連携事例数（全体））」，「現在の中学校において SC（教師）と連携した事例数（連携事例数（現在））」，および「SC と教師の打ち合わせ状況に関する認識得点（打ち合わせ状況）」も，本研究で使用した各尺度得点との関連が見出されており，これらが総合して，SC と教師の協働に影響を及ぼしている可能性がある。また，職種ごとに特徴的な違いが見出されたため，以上の分析においても，SC，学級担任，養護教諭，その他の教師それぞれのデータごとに分析を行うこととした。

　連携事例数（現在），連携事例数（全体），打ち合わせ状況が，アセスメントの共有方略を媒介として，チーム内葛藤，事例援助における協働に影響を

及ぼすモデルを仮定し，職種別の多母集団同時分析を行った（Figure 5-1）。モデルの煩雑さを避けつつ本研究において中心となるアセスメントの共有方略に焦点を当てるため，ここでは集団内葛藤対処行動を本モデルに含めずに分析した。適合度指標は，$\chi^2 = 77.14$，$df = 68$，$p = .21$，GFI = .97，AGFI = .86，RMSEA = .01であり，全体として許容しうる適合度であると判断した。

「積極的かつ迅速な情報・意見交換」は，学級担任，その他の教師のデータで，打ち合わせ状況から正の影響を受けつつ（$\beta = .33$，.41），チーム内葛藤に負の影響を及ぼしていた（順に$\beta = -.40$，$-.33$）。全ての職種において，積極的かつ迅速な情報・意見交換が打ち合わせ状況から正の影響を受けつつ（$\beta = .26 \sim .49$），事例援助における協働に正の影響を及ぼしていた（$\beta = .29 \sim .45$）。「情報・意見共有時の配慮」は，全ての職種においてチーム内葛藤および事例援助における協働への有意なパスは見られなかった。「苦労への労い」は，担任と養護教諭のデータで連携事例数（全体）からの正の影響を受け（順に$\beta = .18$，.27），担任とその他の教師のデータにおいて事例援助における協働尺度に正の影響を及ぼしていた（順に$\beta = .15$，.20）。さらに，「苦労への労い」はその他の教師のデータで打ち合わせ状況から正の影響を受けつつ（$\beta = .29$），チーム内葛藤に負の影響を及ぼしていた（$\beta = -.20$）。「他の教師を通した意見調整」は，全ての職種で，打ち合わせ状況や連携事例数からの影響は受けず，直接的にチーム内葛藤に正の影響（順に$\beta = .21 \sim .36$），SCを除く担任，養護教諭，その他の教師において事例援助における協働に負の影響（順に$\beta = -.17 \sim -.25$）を及ぼしていた。「専門的見解の伝達」は，全ての職種でチーム内葛藤・事例援助における協働への有意なパスは見られなかった。「見解の不一致時の対処」は，SCデータにおいて，打ち合わせ状況や連携事例数からの影響は受けず，直接的に事例援助における協働に正の影響を及ぼしていた（$\beta = .15$）。SC，担任，その他の教師のデータで，打ち合わせ状況はアセスメント共有方略を媒介せず事例援助における協働に直

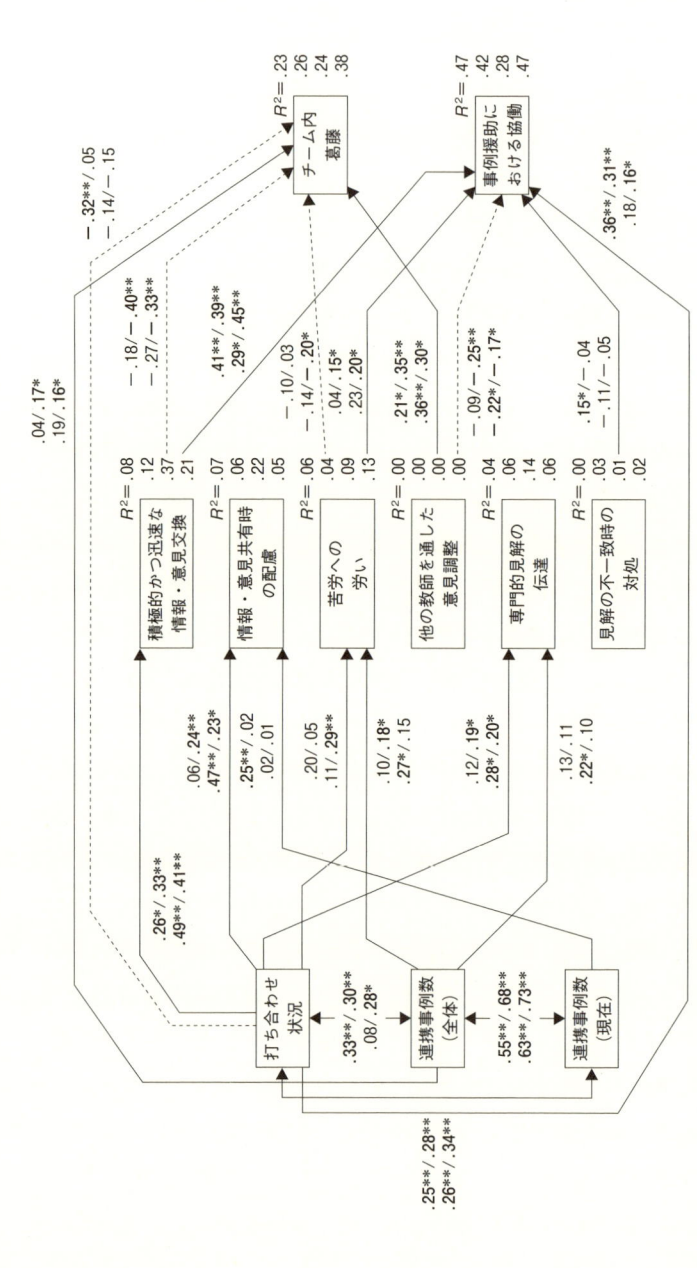

Figure 5-1　職種別の多母集団同時分析

注1）*p < .05, **p < .01. R^2 は決定係数を表す。

注2）図の煩雑さを避けるため、有意でないパスや誤差項・共分散は省略した。

注3）実線と破線は、それぞれ正のパスと負のパスを示す。

注4）標準化係数の値は、左上が SC、右上が養護教諭、左下が担任、右下がその他の教師の結果である。R^2 の値は上から順に SC、担任、養護教諭、その他の教師の値を示した。

接的に正の影響（β = .16〜.36），SC のデータでは打ち合わせ状況がチーム内葛藤に負の影響（β = −.32），担任，その他の教師のデータでは，連携事例数（全体）がチーム内葛藤に直接的に正の影響を及ぼしていた（順に β = .17，.16）。

(3)「SC と教師の打ち合わせ状況」の高低群別の重回帰分析結果

以上，SC と教師の協働およびチーム内葛藤を従属変数とした共分散構造分析を行ったが，アセスメントの共有方略が職種間の協働的援助の及ぼす影響は，各学校における SC と教師の打ち合わせ状況の程度によって影響が異なる可能性が考えられる。

そこで，SC と教師の打ち合わせ状況得点の平均値より高い値を示した群を高群，低い値を示した群を低群として，それぞれの群別にアセスメントの共有方略がチーム内葛藤尺度や事例援助における SC と教師の協働尺度にどのような影響を及ぼしているのかを重回帰分析により検討した（Table 5-8）。

その結果，SC と教師の打ち合わせ状況の高低群にかかわらず，「積極的かつ迅速な情報・意見交換」方略はチーム内葛藤に負の標準偏回帰係数（低群：β = −.38，$p<.01$，高群：β = −.50，$p<.01$）を示し，SC と教師の協働尺度には正の標準偏回帰係数（低群：β = .43，$p<.01$，高群：β = .51，$p<.01$）を示していた。また，「他の教師を通した意見調整」方略は，SC と教師の打ち合わせ状況の高低群にかかわらず，チーム内葛藤に正の標準偏回帰係数（低群：β = .27，$p<.01$，高群：β = .27，$p<.01$）を示していた。

その一方で，「苦労への労い」「他の教師を通した意見調整」は SC と教師の打ち合わせ状況の高低群別で，SC と教師の協働尺度において結果に違いが見られた。「苦労への労い」は打ち合わせ状況低群では SC と教師の協働に影響は見られなかったが，打ち合わせ状況高群では有意傾向ではあるものの正の標準偏回帰係数が示された（低群：β = −.08，$n.s.$，高群：β = .13，$p<.10$）。また，「他の教師を通した意見調整」に関しては，打ち合わせ状況

Table 5-8　SC と教師の打ち合わせ状況認識の高低群別の重回帰分析結果

	チーム内葛藤		事例援助における協働	
	打ち合わせ状況 低群（N=218）	打ち合わせ状況 高群（N=200）	打ち合わせ状況 低群（N=218）	打ち合わせ状況 高群（N=200）
R（R^2）	.44(.19)**	.54(.29)**	.49(.25)**	.55(.30)**
積極的かつ迅速な情報・意見交換	− .38**	− .50**	.43**	.51**
情報・意見共有時の配慮	.10 n.s.	.10 n.s.	− .02 n.s.	− .10 n.s.
苦労への労い	.09 n.s.	.09 n.s.	.08 n.s.	.13†
他の教師を通した意見調整	.27**	.27**	− .21**	− .12†
専門的見解の伝達	.15 n.s.	− .02 n.s.	.00 n.s.	.02 n.s.
見解の不一致時の対処	− .01 n.s.	− .03 n.s.	− .06 n.s.	.04 n.s.

注 1 ）†$p<.10$, **$p<.01$
注 2 ）数値は標準偏回帰係数（β）を表す

低群では SC と教師の協働に負の標準偏回帰係数が示されたものの，打ち合わせ状況高群ではその影響がやや低減している傾向が示された（低群：β = − .21, $p<.01$, 高群：β = − .12, $p<.10$）。

5 ）アセスメントの共有方略パターンと職種間協働との関連

⑴アセスメントの共有方略パターンの特徴

　以上，アセスメントの共有方略が職種間の協働的援助に及ぼす影響について，職種別，打ち合わせ状況別に，個々の方略の影響を検討した。しかし，実際の SC と教師のアセスメントの共有場面では，個々の方略が組み合わせて実践されたり，多様な方略が用いられている可能性がある。また，各職種によって方略の組み合わせパターンの特徴に違いが見られたり，その方略の

組み合わせパターンによっては，SC と教師の協働的関係に異なる影響が生じている可能性がある。よって，アセスメントの共有方略の組み合わせパターンが事例援助における職種間協働にどのような影響を及ぼしているのかを具体的に検討する必要がある。

　そこで，アセスメントの共有方略尺度の各下位尺度得点を標準得点（z 得点）に換算した上で，Ward 法によるクラスター分析を行った。各クラスターに含まれる対象者の数とクラスターの解釈可能性に基づいて検討した結果，4 つのクラスターによる分類が妥当であると判断された。

　各クラスターにおけるアセスメントの共有方略尺度における平均標準得点を Table 5-9 に示し，それらを図示したのが Figure 5-2 である。まず，第 1 クラスター（CL1，166名，39.7%）は，全てのアセスメント共有方略の各因子が他のクラスターよりも高い群であることから，「方略多様群」と解釈された。第 2 クラスター（CL2，69名，16.5%）は，「積極的かつ迅速な情報・意見交換」のみ高い値を示し，その他の方略は低く示された群であることか

Table 5-9　アセスメントの共有方略における各クラスターごとの平均標準得点

	CL1 方略多様群 ($N=166$)	CL2 積極的・迅速 な共有群 ($N=69$)	CL3 他教師仲介群 ($N=117$)	CL4 低方略群 ($N=66$)
アセスメントの共有方略				
積極的かつ迅速な 情報・意見交換	.73	.37	$-.55$	-1.24
情報・意見共有時の 配慮	.69	$-.02$	$-.40$	-1.02
苦労への労い	.74	$-.76$	.11	-1.26
他の教師を通した 意見調整	.30	$-.79$	.22	$-.34$
専門的見解の伝達	.61	$-.24$	$-.12$	-1.07
見解の不一致時の対処	.45	$-.48$	$-.14$	$-.37$

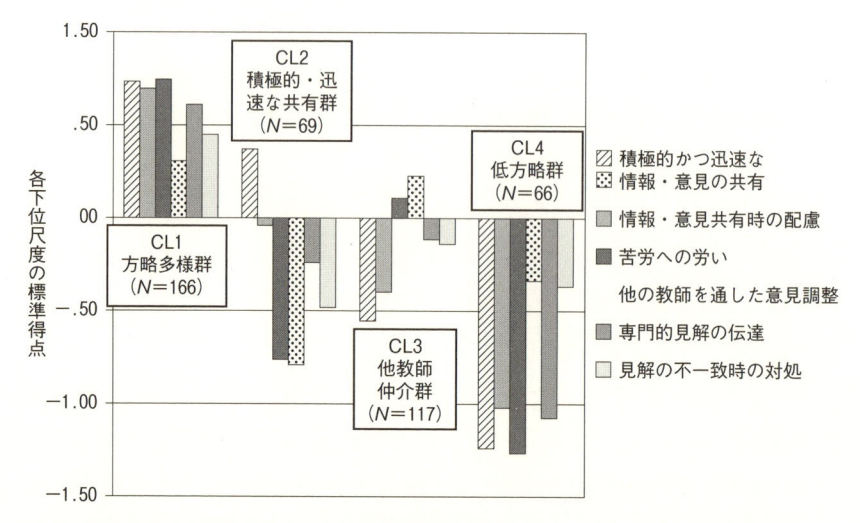

Figure 5-2　アセスメントの共有方略におけるクラスターパターンの特徴

ら，「積極的・迅速な共有群」と解釈された。第3クラスター（CL3，117名，28.0%）は，「他の教師を通した意見調整」を中心に高く示された群であることから，「他教師仲介群」と解釈された。第4クラスター（CL4，66名，15.8%）は，全ての方略が全体的に低く示された群であることから，「低方略群」と解釈された。

　以上から，SC および教師が事例援助において情報交換や意見交換を行う際のアセスメントの共有方略のパターンは，①多様な共有方略を活用する「方略多様群」（CL1），②積極的かつ迅速な情報・意見の交換を中心に行う「積極的・迅速な共有群」（CL2），③他の教師を通して意見調整を中心に行う「他教師仲介群」（CL3），全ての方略の使用が低く示されている「低方略群」（CL4）の4タイプに分類可能であると考えられる。

⑵アセスメントの共有方略パターンと職種別のクロス集計

　SC，学級担任，養護教諭，その他の教師が，以上に作成された4タイプ

のクラスターのどの群に多く属しているのかを検討するため，CL1〜CL4と職種の度数（人数）・割合のクロス集計を行い，χ^2検定を行った（Table 5-10）。その結果，各クラスターごとの職種の人数（度数）には 1 ％水準で有意な差が見られた（$\chi^2=47.39$，$df=9$，$p<.01$）。調整済み残差の絶対値1.96の基準に基づくと，SC（96名）は「方略多様群（CL1）」（55名，57.3%）と「他教師仲介群（CL3）」（36名，37.5%）に属する比率が高く，「積極的・迅速な共有群（CL2）」（ 2 名，2.1%）と「低方略群（CL4）」（ 3 名，3.1%）に属する比率が低かった。学級担任（142名）は「方略多様群（CL1）」（41名，28.8%）に属する比率が低く，「積極的・迅速な共有群（CL2）」（31名，21.8%）と「低方略群（CL4）」（31名，21.8%）に属する比率が高い傾向にあった。養護教諭やその他の教師には特徴的な結果はみられなかった。

Table 5-10　アセスメントの共有方略の組み合わせパターンと職種別のクロス集計

		CL1 方略多様群 （$N=166$）	CL2 積極的・迅速 な共有群 （$N=69$）	CL3 他教師仲介群 （$N=117$）	CL4 低方略群 （$N=66$）	合計
SC	度数（%）	55(57.3)	2(2.1)	36(37.5)	3(3.1)	96(100.0)
	調整済み残差	4.0	−4.3	2.4	−3.9	
学級担任	度数（%）	41(28.8)	31(21.8)	39(27.5)	31(21.8)	142(100.0)
	調整済み残差	−3.2	2.1	−.2	2.4	
養護教諭	度数（%）	31(44.9)	12(17.4)	15(21.7)	11(15.9)	69(100.0)
	調整済み残差	1.0	.2	−1.3	.0	
その他の 教師	度数（%）	39(35.1)	24(21.6)	27(24.3)	21(18.9)	111(100.0)
	調整済み残差	−1.2	1.7	−1.0	1.1	
合計	度数（%）	166(39.7)	69(16.5)	117(28.0)	66(15.8)	418(100.0)

⑶アセスメントの共有方略パターンによる各下位尺度得点の特徴

続いて，以上に作成されたアセスメントの共有方略の組み合わせパターン（CL1〜CL4）によって，チーム内葛藤尺度得点，事例援助における SC と教師の協働尺度得点に違いが見られるかを検討した。クラスター分析によって抽出された4つのクラスター（CL1~CL4）を独立変数，チーム内葛藤尺度得点，事例援助における SC と教師の協働尺度得点を従属変数とした1要因分散分析を行った。以上の結果を示したのが Table 5-11，Figure 5-3，Figure 5-4 である。

その結果，全ての下位尺度において有意差が見られたチーム内葛藤：$F_{(3, 414)} = 9.96$，$p < .01$，事例援助における SC と教師の協働：$F_{(3, 414)} = 30.30$，$p < .01$）。以上の結果に基づいて多重比較を行ったところ，チーム内葛藤尺度においては，「他教師仲介群」（CL3）＞「方略多様群」（CL1）＞「積極的・迅速な共有群」（CL2），「低方略群」（CL4）＞「積極的・迅速な共有群」（CL2），事例援助における SC と教師の協働尺度においては，「方略多様群」（CL1）・「積極的・迅速な共有群」（CL2）＞「他教師仲介群」（CL3）・「低方略群」（CL4）であった。

なお，「SC と教師の打ち合わせ状況」得点の高低と4つのクラスターを

Table 5-11　クラスター別，各尺度得点の分散分析結果

	CL1 方略多様群 (N=166)	CL2 積極的・迅速な共有群 (N=69)	CL3 他教師仲介群 (N=117)	CL4 低方略群 (N=66)	F 値	多重比較
	M (SD)	M (SD)	M (SD)	M (SD)		
チーム内葛藤	1.80(.81)	1.50(.65)	2.11(.73)	1.90(.79)	9.96**	CL3>CL1>CL2 CL4>CL2
事例援助における協働	4.36(.53)	4.35(.54)	3.96(.49)	3.76(.54)	30.30**	CL1・CL2>CL3・CL4

**$p < .01$

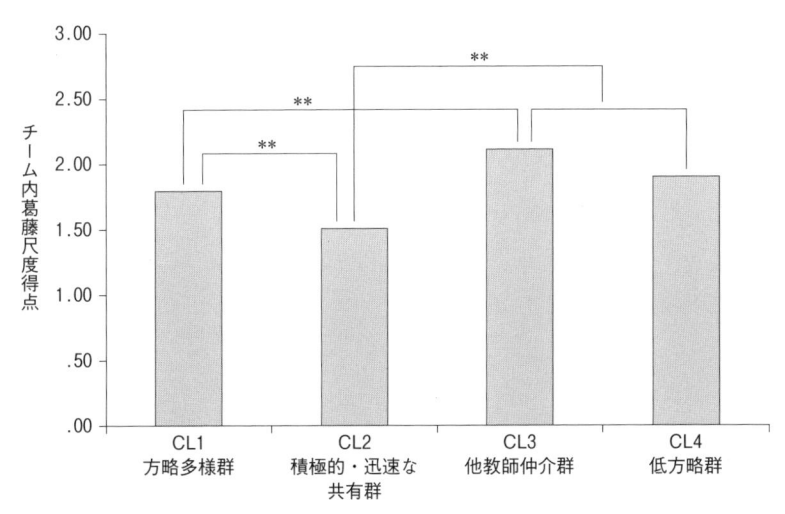

Figure 5-3　アセスメントの共有方略のクラスターパターンにおけるチーム内
　　　　　　葛藤尺度得点

**p＜.01

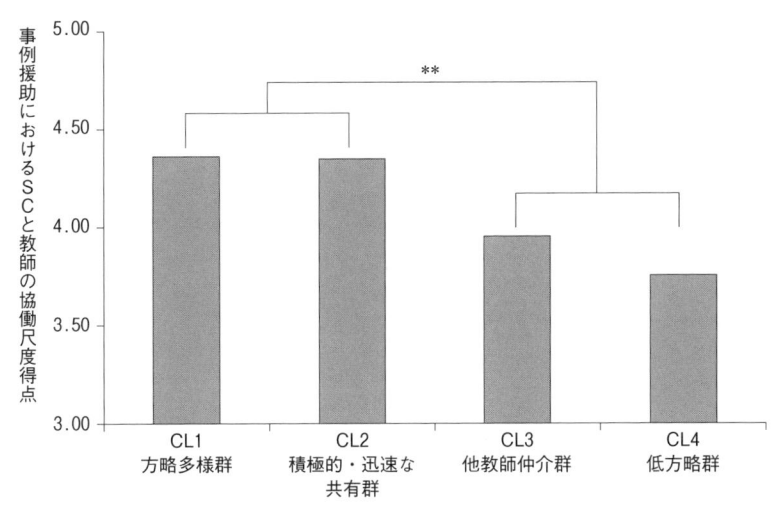

Figure 5-4　アセスメントの共有方略のクラスターパターンにおける事例援助に
　　　　　　おける SC と教師の協働尺度得点

**p＜.01

独立変数，チーム内葛藤尺度および事例援助における SC と教師の協働尺度を従属変数とした2要因分散分析を行ったが，有意な交互作用は見られなかった（チーム内葛藤尺度：$F(3, 410) = .79$, *n.s.*, 事例援助における SC と教師の協働尺度：$F(3, 410) = 1.50$, *n.s.*）。

　さらに，職種（SC，学級担任，養護教諭，その他の教師）と4つのクラスターを独立変数，チーム内葛藤尺度および事例援助における SC と教師の協働尺度を従属変数とした2要因分散分析を行ったが，これについても有意な交互作用は見られなかった（チーム内葛藤尺度：$F(9, 402) = 1.06$, *n.s.*, 事例援助における SC と教師の協働尺度：$F(9, 402) = 1.36$, *n.s.*）。

4．考察

　以上の分析結果を踏まえて，アセスメントの共有方略に関して職種ごとにどのような特徴があるのか，どのような方略を用いることが職種間の効果的協働につながるのか，特に心理専門職にとっては自らのアセスメントに基づく見解を教師と円滑に共有して援助を展開するため，どのような点に配慮しどのような方略を用いる必要があるかについて考察する。

1）SC および教師によるアセスメントの共有方略の様相

　本研究で作成されたアセスメントの共有方略尺度が6因子27項目から構成されているように（Table 5-1），現場の心理専門職および教師は協働的援助の過程において，多様な方略を活用しながら，それぞれの情報や見解を共有している可能性が示された。具体的には，事例に関する情報や意見の交換において積極性や即時性などを重視する方略である「積極的かつ迅速な情報・意見交換」（第1因子），「事例の問題の原因を責任追及するような言葉づかいをしないようにする」，「断定的な表現で意見や考えを伝えるのは控える」など，事例に関する情報や意見について細かな側面にまで配慮しながら他職種と共有する方略である「情報・意見共有時の配慮」（第2因子），単に事例そ

のものの情報や意見の共有を行うだけでなく実際に事例に関与する他職種の苦労や困難を労いながら意見交換を行う方略である「苦労への労い」（第3因子），当該事例に関与するSCと教師の間で円滑な情報交換や意見交換が難しい場合に他の関係する教師の協力や仲介を得て意見調整を行う方略である「他の教師を通した意見調整」（第4因子），他職種の意見や考えを踏まえつつも自身の専門的立場から考えられる見解は率直に伝達する方略である「専門的見解の伝達」（第5因子），他職種との間で意見や考えが食い違った場合に用いる対処方略である「見解の不一致時の対処」（第6因子）が見出された。

　これまでの研究ではSCと教師の協働において，個々のSCや教師が具体的にどのような共有方略を用いながら事例検討を行っているのか，実際にどのような方略が用いられているのかについては十分に明らかにされてこなかった。したがって本研究では，アセスメントの共有方略としてどのような因子構造が想定できるのかを具体的に示すことができたと考えられる。特に，情報伝達と共有といえば，日々，様々な対応に追われ多忙な学校現場では「積極的かつ迅速な情報・意見交換」や積極的な「専門的見解の伝達」などが事例援助において重視される傾向にあるかもしれないが，「苦労への労い」など協働する他職種への配慮に関する方略が用いられたり，協働している相手の他職種と見解が異なる場合に用いる「他の教師を通した意見調整」，「見解の不一致時の対処」などが，現場の実践方略として用いられていることが示された。

2）職種別のアセスメントの共有方略における特徴

　以上で見出されたアセスメントの共有方略について，職種ごとでどのような特徴の違いがあるのかを検討した結果が，Table 5-6，Table 5-9，Figure 5-2，Table 5-10 である。

　まず，Table 5-6 はアセスメントの共有方略ごとに，どの職種が多く活用しているのかを示した結果である。ここに示されるように，「積極的かつ迅

速な情報・意見交換」では職種間に有意な差は見られず，どの職種にもほぼ
共通して活用されている方略である可能性が考えられる。しかし，それ以外
の方略においては全体的に，SC の値が他職種よりも有意に高く示されてい
る傾向があり，SC にとってはこれらの様々な方略を重視しながら，学校の
教師達と事例について情報・意見交換を行っている可能性が示唆された。た
だし，「情報・意見共有時の配慮」や「苦労への労い」，「専門的見解の伝達」
については，養護教諭も学級担任や他の教師よりも高く示されていた。養護
教諭は，他の教師とは異なる専門性を持って学校保健活動に従事する専門職
であり（伊藤，2003; 北村，1997），他の一般教師とは異なる立場であることか
ら，単純に積極的かつ迅速な情報・意見交換を行えばよいと考えているので
はなく，時と状況に応じてこれらの方略を様々に活用することの重要性を認
識している可能性が考えられる。一方，学級担任においても，「他の教師を
通した意見調整」および「見解の不一致時の対処」について養護教諭や他の
教師よりも値が高く示されていた。学級担任として個々の事例への対処の責
任は第一にあるものの，第 4 章【研究 1】で検討したように，アセスメント
における専門的視点の相違から，学級担任は SC との間で意見交換する中で
見解の相違が見られる場合も少なくないと予想され，他の教師による仲介を
求めたり意見が食い違った時に見解の違いを乗り越える方略の重要性を認識
して活用しているのかもしれない。

　しかし，実際の SC と教師によるアセスメントの共有場面では単一の方略
を活用するというより多様な方略を組み合わせて活用しながら，他職種との
意見交換を行っていたり，各職種によって方略の組み合わせパターンの特徴
に違いが見られる可能性もある。そこで，アセスメントの共有方略パターン
について，クラスター分析による検討を行った結果が Table 5-9，
Figure 5-2，Table 5-10 である。ここに示されているように，アセスメント
の共有方略の組み合わせパターンとしては，大きく 4 つに分類されることが
示された。具体的には，①多様な共有方略を活用している「方略多様群」

(CL1)，②「積極的かつ迅速な情報・意見交換」を中心的に活用している「積極的・迅速な共有群」(CL2)，③「他の教師を通して意見調整」を中心的に活用している「他教師仲介群」(CL3)，共有方略の活用が全体的に低い「低方略群」(CL4) の4タイプに分類可能であると考えられた。このクラスター分類に基づき，それぞれのクラスターにどの職種が多く属している傾向にあるのかを検討した結果，SC は「方略多様群」あるいは「他教師仲介群」に属する比率が高く，これらの共有方略パターンを用いる傾向が高いことが示された。一方，学級担任は「積極的・迅速な共有群」および「低方略群」に属する比率が高く，これらの共有方略パターンを活用する傾向が高いことが示された。なお，養護教諭やその他の教師に関しては，両職種に特徴的な方略パターンは見出されなかった。

　先の Table 5-6 の結果も合わせて検討すると，やはり SC にとっては，様々な方略を活用しながらアセスメントの共有を行っていること，また，学校においては基本的に一人職場であるがゆえに，当該事例について担当教師と意見の共有が難しくなっている場合には「他の教師を通した意見調整」方略を中心に用いながら，活動を行っている可能性が考えられる。

　特に「方略多様群」(CL1) に多く属する SC の状況を考えると以下のように推測できる。SC は学校の教師をバックアップする立場であることから，積極的かつ迅速な情報交換を行うだけでなく，様々な共有方略を柔軟に活用しなければならない可能性がある。たとえば，教師のパーソナリティや考え方，忙しさなどを考慮して，その苦労や困難を支えつつ，何をどこまで伝えるか慎重に判断して伝える，事例について話し合う際には障害名や疾患名をあげたり断定的な表現をすることを避けるよう配慮する，特定の関係者に問題の責任や原因を求めないよう子どもの抱えている困難に焦点を当てて意見交換する，肯定的表現で関係者をつなぐような言葉遣いや表現をする，自身の専門的立場からの事例理解や援助案を適切に伝えることが重要である一方，そのまま直接的に教師に理解してもらえない状況では他の教師を通して間接

的に伝える方法を用いる，自身の意見を伝える前に教師側の特徴や考え方を丁寧に把握した上で情報を取捨選択しながら共有する，などが方略として考えられる。特に SC は学校に常駐していないことから，事例の予測を立てたり今後の対応方針を可能な限り具体的に教師に伝えたり，事例変化について客観的には，悪化しているように見えても心理学的な立場から肯定的に解釈できる可能性を伝えるなどの工夫を行っている場合があると考えられる。

　学級担任も Table 5-6 に示されるように，個々の方略で見れば，「他の教師を通した意見調整」および「積極的かつ迅速な情報・意見交換」を用いることが多いが，方略の組み合わせパターンで見ると，「積極的かつ迅速な情報・意見交換群」（CL1）に属したり，あるいはこれらの方略をあまり意識しない「低方略群」（CL4）に属する傾向が示された。方略の組み合わせパターンで見ると「積極的かつ迅速な情報・意見交換」が重視されている担任と，そもそも事例に関する意見交換時にあまり方略を意識しない担任もいるということになる。前者の群に属する学級担任としては，学校組織の中のチームで活動を行うという立場上，事例に関する情報を，できる限り素早くタイムリーに関係者に発信し，対等かつ正確に情報を共有することを重視している可能性がある。事例理解や援助方針について自身の意見を伝えつつ，関係者の意見や考えを率直に受けようとする姿勢もある。すなわち，事例に日々対応しなければならない立場・状況におかれているからこそ，即時性，正確性を意識したアセスメントの共有を重視している可能性があると考えられる。一方，低方略群に属する学級担任は，SC と共に事例に関与していたとしても，これらの方略をあまり意識していないと考えられる。すなわち，SC と事例についての情報交換，事例検討を行う際に，円滑に話し合いを進めていくための様々な方略として考慮していないということになる。前者の群に属する担任とは対照的な特徴を有するが，両群には，後の協働的援助の状態との関連においても，顕著な特徴差がみられており，その考案については後述する。

3）アセスメント共有方略が職種間の協働的援助に及ぼす影響

　アセスメントの共有方略が職種間の協働的援助にどのような影響を及ぼしているのかについて多面的に分析・検討した。具体的には，①共有方略が協働的援助に及ぼす影響に関する包括的なモデルの検討（Figure 5-1），②打ち合わせ状況の程度別に共有方略が協働的援助に及ぼす影響の検討（Table 5-8），③共有方略の組み合わせパターンが協働的援助に及ぼす影響について検討した（Table 5-11，Figure 5-3〜5-4）。

　SC においては，チーム内葛藤を高めてしまうのが「他の教師を通した意見調整」方略，軽減させ得るのが SC と教師の打ち合わせ状況であった。職種間の葛藤を防ぐためには適切な打ち合わせの場の設定が重要となっている可能性が考えられる。また，事例援助における教師との協働感覚を向上させ得るのは，「積極的かつ迅速な情報・意見交換」，「打ち合わせ状況」，さらに「見解の不一致時の対処」などであることが示された。クラスター分析における方略多様群に属する SC の比率が高く，この群の職種間協働の状態が比較的良好であった結果も踏まえると，単に学校の打ち合わせ状況が設定されていたり SC と教師をつなぐコーディネーターの働きが良いだけではなく，SC 自身も「積極的かつ迅速な情報・意見交換」方略や，「見解の不一致時の対処」などの他の方略も柔軟に活用することが教師との協働的な感覚につながる可能性がある。

　学級担任に関しては，打ち合わせ状況が良好であるほど SC との協働感覚も高まり，さらに「積極的かつ迅速な情報・意見交換」を媒介することで，チーム葛藤の低減につながっていた。SC では連携事例数（全体）が，現在の教師との葛藤状態や協働感覚への影響はみられなかったものの，学級担任では特に負の影響が見られた。学級担任にとって，SC との連携が増えるということは，それだけ難しいケースを抱えていることをも意味し，難しいケースを抱えることで，SC との見解の相違や葛藤状態を抱えやすくなっているのかもしれない。しかし，連携事例数（全体）は，SC に対する「苦労へ

の労い」を媒介することで，SC との協働感覚に正の影響を及ぼしていた。学級担任にとっては困難な事例を抱えていても，SC との間で苦労を分かち合える関係である場合には，協働的な援助活動が展開できると考えられる。また，SC のデータと同様に，「他の教師を通した意見調整」方略を活用するほど，職種間の葛藤や SC との協働感覚が阻害される可能性も示されている。

　養護教諭に関しては他職種と異なり，打ち合わせ状況や連携事例数が直接的に，現在のチーム内葛藤や SC との協働感覚に影響を及ぼすのではなく，アセスメントの共有方略を媒介した上で，葛藤や協働に影響を及ぼすことが示された。具体的には「積極的かつ迅速な情報・意見交換」方略を活用することが SC との協働を促進し，「他の教師を通した意見調整」が協働感覚を低減させる影響を示していた。

　その他の教師に関しては，学級担任同様，SC との打ち合わせ状況が良好なほど事例援助における協働感覚が高まり，さらには「積極的かつ迅速な情報・意見交換」や「苦労への労い」を媒介して葛藤の低減や協働の向上につながることが示された。

　全体を通して，職種別の分析，打ち合わせ状況の程度別の検討，さらにクラスター分析における積極的かつ迅速な共有群（CL2）の分析結果を踏まえると，まず「積極的かつ迅速な情報・意見交換」方略は，SC と教師との葛藤状態を低減させ，事例援助における協働をも高め得る可能性が示された。逆に，職種間の葛藤につながり得る方略としては，「他の教師への意見調整」であり，これらの方略を用いることが職種間の葛藤・対立を高め，円滑な協働に負の影響を及ぼしている可能性がある。ただし，SC と教師の打合せ状況が比較的良好な場合には，本方略が職種間の協働状態に及ぼす負の影響はやや低減していた。事例に対する考えや方針が相互に食い違い，他の教師を仲介したかたちでの情報交換，意見交換を行う方略を用いなければならなくとも，打ち合わせ状況がある程度適切に設定されていることで職種間の葛藤

や対立へとつながりにくくなるといえるかもしれない。「情報・意見共有時の配慮」「専門的見解の伝達」は多母集団同時分析や打ち合わせ状況別の重回帰分析結果のどちらにおいても，職種間の葛藤・対立および円滑な協働状態への影響はみられなかった。「情報・意見共有時の配慮」に関しては，項目内容も含めて検討すると，本方略は，職種間の円滑な協働にとって重要な方略なのではなく，特に，事例の状態や事例の子どもや保護者との関係性に配慮した方略であるため，職種間協働にとっては大きな影響が見られなかったのではないかと考えられる。「専門的見解の伝達」についても，職種間の協働的援助において自らの見解を率直に伝えることは事例理解を深める上で重要な役割を果たすが，それは直接的に協働が円滑に進められているという感覚にはつながっていないことが示された。「苦労への労い」については，学級担任およびその他の教師のデータにおいて，SC との協働感覚に正の影響を及ぼし，また，打ち合わせ状況が適切に設定されている場合において，職種間の協働につながる可能性が示された。

4）アセスメントの共有方略を踏まえた心理専門職による教師との協働的援助への実践的示唆

　本研究では，SC・教師が用いる多様なアセスメントの共有方略が見出され，職種間の協働への様々な影響が示された。本研究の結果を踏まえ，心理専門職が教師と効果的に協働するため，アセスメントの共有を行う際に，どのような点に配慮し，どのような工夫が求められるのか，以下，実践的示唆をまとめる。

　まず，「積極的かつ迅速な情報・意見交換」は全体として職種にかかわらず SC と教師の円滑な協働を促進する方略であり，学級担任やその他の教師のデータでは職種間の対立・葛藤を低減させる影響も示された。様々な共有方略の中でも最も職種間協働に大きな肯定的影響を及ぼす方略であり，また，各学校の SC と教師の打ち合わせ状況にもあまり左右されずに円滑な協働へ

の影響が示されたため，実践場面において重視されるべき方略と考えられる。

　一方，「他の教師を通した意見調整」は，職種にかかわらず職種間の意見の対立・葛藤へとつながりやすい方略となっている可能性がある。同時に，他の方略に比べてこの方略を中心的に用いる（他教師仲介群に属する）SC の比率が高いことも示された。外部の専門家として参入する SC にとって，教師と当該事例に関する見解が食い違う場合には，他の関係する教師を仲介として情報や事例理解を伝えたり，共に事例検討に加わってもらうこともあるだろう。しかし，この方略を重視し過ぎることは，かえって本来協働しなければならない教師との関係に否定的な影響が生じてしまう可能性に留意する必要がある。

　「苦労への労い」は，担任およびその他の教師において SC との協働を促進する機能を果たしていることが示された。やや控えめな影響力であったものの，全体のデータでも SC と教師の打ち合わせ状況が良好な場合に，この苦労への労いを活用することで職種間協働に肯定的な影響を及ぼす可能性が示された。SC にとっては苦労への労いが教師との協働に肯定的に作用しているとは認識していない傾向にあるが，教師側は SC と困難を分かち合うことで良好な協働につながっていると感じており，SC と教師が苦労を労い分かち合える関係づくりによって，結果的に相互の事例理解が進み，協働的な援助活動につながりやすくなる可能性がある。

　さらに，SC は教師のデータと異なり，やや弱い影響ではあるものの，「見解の不一致時の対処」が教師との協働に肯定的な影響を及ぼしていた。「専門的見解の伝達」から協働への影響が生じていない結果と合わせると次のように推測できる。SC は教師から心理専門職としての見解を求められることが多く，心理専門職にとって自らの事例理解を関係者への報告・伝達する作業もアセスメントの 1 つの重要な過程であるが（Curry & Hanson, 2010; 下山, 2008a），SC としての意見を率直に伝える方略は，教師との協働の向上には直接的に影響していない可能性がある。むしろ，SC には教師の立場や

活動を尊重する役割も同時に求められることから，教師と事例に関する見解が異なる場合には相応の対応や配慮が必要となり，それが結果的に協働を促進する可能性が考えられる。実際に，大河原（2008）は，事例に対する「問題の認識」「解決への取組」にずれがある援助者による関わりによって子どもの問題が増幅されている場合，それらの援助者の語りの中にある「共通認識」を見つけ，それを共通理解の土台として，解決への文脈を構成していく方法を提案している。本研究で検討している他職種との協働につながる方略という意味では，他職種との見解が異なっていたとしても，折り合いをつけて対応していこうとする「見解の不一致時の対処」方略が他職種とつながりやすくなる方略の可能性がある。

　また，多様な共有方略を用いる（方略多様群に属する）傾向のある SC にとって，「情報・意見共有時の配慮」も共有方略として重視されていると考えられる。しかし，この方略も「専門的見解の伝達」同様，職種間の協働への有意な影響が示されなかった。項目内容を踏まえると，「情報・意見共有時の配慮」方略は SC と教師の間の協働よりも，むしろ事例の問題の原因を一つに限定せず様々な可能性を考慮しながら慎重に判断する姿勢（高嶋ら，2008）や事例の子ども・保護者の立場を念頭においた共有方略と考えられる。よって，この方略自体は事例援助において重要な役割を果たす一方，協働場面において事例に関する率直な意見交換が必要とされる状況では，円滑な協働につながらない可能性に留意が必要である。

　以上から，心理専門職が教師と協働する際には，各職種に共通あるいは個別的に示された効果的な共有方略を意識しつつ，事例に関与することが重要であることが示された。これらの実践方略を活用することによって，心理専門職と教師との間の葛藤状態（例：意見がまとまらず事例援助が停滞したり，役割分担の方向性が定まらなかったり，張りつめた雰囲気になること）が生じることを防ぎ，事例に対する協働的かつ効果的な援助（例：両職種の事例理解の深まり，援助への意欲の向上，方針・役割の明確化，協働によって事例の改善につながる

感覚）などの向上につながると考えられる。

第 4 節　本章のまとめ

　第 5 章【研究 2】では，心理専門職および教師のアセスメントの共有方略の実態，および職種間の協働的援助との関連を検討し，アセスメントに基づく専門的視点を心理専門職が教師と円滑に共有するための効果的な方略を探ることを目的とした。具体的には，【研究2-1】において，予備調査として心理専門職および教師が用いるアセスメントの共有方略の実態を調査・把握し，アセスメント共有方略に関する項目を収集し，尺度を作成した。続く【研究2-2】では，予備調査で作成された項目を含めた質問紙調査を実施し，尺度の因子構造や信頼性を分析しながら，心理専門職および教師が用いるアセスメントの共有方略が職種間の協働にどのような影響を及ぼしているかを検討した。

　結果や考察の要点を整理すると次のようになる。アセスメントの共有方略として 6 因子抽出され，中でも「他の教師を通した意見調整」が職種間の葛藤を上昇させてしまう一方，「積極的かつ迅速な情報・意見交換」は，協働を促進し職種間の葛藤を低減させる方略であることが示された。共有方略の組み合わせパターンに基づいて検討すると，「他の教師を通した意見調整」を中心的に用いる群やこれらの方略を活用していない群より，これらの共有方略を多様に用いる群や「積極的かつ迅速な情報・意見交換」を中心的に活用している群の方が，職種間の協働状態が良く葛藤状態が低いことが示された。心理専門職にとって教師と効果的に協働するためには，他の教師を通した意見調整方略が教師との協働に負の影響を及ぼす可能性に留意しながら，事例に関する積極的かつ迅速な情報・意見交換を意識する必要がある。また，その他の多様な方略を柔軟に活用する姿勢も協働的援助には有用であり，教師と苦労や困難を分かち合えるような関係を築いたり，特に SC 等の心理専門職にとっては教師と事例理解や援助方針が異なる場合に，大まかな方向性

が共有できていれば良いと考え対応するなど見解の不一致時の対処を意識する必要もあると考えられる。

　一方，本研究ではアセスメントの共有方略以外にも，SC と教師の打ち合わせ状況や他職種との連携事例数が直接的に職種間の葛藤・協働状態に影響を及ぼしている点もいくつか示された。職種間で協働的に事例の情報・意見交換する前提として，学校組織体制の整備や打ち合わせ状況が適切に設定できているかどうか（土居・加藤，2011a）は実践場面において重要である。しかし，打ち合わせ状況や連携事例数だけでなく，実際に SC（教師）と事例の話し合いを進める際に，アセスメントの共有方略を活用することが重要であることが示された。Tharinger et al., (2011) など，学校現場の関係者との協働につながるアセスメント研究は海外で精力的に行われ，心理専門職が一方向的に自らの見解を伝達するのではなく，共感的理解を基盤としながら，関係者と共に事例理解を創り上げるアセスメント作業が，事例問題の効果的な改善に必要とされている。本研究では，日本の学校現場における SC と教師の協働的関係において，相互のアセスメントに基づく見解を具体的にどのように共有することが効果協働につながるのかを統計的・数量的に明らかにした点で，新たな研究知見を提供する結果が示されたと考えられる。

第6章【研究3】
協働的な援助活動の展開における心理専門職と
教師のアセスメントの変容および相互作用の検討

第1節　目的

　本章【研究3】では，学校不適応事例に対する協働的な援助活動が展開される中で，心理専門職と教師のアセスメントにどのような変容が生じるのか，どのような影響を相互に与え合いながら事例理解が発展するのか，その様相を具体的に明らかにすることで，効果的な協働への示唆を得ることを目的とする。

　以上の目的を達成するため，【研究3】では，2つの研究を設定する。まず【研究3-1】では，心理専門職及び教師を対象に面接調査を行い，他職種との協働的援助の過程の中で，自身のアセスメントに生じた変容・影響に関する多様な経験を整理・概観する。しかし，実際のアセスメントの相互作用とは，「同一の事例」を対象に心理専門職と教師で情報交換や事例検討を継続的に積み重ねる過程で生じる。そこで，より実践的な検討を加えるため，【研究3-2】では，同一の事例に対して協働して援助を行った経験をもつ心理専門職と教師を組み合わせて調査対象とし，当該事例への協働的な援助経過の流れの中で，相互のアセスメントにどのような影響や変容が生じたのかを検討する。

第2節　協働的援助における心理専門職と教師のアセスメントの変容と相互作用－面接調査に基づく検討－（研究3-1）

1．目的

　心理専門職と教師の実践経験をもとに，他職種との協働過程の中で，各職種のアセスメントに生じた変容・影響に関する多様な経験を整理・概観する。

2．方法

1）対象

　縁故法および機縁法（雪だるま式標本法）により対象者を募り，SC と協働して事例援助を行った経験を有する中学校教師11名（30～50代男性7名，30～50代女性4名，平均経験年数12.09年，$SD=6.83$）と，学校現場での心理支援に関与する SC および公立教育相談機関の心理教育相談員10名（40～50代男性3名，20～40代女性7名，平均経験年数5.80年，$SD=2.25$）を対象とした。なお，第4章【研究1】で示されたようにアセスメントにおいては学級担任が有する（部分的には養護教諭も有する）学校の教師ならではの視点と心理専門職ならではの視点において職種間の相違が顕著であった。したがって，円滑な協働的援助の方向性を吟味するためには，この心理専門職および教師ならではのアセスメントの視点に基づく相互作用を検討することが重要となる。そこで，【研究3-1】で対象となった教師には，学級担任，学年主任，養護教諭等が含まれるが，ここでは「教師」と統一し，心理専門職のアセスメントとの相互作用を中心的に検討することとした。

2）調査手続き

　半構造化面接を用いて，他職種と協働しながら援助を行った事例経験を自由に想起してもらいつつ，「SC／教師からの事例に関する情報や意見・考えを受けることで，自身の事例理解にプラス，あるいはマイナスの変化や影響

を受けた経験はあるか。また，協働しても，自身の事例援助の視点や考え方として一貫して変わらない（変わらなかった）点は何か」を尋ねた。また，職種間で相互に影響を及ぼし合う前提には，職種間でどのように情報交換や事例検討を行っているかに左右される。そこで「普段，どのように対話しながら他職種と事例に関する情報交換や意見交換を行っているか」を補足的に尋ねた。対象者から許可を得て面接はIC レコーダーで録音し，録音の許可が得られなかった場合には筆記による記録を行った。面接の際には，個別事例のプライバシーへの配慮，および対象者の多様な実践経験を幅広くすくい上げるため，特定の事例に限定せず，様々な事例援助の経験を自由に想起してもらいながら実施した。また，対象者の自由な語りを妨げないように，面接の展開によって質問の実施順序を変更したり，語りの内容から派生して追加質問を行うなど，柔軟に面接を実施するよう配慮した。

　なお，調査期間は2013年2〜5月で，面接時間は平均約50分（$SD=19.72$）であった。本研究は所属大学の研究倫理審査委員会の承認を得て行われた。

3）分析手続き

　まず，録音された面接での語りを文字起こしし，逐語録を作成した。次に語りの内容から，アセスメントに関して他職種から受けた影響や自身の事例理解の変容体験，さらに職種間で情報交換・事例検討をする際の工夫や方略に相当する内容を分析・抽出した。分析には，質的データ分析法（佐藤，2008）を参考にした。分析にあたっては，教育臨床を専門とする大学教員1名に意見を求めながらカテゴリーを生成した。なお，本研究では対象者の多くから発言が見られていないコード・カテゴリーについても，本研究の検討を行う上で重要と判断されるコード・カテゴリーは積極的に取り入れることとした。カテゴリー分類の妥当性を検討するため，教育臨床を専門とする臨床心理士1名に生成されたコード全てについてカテゴリー分類を依頼し，一致率を求めた結果，81.6％であった。

3．結果と考察

1）質的分析によるカテゴリーの生成と図解化

　最終的に生成されたカテゴリーの一覧とその具体的説明，カテゴリーを構成するコードを示した（Table 6-1）。小カテゴリーの発話人数は，教師と心理専門職の何名がそのカテゴリーに関する内容を語っていたかを示している。各対象者の実践体験の語りを踏まえて，Table 6-1 の大カテゴリーの関係や影響を図解化した（Figure 6-1）。

　以下，Table 6-1 と Figure 6-1 を踏まえ，心理専門職と教師が協働する過程の中で，相互のアセスメントにどのような影響や変容が生じるのかを具体的に検討する。大カテゴリー，小カテゴリー，コードを，それぞれ〈　〉，【　】，｜　｜で表記する。

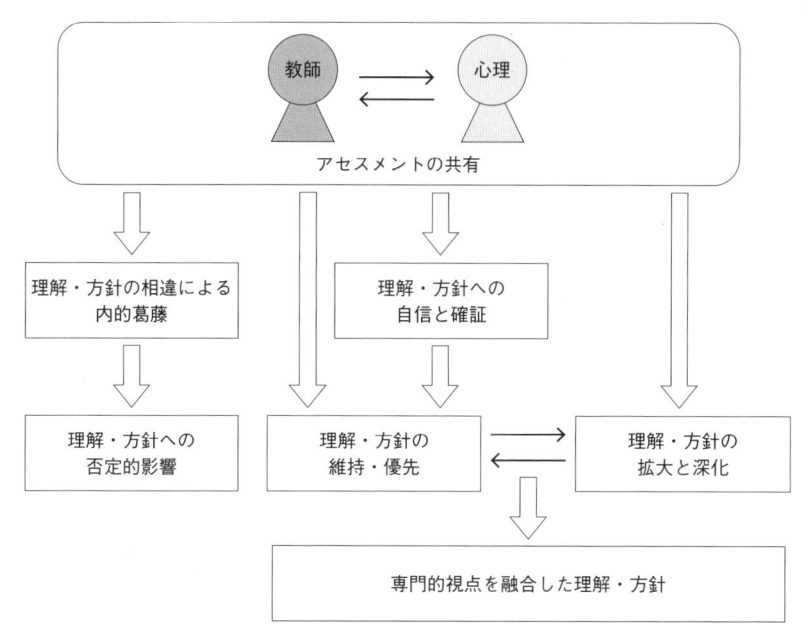

Figure 6-1　アセスメントの共有に伴う心理専門職と教師の事例理解・援助方針への影響および変容

Table 6-1　心理専門職と教師のアセスメントの影響・変容体験に関するカテゴリー

大カテゴリー	小カテゴリー	小カテゴリーの説明	発話例およびカテゴリーを構成するコード
アセスメントの共有	必要な情報・考えの取込み〈発話人数〉・教師 4 名（36.4%）・心理専門職 6 名（60.0%）	他職種からの情報や考えから，必要かつ有用なものを取捨選択して取り入れる。	教師：すべてを SC の先生の意見に流されてしまうと，それも危険だと思うので。それも調整だと思います。調整しながらどうやって生徒にかかわっていくかということがありますよね。自分としては使えるところと，納得できたところと，我々の感覚とあっているところとありますが，一方で，ちょっと待てよと思うところもあるので，そこは我々の判断でやらせてもらっていますね。（[必要かつ有用な視点を取り入れる]）
			心理：どうしても，先生方の焦りとかって，卒業させたいとか，高校入試に関係してくるのでっていうところで，なんとか SC から生徒に行ってほしいっていうような話があったりしますよね。…（中略）…こうってほしいではなくて，こうさせたいっていうところは，やっぱり指導者と私たちの違いってことにありますよね。それは先生のお仕事であって，私たちがやることとはちょっと違うっていうか…（中略）…私たちがそれに一緒になってしまうと，違うよねってことで。（「他職種の援助方針に染まりすぎない」）
			心理：〈外的な情報が入ることで，生徒理解が難しいことが生じることがあるというお話しだったと思いますが，そのようなことで，たとえば，教員からの情報や考え方によって，SC 自身の生徒理解が難しくなるっていうようなことはありますか？〉それは，教員の情報は受け取るけれども，どっちに焦点をあててきくかっていうことで，いろいろな人に共感しきることはできないので。生徒側に焦点を置きつつ，教員の情報は聞くけれども，それによって生徒理解がずれないようにはしますよね。（[他職種の情報に流されすぎない]）
	相互の見解のすり合わせ〈発話人数〉・教師 4 名（36.4%）・心理専門職 6 名（60.0%）	他職種の考えに歩み寄ったり，心理と教師の双方の意見の妥協点を探る。他職種に自己の見解を伝える際には，時間をかけて丁寧に伝える。	心理：歩み寄っていくっていうことが大事かなと。…（中略）…〈SC として活動を行っていく際にも，教員の考え方に合わせるとかすり寄っていくっていうところが部分的には必要になってくる〉そうなりますよね。やっぱりね。そういうところだと，本当に，相談室が孤立しちゃうんですよね，学校に歩み寄らないと。（[他職種の考えへの歩み寄り]）
			教師：その子一人のバランスを考えたら，今日は触らない方が良いっていう時もありますけれども，集団の中でしっかりできていなかったら指導に入らないわけにはいかないので，そこは妥協点を見つけながら入っていくっていうことはありますね（[相互の考えの妥協点を探る]）。
			心理：（教師との事例検討の際に）基本的には，見方が違うっていうよりは，全く理解してくれていないこ

Table 6-1　心理専門職と教師のアセスメントの影響・変容体験に関するカテゴリー（続き）

大カテゴリー	小カテゴリー	小カテゴリーの説明	発話例およびカテゴリーを構成するコード
			とではないんですが，そこをもっとそうしてくれたらいいのにってところはありますかね。〈カウンセラーの考えを，教員にもう少し理解してもらいたいところもでてくると〉そうですね。1回でどうこうできることではないと思うので，様子を見ることはすると思います。次に連携する機会があってっていうときに，もう1度お伝えすることはあると思います（[意見の伝達に時間をかける]）。
役割分担を意識した意見交換 〈発話人数〉 ・教師1名 （9.1%） ・心理専門職6名 （60.0%）	自身と他職種それぞれの立場が事例援助にあたって重要と考え，役割分担を意識した意見交換を行う。		教師：私達は教員としてのスタンスで，こういう指導はしていきますよと。それを踏まえてカウンセリングでは対応をしてもらいたいっていうことはお伝えしますね（[職種間の役割分担を確認する]）。 心理：SCとかってどっちかというと，受容みたいなところがあるじゃないですか，その子自体を受け入れるとかって言うところもあるのですが…（中略）…でも社会はそうみるよとか，友達はそうみるよっていうようなことを，あなたはそう思っていたとしても他の人はどう思うかみたいなところの視点は，SCよりも教員の方が厳しくて。でもその（教師の）厳しさっていうのは（事例援助に当たって）やっぱり必要だと思うんですよね。（[各職種の役割が事例援助に必要と考える]）
自己の見解・立場の率直かつ対等な伝達 〈発話人数〉 ・教師4名 （36.4%） ・心理専門職3名 （30.0%）	自身の立場・専門から考えられる事例に関する意見や見解，情報を，率直に伝達する。		心理：そこで先生方と意見が違うっていうこともあると思うで，それでも私はこうみていますよっていうことはお伝えさせていただきますね。…（中略）…先生に従ってほしいということではなくて，対等にお話させていただいていますね（[心理側の見解の率直な伝達]）。 教師：SCは基本聞き手にまわってくださるので。逆に変化したかどうかはわからないんですが，SCの方は指導の考えが無い分，生活第一に考えて下さるんですけれども，逆に言うと，組織の中での指導の視点っていうのはSCは無いんですよ。…（中略）…学校での取り組みとかやり方とかは意識してSCに伝えるようにしていましたね。（[教師側の見解の率直な伝達]）
信頼関係の構築 〈発話人数〉 ・教師2名 （18.2%） ・心理専門職3名 （30.0%）	日頃から人間関係・信頼関係を築く働きかけや，他職種を支える言葉かけをする。		心理：あの〜SCと話をすると，躊躇している先生もいて，心理的にはこういうことでいいんでしょうかっていうような感じで躊躇している先生には，やっぱりそこをエンパワメントするかたちで話はするかもしれません。…（中略）…教育とか，指導とか，現実原則とかって，先が不確定な中でやっていくっていうことがあるので，そういう不確定の中でフォローしながらやっていくっていうのがSCにも必要ですよね。もう終わっちゃったことに対しても，これで良かったん

Table 6-1　心理専門職と教師のアセスメントの影響・変容体験に関するカテゴリー（続き）

大カテゴリー	小カテゴリー	小カテゴリーの説明	発話例およびカテゴリーを構成するコード
			でしょうかっていうようなところで，心理的な意味を伝えてあげるとか。（[他職種を支える言葉かけ]）
			教師：学校の仕事って信頼感が重要…（中略）…信頼を得るのは，やっぱり一緒に動いてくださるっていうのが印象に残っていて。そういうところがみえると一緒に出来る感覚になっていますよね。（[援助活動における信頼]）
	完全な共通理解を求め過ぎない 〈発話人数〉 ・教師 0 名 　（0.0%） ・心理専門職 3 名 　（30.0%）	他職種とは考え方，力点を置く方針が異なっていても良いと考え，無理に自分の見解を押し付けるのを控える。	心理：目標は一致していても，そこまでのやり方が少し違っていたりとか，その違いはあって当たり前なので，ちょっと意見がくいちがっても，私はこっちを見ているのでってことで，確認していればそれでいいのかなって。…（中略）…先生方はこうみていく，SC としてはこうみていくっていうとこがあって当然なので，それで食い違っても，それはそれで OK なのかなって思いますよね。（[考えの相違があってもよいと考える]）
			心理：こちらがお願いしていることでも，先生方にとっては難しいっていうこともあるのだろう思うのでそれも理解しなきゃいけないでしょうし。（[自らの見解を押し付けない]）
	他の教師の協力による意見の共有 〈発話人数〉 ・教師 1 名 　（9.0%） ・心理専門職 2 名 　（20.0%）	他の様々な教師の協力を得て事例の情報や意見を整理したり相談に乗ってもらう。	心理：私は本人からの話を聞いても，本人の言い分を聞いているので，こうしてほしいとか，これが大変だったとか。でも先生から見ると，その子の評価っていうか，そういうふうにいってるけど，ほかの子に比べてここができてないんですとか，いつもこういってるんですとかって，なんていうんですかね，特別じゃないですよみたいなことを言われたりすると，あ，そっか，そういうふうに先生には見えるのかって思うんですけれども。そこで何かをいうっていうことはできなかったのですが，そのことについて養護教諭と話して考えていくって感じでしたね。（[他の教師への相談]）
			教師：なので，自分がやるときは SC だけじゃなくて，主任の先生とかにも相談して，いろんな人に聞いてみるっていうこともありますよね。（[様々な教師から意見を聞く]）
			心理：（事例理解が教師と異なる場合）そこも上手く伝えられると先生の理解も進むと思いますが。それが難しい場合には，別のルート，養護教諭とか学年主任に入ってもらって伝えていくとかっていうこともありますよね。SC から直接というよりも，どこに誰にどういったらいいかっていうのがわかってくると，動きやすい。（[他の教師を介した意見の伝達]）

Table 6-1　心理専門職と教師のアセスメントの影響・変容体験に関するカテゴリー（続き）

大カテゴリー	小カテゴリー	小カテゴリーの説明	発話例およびカテゴリーを構成するコード
	実際に試して判断する姿勢 〈発話人数〉 ・教師2名 　(18.2%) ・心理専門職0名 　(0.0%)	他職種から受けた意見や考えを否定するのではなく試してみようとする姿勢をもつ。	教師：最初は（SCの言う）「おっす登校」も，ゲームを買うことも，そんなのありかと思ってしまったのですが，専門家がいっていることだし，一回やってみようという感じで試してみました。（[実際に試して判断する姿勢]） 教師：授業中落着きがない生徒がいるなかでどうしたらいいんだろうと思って…（中略）…最初の相談のときに，注意欠陥や多動の可能性もあって，叱るだけじゃなく，褒めることを取り入れながら指導をしたらどうかといわれて，はじめにそれを聞いた時には，そこまで納得した感じではなかったんですけど…（中略）…でも，SCのいうように，少し障害とまではいかないにしても，そのような特徴を持っていることもあるのかなと思って，褒めてあげなきゃいけないところもあるのかもしれないと思って，なるべく褒めるようにしました。（[実際に試して判断する姿勢]）
理解・方針の拡大と深化	他職種の情報・視点に伴う事例理解の深まり 〈発話人数〉 ・教師10名 　(90.9%) ・心理専門職10名 　(100.0%)	自身の専門や立場では得られない情報（他職種だからこそ把握できる視点や情報など）をもらったり，互いに有する情報を整理・確認し合うことで，自身の事例理解や援助方針の考えが深まる。	心理：（SCによる）保護者からの情報だけで生徒のことを理解していては十分にできない…（中略）…（教員の話などを）お聞きすることで，生徒の発達的な面とか，そういう部分も見えてくることはあると思います…（中略）…お互いの情報交換の中で見えてくるとか，見立てが深まっていく。（[相互の事例情報の確認と整理]） 教師：子どもの親に対する思いとかって。〈大事だと〉ありますよね。親の言っていることと，子どものいっていることが違うことがあって。保護者の方から話を聞いていると，しっかりした親御さんだなって思ったりもするのですが，子どもから話をきくと，全然そうじゃなかったりとかっていうことがあるので。子どもがどう思っているかっていうのも大事だなっていうのは，SCさんもちゃんと見ているので，そこも大事なんだなと思いましたね。（[他職種ならではの事例情報の獲得]）
	新たな対応方針の獲得 〈発話人数〉 ・教師10名 　(90.9%) ・心理専門職3名 　(30.3%)	他職種から意見をもらうことで，事例への新たな対応方針を知ることができる。	心理：マンパワーっていうんでしょうか。私達はつなげられるとしたら担任とか，学年主任とかっていうことになるんですが，やっぱり学年全部で生徒を見ていく場合には，学年のこの先生は使えるかもとか，力になってくれるかもとか，去年副担で関係も良かったしとか。そういう学校の中でのマンパワーっていうんでしょうか，そういうのは，先生が得意なので，アイデアが出ると，あ，なるほどってなりますよね。（[学校の援助資源を用いた対応]） 教師：さっきの感情から行動のメカニズムじゃないですけど，（SCから助言をもらった）<u>セルフトークっ</u>

Table 6-1　心理専門職と教師のアセスメントの影響・変容体験に関するカテゴリー（続き）

大カテゴリー	小カテゴリー	小カテゴリーの説明	発話例およびカテゴリーを構成するコード
			ていうのは，やっぱりどの子にも共通するかなと思いますね。そこをどう変えていくかって言うのはどの子にも必要かなと思いますね。（[心理的問題・発達障害への対応]）
	他職種の理解・方針への期待 〈発話人数〉 ・教師4名 （36.4%） ・心理専門職8名 （80.0%）	他職種なりの視点や理解，援助の有用性に気づき，事例援助において他職種に任せたり，その役割に期待する。	心理：先生の存在の大きさって大きいんだって。子どもが思わぬことで変化していて，実は先生の関わりも変わってってとか。…（中略）…学校に来なかった生徒に，先生がほとんど毎週家庭訪問に行っていて，毎日かなりの頻度で行ってて。結局，教室には来られなかったんですが，卒業式の日に来ることができて，そのときに，先生が家庭訪問に来てくれたことが良かったってことを話していて…（中略）…最初はしつこくて逆効果になってしまうこともあるのかなと思ったのですが，でもやっぱりそういう熱意が伝わる時もある（[他職種の理解・援助の有用性への気づき]）。
			心理：集団の中の入れ方とか，周りの子へのフォローの入れ方とか，たとえば不登校の生徒のためにどういう班構成にするかとかっていうのは，修学旅行の時とか，誰がフォローできそうかって言うところをチョイスして声かけしたりするとか，そのフォローしてもらう本人のフォローもどうやっていくかっていうところは，やはり先生がうまい（[他職種ならではの理解・援助への期待]）と思いますし，なかなかSCには無い視点だと思うんですよね。そういうのに助けられて。
	新たな問題理解の獲得 〈発話人数〉 ・教師9名 （81.2%） ・心理専門職1名 （10.0%）	他職種から意見をもらうことで，事例の問題ついて，新たな見方・理解ができる。	教師：ADHDへの子どもへの対応…（中略）…SCの話を聞いて，これは1つの病気っていったらいいのか，そういう症状が出るものだから，先生の授業がまずいからっていうことは必ずしも言えませんよと言われて，あ，これは教員側のせいではないのかって（[心理的問題や障害の理解]）
			教師：やっぱり生育歴って大切だなって思いましたね。育ってきた過程とか。親の協力も必要なんだなとも思いましたね。今までだったら，中学校での学校・家庭しか見れなかったところが，過去の軸も見られるようにというか，大事になるんだなと思うようになりましたね（[多面的な問題理解]）。生育歴がわかると，今の生徒の不安定さとかも納得できたりすると思いました。親も苦労していたんだなとか。
	自己の視点や事例理解の振り返り 〈発話人数〉 ・教師3名 （27.3%）	他職種との協働を通して，自身の事例理解や視点を振り返り，改めて気づきを得ることができる。	教師：〈あと例えば，その期間ってことで，SCがいない間にも生徒も色々変化していくと思うんですけれども，その変化を捉えるという点に関して，そういう変化の捉え方もあるのかっていうような，SCからの意見で参考になったことはありますか？〉私達が考えているスケールは，とても狭いんだと思います（[自

Table 6-1　心理専門職と教師のアセスメントの影響・変容体験に関するカテゴリー（続き）

大カテゴリー	小カテゴリー	小カテゴリーの説明	発話例およびカテゴリーを構成するコード
	・心理専門職3名 （30.0%）		己の視点や事例理解の振り返り]）。ここじゃないとだめだと。SCは色々なケースを知っているからか，懐が大きくて，OKっていうスケールも大きいんだと思います。
			心理：（教師は）授業の様子とか，出席状況とか，友達関係とか，そういうことを知っていたので，やっぱり，（自分が）一面的な理解をしていたんだなっていうのは，毎回感じますよね（[自己の視点や事例理解の振り返り]）。
理解・方針への自信と確証	理解・方針への自信と確証 〈発話人数〉 ・教師7名 （63.6%） ・心理専門職1名 （10.0%）	他職種と考えが一致していたり肯定的に支持されることで，自分の事例理解や方針に自信と確証を得ることができる。	心理：こちらの考えと，教員の考えと一致していると，やっぱりってなって，さらに（理解や援助が）進んでいくこともできますよね。（[他職種との考えの一致]） 教師：（不登校の例で）電話のやり取りとか，家庭訪問とか，状況としては変わっていないのですが，それでいいのかなと思っていたときに，SCの先生に話を聞いて，そのままの対応でOKとか（[他職種からの肯定的支持]），本人だけじゃなく保護者とかへの対応とか，そういう具体的な対応もお聞きしましたね。例えば…来て，4日くらいで来られなかった生徒がいたんですけれど，結局ずっと来られなかったんですけれども。無理に来させてもということで家庭訪問とかやっていたんですけれども。
理解・方針の維持・優先	教育観・指導観 〈発話人数〉 ・教師7名 （63.6%） ・心理専門職0名 （0.0%）	心理専門職との協働においても，教師として集団的規律を重視し目指す教育目標を意識して子どもを指導しなければならない視点を重視する。	教師：たとえば，SCから生徒のことを受け入れた方が良いかっていうときに，他の生徒のこととか，学級の方針とかっていうようなときには，その子だけ特別扱いできないっていうようなときには，そうしてあげたいのはわかるけれども，やはり集団の秩序が大事っていうことであれば，そちらを優先しますよね。（[集団的規律の重視]） 教師：〈逆に，SCと連携をしていても，教員として，ここは変わらないとか，こういう視点は変わらずに持っているとか，そういうところはありますか？〉なるほど，それは…やっぱり教育なので，身につけさせたい力はあるっていうことになりますね。そこはぶれないですね。…（中略）…今目の前にいる子はどんな力を身につけなきゃいけないのかなとか，発達段階とか，あと，この後のキャリアプランの中で何が必要な力なんだろうっていうところはあまり変わらないですね。（[獲得させるべき教育目標]） 教師：指導の部分ですね。そこだけは，SCから話があっても，そういう背景があったにせよっていう考えになりますね。…（中略）…親の不仲とか，子どもにとって厳しい状況下があったとしても，でも，おまえのやっていることは違うだろっていうところなんで

Table 6-1　心理専門職と教師のアセスメントの影響・変容体験に関するカテゴリー（続き）

大カテゴリー	小カテゴリー	小カテゴリーの説明	発話例およびカテゴリーを構成するコード
			すね。（［適切な行動へと導く教育指導］）
	個別の心理的成長の重視 〈発話人数〉 ・教師0名 （0.0%） ・心理専門職6名 （60.0%）	心理専門職として，教師との協働においても，事例の子どもの心理的成長を，個別的かつ長期的に見ることを重視・優先する。	心理：この子に関わっていこうというスタンスは変わらないと思います。連携していくなかで見立てが変わっていくところはあると思うんですけれども，そのケースのその子をしっかり見ていくっていう視点は変わらない部分。（［事例の子ども中心の理解］） 心理：SCとしての基本スタンスは変わらない…（中略）…ほんのちょっとの変化も大事にみるとか，目に見えて教室に入れなくてもその目に見える変化だけを見ないとか（［心理的成長の重視］），やっぱり長いスパンで物事を見たい。
	内面への焦点と理解 〈発話人数〉 ・教師0名 （0.0%） ・心理専門職5名 （50.0%）	心理専門職として，教師との協働においても，事例の子どもの内面への理解を，個別的かつ丁寧に見ることを重視する。（事例と出会った場合の心理専門職側の印象・感覚も含む）	心理：本人のがんばろうとしている気持ちの視点とか，思いとかっていうのはSCがしっかりみなきゃいけないところ。そこは変わらないところとしてありますね。先生方にお伝えしなければならないところであると思うで。表面的には頑張っているとか，こういう行動しているけれども，その背景にどんな思いがあるのかとか，そういう部分はしっかり見ていかないといけないって思いますよね。やっぱり，メンタル的な部分っていうのは。（［内面への理解と寄り添い］） 心理：なんかやっぱり継続して話が必要だなとか，周りの理解が必要だなとかっていうのは最初の印象を大事にしているところはありますかね（［事例と関わる際の印象・感覚］）。
	現場感覚と経験 〈発話人数〉 ・教師4名 （36.3%） ・心理専門職0名 （0.0%）	心理専門職との協働においても，目の前の子どもに直接接している教師としての感覚と経験を重視・優先する。	教師：毎日接してるのは教員だなと。…（中略）…日々接していく中での，そこでの経験とか，対応とかっていうのは教員として信じてやっていくかなと。…（中略）…指導中に，SCの先生のことを思い出しながらやるってことでもないので，そのときに自分のもっている教師としての信念とか，経験によって指導しているので，そういうところは大事にしていきたい…（中略）…日々やっていくなかでしかわからないこともあるので，SCが話しているところ以外の部分を優先するっていうことがあるかと思いますね。（［教師としての直感や現場経験］） 教師：SCの先生の意見は専門的なもので非常に参考になるのですが，私達は，日常的に生徒に接している分，直感的な考えもあるわけですね。さっきの不登校の生徒の例だと，病的ってことの意見もいただきますが，われわれが1，2年生から見てきた生徒の様子もあるわけで，それを考えると，そこまでいかないんじゃないかとかっていうような感覚と。その教師の直感と，SCの意見とっていうのは…やっぱり，私達の最

Table 6-1　心理専門職と教師のアセスメントの影響・変容体験に関するカテゴリー（続き）

大カテゴリー	小カテゴリー	小カテゴリーの説明	発話例およびカテゴリーを構成するコード
			大にもっているものは，やっぱり日常的な生徒のことをみているっていうところだと思うので。（[生徒に近い存在としての教師の感覚]）
専門的視点を融合した理解・方針	専門的視点を融合した理解と方針 〈発話人数〉 ・教師 8 名 （72.7%） ・心理専門職10名 （100.0%）	他職種の視点や考えを取り入れたり，自らの考えと組み合わせながらそれぞれの専門的視点を活かした理解や援助方針をすすめる。	教師：こういうところで悩んでいたんだということで，だから，（SCからの情報を踏まえて）こういう声かけをしておこうとかってなりますよね。〈具体的な例としては何がありましたか？〉…（中略）…そういう兄の存在が本人のコンプレックスにつながっていたみたいな話は聞きましたね。〈それをお聞きしてから，先生の生徒への接し方とかって変わりましたか？〉変わりますよね，…（中略）…学校でも，一生懸命やっているところをほめていこうということにつながっていきますよね。（[他職種の視点を取り入れた理解と援助方針]）
			心理：（不登校事例で）生徒さんの意欲がでるまで，もうちょっと待っていたいって思う時もあるのですが，それを先生に伝えた時に，実は今度こういう学校行事があって，そこに引っ張るって言うのはどうでしょうかって。…（中略）…私が話を聞いていくと，友達から誘われるのはちょっとっていうところもあったりするので，じゃあ，先生方から，まずは誘っていただいて，必要なら友達につなぐとか，本人の気持ちを聴きながら進めてくださいって（[職種間の視点を組み合わせた理解と援助方針]）。
			心理：アイデアが出るときって…（中略）…先生たちと話し合っている時に生まれてくる。こちらから，対応とか知識を言うのでなく，教員の対応や考えを見ることで自然に思いつく。教員との対話とか，教員のやっていることがなかったら，生まれなかった（[職種間の視点が混合された援助案の創出]）。SCとしても，こういう子にはこうしたらいいんだっていう，そういうことなんだっていうことがわかるし，先生方も対応教えてもらえたって，お互いに，うまくいくようになるのが不思議です。
理解・方針の相違による内的葛藤	理解と方針の相違によるジレンマ 〈発話人数〉 ・教師 7 名 （63.3%） ・心理専門職 3 名 （30.0%）	他職種の理解・方針と自分の考えが食い違うことで，葛藤が生じる。（他職種の意見が正しいと思っていても，自分ではその通りに実行することができない葛	教師：不登校になりそうな子がいて（SCから）そっとしておいたほうがいいとかいうことがありましたね。そのときはすごいジレンマがあって。そっとしておいたら来られなくなっちゃうじゃんって思っていましたね。そのことが印象に残っていて，ほかの言葉はあまり聞き入れられなかったんじゃないかと思うんですけれども。（[理解と方針のずれ]）
			教師：現実の子どもをみながら，果たしてそれ（SCの説明したこと）が，今やるべきなのかどうかっていうところを，目の前に指導する生徒がいるなかで，迷

Table 6-1　心理専門職と教師のアセスメントの影響・変容体験に関するカテゴリー（続き）

大カテゴリー	小カテゴリー	小カテゴリーの説明	発話例およびカテゴリーを構成するコード
		藤も含む。）	いがでてくるところはありますし（［自身の実践に取り入れる際の戸惑い］）
	ネガティブ感情の生起 〈発話人数〉 ・教師2名 （18.2%） ・心理専門職5名 （50.0%）	他職種と自身の事例に関する見解が異なることにより，不信，焦り，困惑などのネガティブな感情が生じる。	教師：ちょっとイメージ的な感覚的なものなのですが，カウンセラーはカウンセラーだよという先生もいるのですが，こう，カウンセラーは週に1，2回で，教員は毎日で。こう，そんな理論通りにはいかないよって感じで。（［他職種への不信感］）
			心理：さっきのように目標が違ってしまったりとか…先生に何を伝えるかわからなかったりとか。伝えることで，かえってマイナスとか，拒否的な反応になってしまったりとか。たとえば，SCとして家庭訪問とかした時に，家庭訪問して生徒とゲームしているんですかってことで，「はい」っていうと，きまずかったり。別にこちらも，何も考え無しにゲームしているわけではないのってことで。先生もあんまり待つっていうことが得意じゃないと思うので。わりと対策をバンバンと考えたりして。こちらとしてはちょっと待ってほしいって思う。（［焦りや困惑］）
理解・方針への否定的影響	理解と援助方針の制限・停滞 〈発話人数〉 ・教師4名 （36.4%） ・心理専門職7名 （70.0%）	他職種との意見の相違により，他職種の考えに流されてしまったり，事例への理解や援助，職種間の協働が制限・停滞してしまう。	心理：先生自身にも課題があって，事例についての話し合いの中で，Helpしたいって思っていても，先生がこちらに信頼感がないと，つっぱねられたりもする。それが子どもへの理解へも反映されてしまう。自分のやり方は間違っていないとか，今まで通りのやり方でいいんだって感じで。ケースについて話し合っている時に，こちらの提案があっても，「それは全部やってます」って言われてしまうことがあって，そうしたら手も足もでないっていうか。（［協働的活動の停滞］）
			教師：（SCの意見を受けることで）最初の頃は，生徒の立場に立ち過ぎることが…あの，一例でいうと，学校に不安があって登校できないっていうのがあって，あの，なかなか登校刺激ができなかったりして。そのままでいいよとかっていう感じで。受け入れすぎてしまって。教師としては，もう少し背中を押してあげられたのに，受け身になって受容し過ぎてしまったり。（［他職種の理解と方針に流される］）
	自己の理解・視点への固執 〈発話人数〉 ・教師0名 （0.0%） ・心理専門職3名 （30.0%）	他職種と見解が異なることにより，自己の事例理解や援助方針に閉じこもったり，自分の考えを理解してほしいという願いが強くなりすぎて	心理：別にカウンセリングルームにつながればいいんだっていう感じでいたり，先生とつながりにくい場合には無理につながらなくてもいいんじゃないかっていう感じでしたね。（［自身の理解・方針への閉じこもり］）
			心理：基本は一緒だと思うんですけどね。子どものためにっていうことで。ただ，そのアプローチの仕方が色々違うっていうことだと思うので。視点とかの違いとか。目標の置き方が違ったりもするわけで。そうな

Table 6-1　心理専門職と教師のアセスメントの影響・変容体験に関するカテゴリー（続き）

大カテゴリー	小カテゴリー	小カテゴリーの説明	発話例およびカテゴリーを構成するコード
		しまう。	ると，SC として，もうちょっとこうしてほしいっていう思いが強くなる時はありますよね。（[他職種に対する願いが強くなる]）

2）協働的な援助活動における職種間のアセスメントの相互作用

(1)〈アセスメントの共有〉

　これは心理専門職と教師が事例の情報や援助方針について相互に意見交換する際の工夫や方略に関する大カテゴリーである。具体的には【必要な情報・考えの取込み】，【相互の見解のすり合わせ】，【役割分担を意識した意見交換】，【自己の見解・立場の率直かつ対等な伝達】，【信頼関係の構築】，【完全な共通理解を求め過ぎない】，【他の教師の協力による意見の共有】，【実践的に試して判断する姿勢】の8つの小カテゴリーが生成された。

　【必要な情報・考えの取込み】（教師4名（36.4%），心理専門職6名（60.0%））は他職種からの情報や考えから，必要かつ有用なものを取捨選択して取り入れる方略に関する小カテゴリーで，｛必要かつ有用な視点を取り入れる｝，｛他職種の援助方針に染まりすぎない｝，｛他職種の情報に流されすぎない｝のコードから構成される。心理専門職および教師にとって，他職種とのアセスメントの共有，すなわち，情報交換・意見交換を通した事例検討では，他職種からの情報や考え全てに影響を受けるのではなく，自身の問題理解や援助方針にあたって必要な情報や視点を選択的に取り込み，処理することが行われていると考えられる。

　【相互の見解のすり合わせ】（教師4名（36.4%），心理専門職6名（60.0%））は，他職種の考えに歩み寄ったり，心理専門職と教師の双方の意見の妥協点を探ること，さらに他職種に自己の見解を伝える際には，時間をかけて丁寧に伝える姿勢に関する小カテゴリーである。｛他職種の考えへの歩み寄り｝，｛相互の考えの妥協点を探る｝，｛意見の伝達に時間をかける｝といったコー

ドから構成されている。心理専門職および教師それぞれの意見の共通点や相違点を踏まえて，それらの妥協点を探ったり，すり合わせる作業の方略であり，相互のアセスメントの共有において重要な方略であると考えられる。

【役割分担を意識した意見交換】（教師1名（9.1%），心理専門職6名（60.0%））は，自身と他職種それぞれの立場・役割が当該事例の援助にあたって重要であると考え，役割分担を意識した意見交換を行う方略に関する小カテゴリーである。｜職種間の役割分担を確認する｜，｜各職種の役割が事例援助に必要と考える｜ のコードから構成される。心理専門職および教師それぞれの専門的視点や立場，得意とする問題理解，援助の方向性などはそれぞれ異なるがゆえに，その違いを効果的に生かすことで多面的な援助が可能となる。特に教師よりも心理専門職において，役割分担に基づく意見交換が重要になると認識していると考えられる。

【自己の見解・立場の率直かつ対等な伝達】（教師4名（36.4%），心理専門職3（3.0%））は，自身の立場や専門から考えられる事例に関する意見や見解，情報を，対等かつ率直に他職種に伝達する方略に関する小カテゴリーで，｜心理側の見解の率直な伝達｜，｜教師側の見解の率直な伝達｜ のコードから構成される。特に，心理専門職は，自己の見解を率直に伝えることだけでなく，教師側の見解や立場，学校としての方針を尊重し自らの見解を控えめに伝達することを大切にする語りも見られた。その場合は，【相互の見解のすり合わせ】に分類したため，本カテゴリーでは教師よりも心理専門職が，やや発言数として低く示されている。ただし，いずれにしても両職種にとって他職種との協働の際には，自己の見解を率直に伝えることは，アセスメントの共有方略として重要とされている。

【信頼関係の構築】（教師2名（18.2%），心理専門職3名（30.0%））は，日頃から人間関係・信頼関係を築く働きかけや，他職種を支える言葉かけなどをする方略に関する小カテゴリーであり，｜他職種を支える言葉かけ｜，｜援助活動における信頼｜ といったコードから構成される。単に事例の理解や援助

方針に焦点を当てて意見交換を行うのではなく，協働して援助をしていくために，これらの方略や態度を意識しながら，他職種との関係を築き，アセスメントを共有することの重要性を認識している教師，心理専門職がみられた。

【完全な共通理解を求め過ぎない】（教師0名（0.0%），心理専門職3名（30.0%））は，他職種とは考え方や理解の仕方，力点を置く援助の方針が異なっていても良いと考え，無理に自分の見解を押し付けるのは控える方略に関する小カテゴリーである。これは，|考えの相違があってもよいと考える|，|自らの見解を押し付けない| といったコードから構成され，発話人数の傾向から，主として心理専門職に特徴的な方略と考えられる。心理専門職としては心理学的な立場のアセスメントの見解や方針を教師に伝えることとなるが，教師の事例理解や学校の方針によっては，そのまま共通理解を図ることが難しい場合もある。そのような場合に，（緊急性が高い事例を除いて）学校や教師の考えや状況を尊重し，自己の立場のアセスメントに基づく見解・方針を完全に教師に理解してもらおうとし過ぎず，じっくり丁寧に伝えていく方略が必要であると心理専門職は認識している可能性が考えられる。

【他の教師の協力による意見の共有】（教師1名（9.0%），心理専門職2名（20.2%））は，他の様々な教師の協力を得て事例の情報や意見を整理したり相談に乗ってもらう方略に関する小カテゴリーで，|他の教師への相談|，|様々な教師から意見を聞く|，|他の教師を介した意見の伝達| のコードから構成される。これは，他職種との事例に関する率直な意見交換が難しい場合に，関係する他の教師へと相談したり意見を求めたり仲介してもらいながら意見交換をしていこうとする方略である。本研究の対象となった教師および心理専門職の多くがこの方略を語っているわけではなかった。しかし，協働的な活動を行う中で，スムーズな意見交換が難しくなっている場合には特定の教師と心理専門職の間だけで解決しようとせず，他の教師の協力を得ることは，場合によって必要とされている方略であると考えられる。

【実践的に試して判断する姿勢】（教師2名（18.2%），心理専門職0名

(0.0%)) は，他職種から受けた意見や考え，援助の方針をすぐに否定するのではなく，まずは実践的に試してみようとする姿勢に関する小カテゴリーである。発言数から，特に心理専門職の立場からの問題理解や援助方針について伝達される教師側に特徴的な方略となっている。心理専門職からの問題理解や援助の方法について，すぐにその見解を自らの実践に取り入れるのではなく，実践的に試しながらその理解や対応が必要かどうかを慎重かつ十分に吟味しようとする姿勢であると考えられる。実際に，心理専門職ならではの見解に疑問を抱いている教師であっても，その見解に沿った理解と対応を実践的に試していく中で，その理解・対応の有用性について改めて認識を深めることができたという語りも見られている。

　以上のように，教師と心理専門職で相互のアセスメントに基づく意見交換，情報交換を行うためには，これらの多様な工夫や方略が用いられていることが示された。アセスメントの共有時において，これらの多様な工夫や方略を用いた対話（自らの情報・見解を他職種にどのように伝えるか，他職種の見解をどのように聴き受け止めるか）が行われることによって，その後，それぞれの職種のアセスメントに様々な影響や変容が生じることになると考えられる。

(2)〈理解・方針の拡大と深化〉

　これは，職種間のアセスメントに基づく情報交換や事例検討を通して，心理専門職および教師双方にとって，新たな視点や理解の枠組みが得られることにより，既存の事例理解や援助方針に広がりや深まりが生じる影響に関するカテゴリーである。具体的には【他職種の情報・視点に伴う事例理解の深まり】，【新たな対応方針の獲得】，【他職種の理解・方針への期待】，【新たな問題理解の獲得】，【自己の視点や事例理解の振り返り】の5つの小カテゴリーが生成された。

　【他職種の情報・視点に伴う事例理解の深まり】（教師10名（90.9%），心理専門職10名（100.0%））は，自身の専門や立場では得ることのできない情報（他

職種だからこそ得られる情報，他職種だからこそ気づくことのできる視点や情報など）をもらったり，互いに有する情報を整理・確認し合うことで，自身の事例理解や援助方針の考えが深まるという影響に関する小カテゴリーである。｜他職種ならではの事例情報の獲得｜，｜相互の事例情報の確認と整理｜といったコードから構成される。これは，事例に関する様々な情報を互いに交換したり確認することで，主に自分の立場では得られない情報，あるいは自分の立場では気づきにくい視点を受け，相互のアセスメントに基づく事例理解に深まりが生じる影響である。より具体的には，たとえば，心理専門職と教師では，それぞれ異なる立場や場面で事例に関わることが多く必然的に事例について収集できる情報に違いがあるため，その点で事例について情報交換することの意義が生じる。また，職種ごとに中心的に情報収集する専門的視点が異なることもある（たとえば，心理専門職は相談室内での子どもの主観的な内面の状態に関する情報，教師は日頃の客観的な対人関係，行動，態度に関する情報収集に長けている…など）。したがって，相互に不足する情報を補い合うように情報交換することで，事例を多面的に，より深く理解することにつながる。さらに，この影響は，当該事例への援助だけでなく，各職種のアセスメントの視点に広がりが生じる場合もある。たとえば教師においては，心理専門職が着目する事例の視点に影響を受けることで，これまで生徒を理解する際の視点として考慮していなかった視点（子どもの過去の育ちに関する情報や，家族関係，問題行動の背景にある心情や思いなど）に気を配るようになり，その後，事例を理解するための視点に広がりが生じる語りも見られた。

　【新たな対応方針の獲得】（教師10名（90.9%），心理専門職 3 名（30.3%））は，他職種から意見をもらうことで，事例について，新たな対応方法や事例へ関与する際の工夫点を知ることができる影響に関する小カテゴリーである。｜学校の援助資源を用いた対応｜，｜心理的問題・発達障害への対応｜といったコードから構成される。発話人数から，主に，新たな対応方針を他職種から影響を受けるのは教師が多くなっている。事例援助にあたって，心理専門

職ならではの対応方法のアイデアをもらうことにより，教師にとっては今ま
でに経験のない新たな方法で事例に関与することができるようになると考え
られる。一方，心理専門職にとっても，自身にとっては容易に思いつかない
ような学校の様々な人的・物的援助資源を活用した対応法について教師の意
見から影響を受ける場合もあることが示された。

　【他職種の理解・方針への期待】（教師 4 名（36.4%），心理専門職 8 名
（80.0%））は，自分の立場とは異なる他職種なりの視点や理解，援助の有用
性に気づき，事例援助において他職種に任せたり，その役割に期待する影響
に関する小カテゴリーである。具体的には，|他職種の理解・援助の有用性
への気づき|，|他職種ならではの理解・援助への期待| といったコードから
構成される。実際に，他職種と共に援助について意見交換を行う中で，他職
種の理解や有用性について改めて認識を深めたり，自分では担えない活動を
他職種に信頼して任せたりすることになる。たとえば，心理専門職にとって
は，事例の子どもにとって個別的な心理支援の重要性を認識しながらも，教
師の教育指導的な関わりが事例に肯定的に作用する場合があることに気づき，
その役割をその後も期待していく場合がある。この際には，自らの立場では
担えない役割や，自らの立場では思いつかないような関わり・援助を他職種
が行うことで，新たな事例の変化や反応を知ることができ，改めて事例理解
が広がるという体験も含まれる。それらが自分の視点や考えにこだわらず，
他職種なりの視点や援助方針を尊重したり，自身とは異なる役割として任せ
る意識・姿勢にもつながる。他職種の理解や支援への尊重，役割分担の意識
がより一層高まる方向へと変容するということになる。

　【新たな問題理解の獲得】（教師 9 名（81.2%），心理専門職 1 名（10.0%））は，
他職種から意見をもらうことで，事例が示している問題について，新たな見
方・理解ができるようになる影響に関する小カテゴリーである。|心理的問
題や障害の理解|，|多面的な問題理解| といったコードから構成される。本
カテゴリーに関しては，主に教師の発言が多くみられた。事例援助にあたっ

て，不適応を示す事例の問題の理解と対応に関しては心理専門職が専門とする領域であるため，教師にとっては心理専門職からの意見を受けることで，不登校や自傷行為など問題行動の意味など，今までとは異なる新しい問題理解を学ぶ契機ともなり，既存のアセスメントに広がりが生じていると考えられる。

【自己の視点や事例理解の振り返り】（教師3名（27.3%），心理専門職3名（30.0%））は，他職種との対話を通して，自身の事例理解や事例を見るための視点を振り返り，改めて気づきを得る影響に関する小カテゴリーである。これは，職種間のアセスメントの共有によって他職種から新たな視点を得られるだけでなく，逆に，自分自身の事例理解・視点を反省的に振り返る機会となっていることを意味している。本研究でこの点を発言した教師・心理専門職は多くはないが，他職種と事例について話をする作業の中で，自らの事例理解の傾向や自身の取るべき援助の方針が整理され，深まる点は，職種間協働の重要な影響の1つとなっている。

(3) 〈理解・方針への自信と確証〉

　これは，他職種と事例に関して意見交換することで，もともとの事例理解や援助方針に大きな変容や拡大が生じなくとも，自己の事例理解や援助方針に自信と確証を得ることができるという影響に関する大カテゴリーである（教師7名（63.6%），心理専門職1名（10.0%））。上述した〈理解・方針の拡大と深化〉では，他職種との事例に関する意見交換の中で，今までとは異なる新たな視点や枠組みを得て，その後の事例理解と援助の方向性への考えが肯定的に変容する影響を表している。しかし，本カテゴリーのように，他職種と自らの考えが一致したり（⏐他職種との考えの一致⏐），自身の考えや方針を他職種から肯定的に支持されることで（⏐他職種からの肯定的支持⏐），新たな理解や視点の変容が大きく生じなくとも，自身の事例理解や方針に確証・自信を持つことができるのであり，実践場面では他職種から受ける影響の1つと

なっている。発話人数から，どちらかと言えば，心理専門職と協働する教師側に見られる影響であり，心理専門職から今までの理解や対応を支持されることや，心理専門職と同じ見解を持つことで，教師にとって，ゆらぎや迷いをもった理解・対応から，自信をもった理解・対応へつながっていると考えられる。

⑷〈理解・方針の維持・優先〉

　これは，他職種との協働経験においても，自身の専門的視点を維持・優先する考えや姿勢に関する大カテゴリーである。具体的には，【教育観・指導観】，【現場感覚と経験】，【内面への焦点と理解】，【個別の心理的成長の重視】といった4つのカテゴリーが生成された。

　先述のように，職種間のアセスメントの共有によって，それぞれの職種の理解，援助方針に新たな視点が加わり，各職種のアセスメントに肯定的な影響や変容（〈理解・方針の拡大と深化〉）が生じている可能性がある。しかし，教師や心理専門職は相互に影響を受けて変容するだけではなく，他職種と自身の考えが一致したり，自身の考えを肯定的に支持されることで（〈自己の理解・方針に対する自信と確証〉），本カテゴリーに示されるように自身の専門的視点や考えを維持・優先することにつながる場合がある。その一方，たとえ，他職種との対話の中で，自身の事例理解や援助方針に大きな確証や自信が得られなくとも，事例援助の上で，容易にゆずれないものとして自己の専門的視点を維持・優先する場合もある。具体的には，教師であれば，SC からの助言を参考にしつつも，必ずしもその視点に染まらず，学校や教師として，子どもを教育し，指導しなければならない姿勢を一貫して重視したり（【教育観・指導観】）（教師7名（63.6%），心理専門職0名（0.0%）），日々，学校現場で目の前の子どもに直接接している教師としての感覚と経験（【現場感覚と経験】）（教師4名（36.3%），心理専門職0名（0.0%））が援助実践において重視される場合が少なくない。一方，心理専門職も，客観的な生活や行動状態とい

うよりも，子どもの心理的成長を，個別的かつ丁寧に見ていくこと（【個別の心理的成長の重視】）（教師 0 名（0.0%），心理専門職 6 名（60.0%））と，自身の専門的立場として，事例の子どもの内面の心情へ焦点を当てた理解（【内面への焦点と理解】）（教師 0 名（0.0%），心理専門職 5 名（50.0%））を一貫して重視することは，自己の専門的立場として容易に変容できない，ゆずれない側面ということになる。これらはアセスメントにおいて，他職種との意見交換の中で容易に変更しないという意味での自身の専門的視点を安定的に維持し，時には優先する姿勢であり，これが協働的援助にとって肯定的に働く可能性もあるということを意味する。もちろん，心理専門職および教師にとって自身の考えとして何を維持し優先するかは，上記に限らず事例に応じて多様であると考えられる。しかし，他職種との協働において，相互に影響を与え合いつつ，より良い事例理解に向けてアセスメントの変容・拡大などが生じることの重要性に加え，自らの事例理解を安定的に保持することの重要性を，現場の心理専門職及び教師たちは感じている可能性がある。

⑸〈専門的視点を融合した理解・方針〉

　これは自己の専門的視点を安定的に維持・優先すること（〈理解・方針の維持・優先〉）と同時に，他職種からの視点を柔軟に取り入れることで理解や方針を変容すること（〈理解・方針の拡大と深化〉）の両方が効果的に組み合わされることで，双方の専門的視点を活かした理解や方針につながる影響に関する大カテゴリーである（教師 8 名（72.7%），心理専門職10名（100.0%））。コードとしては，｜他職種の視点を取り入れた理解と援助方針｜，｜職種間の視点を組み合わせた理解と援助方針｜，｜職種間の視点が混合された援助案の創出｜ といったコードから構成される。

　このカテゴリーに示されるように，教師も心理専門職の考えや視点に影響を受け，また心理専門職も教師の考えや視点に影響を受け，結果的に両職種の専門的視点を融合した新しい理解や援助方針が作り上げられていると考え

られる。たとえば，教師は問題行動の背景にある心理状態への理解や依存傾
向への対応，保護者サポートを通した生徒支援など，心理専門職の見解をも
とに今までに無い新たな視点を取り入れながら，教師としての理解と援助案
を考えるようになり，一方，心理専門職も，個別的な心理支援ばかりでなく，
学級集団全体の秩序や安定を保ちながら生徒援助を行う教師の考えを積極的
に取り入れながら，事例への援助案を考えるようになるといった点が語られ
た。さらには，学校場面における生徒の実態と学校の様々な資源を活用した
援助の方向性を探る教師側の視点と，本人の内面的な心理状態や意向を考慮
した援助の方向性を探る心理専門職側の視点を組み合わせることで，より効
果的かつ幅広い理解と援助につながるという語りもみられた。その意味で，
アセスメントの相互作用において，〈理解・方針の拡大と深化〉のように
「他職種から新たな視点や考えを取り入れ自らの理解・方針を変容しようと
する柔軟性」と，〈理解・方針の維持・優先〉のように「自己の専門的視点
を保持・維持する安定性」を同時に有することが，より有益な事例理解と援
助方針の構築につながり，円滑で効果的な協働的援助につながる可能性が考
えられる。

⑹〈理解・方針の相違による内的葛藤〉

　これは，他職種からの事例に関する情報や意見によって，内的な葛藤が生
じる影響に関する大カテゴリーである。具体的には，【理解と方針の相違に
よるジレンマ】や【ネガティブ感情の生起】の 2 つの小カテゴリーが生成さ
れた。
　心理専門職と教師の情報交換や事例検討の対話の際には，必ずしも肯定的
な影響や変容が生じるだけではない。他職種との事例に関する見解が異なる
ことにより，不信，焦り，不安，反発心などの感情が生じたり（【ネガティブ
感情の生起】）（教師 2 名（18.2%），心理専門職 5 名（50.0%）），どのように事例
理解と援助方針を立てていったら良いか戸惑いやジレンマが生じる場合もあ

る（【理解と方針の相違によるジレンマ】）（教師7名（63.3%），心理専門職3名
（30.0%））。特に後者に関しては，他職種の意見や方針が正しいと思っていて
も，自身の立場や現状として，その通りに考え，実行することができない場
合の葛藤やジレンマも含まれ，特に教師側の体験として語られていた。すな
わち，心理専門職ならではの理解と援助方針に関する見解を受け取ったとし
ても，それがもともと有していた教師としての事例理解や方針と異なってい
たり，実践的に取り入れることが難しい場合に，このような葛藤やジレンマ
が生じる可能性があるということになる。たとえば，実際に教師の中には，
心理専門職からの見解（たとえば個別的支援や生徒の心理状態への配慮…など）に
影響を受けることで，学級集団の秩序が乱れることへの懸念や教育的指導に
基づいて生徒を捉えることへのためらいなど，自身の専門的視点への揺らぎ
や迷いにもつながる可能性が語られた。ここには二つの葛藤が生じており，
他職種からの視点や考えが，自身の視点・考えと異なるために生じる葛藤と，
他職種からの意見は事例理解・対応に役立つが，それを取り入れすぎること
で，かえって自身の考えや立場に揺らぎが生じる場合があるということであ
る。

(7)〈理解・方針への否定的影響〉

　これは，〈理解・方針の相違による内的葛藤〉カテゴリーの影響を受け，
その後の事例理解・援助方針に様々な否定的影響が生じることに関するカテ
ゴリーである。具体的には，【理解と援助方針の制限・停滞】と【自己の理
解・視点への固執】の2つの小カテゴリーが生成された。
　ここに示されるように，職種間で視点や考え，方針の相違により内的な葛
藤が生じた結果，かえって自己の事例理解や援助方針に閉じこもり固執して
しまったり（【自己の理解・視点への固執】）（教師0名（0.0%），心理専門職3名
（30.3%）），事例への理解や援助が制限されたり停滞してしまう（【理解と援助
方針の制限・停滞】）（教師4名（36.4%），心理専門職7名（70.7%））場合がある

ということである。後者に関しては，他職種の意見や見解に流されてしまい（優先されてしまい），自身の専門的視点や考えを取り入れた理解と方針へとつながらない場合も含まれる（｜他職種の理解と方針に流される｜）。特に，学校では教師の立場や方針が優先される場合も少なくないため，教師の見解によっては，心理専門職は気にかかる事例であっても関与することすらできない場合が生じることがあることも語られた。

第3節　協働的援助における心理専門職と教師のアセスメントの変容と相互作用―事例分析に基づく検討―（研究3-2）

1．目的

　同一事例への援助経験を有する中学校のSCと教師を組み合わせて調査対象とし，【研究3-1】で得られた知見を基礎としながら，当該事例への協働的な援助活動が展開される中で，職種間のアセスメントにどのような変容や影響が生じているのかを検討する。

2．方法

1）対象者

　同一の事例に対して協働した経験を有する中学校のSCと教師を組み合わせて調査対象とした。縁故法および機縁法（雪だるま式標本法）により対象者を募り，実際に対象となったのは，中学校のSC 6名（40代の男性3名，40～50代の女性3名，平均経験年数10.17年，SD＝5.04），教師13名（30～40代の男性8名，20～50代の女性5名，平均経験年数10.00年，SD＝7.91），計19名であった。

2）対象事例

　倫理的配慮から，「現在は問題が改善されている」，「現在，援助進行中であるが，改善の見通しが立っている」，「生徒が卒業している」など，ほぼ終結している（終結に近い）と判断できる事例の提供を依頼した。実際にどの

ような事例を取り上げるかは依頼校の SC と教師の判断に委ね，最終的に調査可能となった事例数は10件であった。

3）調査手続き

　SC，教師に対してそれぞれ個別に半構造化面接を行い，当該事例の概要や経過を回顧的に振り返ってもらいながら，【研究3-1】と同様の質問を行った。なお，実際には同一の事例に対して，学級担任や学年主任など複数の教師が関わったものもあったが，本研究で焦点をあてる研究課題の設定上，教師同士の相互作用は取り上げず，教師と SC 間の相互作用を中心的に尋ねた。その他の手続きは【研究3-1】と同様であった。なお，調査期間は2013年2～5月で面接時間は平均約38分であった。本研究は所属大学の研究倫理審査委員会の承認を得て行われた。

3．結果と考察

　調査対象となった事例ごとに，事例の子どもの学年と主訴，事例の概要と経過，および SC あるいは教師がアセスメントにおいて他職種から受けた影響とその変容を整理したのが Table 6-2〜6-11 である。さらにそれぞれの Table の右欄に，【研究3-1】で生成された大カテゴリーを列挙し，各事例についてカテゴリーに相当すると判断できる心理専門職または教師の語りが見られた場合に○を付与した。

　調査可能となった事例に関して，SC と教師のアセスメントにおける相互作用や変容について検討すると，これらの事例を，大きく3つの群に分けて理解することができる。すなわち，主に SC および教師の双方のアセスメントに肯定的な影響・変容が生じた事例1〜3の群（これを A 事例群とする），教師の視点の影響で SC のアセスメントに肯定的な影響や変容が生じた一方，教師側は SC から特に大きな影響は受けていない事例4〜7の群（これを B 事例群とする），SC あるいは教師のアセスメントにおいて葛藤やジレンマな

Table 6-2　事例の概要および SC と教師のアセスメントにおける影響と変容（事例1：A事例群）

事例と主訴	概要と経過	SC が教師から受けた影響とその変容	教師が SC から受けた影響とその変容	Table 6-1 の大カテゴリーに基づく SC および教師への影響					
				融合	拡大深化	自信確証	維持優先	葛藤	否定
事例1中1男子発達障害	できないことを自分からできないといえないことや，周囲の生徒からからかわれていることを，かまってくれていると思い込んで喜んでいるような場面が見受けられた。SC は母親面接を中心に行い，担任と SC の情報交換，協働により，少しずつ生徒本人の自己成長がみられるようになった。	SC（男性，40代前半，中学校 SC 経験7年）学校生活や学級経営を大切にする担任の意向をふまえ，担任との話し合いでは，個別支援を要求し過ぎないように気を付けた。担任からの情報を踏まえ学校での本人の良さを母親に伝えるなど，面接で出た話題を変えながら対応できた。担任が生徒本人が自分で物事を対処できるようになることを願っていたため，担任の願いも含めた理解と方針を立てた。	学級担任（男性，30代前半，中学校教諭経験11年）SC の情報（母親が子どもの能力を過小評価していること）により，担任が行う保護者面談では，子どもの客観的な様子も含めて話ができた。自らの理解と援助方針について SC から OK サインをもらうことで自信を持って取り組めた。SC と事例に関与することで保護者が安定することで子どもも安定することを体験的に学んだ。生徒本人への言葉かけも，タイミングを見極めてやっていくようになった。（SC）○ ○ ○（教師）○ ○ ○ ○	SC: ○　教師: ○	SC: ○　教師: ○	SC:　教師: ○	SC: ○　教師: ○		

注）右欄のカテゴリーは，研究3-1で生成された大カテゴリーを表す。各事例において教師または SC から各カテゴリーに相当する語りがあったと判断できる場合に○を記入した。
　　融合…〈専門的視点を融合した理解・方針〉カテゴリー
　　拡大・深化…〈理解・方針の拡大と深化〉カテゴリー
　　自信・確証…〈理解・方針への自信と確証〉カテゴリー
　　維持・優先…〈理解・方針の維持・優先〉カテゴリー
　　葛藤…〈理解・方針の相違による内的葛藤〉カテゴリー
　　否定…〈理解・方針への否定的影響〉カテゴリー

Table 6-3　事例の概要および SC と教師のアセスメントにおける影響と変容（事例 2 ： A 事例群）

事例と主訴	概要と経過	SC が教師から受けた影響とその変容	教師が SC から受けた影響とその変容	Table 6-1 の大カテゴリーに基づく SC および教師への影響					
					融合	拡大深化	自信確証	維持優先	葛藤	否定
事例 2 中 3 女子 リストカット	思い通りにならないとひどく感情的になり教室に入ることも困難であった。学校としては教室に戻す対応を行ってきたが，状況は悪化しリストカットをすることも出てきた。SC は担任，他の関係教師，学年主任と情報交換や事例検討を行い，対応方針について話し合った。生徒の心理状態の理解と役割分担に基づく援助方針を立てて対応した結果，リストカットは徐々に減少し，卒業へとつながった。	SC（男性，40代前半，中学校 SC 経験 7 年）担任や他の関係教師の困り感は強かったが，事例に関する学校側の情報は豊富であり，SC が関わった時点で事例への理解と方針を固めることができた。学校から SC が生徒本人に関わってほしいとの依頼も受けたが，かえって生徒を刺激してしまうと考え，直接関わることは控え，教師の役割や立場も考慮しながら，事例理解と対応の交通整理を担った。	学級担任（男性，40代前半，中学校教諭経験 7 年）理解と方針に関して，関係職員で考えが異なっていた。SC からの助言を受けることでリストカットする生徒の心理や，かかわる際のアドバイスを受けることができた。担任の役割として，生徒に深入りしすぎないようにしつつ，親にも本人の意思に任せようと繰り返し伝えた。これまでの理解・対応で間違っていなかった点も教えてもらい，安心して継続的に事例に関わることができた。	SC		○		○		
				教師	○	○	○	○		

注）右欄のカテゴリーは，研究3-1で生成された大カテゴリーを表す。各事例において教師または SC から各カテゴリーに相当する語りがあったと判断できる場合に○を記入した。
　　融合…〈専門的視点を融合した理解・方針〉カテゴリー
　　拡大・深化…〈理解・方針の拡大と深化〉カテゴリー
　　自信・確証…〈理解・方針への自信と確証〉カテゴリー
　　維持・優先…〈理解・方針の維持・優先〉カテゴリー
　　葛藤…〈理解・方針の相違による内的葛藤〉カテゴリー
　　否定…〈理解・方針への否定的影響〉カテゴリー

Table 6-4　事例の概要および SC と教師のアセスメントにおける影響と変容（事例 3：A 事例群）

事例と主訴	概要と経過	SC が教師から受けた影響とその変容	教師が SC から受けた影響とその変容	Table 6-1 の大カテゴリーに基づく SC および教師への影響					
				融合	拡大深化	自信確証	維持優先	葛藤	否定
事例 3 中 3 女子 不登校	相談室登校をしており，対人関係において警戒的で，つながりがあまり持てない生徒であった。SC はどちらかというと教師との情報交換，事例検討を主な役割とした。3 年時には次第に教室に戻ることができるようになり，最終的に卒業を迎えた。	SC（男性，40代前半，中学校 SC 経験19年）教員とは事例検討を行い，日々の生徒の様子や家庭に関する情報など，学校場面で生徒にどのようなことが起きているのかの情報は参考になった。また，自分の立場ではできない関わりを他の教師に行ってもらうことで生徒の新たな側面（教室へ後押しする声かけをしたときの生徒の反応や様子など）が見え，自身の見立て・仮説の確認ができた。	教育相談コーディネーター（女性，50代前半，中学校教諭経験23年）SC との話で子どもの問題が，親子関係と関係しているかもしれないという話が参考になった。結果的に保護者は面接にはつながらなかったが，家庭の不安定さが不登校につながることが理解でき，生徒理解が深まった。教室に戻る際も他の生徒に対する言動が悪かったが，SC からの助言で教師が生徒本人とかかわることで他の生徒への悪影響を防ぐことができた。	SC		○		○		
				教師 ○	○		○		

注）右欄のカテゴリーは，研究3-1で生成された大カテゴリーを表す。各事例において教師または SC から各カテゴリーに相当する語りがあったと判断できる場合に○を記入した。
　　　融合…〈専門的視点を融合した理解・方針〉カテゴリー
　　　拡大・深化…〈理解・方針の拡大と深化〉カテゴリー
　　　自信・確証…〈理解・方針への自信と確証〉カテゴリー
　　　維持・優先…〈理解・方針の維持・優先〉カテゴリー
　　　葛藤…〈理解・方針の相違による内的葛藤〉カテゴリー
　　　否定…〈理解・方針への否定的影響〉カテゴリー

Table 6-5　事例の概要および SC と教師のアセスメントにおける影響と変容（事例 4 ：B 事例群）

事例と主訴	概要と経過	SC が教師から受けた影響とその変容	教師が SC から受けた影響とその変容		Table 6-1 の大カテゴリーに基づく SC および教師への影響					
					融合	拡大深化	自信確証	維持優先	葛藤	否定
事例 4 中 2 男子 過剰適応	「嫌な気持ちが忘れられない」と訴え，担任自身が本人の話をじっくり聞く時間的余裕が持てなかったため，SC へつないだ。SC は定期的に本人と面接し，担任とも情報交換をした。最終的には本人がカウンセリングが必要ない状態までに改善した。	SC（女性，40代後半,中学校SC経験 4 年） 当初，生徒本人へのアプローチを中心に行ったが改善する傾向が見られなかった。その後，担任から家庭訪問時の情報（家でも問題の無い “良い子” で過ごしてきた経緯など）を聞くことで，周囲からの支えが必要との気づきにつながった。その後，さらに担任と情報交換し学校や家庭からのフォローを意識した援助を行った。	学級担任（女性，40代前半,中学校教諭経験21年） 生徒の訴えや情報は，担任にも話をしていたため，SC との連携で新しい発見や気づきにつながったことはなかった。ただし，生徒の話を SC に聞いてもらい，生徒本人を支える周りからのサポートが必要とのことを SC と話し合うことで，保護者の協力を得るようにした。	S C	○	○		○		
				教師			○	○		

注）右欄のカテゴリーは，研究3-1で生成された大カテゴリーを表す。各事例において教師または SC から各カテゴリーに相当する語りがあったと判断できる場合に○を記入した。
　　　融合…〈専門的視点を融合した理解・方針〉カテゴリー
　　　拡大・深化…〈理解・方針の拡大と深化〉カテゴリー
　　　自信・確証…〈理解・方針への自信と確証〉カテゴリー
　　　維持・優先…〈理解・方針の維持・優先〉カテゴリー
　　　葛藤…〈理解・方針の相違による内的葛藤〉カテゴリー
　　　否定…〈理解・方針への否定的影響〉カテゴリー

Table 6-6　事例の概要および SC と教師のアセスメントにおける影響と変容（事例 5 ： B 事例群）

事例と主訴	概要と経過	SC が教師から受けた影響とその変容	教師が SC から受けた影響とその変容	Table 6-1 の大カテゴリーに基づく SC および教師への影響						
					融合	拡大深化	自信確証	維持優先	葛藤	否定
事例 5 中 2 女子 不登校	学校に来ても保健室で過ごすことが多かった。SC は主に母親面接を中心に行った。担任による生徒および保護者への支援，SC による保護者面接の継続により，少しずつ母親の焦りや不安が落ち着き，本人も今後の目標（卒業後の進路など）について意欲を持って話ができるようになるまで改善した。	SC（男性，40代後半，中学校 SC 経験 9 年）母親面接のみだったため，教師からの情報（保健室登校時の生徒の様子など）を通して，より具体的に生徒像をイメージできた。母親が子どもに勉強することを強く要求することが多かったが，学校場面での生徒の情報をもとに母親面接を進めることができた。	学級担任（男性，30代後半，中学校教諭経験 1 年）SC による母親面接での内容は，母親が学校にも話していた内容であったため大きく理解が深まることはなかった。しかし，担任なりの理解や援助の方向性（無理に登校させるより，学校に安心して来られるような関わり）について SC の考えとも一致し，その姿勢を安定して継続できた。	SC	○	○		○		
				教師			○	○		

注）右欄のカテゴリーは，研究3-1で生成された大カテゴリーを表す。各事例において教師または SC から各カテゴリーに相当する語りがあったと判断できる場合に○を記入した。
　　融合…〈専門的視点を融合した理解・方針〉カテゴリー
　　拡大・深化…〈理解・方針の拡大と深化〉カテゴリー
　　自信・確証…〈理解・方針への自信と確証〉カテゴリー
　　維持・優先…〈理解・方針の維持・優先〉カテゴリー
　　葛藤…〈理解・方針の相違による内的葛藤〉カテゴリー
　　否定…〈理解・方針への否定的影響〉カテゴリー

Table 6-7　事例の概要および SC と教師のアセスメントにおける影響と変容（事例 6：B 事例群）

事例と主訴	概要と経過	SC が教師から受けた影響とその変容	教師が SC から受けた影響とその変容	Table 6-1 の大カテゴリーに基づく SC および教師への影響						
					融合	拡大深化	自信確証	維持優先	葛藤	否定
事例 6 中 1 男子 不登校	転校後，学校を休むようになり，母親は登校を強く求めていた。担任は無理な登校刺激は控えるように伝えていたが，母親は反発していた。SC の協力を得ながら，担任および SC による対応の継続によって，以前住んでいた地域へ戻ることを生徒・保護者が希望して終結となった。その後，元の地域の学校で元気に登校しているとの連絡も入った。	SC（男性，40 代後半，中学校 SC 経験 9 年） 母親面接では，母親自身が生活的に落ち着かず，それが子どもにも影響している可能性が考えられた。子どもが落ち着くまでは時間がかかること，母親がどこで過ごすのかをはっきりできるよう意識して面接した。担任ともその方向で関わることを確認した。担任との話では担任－生徒関係の様子を知ることができ，事例への多面的理解につながった。	学級担任（男性，40 代前半，中学校教諭経験 7 年） SC との情報交換により新たな情報・視点が得られた感覚は無い。しかし，事例への理解と対応について，SC に相談する以前は相当に迷っていたが，これまで考えていた理解と対応で間違っていないことが確認でき，安心できたのが良かった。結果的に，粘り強く対応を続けることができた。	SC		○	○	○		
				教師			○	○		

注）右欄のカテゴリーは，研究3-1で生成された大カテゴリーを表す。各事例において教師または SC から各カテゴリーに相当する語りがあったと判断できる場合に○を記入した。
　　融合…〈専門的視点を融合した理解・方針〉カテゴリー
　　拡大・深化…〈理解・方針の拡大と深化〉カテゴリー
　　自信・確証…〈理解・方針への自信と確証〉カテゴリー
　　維持・優先…〈理解・方針の維持・優先〉カテゴリー
　　葛藤…〈理解・方針の相違による内的葛藤〉カテゴリー
　　否定…〈理解・方針への否定的影響〉カテゴリー

Table 6-8　事例の概要および SC と教師のアセスメントにおける影響と変容（事例 7 ： B 事例群）

事例と主訴	概要と経過	SC が教師から受けた影響とその変容	教師が SC から受けた影響とその変容	Table 6-1 の大カテゴリーに基づく SC および教師への影響						
					融合	拡大深化	自信確証	維持優先	葛藤	否定
事例 7 中 2 男子 不登校	夏休み明けから学校に来られなくなった。母親が担任に相談をする中で，家庭環境の複雑さ（父親が家族に対して厳しい）が見えてきた。母親が不安で話を聞いてほしい状況であったため SC を紹介した。以後，担任および SC それぞれが母親との面接を行った。本人の登校には結びついていないが，母親の気持ちの安定につながっている。	SC（男性，40代後半，中学校 SC 経験 9 年） 母親面接では依存的でとにかく話を聞いてほしい状況であった。母親の不安を受け止め，時間をかけて丁寧に聴くことを中心とした。担任とは情報を相互に確認し，見立てや援助の方針では担任と違いを感じることは無く，お互い考えが一致している中で，援助を継続できた。	学級担任（男性，30代後半，中学校教諭経験 1 年） 母親には生徒援助の協力者としての役割を求めていたが，不安定であったため母親を支援することが必要と感じていた。ただ，母親は教師にも SC にも同じ内容の話をしており，SC との情報交換で，新たな情報や理解を得てはいない。ただし，継続的に母親の話を聞いて対応する点は SC の考えと一致し，そのような姿勢を安定的に継続できた。	S C		○	○	○		
				教師			○	○		

注）右欄のカテゴリーは，研究3-1で生成された大カテゴリーを表す。各事例において教師または SC から各カテゴリーに相当する語りがあったと判断できる場合に○を記入した。
　　　融合…〈専門的視点を融合した理解・方針〉カテゴリー
　　　拡大・深化…〈理解・方針の拡大と深化〉カテゴリー
　　　自信・確証…〈理解・方針への自信と確証〉カテゴリー
　　　維持・優先…〈理解・方針の維持・優先〉カテゴリー
　　　葛藤…〈理解・方針の相違による内的葛藤〉カテゴリー
　　　否定…〈理解・方針への否定的影響〉カテゴリー

Table 6-9　事例の概要および SC と教師のアセスメントにおける影響と変容（事例 8：C 事例群）

事例と主訴	概要と経過	SC が教師から受けた影響とその変容	教師が SC から受けた影響とその変容	Table 6-1 の大カテゴリーに基づく SC および教師への影響					
					融合	拡大深化	自信確証	維持優先	葛藤	否定
事例 8 中 1 男子 いじめ	他の生徒から物を隠されるようになり登校を渋り出した。担任と学年主任は，保護者対応，加害生徒への指導をしたが，今度は被害を受けた生徒が加害生徒に暴言を吐くようになった。学年主任・担任で指導をするが改善しないため SC に相談した。SC による生徒・保護者のカウンセリング，教師との情報交換の継続により，生徒の気持ちも徐々に落ち着いた。	SC（女性，40代後半，中学校 SC 経験 4 年）学校の情報や対応の経過を聞くことでどのような支援が必要か専門的見解を伝えることができた。被害を受けた生徒にとって，いじめられた体験が心の傷となっており気持ちの面でフォローが必要であること，仕返しを注意・指導するより，仕返しをしないで我慢している部分を認めて褒めてあげることが必要との話を伝えた。	担任（女性，20代前半，中学校教諭経験 1 年）学年主任（男性，40代前半，中学校教諭経験12年）SC からの話を踏まえ被害生徒の気持ちを注意深くみるようになった。生徒への見方が変わると，接し方も自然と変わり，生徒の違った側面も見られるようになった（担任）。一方，生徒への気持ちに目を向けすぎることで教育的な指導が入れにくくなった（学年主任）。そこは担任に指導を，主任が気持ちを聴くなど，分担して対応した。	SC		○		○		
				教師	○	○		○	○	

注）右欄のカテゴリーは，研究3-1で生成された大カテゴリーを表す。各事例において教師または SC から各カテゴリーに相当する語りがあったと判断できる場合に○を記入した。
　　融合…〈専門的視点を融合した理解・方針〉カテゴリー
　　拡大・深化…〈理解・方針の拡大と深化〉カテゴリー
　　自信・確証…〈理解・方針への自信と確証〉カテゴリー
　　維持・優先…〈理解・方針の維持・優先〉カテゴリー
　　葛藤…〈理解・方針の相違による内的葛藤〉カテゴリー
　　否定…〈理解・方針への否定的影響〉カテゴリー

Table 6-10　事例の概要および SC と教師のアセスメントにおける影響と変容（事例 9：C 事例群）

事例と主訴	概要と経過	SC が教師から受けた影響とその変容	教師が SC から受けた影響とその変容	Table 6-1 の大カテゴリーに基づく SC および教師への影響						
					融合	拡大深化	自信確証	維持優先	葛藤	否定
事例 9 中 2 男子 不登校	学校を休み始めた当初, 学校での人間関係が不登校のきっかけと学校は考えていた。継続的に担任や教育相談担当教員が支援を行ってきたが, 改善しないため SC へとつないだ。その後, SC, 担任, 教育相談担当による継続的な生徒・保護者支援により, 最終的にはクラスに戻ることができるようになった。	SC（女性, 40代前半, 中学校 SC 経験10年）事例の基本情報は学校から聞いていたが, 両親面接から両親の不安が大きいことが理解できた。無理に登校刺激をし過ぎないことに重点を置いていたが, 徐々に生徒本人の状態もよくなったため, 後半は別室登校での対応にもつなげることができた。学校がじっくりと生徒本人の状態が良くなるまで寛容な対応をしてもらえた点が, 生徒にも良い影響を与えていたと感じる。	学級担任（女性, 40代前半, 中学校教諭経験20年）教育相談担当（男性, 40代後半, 中学校教諭経験19年）SC の情報・意見から両親の期待が大きいことが生徒の不安定さにつながっている点が理解に役立った。登校刺激をし過ぎないことの重要性も聞き, 生徒の状態を考えながら登校を促すことができた。実際には本当にこれで大丈夫かと迷いながら進めてきたところもあるが, 実際に試すことで生徒の状態も改善したため, この理解と対応の重要性を認識できた。	SC		○		○		
				教師		○		○		

注）右欄のカテゴリーは, 研究3-1で生成された大カテゴリーを表す。各事例において教師または SC から各カテゴリーに相当する語りがあったと判断できる場合に○を記入した。
　　融合…〈専門的視点を融合した理解・方針〉カテゴリー
　　拡大・深化…〈理解・方針の拡大と深化〉カテゴリー
　　自信・確証…〈理解・方針への自信と確証〉カテゴリー
　　維持・優先…〈理解・方針の維持・優先〉カテゴリー
　　葛藤…〈理解・方針の相違による内的葛藤〉カテゴリー
　　否定…〈理解・方針への否定的影響〉カテゴリー

Table 6-11　事例の概要および SC と教師のアセスメントにおける影響と変容（事例10：C 事例群）

事例と主訴	概要と経過	SC が教師から受けた影響とその変容	教師が SC から受けた影響とその変容	Table 6-1 の大カテゴリーに基づく SC および教師への影響						
					融合	拡大深化	自信確証	維持優先	葛藤	否定
事例10 中 3 女子 情緒不安定	感情の浮き沈みが激しく、保健室へ来室することが多かった。養護教諭は家庭の愛情不足が原因で保健室によく来ているのではないかと感じていたが、自らが中学生への扱いに難しさを感じていた。SC は問題場面に関わり過ぎないようにと助言しながら、教師へのサポートを継続した。徐々に保健室への来室回数も減り、本人は卒業へとつながった。	SC（女性，40代後半,中学校 SC 経験 6 年） 担任や養護教諭からの情報によって事例理解が明確になった。家庭で満たされないものを養護教諭に依存的に求めていると感じられた。改善には,前向きな姿勢が見られた時にかかわることが必要と考え,担任や養護教諭にも伝えてきた。SC の見解に沿った理解・対応ができない養護教諭を前に無力感を感じた時期もあったが，苦労を労い励ましながら対応を行った。	養護教諭（女性，50代後半,中学校教諭 2 年） SC からの見解の通りに理解・対応することができず苦労した。しかし生徒本人の変化もあり少しずつ対応に修正がきくようになった。SC からも苦労や良い部分も認めてもらう言葉かけを受け，少しずつ理解と対応を変えることができた。	SC		○	○	○	○	○
			学級担任（男性，30代後半,中学校教諭 9 年） SC の意見で、距離をとることの重要性を知り、生徒を良い面も悪い面も含め様々な方向から見られるようになった,SC からの情報を踏まえ，学級で配慮できることを意識した。	教師	○	○	○	○	○	○

注）右欄のカテゴリーは，研究3-1で生成された大カテゴリーを表す。各事例において教師または SC から各カテゴリーに相当する語りがあったと判断できる場合に○を記入した。
　　　融合…〈専門的視点を融合した理解・方針〉カテゴリー
　　　拡大・深化…〈理解・方針の拡大と深化〉カテゴリー
　　　自信・確証…〈理解・方針への自信と確証〉カテゴリー
　　　維持・優先…〈理解・方針の維持・優先〉カテゴリー
　　　葛藤…〈理解・方針の相違による内的葛藤〉カテゴリー
　　　否定…〈理解・方針への否定的影響〉カテゴリー

ど否定的な影響が生じつつも援助が展開された事例 8 ～10の群（これをC事例群とする）である。以下，これらの事例群に沿って，具体的な SC と教師のアセスメントの相互作用，および相互の影響や変容について整理，考察する。なお，個人情報保護の観点から，以下の事例は概要を記述するにとどめた。

1） A事例群（事例 1 ～ 3 ）における心理専門職と教師のアセスメントの相互作用

　A事例群（事例 1 ～ 3 ）は，主に SC および教師の双方のアセスメントに肯定的な影響・変容が生じた群である。以下，各事例ごとに具体的に検討する。

事例 1　中学 1 年生男子（発達障害）：Table 6-2

　〔事例の概要と経過〕：特別支援の対象となっていた生徒で，できないことを自分からできないと伝えられないことや，周囲の生徒にからかわれていることを自分のことをかまってくれていると思い込んで喜んでいる場面が見受けられ，担任として心配していた。担任を通して本人と保護者を SC に紹介し，その後は，担任が生徒への支援を中心に担う一方，SC は不安を抱えている母親の気持ちを聴き，受け止めることを中心に母親面接を継続してほしいという担任の意向を踏まえて対応することとなった。担任と SC の情報交換と生徒，保護者への対応により，少しずつ生徒の成長がみられるようになった。

　〔アセスメントに関して SC が教師から受けた影響とその変容〕：SC（男性，40代前半，中学校 SC 経験 7 年）は，担任との情報交換により，学校での本人の様子について知ることができたため，それらの情報を取り入れて，保護者面接での対応の仕方を工夫することができた。具体的には，SC として母親への心理的なサポートを大切にしつつ，学校での本人の良さを母親に伝えること，母親面接で話題として出せる範囲の内容も念頭に置きながら面接する

ことができた，などである。担任と連携する中で，学校としてやはり個別支援よりも学校生活や学級経営を大事に，集団をどう育てていくかが大事であると SC は感じた。そのため担任との話し合いの際には，個別支援を過剰に要求しないように配慮した。生徒本人が自分で物事を対処できるようになることを担任は願っていたため，中学では自立がテーマになることを認識でき，母親面接においても可能な限り，本人の自立を意識した話へとつなげるようにした。

　以上のように，母親面接において母親の心理的サポートを中心的に行うという心理専門職としての役割を一貫して重視しつつ（〈理解・方針の維持・優先〉），学校での子どもの情報や担任の願いを含めて事例理解を深め（〈理解・方針の拡大と深化〉），それらの視点も取り入れながら SC は母親面接を柔軟に対応を行ってきた（〈専門的視点を融合した理解・方針〉）。なお，本事例においては〈理解・方針への自信と確証〉，〈理解・方針の相違による内的葛藤〉，〈理解・方針への否定的影響〉などに相当するエピソードは語られなかった。

　〔アセスメントに関して教師が SC から受けた影響とその変容〕：教師（学級担任，男性，30代前半，中学校教諭経験11年）は，SC から母親面接での情報を聞くことで，母親が子どもの能力を過小評価し過ぎていることを知った。そのため，担任が行う保護者面談では，子どもの客観的な様子も含めて，過小評価し過ぎないよう母親に話をすることができた。また，これまでは，担任として生徒本人をどう支援するかに力点が置かれていたが，SC と共に事例に関与することで，保護者が安定することで子どもも安定するということを体験的に学ぶことができ，保護者へのサポートを意識して対応することができた。さらに，本事例の生徒のことを気にかけた理解と対応を継続して積み重ねつつ，担任は学級集団全体の秩序や成長を大切にしてきた。そのようなこれまで自分が行ってきた理解と援助の方向性について，SC から肯定的な支持を受け，その後の理解と援助において自信を持って取り組むことができ

たという語りも見られた。

　以上のように，SC からの母親面接の情報を受けることで，担任は母親の考え，心理状態について理解を深めつつ（〈理解・方針の拡大と深化〉），一方では，担任ならではの願いとして，学級集団全体を大切にした指導や，事例の生徒本人の自立を大切にした理解と援助の方向性を継続した（〈理解・方針の維持・優先〉）。担任による母親面接では，SC からの事前情報を取り入れながら母親へ生徒の様子を伝え，かつ SC から母親を支えることの重要性について影響を受けながら援助を展開しており，結果的に SC と教師の専門的視点を融合した援助が展開されていると考えることができる（〈専門的視点を融合した理解・方針〉）。SC から担任自身の理解と方針について肯定的に支持される体験を受けたことにより，担任は自信を持った援助につながったと考えられる（〈理解・方針への自信と確証〉）。なお，〈理解・方針の相違による内的葛藤〉や〈理解・方針への否定的影響〉などに相当するエピソードは語られなかった。

事例2　中学3年生女子（リストカット）：Table 6-3

　〔事例の概要と経過〕：思い通りにならないとひどく感情的になり，教室に入ることも困難な様子がみられた。学校としては別室で過ごすようなことは認めず教室に戻すような対応を行ってきたが，状況は悪化するようになり，自己否定的になってリストカットをするようになった。母親も過干渉で学校への訴えが強いこともあり，学校として SC へ相談することとなった。SCは直接，生徒本人に関わっていないが，その事例に関与していた担任，他の関係教師，学年主任と共に情報交換や事例検討を行い，対応方針について話し合った。生徒の心理状態の理解と，リストカットへの対応方針，それぞれの役割分担を確認して対応した結果，リストカットは少しずつ減少し，最終的には生徒本人に進路に向けて意識が芽生え，卒業へとつながった。

　〔アセスメントに関して SC が教師から受けた影響とその変容〕：SC（男性，

40代前半, 中学校 SC 経験 7 年) が関わった当初, 担任や他の関係教師の困り感は強かったが, 事例に関する学校の情報は豊富であり, それらの多様な情報に基づいて事例への理解と方針をほぼ固めることができた。SC も生徒本人に関わってほしいと学校から依頼を受けたが, 安易に生徒にかかわることで, かえって生徒を刺激してしまう可能性が考えられたため, SC は直接本人にかかわることは控えたい旨を学校に伝えた。むしろ, 裏方として, 担任を中心とした関係教師の相談に乗り, 教師の役割や立場も考慮しながら, 事例理解と対応方針の交通整理を担うことに専念した。

　以上のように, SC は学校側が有する事例に関する豊富な情報に基づいて本事例の問題や援助の方向性を検討することができたと考えられる (〈理解・方針の拡大と深化〉)。教師側から SC 自身も生徒本人に直接関わってほしい旨の依頼については, 本事例にそのようなかたちで関わるのはかえって危険であると判断し, むしろ生徒にかかわる教師を支える役割を一貫して重視している (〈理解・方針の維持・優先〉)。なお, 本事例においては〈専門的視点を融合した理解・方針〉〈理解・方針への自信と確証〉,〈理解・方針の相違による内的葛藤〉,〈理解・方針への否定的影響〉などに相当するエピソードは語られなかった。

　〔アセスメントに関して教師が SC から受けた影響とその変容〕：教師 (学級担任, 男性, 40代前半, 中学校教諭経験 7 年) は, 生徒の問題や状態をどのように理解したらよいのか, どう対応したらよいのか, 当初は関係職員で考えが異なっていたと感じていた。その後, SC と共に事例検討を行い, SC からの意見や助言を受けることで, 担任にとっては, はじめて経験するリストカットをしている生徒の心理状態や, 関わる際の留意点について理解を深め, 対応することができた。担任の役割として, 母親と関わる際には, 生徒に深入りしすぎないように, 母親にも過干渉になりすぎず本人の意思に任せるようにと繰り返し伝えるようにした。SC との情報交換により事例の問題について新しい理解が得られた点と, これまでの理解や対応で間違っていない点

についても SC から支持され，安心して継続的に事例に関わることができたことも語られた。

　以上のように，教師は，これまで経験したことのないリストカットをする生徒への理解と対応方針について SC から助言を受けることで，事例について理解を深めることができた（〈理解・方針の拡大と深化〉）。一方で，SC からこれまでの教師としての理解や対応で間違っていない点も支持されることで，自信を持ってこれまでの教育・指導を継続することができたという点も語られている（〈理解・方針への自信と確証〉および〈理解・方針の維持・優先〉）。結果として，SC と教師の専門的視点を組み合わせた援助が展開されたと考えることができる（〈専門的視点を融合した理解・方針〉）。なお，SC と同様に，〈理解・方針の相違による内的葛藤〉や〈理解・方針への否定的影響〉などに相当するエピソードは語られなかった。

事例3　中学3年生女子（不登校）：Table 6-4

　〔事例の概要と経過〕：1年生の時から SC および教育相談コーディネーターが継続的に関わってきた事例で，対人関係がうまくいかず学校を休みがちになり，別室登校を行ってきた生徒であった。対人関係において警戒的で，つながりがあまり持てないところがあった。そのため，SC は別室で過ごす生徒本人と関わるよりも，各教師との情報交換，事例検討を主な役割として事例に関与してきた。学校として学年が変わるときには学級編成にも気を配る対応をし，3年生になった時には次第に教室に戻ることができるようになり，最終的には卒業を迎えて終結となった。

　〔アセスメントに関して SC が教師から受けた影響とその変容〕：SC（男性，40代前半，中学校 SC 経験19年）は，本生徒が男性に拒否的であったことから，直接の関わりは教師に任せることが多く，共に事例検討などを行ってきた。その点で，日々の生徒の様子や家庭に関する情報など，学校という現実場面で生徒にどのようなことが起きているのかについての情報は事例理解にあた

って参考になった。また，本生徒をより良く理解するため，自分の立場では
できない関わりや声かけを他の教師に行ってもらうことで（たとえば，教室へ
後押しする声かけをしたときの生徒の反応や様子などを知ることで），生徒の新たな
側面が見え，自身の見立て・仮説の確認・確信ができるようになったと述べ
ている。

　このように，本事例の SC としては，教師からの情報を得ることで生徒を
しっかりと理解することができるようになった（〈理解・方針の拡大と深化〉）
とする一方，本人とは過剰に関わりすぎないという基本的な姿勢を一貫して
いた（〈理解・方針の維持・優先〉）。なお，〈専門的視点を融合した理解・方針〉，
〈理解・方針の相違による内的葛藤〉，〈理解・方針への否定的影響〉などに
相当するエピソードは語られなかった。

　〔アセスメントに関して教師が SC から受けた影響とその変容〕：教育相談
コーディネーター（女性，50代前半，中学校教諭経験23年）は SC との事例検討
の中で，子どもの問題が，親子関係，家族関係と関係しているかもしれない
という話が参考になった。結果的に保護者は面接にはつながらなかったもの
の，家庭の不安定さが，不登校につながるということについて認識でき，生
徒理解が深まった。本事例の生徒が教室に戻ることができるようになった時
期には，良かったと思う反面，他の生徒に対してショッキングな内容の話を
してしまうほど過剰に話を求めることもでてきた。その際も，SC からの助
言により，なるべく教師が生徒本人とかかわることで，他の生徒への悪影響
を防ぐように対応することができた。

　このように，SC からの新たな問題理解についての視点や，教室復帰の際
の戻し方についての対応方針について助言を受けることで（〈理解・方針の拡
大と深化〉），それを取り入れながら，学校としてできる範囲の関わりをする
ことができた（〈専門的視点を融合した理解・方針〉）。別室登校でじっくり対応
するという学校としての方針も維持されており，一貫していた（〈理解・方針
の維持・優先〉）。なお，本事例において〈理解・方針への自信と確証〉，〈理

解・方針の相違による内的葛藤〉,〈理解・方針への否定的影響〉などに相当
するエピソードは語られなかった。

　以上,A事例群はSCと教師の双方のアセスメントに肯定的な影響・変容
が生じながら援助が展開された群である。事例ごとに詳細は異なるが,双方
が主としてプラスの相互影響を与え合いつつ事例理解・援助方針を発展させ,
時には双方の専門的視点を組み合わせながら事例理解や援助方針を立ててい
る。職種間の葛藤や対立状況についてほとんど言及されず,比較的スムーズ
に双方向の視点を踏まえた事例理解・援助方針が展開されている事例群であ
ると考えられる。

2）B事例群（事例4〜7）における心理専門職と教師のアセスメントの相互作用

　B事例群の事例4〜7は,A事例群とは異なり,主として,教師の視点の
影響でSCのアセスメントに肯定的な影響や変容が生じた一方,教師側には
特に大きな変容・影響が生じていない群である。以下,各事例を具体的に検
討する。

事例4　中学2年生男子（過剰適応）：Table 6-5

〔事例の概要と経過〕：1学期当初,担任による生徒全員との面談の際に,
生徒が嫌な気持ちが忘れられないと担任に伝えた。担任は,自分で良ければ
話を聞くと伝えたが,生徒は担任の多忙さを気にして遠慮し,担任自身も本
人の話をじっくり聞く余裕が持てなかったため,SCへつなぐこととなった。
SCは定期的に本人と面接し,担任とも情報交換を行い,一方,担任も普段
の生活やタイミングを見計らって本人への声かけ,相談に乗る関わりを続け
てきた。その結果,（悩みは）もう大丈夫と本人が口にし,カウンセリングも
終結に向かうこととなった。

〔アセスメントに関して SC が教師から受けた影響とその変容〕：SC（女性，40代後半，中学校 SC 経験 4 年）は，当初，担任が病気的なものがあるのではないかと懸念し，カウンセリングの依頼を受けた。SC は当初は，嫌な思いに囚われてしまう場合にどう対処したらいいか，生徒本人へのアプローチを中心に行っていた。しかし，なかなか改善する傾向が見られなかった。その後，夏休み中の家庭訪問など，担任から家庭での様子（家でも問題の無い良い子で今まであまり気にかけてこなかった経緯）を聞くことで，周囲からの支えや支援が必要との気づきにつながった。普段は家庭・保護者の情報も含めて幅広く事例を理解するが，本事例では，しっかりと自分の思いや症状を伝えてくる生徒だったため，多面的な理解や援助が抜けてしまっていたと SC は振り返った。その後，担任と情報交換をしながら，学校場面や家庭からのフォローを意識した援助を継続することで，徐々に生徒自身も改善に向かっていった。

　このように SC は，SC ならではの援助アプローチを継続的に維持しつつも（〈理解・方針の維持・優先〉），教師からの家庭状況も含めて情報や視点を得ることで事例への理解が深まり（〈理解・方針の拡大と深化〉），結果として家庭や教師からの本人へのフォローにも力を入れた包括的な理解と援助方針を展開することができたと考えられる（〈専門的視点を融合した理解・方針〉）。なお，本事例において〈理解・方針への自信と確証〉，〈理解・方針の相違による内的葛藤〉，〈理解・方針への否定的影響〉などに相当するエピソードは語られなかった。

　〔アセスメントに関して教師が SC から受けた影響とその変容〕：教師（学級担任，女性，40代前半，中学校教諭経験21年）の印象では，生徒は，他の生徒や教師を色々と気遣う優しくまじめな性格の生徒であった。生徒の訴えや情報に関しては，担任にも話をしてくれていたため，SC との連携で事例について大きく新しい発見や気づきにつながったという体験はなく，基本的にはこれまで通りの関わりを継続した。ただし，自分の立場では十分に話を聞け

なかったところを SC に担ってもらったこと，生徒本人を支える周りからの
サポートが継続的に必要とのことを SC と話し合うことで，これまでの通り
自分自身も時間が十分に取れない中でも生徒を気にかけるようにし，家庭で
も保護者の協力を得るようにした。

　このように，担任にとっては生徒本人の理解については自身の方が情報量
が豊富で SC との協働によって新たな視点や考えを得ること（〈理解・方針の
拡大と深化〉）はできなかったものの，これまで通りの生徒や母親への関わり
を支持，肯定されながら，生徒支援を継続することができた（〈理解・方針へ
の自信と確証〉および〈理解・方針の維持・優先〉）。なお，〈専門的視点を融合し
た理解・方針〉，〈理解・方針の相違による内的葛藤〉，〈理解・方針への否定
的影響〉などに相当するエピソードは語られなかった。

事例5　中学2年生女子（不登校）：Table 6-6

　〔事例の概要と経過〕：2年生の1学期頃から不登校気味で，学校に来ても
保健室で過ごすことが多かった。保護者も生徒の状態に対して不安になり，
担任から SC を紹介することとなった。SC は主に母親面接を中心に行った。
担任による生徒および保護者への支援，SC による保護者面接の継続により，
母親の焦りや不安は落ち着き，本人自身も今後の目標（卒業後の進路など）に
ついて意欲を持って話ができるようになった。

　〔アセスメントに関して SC が教師から受けた影響とその変容〕：SC（男性，
40代後半，中学校 SC 経験9年）は，母親面接を通して事例に関わることが主
だったため，教師からの情報（保健室登校時の生徒の様子など）を通して，よ
り具体的に生徒像をイメージすることができた。また母親が，子どもにしっ
かりと勉強することを強く要求することが多かったが，学校場面での生徒の
情報や学習態度を聞くことができていたため，それをイメージしながら，母
親面接場面での理解と対応（どの程度まで子どもに学習を求められるかを母親と
話しあう…など）につなげることができた。SC としては学校からの情報を聞

くことで，生徒イメージが具体化され，スムーズに母親面接を進めることができたと感じた。

　SCは，学校生活場面での生徒の様子を情報として聞くことができ，より具体的に生徒イメージを作ることができた（〈理解・方針の拡大と深化〉）。それに伴って，自らの役割である母親面接での心理的サポートを一貫して継続しつつ（〈理解・方針の維持・優先〉），さらに学校での情報や担任の意見を参考に学習への取り組み方など（例：生徒と本人にどの程度まで学習を求められるか）を母親面接の中で取り入れながら面接を展開することができた（〈専門的視点を融合した理解・方針〉）。なお，本事例において〈理解・方針への自信と確証〉，〈理解・方針の相違による内的葛藤〉，〈理解・方針への否定的影響〉などに相当するエピソードは語られなかった。

　〔アセスメントに関して教師がSCから受けた影響とその変容〕：本事例に関わった教師（学級担任，男性，30代後半，中学校教諭経験1年）は，当初から本人や保護者とも関わり，様々な情報があったため，生徒本人の特徴はよく理解できていた。主には，無理に登校させるより，学校に安心して来られるような関わりを大切に援助を行ってきた。ただ，保護者の不安が強かったため，保護者も話をして少しでも安心してもらえるようにと考え，担任はSCを紹介した。SCによる母親面接での内容は，母親が担任に対しても話していた内容であり，SCからの情報や意見で新たな視点が得られて生徒理解が深まるということはなかった。しかし，当初から考えていた担任なりの生徒理解や援助の方向性について，SCの考えとも一致し，肯定的に支持されたため，そのような姿勢を安定して継続することができた。

　以上のように，本事例の教師においては，これまでの理解と対応についてSCと考えが一致し，肯定的に支持されることで（〈理解・方針への自信と確証〉），自らの理解と対応を継続的に行うことができた点が特徴的であった（〈理解・方針の維持・優先〉）。それ以外には，〈理解・方針の拡大と深化〉，〈専門的視点を融合した理解・方針〉，〈理解・方針の相違による内的葛藤〉，〈理

解・方針への否定的影響〉などのエピソードは語られなかった。

事例6　中学 1 年生男子（不登校）：Table 6-7

〔事例の概要と経過〕：離婚をきっかけに，ショックを受けた状態で転校してきた生徒で，数日は登校できたが，その後，学校を休み続け生徒も保護者も精神的に追い詰められていた。特に，母親は登校を強く求め子どもにプレッシャーをかけていた。担任は生徒の状態を考え，当初から無理な登校刺激は控えるように伝えていたが「先生は甘い」と言われてきた。その後は，立場の異なる SC と話すことで母親の心境も変化するのではと考え，SC を紹介した。担任および SC による継続的な対応によって，最終的には，以前住んでいた地域へ戻って生活することを生徒・保護者が希望して終結となった。

〔アセスメントに関して SC が教師から受けた影響とその変容〕：SC（男性，40代後半，中学校 SC 経験 9 年）は，保護者面接を行う中で，母親自身が心身および生活的に落ち着いておらず，それが子どもにも影響している可能性が考えられた。子どもが落ち着くまでは時間がかかるだろうこと，母親自身が揺るがずにどこで生活するのかをはっきりできるよう意識して話をした。担任とも以上の方向で関わっていくことを確認するようにし，考えが一致した。家庭での話は保護者から聞くことができ，担任からの情報では，担任と生徒の関係性やつながりを知ることができ，その面での生徒の進歩もみられ，事例への多面的理解につながった。

　以上のように，SC にとっては，担任と生徒間の関係性による情報を得て，生徒の進歩状況を確認でき，理解の深まりが生じた（〈理解・方針の拡大と深化〉）。一方では，援助の方向性について担任とも見解が一致することで（〈理解・方針への自信と確証〉），安定的に自己の関わりを続け，母親面接を行うことができた（〈理解・方針の維持・優先〉）。ただし，本事例では，〈専門的視点を融合した理解・方針〉，〈理解・方針の相違による内的葛藤〉，〈理解・方針への否定的影響〉などのエピソードは語られなかった。

　〔アセスメントに関して教師が SC から受けた影響とその変容〕：教師（学級担任，男性，40代前半，中学校教諭 7 年）は，事例援助にあたって SC が関わってもらうこととなったが，それまでに担任として考えていた生徒の状態への理解や援助の方向性としては大きく変わっていない上に，SC との情報交換でも新たな情報・視点が得られたという感覚はなかった。しかし，生徒及び保護者への理解と対応について，SC に相談する以前は相当に迷っていたが，これまで考えていた理解と対応で間違っていないということが確認でき，安心し実感できたのは良かった。結果的に，根気の良い対応を続けることができ，最終的には生徒も保護者も納得する方向へと進んでいくことができたと担任は述べていた。

　以上，本事例の教師は，これまでの理解と対応について SC と考えが一致し，肯定的に支持されることで（〈理解・方針への自信と確証〉），自らの理解と対応を継続的に行うことができた点が特徴的であった（〈理解・方針の維持・優先〉）。それ以外には，〈理解・方針の拡大と深化〉，〈専門的視点を融合した理解・方針〉，〈理解・方針の相違による内的葛藤〉，〈理解・方針への否定的影響〉などのエピソードは語られなかった。

事例 7　中学 2 年生男子（不登校）：Table 6-8

　〔事例の概要と経過〕：夏休み明けから学校に来られなくなった。欠席の理由としては，親への不満があると生徒本人は口にしていた。母親が担任に相談をしている中で，家庭環境の複雑さ（父親が家族に対して厳しい状況…など）も見えてきた。母親がとにかく不安で話を聞いてほしいという状況であったため，担任から SC を紹介した。以後，担任および SC それぞれが母親との面接を行っていき，本人の登校には十分に結びついているとは言い難いが，母親の気持ちの安定につながった。

　〔アセスメントに関して SC が教師から受けた影響とその変容〕：SC（男性，40代後半，中学校 SC 経験 9 年）は，母親面接を中心に SC として関わったが，

依存的でとにかく話を聞いてほしいという様子であった．父親とはあまり関わりたくないという話もあり，家庭環境の複雑さを感じた．母親の不安を受け止め，時間をかけて丁寧に聴くことを中心として対応した．担任とは，母親から聞いた話や情報を相互に確認することで理解を深めることができ，さらに，見立てや援助の方針としても担任と大きく違いを感じることは無く，お互い考えが一致している中で，援助を継続することができた．

　以上のように，SC にとっては，担任からの情報と母親面接での情報をすり合わせて理解を深めることができた（〈理解・方針の拡大と深化〉）．一方では，援助の方向性について担任とも見解が一致することで（〈理解・方針への自信と確証〉），安定的に自己の関わりを続け，母親面接を行うことができた（〈理解・方針の維持・優先〉）．ただし，本事例では，〈専門的視点を融合した理解・方針〉，〈理解・方針の相違による内的葛藤〉，〈理解・方針への否定的影響〉などが生じているとのエピソードは語られなかった．

　〔アセスメントに関して教師が SC から受けた影響とその変容〕：教師（学級担任，男性，30代後半，中学校教諭経験１年）は，母親には生徒援助の協力者の役割を求めていたが，母親もかなり不安定であったため，まずは子どもだけでなく母親を支援することが必要と感じ，母親を SC に紹介した．ただ，母親は学校に対しても SC に対しても同じような内容の話をし，基本的な生徒理解が一致していたため，SC との情報交換や事例検討において，新たな情報や生徒理解が得られたという感覚は無い．ただし，継続的に母親の話を聞いて対応していくことが必要である点は SC の考えと一致することができ，そのような姿勢を安定的に保持することができた．

　以上のように，本事例の教師においては，これまでの理解と対応について SC と考えが一致し，肯定的に支持されることで（〈理解・方針への自信と確証〉），自らの理解と対応を継続的に行うことができた点が特徴的であった（〈理解・方針の維持・優先〉）．それ以外には，〈理解・方針の拡大と深化〉，〈専門的視点を融合した理解・方針〉，〈理解・方針の相違による内的葛藤〉，〈理

解・方針への否定的影響〉などのエピソードは語られなかった。

　以上，B事例群は教師による事例情報や視点の影響で SC のアセスメント
に肯定的な影響や変容が生じた一方，教師は SC からそれほど大きな影響は
受けていない群である。教師にとっては SC からの事例情報や視点がさほど
目新しいものではなく，事例理解や援助方針も SC が関わる前から考えてい
た内容と同様であったために，教師のアセスメントには大きな影響や変容が
生じていない。しかし，もともとの教師の理解・方針と SC の考えが一致す
ることで，教師にとっては自らの考えに確証を得ることができ，安心と自信
を持つことができたと言及されており，事例援助の実践上，重要な影響の 1
つとなっている。

3）C事例群（事例 8 ～10）における心理専門職と教師のアセスメントの相互作用

　C 事例群（事例 8 ～10）は，A 事例群および B 事例群と異なり，SC ある
いは教師のアセスメントにおいて葛藤やジレンマなど否定的な影響が生じつつ
も援助が展開された群である。以下，各事例を具体的に検討する。

事例 8　中学 1 年生男子（いじめ）：Table 6-9

　〔事例の概要と経過〕：特定の生徒と仲が悪くなり，当該生徒が物を隠され
たりするから学校に行きたくないと言いだした。担任と学年主任を含めて，
保護者対応，加害生徒への指導（謝罪をさせる）を行ってきたが，今度は，
被害を受けた生徒が加害生徒に仕返しとして暴言を吐くようになった。学年
主任・担任で指導をするものの改善しないため，SC に相談することとなっ
た。SC による生徒・保護者のカウンセリング，教師との情報交換の継続に
より，当初被害を受けていた生徒の気持ちも徐々に落ち着いてくるようにな
った。

　〔アセスメントに関して SC が教師から受けた影響とその変容〕：SC（女性，40代後半，中学校 SC 経験 4 年）としては，本事例の援助過程において，担任，学年主任から影響を受けて自身の理解や方針の気づきにつながったことは少なかった。しかし，これまでの学校における問題の経過，生徒支援の流れを情報として聞くことができ，今の生徒にとってどのような支援が必要か SC の立場からの専門的見解を伝えることができた。具体的には，いじめ被害を受けた生徒にとって，いじめられた体験が心の傷となっていること，加害生徒から謝罪をされたり，実際に物を隠されたりすることがなくなっても，落ち着くまで気持ちの面でフォローが必要であること，仕返し行為について注意・指導するより，仕返しをしないで我慢している部分を認めて褒めてあげることが必要との話を伝えることができた。

　以上のように，SC にとっては，学校でのいじめの状況や経過を詳細に聞くことができ，事例について理解を深めることができた（〈理解・方針の拡大と深化〉）。また，客観的にいじめが無くなったかどうかにかかわらず，いじめの影響に関する心理的理解や，被害生徒への心理的サポートの重要さなど，自己の専門的視点を保持しながら（〈理解・方針の維持・優先〉），その見解を率直に教師に提供し，生徒への指導・援助へとつなげるに至った。その他，〈理解・方針への自信と確証〉，〈専門的視点を融合した理解・方針〉，〈理解・方針の相違による内的葛藤〉，〈理解・方針への否定的影響〉などが生じているエピソードは語られなかった。

　〔アセスメントに関して教師が SC から受けた影響とその変容〕：担任（女性，20代前半，中学校教諭経験 1 年）および学年主任（男性，40代前半，中学校教諭経験12年）は共に SC との情報交換により，被害生徒にとっては客観的にいじめが無くなっても，その体験が心の傷になっていて，単に注意・指導するだけでは収まらないこと，生徒の気持ちを注意深くみていく意識を持つようになった。特に担任は生徒への見方が変わって，接し方も自然と変わり，優しい声かけもできるようになり，さらに生徒の違った側面（挨拶をしっか

りできる，普通に話しかけてくることがあるなど）も見られるようになった。しかし，一方で学年主任は，生徒への気持ちに目を向けすぎることで教育的な指導が入れにくい気持ちになり，そこは担任に教育的指導を，学年主任が気持ちを聴くなど，分担して対応を行ってきた。

　このように担任および学年主任にとって，当初いじめがなくなり，指導も行ってきているにもかかわらず，なぜいじめられた生徒が元加害生徒に暴言を吐く行為をとめられないかについて理解ができなかったが，SC からいじめられ体験の心への影響について聞くことで，新たな問題理解と対応方針へつなげることができた（〈理解・方針の拡大と深化〉）。教師としての指導的態度を維持しつつ（〈理解・方針の維持・優先〉），SC の見解を取り入れた関わり・援助を行うことができた（〈専門的視点を融合した理解・方針〉）。ただ，一方では，暴言を吐く生徒への心情への理解，内面に寄り添うことで，教師としての指導を行うことへの抵抗感が生じる体験も述べられており（〈理解・方針の相違による内的葛藤〉），その葛藤を処理するために，担任と学年主任で役割を分けて分担し生徒に援助することができたとのエピソードも語られた。〈理解・方針への否定的影響〉まで生じないような対応がなされたと考えられる。なお，SC からの見解で自らの理解や援助方針に自信と確証が得られたとするエピソード（〈理解・方針への自信と確証〉）は語られなかった。

事例 9　中学 2 年生男子（不登校）：Table 6-10

　〔事例の概要と経過〕：学校を休み始めた当初，担任，教育相談担当としては，学校での人間関係が不登校のきっかけと思われた。継続的に担任や教育相談担当が支援を行ってきたが，なかなか改善しないため SC へとつなぐこととなった。SC による両親面接を通して，生徒本人に対する親の期待が大きく，それが生徒の現状に影響していることが理解された。その後，SC，担任，教育相談担当による継続的な子ども支援や保護者支援により，最終的には学級に戻ることができるようになった。

〔アセスメントに関して SC が教師から受けた影響とその変容〕：SC（女性，40代前半，中学校 SC 経験10年）は，学校からの紹介で主に保護者面接を継続的に行ってきた。基本的な事例の経過は学校から聞いていたが，面接を行うことで，両親の不安や本人へのプレッシャーがかなり大きいことが理解された。母親面接でも教師対応でも，当初は無理に登校刺激をし過ぎないことに重点をおいていたが，徐々に生徒本人の状態もよくなっていたため，後半は別室登校での対応にもつなげることができた。別室登校中の支援においては，学校として教室へとつなげたい思いをある程度我慢して，じっくりと生徒本人の状態が良くなるまで，大目に見てもらえるような寛容な対応をしてもらえた点が，生徒にも良い影響を与えていたと SC は感じた。

　以上のように，SC にとっては，学校でのいじめの状況や経過を聞くことができ，事例について理解を深め（〈理解・方針の拡大と深化〉），自己の専門的視点を保持しながら（〈理解・方針の維持・優先〉），その見解を率直に教師に提供し，生徒への指導・援助へとつなげることに至った。その他，教師との情報交換を通して，自己の理解や方針に自信が得られたとするエピソード（〈理解・方針への自信と確証〉）や，教師および SC 相互の専門的視点を組み合わせた援助（〈専門的視点を融合した理解・方針〉）が展開できたとする例，および見解の相違に伴う葛藤（〈理解・方針の相違による内的葛藤〉）や援助活動への否定的影響（〈理解・方針への否定的影響〉）などが生じているとのエピソードは語られなかった。

　〔アセスメントに関して教師が SC から受けた影響とその変容〕：学級担任（女性，40代前半，中学校教諭経験20年）および教育相談担当（男性，40代後半，中学校教諭経験19年）は，SC による保護者面接の情報から，家庭での両親の期待が大きいということも生徒の不安定さに伝わっている点が理解に役立ち，また，SC からは無理に登校刺激をし過ぎないことの重要性も聞き，生徒の状態を考えながら，登校を促すことが大切と理解できた。ただし，登校刺激をし過ぎない点について葛藤がなかったわけではなく，本当にこれで大丈夫

かと迷いながら進めていた感覚があった。しかし，実際に試してみることで，生徒の状態も徐々に改善し，少しずつ登校へとつながったため，このような理解と対応の重要性について認識することができたと述べられている。

　このように，学級担任および教育相談担当は，問題理解についての新たな視点や，教室復帰の際の戻し方についての対応方針について SC から新たな見解を得ることができ（〈理解・方針の拡大と深化〉），学校としてできる範囲の関わりをすることができた。しかし，一方では登校刺激をしないことに対しては，本当にこれで大丈夫かと迷いながら進めていた感覚もみられた（〈理解・方針の相違による内的葛藤〉）。なお，本事例において〈理解・方針への自信と確証〉，〈理解・方針の維持・優先〉，〈理解・方針への否定的影響〉などに相当するエピソードは語られなかった。

事例10　中学 3 年生女子（情緒不安定）：Table 6-11

　〔事例の概要と経過〕：泣いたり機嫌の悪い状態になると，保健室へ来室することが多かった。感情の浮き沈みが激しく，他者を責める傾向があった。SC は周囲の教師の注目・関わりによって問題行動が悪化しているように感じられたため，生徒の問題場面に関わり過ぎないようにと助言しながら，教師へのサポートを継続的かつ根気良く行った。最終的には，保健室への来室回数も減り，本人は卒業した。

　〔アセスメントに関して SC が教師から受けた影響とその変容〕：SC（女性，40代後半，中学校 SC 経験 6 年）は，教師からの情報や考えによって自らのアセスメントに大きく影響を受けた感覚は持っていない。ただし，担任や養護教諭からの保護者情報や日々の生徒の様子や情報によって，SC の事例理解がはっきりとしたものとなったと感じた。具体的には，家庭で満たされないものを養護教諭に依存的に求めて，悪循環にはまっているように感じられた。改善のためには，生徒が不安定だったり落ち込んでいる場面より，前向きな姿勢が見られた時に関わることが必要と考え，担任や養護教諭にも伝えてき

た。SC の見解に沿った理解・対応がなかなかできない養護教諭を前に，SC として無力感を感じていた時期もあったが，養護教諭の苦労をねぎらい，努力を認めるようにして励ましながら対応を行ってきた。

　以上のように，教師からの影響で SC 自身のアセスメントが大きく変容したというエピソードはみられなかったが，すでにある生徒情報から理解と深め，SC としての専門的視点を維持・構築することができたと考えられる。すなわち，SC にとっては，学校でのいじめの状況や経過を聞くことができ，事例について理解を深め（〈理解・方針の拡大と深化〉），自己の専門的視点を保持しながら（〈理解・方針の維持・優先〉），その見解を率直に教師に提供し，生徒への指導・援助へとつなげるに至った。一時期，SC ならではの見解がなかなか養護教諭に伝わらず焦りや困惑を感じ（〈理解・方針の相違による内的葛藤〉），援助に行き詰まりを感じていた時期もあった（〈理解・方針への否定的影響〉）。しかし，根気よく丁寧に事例や養護教諭，担任と情報交換することにより，徐々に肯定的な変化が生じることとなった。その他，〈理解・方針への自信と確証〉，〈専門的視点を融合した理解・方針〉などのエピソードは語られなかった。

　〔アセスメントに関して教師が SC から受けた影響とその変容〕：養護教諭（女性，50代後半，中学校教諭経験 2 年）は当初，保護者の様子や関わりなどから家庭の愛情不足が原因で，保健室によく来たりしているのではないか，また不平不満などの愚痴をいって泣いていたが，当初から嘘泣きではないかということは感じていた。しかし，SC からの助言があっても，自らが中学生への扱いに慣れていなかったこともあり，ひたすら声掛けをしていた。SC からの問題理解や援助の方向性についての見解を受けながらも，必ずしもその通りに理解・対応することができず苦労した。しかし，生徒本人の変化もあり，SC から自らの苦労や良い部分も認めてもらう言葉かけをもらっていたため，少しずつでも自らの理解と対応を変えることができた。

　一方，学級担任（男性，30代後半，中学校教諭経験 9 年）は，浮き沈みの激し

い子だったため気にかけていたが，SC からの助言で，話を聞くだけでなく，距離をとることの重要性に関する視点も取り入れることができた。生徒に関してはそれまでの自分の関わり経験に基づいて生徒を見ていたが，生徒のことを良い面も悪い面も含め様々な方向から見ていくようになった，さらに，家の事情，友達関係などを生徒は SC に話をしており，それに関する情報を得ることで，担任として改善できること，配慮できることを行うことができた。

　本事例は特に養護教諭において様々な SC からのアセスメントの影響が生じたことが示された。具体的には，本生徒の状態や適切な対応方法が理解されつつも（〈理解・方針の拡大と深化〉），すぐには自らの実践に十分に取り入れることができず，これまでの関わりを継続したり（〈理解・方針の維持・優先〉），SC の見解ことが正しいと思いつつも，その通りに実行できない葛藤が生じ（〈理解・方針の相違による内的葛藤〉），結果的に，効果的な援助活動が停滞していた時期があった（〈理解・方針への否定的影響〉）。しかし，援助活動を継続する過程で，養護教諭の良い部分も認めてもらいつつ自身の理解と方針が支えられ（〈理解・方針への自信と確証〉），これまでの実践を継続できる部分は継続しながら（〈理解・方針の維持・優先〉），徐々に対応を変えていくことができた。最終的には教師としての態度と共に，SC の視点を取り入れた援助につなげることができたと考えられる（〈専門的視点を融合した理解・方針〉）。

　以上，C 事例群は A，B 事例群と異なり，SC と教師のアセスメントにおいて葛藤やジレンマなど否定的な影響が生じつつ援助が展開された群である。教師にとっては SC からの視点や考えに影響を受けることで理解・方針に肯定的な影響を受ける一方，自らの持ち味である教育的指導を行う視点への迷いが生じる場合がみられた（事例 8，9）。また，SC の見解が正しいと感じながらもこれまでの自らの理解・方針を容易に修正できずに苦労を重ねた教師の体験や，心理専門職も自らの理解・方針がスムーズに教師に伝わらない

焦りや困惑，無力感を感じる例も見られた（事例10）。しかしいずれの事例も，それらの葛藤やジレンマを乗り越える工夫や配慮がなされつつ，互いの専門的視点に伴うプラスの影響も体験されている。たとえば，事例 8 では SC による内面に寄り添う援助の方向性について教師として指導援助がしにくくなるなどの戸惑いがあったものの，他の教師と役割を分担することによってその葛藤を乗り越えている。事例 9 では，登校刺激をしなくて大丈夫かといった迷いがあったが，実際に試して事例の変化を判断することを通して，その葛藤を乗り越えている。さらに事例10では，SC と養護教諭双方に内的な葛藤や援助に向けての否定的影響が生じていたが，SC も焦らず養護教諭の姿勢を励ましたりじっくりと変化を待つ姿勢を心がけ，養護教諭も葛藤しながらも少しずつ SC の見解を取り入れながら徐々に変化する方向へとつながった。それらの葛藤の乗り越える過程を通して，最終的には事例の肯定的な変化・改善，あるいは生徒の前向きな卒業へとつながっていくことになったと考えられる。事例援助の過程では，C 事例群のようにアセスメントにおいてプラスとマイナスの影響が混在しながら事例援助が展開される場合があると考えられる。

第 4 節　【研究 3 】全体の総合考察

1．研究3-1・研究3-2のまとめ

　全体を通して，教師も心理専門職も協働的援助を展開する中で，互いのアセスメントを共有し，様々な影響を相互に与え合いつつ，自身の持つ既存の事例理解の視点や枠組みを変容させながら援助を展開している可能性が示された。

　【研究3-1】では，教師と心理専門職の多様な実践体験から，アセスメントの相互作用に伴う影響や変容について大きく 7 つのカテゴリーが生成された。

　まず，他職種との連携によって事例理解に広がり，深まり，また自身の実践では思いつかなかったような問題理解の視点や，今後の対応方針などにつ

いての視点が得られ，自身の専門的視点の省察や振り返りにつながることが体験されていた（〈理解・方針の拡大と深化〉）。協働が成立する過程において，各職種は相互の対話を通して他職種の観点を学び（Fouad et al., 2009），自らの役割を発展させ，既存の専門性や役割の範囲内にとどまらない新たなサービスを創造していくという点を踏まえると（Hayes, 2001），SC も教師と協働する際には，これらの肯定的の影響を意図して情報・意見交換を行い，事例援助に結び付けているのだと考えられる。

　また，他職種と考えが一致したり肯定的に支持されることで自身の視点や理解・方針に確証と自信を得て，それが事例援助に肯定的に作用する場合もある（〈理解・方針への自信と確証〉）。さらに教師や心理専門職は相互に影響を受け変容するだけではなく，他職種の情報・視点の影響を受け過ぎないよう，自らの専門として譲れない理解・方針を維持・優先することもあり（〈理解・方針の維持・優先〉），あえて「変わらないこと」「変えないこと」が事例援助の上で重要であることも示された。以上のように，事例援助にあたって必要な視点を他職種から取り入れると同時に，自らの専門的視点を安定的に保持することで，結果的に教師と心理専門職相互の専門的視点が組み合わされたり，混合された理解・方針の構築（〈専門的視点を融合した理解・方針〉）につながると考えられる。実際に，先行研究においても，具体的な事例援助における職種間協働やチームアプローチの実践の過程で，個々の専門職にとって他職種から新たな視点を学んだり自らの実践を振り返るなどの変容や成長発達が促されると同時に（British Psychological Society, 2007; Grout, 2006; Lee et al., 2012; Nellis, 2012; Steve et al., 2006; Truscott et al., 2012），他職種協働における自己の立場・専門的見解を率直に伝達することや，自らのアイデンティティの明確化・維持の側面も重視されている（British Psychological Society, 2013; Fouad et al., 2009; Hall, 2005; Mellin et al., 2011）。

　一方，各事例において，重視する視点の相違によるネガティブ感情の生起や，どのように事例を理解し援助を展開すればよいか戸惑うジレンマといっ

た内的葛藤への影響が生じる可能性が示された（〈理解・方針の相違による内的葛藤〉）。さらに，それが積み重なると，その後の理解や援助方針そのものが停滞・制限されてしまうという可能性も指摘された（〈理解・方針への否定的影響〉）。たとえば，教師の中にはSCからの見解（例：生徒の個別支援や心理状態への配慮）に影響を受けることで，学級集団の秩序が乱れることへの懸念や教育的指導に基づいて生徒を捉えることへのためらいなど，自身の専門的視点の揺らぎや迷いにつながる状況が語られた。この場合，他職種からの視点や考えが，自身の視点・考えと異なるために葛藤が生じることもあれば，他職種からの見解は事例理解に役立つが，それを取り入れすぎることで，かえって自身の本来の立場や専門的視点に揺らぎが生じるといった場合もある。

　しかし，複数の援助者が共に援助に携わる際，葛藤が生じることは自然なことでもあり，それらを乗り越える工夫や相互交流を図ることでより円滑な協働的関係へとつながる（van den Bossche et al., 2006）。また，他職種との協働を現実の実践場面を通して経験することは，事例援助にあたって重要な視点や考えを他職種から（あるいは他職種と共に）学びつつ，自己の専門職としての成長発達につながる重要な学習体験となる（Grout, 2006; Truscott et al., 2012）。【研究3-2】で示されたように，事例の性質や教師と心理専門職の関係等によって様相は異なるものの，アセスメントの相互作用では肯定的および否定的な影響が混在しながら援助が展開される。よって，実践場面では肯定的な影響や変容体験が促されるような相互交流を行いつつ，否定的な影響が生じたとしてもそれを柔軟に乗り越える工夫や配慮が施されることで，事例援助を効果的に進めることができると考えられる。

　以上，他職種と共に継続的に情報・意見交換するアセスメントの相互作用の積み重ねが，事例理解を継続的かつ循環的に発展させるプロセスになると考えられる。実際に，他職種・関係者と協働するにあたっては，関係者とともに共通の理解・方針へとつなげていくこと，情報や資源の共有を進めながら，他職種・関係者の見解を積極的に模索し取り入れていくことが重要であ

り，他職種の考えを理解し，取り入れるために心理学的な知識や共感性が求められるとされている（British Psychological Society, 2010）。

2．心理専門職による教師との協働的援助への実践的示唆

　以上の検討を踏まえ，主に心理専門職の立場から，アセスメントを基盤として教師と効果的に協働し，事例の問題改善につなげるための実践的示唆として大きく 2 点指摘する。

1）教師の事例理解に影響を及ぼす存在としての心理専門職の姿勢

　本研究の結果から，教師とは異なる心理専門職による専門的視点を安定的に提供するからこそ，教師の事例理解に新しく肯定的な影響・変化を促し，事例の改善につなげることができると考えられる。【研究 1】において職種間の専門的視点の多様性を活かした実践の重要性を指摘したが，心理専門職独自のアセスメントの視点や方針を積極的に教師に提示することで，教師の事例理解やアセスメントに関する視点に広がりや多様性を促す契機となる可能性がある。特に，心理専門職による視点や方針を取り入れることで日々の教育実践や事例援助が効果的に進み，結果的に事例に肯定的な影響や変化が生じる経験を積み重ねることができれば，教師のアセスメントに新たな視点や広がりをもたらすことができると考えられる。

　ただし，様々な要因や条件によっては心理専門職の視点や見解の提供が教師に揺らぎや迷いを与え，かえって事例援助の展開を阻害する可能性があることに留意する必要がある。したがって治療的かつ協働的なアセスメントの実践に関する研究（e.g., Tharinger et al., 2011）で行われている検討と同様に，心理専門職には，自己の専門的視点の伝達と共有の際，様々な工夫や配慮が必要となると考えられる。本研究の結果を踏まえると，たとえば教師の理解や方針に歩み寄った見解を伝える，心理専門職の見解に対しては教師の現場感覚と照らし合わせて取捨選択しながら取り入れてもらう，教師自身が心理

専門職の視点に寄り過ぎないよう（教師としての専門性を維持できるよう）エンパワメントするなどの工夫や配慮が基本として重要になると考えられる。教師の視点や立場をエンパワメントしながら，自己の専門的視点を提供すること，また，円滑に教師の理解に届かない場合でも焦らず時間をかけることも重要になると考えられる。

　しかし，先述のように，自己の専門的視点を安定的に提供することも一方では重要となる。心理専門職としての役割をわきまえ，教師と違う視点・立場を提供・保持するからこそ，教師の新たな認知的枠組みの変化を促す可能性がある。たとえ見解が異なっていても，あくまで事例の子どもの問題改善や成長を優先するために心理専門職の見解を率直に伝える必要もある。したがって，心理専門職は教師とアセスメントの相互作用を行う際に，マイナスの影響を与える可能性に留意しつつも，心理の専門的視点によって教師の理解に肯定的な影響を与えうる可能性を踏まえ，事例の問題状況に応じて自己の視点を積極的に提供することが重要となる。

２）教師から影響を受ける心理専門職としての姿勢

　より効果的な協働につなげるため，心理専門職には自己の理解・方針にこだわり過ぎず教師の視点を取り入れながら事例理解を変容・発展させると共に，自己の専門的視点を維持することが必要になり，それらを両立する姿勢が求められる。すなわち，【研究3-2】の各事例における SC が教師から受けた影響とその変容の実際例に示されるように，アセスメントにおいて，「他職種から新たな視点や考えを取り入れ自らの理解・方針を変容しようとする柔軟性」と「自己の専門的視点を保持・維持する安定性」を同時に有することが，円滑な協働や事例の改善につながる可能性が示唆された。特に，他職種の視点や観点を柔軟に取り入れることは専門職としての成長（Grout, 2006）とも関係する重要な要素となる。また，他職種の生徒理解の視点や協働経験で学んだことが一つの経験となり，その後の事例援助や職種間協働に生かさ

れる可能性もある。このような実践を通した経験的な学習体験の重要性も認識しておく必要がある。

　しかし一方では，先に述べたように共に事例に関与する以上，視点の相違に伴う葛藤や対立，ジレンマが生じることは避けがたいことでもある。したがって，【研究3-2】のC事例群の展開にも示されるように，葛藤や否定的影響を受ける状況の中でも，心理専門職は学校の実情に合わせて粘り強く継続的に教師と対話をし葛藤を乗り越える方法を模索しつつ，事例の状況によっては，他職種からの視点や考えに過剰に影響されないように事例検討を進めることが必要となると考えられる。

　アセスメントの実践はプロセスであり，事例援助の過程で仮説生成・仮説検証が循環的に繰り返されながら変容していく性質を持つ（Merrell, 2008; 下山，2008a）。心理専門職には他職種と協働的に援助活動を行う中で，肯定的影響や否定的影響が混在しつつも共にアセスメントに基づく事例理解を変容・発展させる姿勢を意識することが必要と考えられる。以上の相互作用のプロセスの中で，包括的な事例理解の発展，自己の専門的視点への自信，事例の効果的改善につながる援助方針の構築がなされ，その実践の積み重ねを通して心理専門職自身の専門職としての成長・発達にもつながる可能性があると考えられる。

第5節　本章のまとめ

　本章【研究3】では，学校不適応事例に対する協働的な援助活動が展開される中で，心理専門職と教師のアセスメントにどのような変容が生じるのか，どのような影響を相互に与え合いながら事例理解が発展するのか，その様相を具体的に明らかにすることで，効果的な協働への示唆を得ることを目的とした。

　その結果，両職種共に，互いの専門的視点に影響を受けながら，自身の持つ既存の事例理解の視点や枠組みを変容させ，拡張させながら援助を展開し

ていることが示唆された。アセスメントの相互作用においては，相互の専門的視点の相違に伴う葛藤体験が生じつつも，事例援助に役立つ他職種からの視点や考えを柔軟に取り入れ，かつ自身の専門的視点も安定的に保持することで，両職種の視点を混合した事例理解・援助方針の発展につながる可能性が示された。心理専門職にとっては，教師とは異なる専門的視点を安定的に提供するからこそ，教師の事例理解に新しく肯定的な影響・変化を促すことができると考えられる。しかし，様々な要因や条件によっては心理専門職の視点や見解の伝達が教師に揺らぎや迷いを与え，事例援助の展開を阻害する可能性があることにも留意する必要がある。したがって心理専門職には，自己の専門的視点の伝達と共有の際，様々な工夫や配慮（教師の理解や方針に歩み寄った見解を伝える，教師の現場感覚と照らし合わせて取捨選択しながら取り入れてもらう…など）が必要となる。一方，心理専門職は教師の視点・考えから影響を受ける存在でもあり，より円滑な協働や事例の効果的改善につなげるためには，自己の理解・方針にこだわり過ぎず教師の視点を取り入れながら事例理解を変容・発展させる柔軟性と，自己の専門的視点を維持する安定性を両立する姿勢が求められる。

　心理専門職には他職種と協働的に援助活動を行う中で，肯定的影響や否定的影響が混在しつつも共にアセスメントに基づく事例理解を変容・発展させる姿勢を意識することが必要となる。協働的援助におけるアセスメントの相互作用のプロセスの中で，双方の包括的な事例理解の発展，専門的視点への自信，事例の効果的改善につながる援助方針の構築がなされ，その実践の積み重ねを通して心理専門職自身の専門職としての成長・発達にもつながる可能性があると考えられる。

第Ⅲ部

実証的検討 2

―実践研究―

第7章【研究4】
教師との協働を促進する心理専門職のための
アセスメントの実践に関する教育訓練プログラムの
効果検討

第1節　目的

　本章では，第4〜6章【研究1〜3】を通して得られた知見を踏まえ，ア
セスメントに基づいて，教師と協働的に事例に関与するために必要な心理専
門職のための教育訓練プログラムを試験的に作成し，その有効性と課題につ
いて検討する。

　具体的には，まず【研究4-1】において，【研究1〜3】で得られた知見と
先行研究をもとに，心理専門職が教師と円滑に協働するために必要なアセス
メントに関する知識・技能を学ぶロールプレイ実習（プログラム1）を作成
する。その上で，心理支援者役と教師役に役柄を分けた大学生・大学院生を
対象にプログラムの効果を検討する。続く，【研究4-2】では，【研究4-1】
（プログラム1）でのロールプレイ実習における体験を詳細に振り返りながら，
心理支援者役の学生が教師役の学生と協働的に事例に関与するための知識・
技能についての学習体験を深める（プログラム2）。最後に，【研究4-3】では，
【研究4-1】（プログラム1）や【研究4-2】（プログラム2）での学生の学びを踏
まえ，再度，ロールプレイ実習を中心とした授業プログラム（プログラム3）
を作成・実施し，学生にとっての学習体験，プログラムの効果や課題につい
て検討する。

　なお，【研究4】では，学生を対象とした検討を中心に行ったため，「心理
専門職」ではなく「心理支援者」と記述した（ただし，上述のように本研究は
心理専門職の教育訓練における基礎的なプログラムとして位置づくよう構成してい

る）。以後の論の展開の際にも，ロールプレイ実習における役柄に焦点を当てた記述をする際には「心理支援者役」および「教師役」とし，各職種の特徴に関する記述を行う際には「心理支援者」「教師」として記述した。

第2節　教育訓練プログラムの実践と効果検討①（研究4-1）

1．目的

【研究4-1】において，【研究1～3】で得られた知見と先行研究をもとに，心理専門職が教師と円滑に協働するために必要なアセスメントに関する知識・技能に関するロールプレイ実習（プログラム1）を作成する。その上で，心理支援者役と教師役に役柄を分けた大学生・大学院生を対象にプログラムの効果を検討する。

2．方法
1）対象

教育臨床およびスクールカウンセリング活動に関心のある大学生・大学院生22名を対象とした。現職教員（4名）や，学生ボランティアの立場で困難や不適応を示した生徒支援を行っている者（11名），学校現場での心理支援について未経験の者（7名）から構成される（大学院生15名，学部生6名，その他1名）。本研究では後述するように心理支援者役と教師役に分かれてロールプレイ実習を中心に行った。その際，役柄と対象者の特徴との整合性を図りロールプレイ実習のスムーズな実施につなげるため，心理支援者役はこれまでに学校現場での心理支援・生徒支援に携わった経験のある者，教師役は教師としての勤務経験を有する者やこれまで学校現場での生徒支援・心理支援に携わった経験の無い者にするなど，対象者それぞれの活動・実践経験を踏まえて役柄を設定した。役柄を振り分けた結果，心理支援者役11名（男性6名，女性5名，平均年齢＝25.45，$SD=3.98$，範囲＝22～35），教師役11名（男性4名，女性7名，平均年齢＝29.55，$SD=12.14$，範囲＝21～56）であった。心理支

援者役11名は全員，学生ボランティアなど何らかの形で学校での生徒の心理支援に携わった経験のある者であり，教師役11名は学校での教師経験を有する４名と，学校での生徒支援・心理支援に携わった経験の無い者７名であった。

2）プログラムの構成要素

　【研究１～３】で見出された研究知見の整理，および職種間の協働に関する各種先行研究を参考に，心理専門職のための教師との円滑な協働へとつなげるアセスメントの実践に関する知識・技能・態度に関する教育訓練プログラムを作成した。特に先行研究に関しては，以下の研究を参考とした。第一に，日本において異職種間協働やその養成・教育訓練に関して先駆的に研究を行っている藤川（2007a，2007b，2009），Fujikawa（2009）による一連の研究や神山ら（2011），第二に，職種間協働とその教育訓練に言及している先行研究として，第１章で概観した Lown et al.,（2011），Körner et al.（2013），Arredondo et al.,（2004），Johnson et al.,（2004），第三に，同じく第１章で職種間のアセスメントとチームアプローチの関係について言及している先行研究（e.g., Frick et al., 2010; Krishnamurthy et al., 2004; 松澤，2008; Tharinger et al., 2013; 吉川，2009），第四に，第４章【研究１】，第５章【研究２】，第６章【研究３】に関連した先行研究などを参考とした。

　第４～６章【研究１～３】で見出された研究知見および先行研究をまとめると，心理専門職が教師と協働するために必要なアセスメントに関する基礎的な知識・技能として，以下，３点まとめることができる。

　第一に，職種間のアセスメントに関する専門的視点や理解の傾向には違いがあり，その違いを活かすための知識や技能が必要である。特に，各種先行研究や第４章【研究１】を通して，心理専門職と教師の専門的視点にはアセスメントのプロセスに沿って様々な相違があることが示された。事例を理解するためのアセスメントの視点が心理専門職と教師でどのように異なるのか，

その違いによって職種間の協働的援助にどのような影響が生じるのかを学習することが必要となる。実際に，職種間協働の実践や教育に関して言及している各種の先行研究においても，職種ごとの役割，立場，他職種の活動や専門的視点の相違，自らの立場や専門では気づきにくい視点を積極的に学ぶことが必要であることが様々に指摘されている（British Psychological Society, 2010; Fouad et al., 2009; 神山ら，2011; Mellin et al., 2011; 吉川，2009）。

　第二に，アセスメントの専門的視点の違いを乗り越えて相互の事例理解を共有するための方略に関する学習が必要である。援助に有用かつ関係者との協働に結び付けるアセスメントの実践においては，一方向的に心理専門職の見解を伝えるのではなく，関係者との意見を取り入れながら共に理解・方針を創り上げていく姿勢が求められる（Handler, 2008）。本研究においても，第5章【研究2】を通して心理専門職と教師のアセスメントに関する共有方略が様々に見出された。具体的には「積極的かつ迅速な情報・意見交換」，「情報・意見共有時の配慮」，「苦労への労い」，「他の教師を通した意見調整」，「専門的見解の伝達」，「見解の不一致時の対処」などであった。特に，「積極的かつ迅速な情報・意見交換」，「苦労への労い」，「見解の不一致時の対処」などは心理専門職あるいは教師にとって，相互の事例理解を共有し円滑な協働へとつなげていくために有用な方略であることが示された。事例に関する積極的な情報・意見交換を行うこと，相互の苦労や困難を分かち合うこと，心理専門職にとって自らの事例理解を関係者への報告・伝達する作業も重要な役割である一方，教師の立場や活動を尊重する役割も同時に求められることから，相互の見解に相違がある場合には無理に共通理解を求めすぎない工夫や配慮を行うことが協働を促進すると考えられる。実際に先行研究においても，他職種との間で専門的視点を共有し，事例理解や援助方針に向けての意思決定を定めていくこと，見解の相違に伴う葛藤・対立が生じた際の対処行動などが，円滑な協働的援助において重視されており，そのためのコミュニケーション・スキルに関する知識・技能の育成が必要と指摘されている

（Arredondo, 2004; Arthur & Russell-Mayhew, 2010; British Psychological Society, 2007, 2010; Chong, Aslani, & Chen, 2013; 神山ら，2011; Körner et al., 2013; Lown et al., 2011; 下山，2010; 吉川，2009）。このようなアセスメントに関する伝達と共有は，心理専門職にとって教師を中心とした他職種との協働において必要不可欠な要素と考えることができる。

　第三に，アセスメントにおいて他職種と相互に影響を与え得る存在としての心理専門職としての意識・姿勢に関する学習が必要である。第6章【研究3】を通して，学校不適応事例への協働的な援助においては，心理専門職も教師も相互の専門的視点の影響を与え合いつつ事例理解を肯定的に変容させていることが示された。特に，相互の専門的視点の相違に伴う葛藤体験が生じつつも，事例援助に役立つ他職種からの視点や考えを柔軟に取り入れ，かつ自身の専門的視点も安定的に保持することで，両職種の視点を混合した事例理解・援助方針の発展につながる可能性が示されている。したがって，事例におけるアセスメントの共有においても心理専門職は教師に肯定的な影響を与えることと同時に，影響を受ける存在として意識することが必要ということになる。実際に，先行研究においても，具体的な事例援助における職種間協働やチームアプローチの実践の過程で，個々の専門職にとって他職種から新たな視点を学んだり自らの実践を振り返るなどの変容や成長発達が促されると同時に（British Psychological Society, 2007; Grout, 2006; Lee et al., 2012; Nellis, 2012; Steve et al., 2006; Truscott et al., 2012），他職種との協働における自己の立場・専門的見解を率直に伝達することや，自らのアイデンティティの明確化・維持の側面も重視されている（British Psychological Society, 2013; Fouad et al., 2009; Hall, 2005; Mellin et al., 2011）。

　以上，3点から，心理専門職におけるアセスメントを基盤とした教師との協働につなげるために必要な構成要素を整理した。これらの知識・技能の育成や教育訓練にあたっては，従来から実施されている心理専門職養成の基礎訓練方法を取り入れることが有用と考えられる。たとえば，カウンセリング

学習におけるロールプレイや施行カウンセリングの重要性は従来から指摘されてきた（下山，2000；下山，2003）。同時に，カウンセリング実習では，自己のカウンセリング面接を録音あるいは録画し，後に振り返りながら教育訓練を行う場合も多い。実際に，藤川（2009）においても，学生を対象とした異職種間協働に関するトレーニングにおいてロールプレイ実習，および各自の面接過程のビデオ撮影・振り返りに基づく効果検討を行っている。そこで，本研究ではこれらの方法を援用したプログラム構成を行うこととした。

3）プログラム1（ロールプレイ実習①②）の具体的内容

　以上の検討を踏まえ，【研究4-1】の授業プログラムでは，主に，心理支援者役の立場からどのように教師と事例について円滑に情報交換・意見交換を行えば良いのかを学ぶ授業構成とした。心理支援者役と教師との円滑な連携には様々な要素が関連しており，心理支援者役にとっては多種多様な知識・技能が必要である。中でも，本研究における授業プログラムは，教師との連携を促進するために必要な知識・技能の1つとして，学校現場で苦戦している児童生徒の問題の理解について，教師と円滑に情報交換や意見交換，今後の援助方針の共有を行うために必要な基礎知識・技能に焦点を当てた内容を計画した。すなわち，学校現場で生徒の状態や抱えている問題を教師と共に理解し，援助の方向性について円滑に意見交換していくために必要な基本姿勢，心理支援者役と教師役の間で対立しやすい視点や問題理解のポイント，およびそのような状況の中で特に心理支援者役として，教師役とどのように事例について意見交換・対話していけばよいのかについて学ぶ内容とした。それを図で表示したのが Figure 7-1 である。

　プログラム1では，予備知識の無い状態でロールプレイ①を行い，その後，心理支援者役に教師役との協働を促進するアセスメントの共有の方法，事例検討におけるポイントを提示し，その後，改めてロールプレイ②を行う構成とした。特に，心理支援者役に説明（A-4，資料1）においては，先述の【研

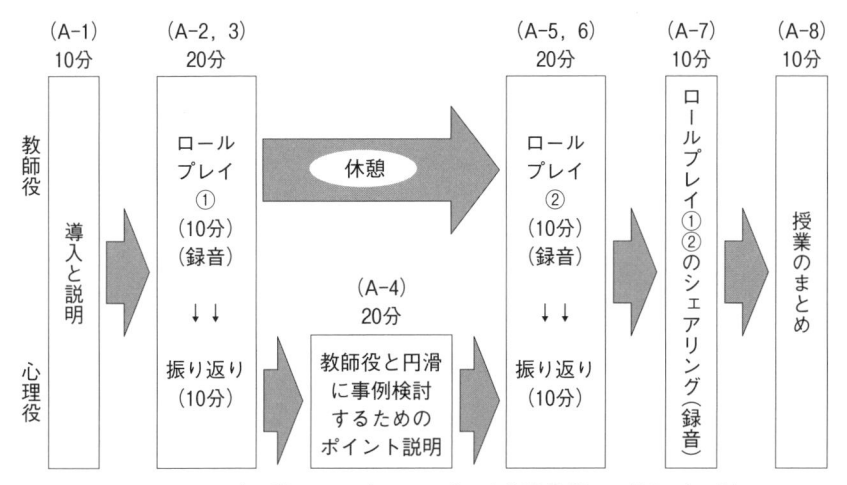

Figure 7-1　プログラム 1（ロールプレイ実習①②）の流れ（90分）

究1～3】および各種先行研究の知見を踏まえ，「教師と心理支援者の事例
に関する情報・理解・援助方針に関する視点の違いの説明（事例をみる視点，
問題理解，援助方針の考え方で両者に違いが生じやすい点は何か）」，「教師と円滑
に話し合うためのポイント説明（心理支援者側が教師と円滑に情報交換，意見交
換するために，どのような工夫や配慮ができるか）」といった内容を取り入れ，ロ
ールプレイ②でそれらの知識や方法を活かしてもらう構成とした。

A-1：導入と説明（10分）

本授業の導入と説明，倫理的配慮の説明，IC レコーダーでの録音の可否
についても確認を取った。その上で，対象学生を教師役と心理支援者役のペ
アのグループに分けた。

A-2：ロールプレイ①の実施（10分）

はじめに予備知識の無い状態で，対象の大学生・大学院生にロールプレイ
を実施した。ある問題・困難を抱えた生徒の架空事例を提示し，その状況や
役柄に基づいて教師役と心理支援者役で，情報交換しながら，生徒理解を深
め，今後の援助方針について話し合ってもらった。なお，事例シナリオの実

施順序による影響を考慮し，心理支援者役7名と教師役7名（計14）には非行事例をロールプレイ①で実施し，無気力事例をロールプレイ②で実施した。一方，心理支援者役4名と教師役4名（計8名）には無気力事例をロールプレイ①で，非行事例をロールプレイ②で実施した。なお，このロールプレイでの会話は，ペアごとに IC レコーダーで録音をした。

A-3：ロールプレイ①の振り返り（10分）

ロールプレイ①実施後，心理支援者役，教師役それぞれに振り返りシートへの記入を求めた。具体的なシートの構成内容については効果指標の説明部分において後述する。なお，それぞれのペアで各自が受けた体験を純粋に評定してもらうため，この時点で，ペアあるいは全体で印象や感想を話し合うシェアリングは行わず，各学生個人の体験を記載するよう求めた。

A-4：心理支援者役を対象とした教師役と円滑に事例検討するためのポイントの説明（20分）

筆者が，心理支援者役の学生を対象に，資料1を用いて，教師役と円滑に事例検討するためのポイントを説明し，ロールプレイ①での印象・感想も含めて共有した。ここで整理したポイントを踏まえ，ロールプレイ②に活かしてもらうことを確認した。なお，この間，教師役の学生には一時退室してもらい，休憩時間とした。その際，ロールプレイ①の内容について話し合うなど，教師役同士の相互作用を避けるため，ロールプレイの話をしないように依頼した。

A-5：ロールプレイ②（10分）

教師役に再度入室してもらい，ロールプレイ①とは異なる事例シナリオを提示し，心理支援者役には（A-4）で共有したポイントを意識してもらいながら教師役との事例検討を進めてもらうようにした。その他の手続きはロールプレイ①と同様であった。

A-6：ロールプレイ②の振り返り（10分）

ロールプレイ②実施後，心理支援者役，教師役それぞれに振り返りシート

への記入を求めた。なお，A-3の手続き同様，それぞれのペアで各自が受けた体験を純粋に評定してもらうため，この時点で，ペアあるいは全体で印象や感想を話し合うシェアリングは行わず，各学生個人の体験を記載するように求めた。

A-7：教師役と心理支援者役によるロールプレイ①②のシェアリング（10分）

ペアでロールプレイ①，②を通してのシェアリングを行ってもらい，その話し合いをICレコーダーで録音をした。特に，①から②にかけてのロールプレイ体験の変化について，振り返りシートをもとに，ペアでシェアリングを行ってもらった。最後に，各ペアで出た意見を全体に向けて発表してもらった。

A-8：授業のまとめ（10分）

最後に，授業のまとめと感想シートに記入をしてもらった。授業のまとめでは，教師役の休憩時間に，教師役との話し合いを円滑に進めるポイントの説明を心理支援者役に行った旨を説明した。その上で，プログラムの効果検討を行う上で研究としての厳密さには欠けるが，教師役にも心理支援者役に行った説明を1つの学びとしてもらえるように，配布資料（資料1）を後日渡すことを伝えて，学生への教育的配慮を優先させる手続きを踏んだ。

4）ロールプレイ実習①②における事例シナリオ

ロールプレイ実習①②で取り上げた事例シナリオ内容は，非行事例，無気力事例を取り上げた。これらの事例シナリオでは，異職種間協働の重要性を学習してもらうため，心理支援者役と教師役双方で各職種のアセスメント（事例に関して有する情報，基本的な生徒理解・援助方針）には若干の相違があるように設定した。これは，事例に関する情報や基本的な理解の違いがある中で，どのように情報交換し，事例理解を深め，援助方針を定めていくかについて積極的に学習してもらうためである。事例によって若干の相違はあるものの，基本的には，心理支援者役は生徒の内的感情や家庭状況に関する情報

を中心的に有し，気持ちの理解・受容に焦点を当てた援助アプローチを想定し，一方，教師役は学校生活での態度や言動に関する情報を中心的に有し，学校全体や他の生徒への影響を考慮した教育・指導的な援助アプローチを想定しているという設定とした。以上の役柄や設定に関しては，主として第 4 章【研究 1】で見出された知見，およびそれに関連する各種の先行研究の知見を参考として作成した。

5）効果指標

　プログラム 1 の効果指標および学生の学びや体験に関するデータを収集するため，本研究では(1)振り返りシート（A-3，A-6，A-8 で実施），および(2)シェアリングや振り返りなどの録音データ（A-7 で実施）の 2 点から，データ収集を行った。

(1)振り返りシート
①量的データ

　まず数量的な効果指標として，【研究 2】で作成された尺度のうち，「アセスメントの共有方略尺度」8 項目（「積極的かつ迅速な情報・意見交換」因子 2 項目，「苦労への労い」因子 2 項目，「専門的見解の伝達」因子 2 項目，「見解の不一致時の対処」因子 2 項目を抜粋），「チーム内葛藤尺度」5 項目，「事例援助における SC と教師の協働尺度」5 項目を用いて数量的な効果指標とした。いずれの尺度においても，各項目の因子負荷量および本授業におけるロールプレイでの効果測定として適切と判断される項目を抜粋して用いた。

　〈アセスメントの共有方略尺度〉：本ロールプレイの振り返りにふさわしく，各項目の因子負荷量，本研究の検討において必要と思われる項目を吟味し，アセスメントの共有方略のうち，「積極的かつ迅速な情報・意見交換」因子，「苦労への労い」因子，「専門的見解の伝達」因子，「見解の不一致時の対処」因子それぞれ 2 項目を修正して用いた。心理支援者役のシートでは，ロール

プレイで教師役と問題を抱える子どもに関する情報交換を行ったり問題の理解・援助の方針について話し合う際に，以下の項目を行ったかどうかを尋ね，「積極的かつ迅速な情報・意見交換」因子である「事例について正確に伝えるために，なるべく多くの情報を教師に伝える」，「自分の情報や理解を伝えた後に，教師がそれについてどのように思ったか，意見を積極的にもらう」，「苦労への労い」因子である「教師の努力や苦労を聞く」「教師の苦労を聴いたり，労いの言葉をかける」，「専門的見解の伝達」因子である「教師の事例理解や援助方針と違っていても，自分の専門や立場からの意見・考えを伝える」「教師とは異なる自身の専門・立場に基づく意見や考えを伝える」，「見解の不一致時の対処」因子である「事例理解や援助方針の考えが教師と違っても，大まかな方向性が共有できていれば良いと考えて，意見交換を行う」，「事例理解や援助方針が，教師の考えと異なる場合，無理に意見を一致させることより，まずお互いが取り組める援助から行っていけるように話し合う」の各項目に対して，「行った(5)」「少し行った(4)」「どちらともいえない(3)」「あまり行っていない(2)」「行っていない(1)」の5件法で回答を求めた。

　一方，教師役には，心理支援者役の事例検討時の話し方・態度について評定してもらうため，上記の各項目について心理支援者役が行っていたと思うかどうかを評定してもらった（他者評定形式）。具体的には，「心理支援者は，事例について正確に伝えるために，なるべく多くの情報を教師（あなた）に伝えていた」，「心理支援者は，自らの情報や理解を伝えた後に，教師（あなた）がそれについてどのように思ったか，意見を積極的に聞いていた」，「心理支援者は，教師（あなた）の努力や苦労を聞いていた」，「心理支援者は，教師（あなた）の苦労を聴いたり，労いの言葉をかけていた」，「心理支援者は，教師（あなた）の事例理解や援助方針と違っていても，自分の専門や立場からの意見・考えを伝えていた」「心理支援者は，教師（あなた）とは異なる自身の専門・立場に基づく意見や考えを伝えていた」，「心理支援者は，事例理解や援助方針の考えが教師（あなた）と違っていても，大まかな方向性

が共有できるように，話し合おうとしていた」，「心理支援者は，事例理解や援助方針が，教師（あなた）の考えと異なる場合，無理に意見を一致させることより，まずお互いが取り組める援助から行っていけるように，話し合おうとしていた」の各項目に対して，「行っていた(5)」「少し行っていた(4)」「どちらともいえない(3)」「あまり行っていない(2)」「行っていない(1)」の 5 件法で尋ねた。

　〈チーム内葛藤尺度〉：本尺度も，ロールプレイの振り返りにふさわしく，各項目の因子負荷量，および本研究の検討において必要と思われる項目を吟味し，以下の項目を用いた。心理支援者役として教師役と（教師役として心理支援者役と）事例について情報交換・意見交換をしている際に，次のことを経験したかどうかを尋ねた。具体的には，「教師（心理支援者）との間で，生徒への対応を行う上で，意見がくい違うこと」，「教師（心理支援者）との話し合いの中で，いらいらした感情を感じること」，「教師（心理支援者）との間で事例に関する物事を決めるとき，自分の中に葛藤が生じること」，「教師（心理支援者）と考え方の違いがあり，話がまとまらないこと」，「教師（心理支援者）との間で，意見がかみ合わないこと」の 5 項目に対して，「あった(5)」，「少しあった(4)」，「どちらともいえない(3)」，「あまりなかった(2)」，「なかった(1)」の 5 件法で回答を求めた。ここでは「教師」，あるいは「心理支援者」という用語が異なるだけで，心理支援者役と教師役のどちらの振り返りシートにおいても項目内容は同様のものを用いた。

　〈事例援助における SC と教師の協働尺度〉：本尺度も，ロールプレイの振り返りにふさわしく，各項目の因子負荷量，および本研究の検討において必要と考えられる項目を吟味し，以下の項目を用いた。具体的には，ロールプレイを振り返って，心理支援者役（教師役）と共に事例について話し合う中で，次の項目について，どの程度あてはまると思うかを尋ね，「問題の打開策が見出せるという期待を感じた」，「事例への適切な対応が考えられていた」，「事例への援助に関してやる気が出ていた」，「事例に対する率直な情報

交換・意見交換ができていた」,「事例の話し合いが前向き・建設的に行われ
ていた」の5項目に対して,「よくあてはまる(5)」,「ややあてはまる(4)」,
「どちらともいえない(3)」,「あまりあてはまらない(2)」「ほとんどあてはまら
ない(1)」の5件法で回答を求めた。チーム内葛藤尺度と同様に,ここでは
「教師」,あるいは「心理支援者」という用語が異なるだけで,心理支援者役
と教師役のどちらの振り返りシートにおいても項目内容は同様のものを用い
た。

②質的データ

　プログラム1におけるロールプレイ①後の振り返り(A-3)では,対象者
の印象や感想などから質的な効果測定を行うため,「心理支援者役と教師役
との間で,事例の情報,問題の捉え方,援助方針の考え方についてどのよう
な違いがあったと思うか」,「相手が有する事例に関する情報,問題の捉え方,
援助方針の考え方によって自分自身がが受けた影響にはどんなことがあった
か(相手の情報や意見で,自分自身が役立ったところや今後の理解・援助に活かせそ
うなところなどプラスの影響と,相手の情報や意見で自分自身が困惑したところや戸
惑ったところなどのマイナスの影響の両面)」,「(心理支援者役を対象に)ロールプ
レイで心理支援者役として教師役と意見交換する際に,工夫したこと,気を
付けたこと,配慮したこと,および次に,教師役と事例について円滑に話し
合うために工夫・配慮した方が良いと思うこと」,「(教師役を対象に)1回目
のロールプレイで,心理支援者側の話し方・意見の伝え方,話の聴き方,態
度などで良かったところ,および次に心理支援者役と話し合うとしたら,心
理支援者役にどのような工夫や配慮をしてほしいか」を尋ね,自由記述で回
答を求めた。

　プログラム1におけるロールプレイ②後の振り返り(A-6)では,上記の
ほかに,「(心理支援者役を対象に)1回目に比べて2回目のロールプレイで,
教師役と事例について話し合うにあたって,あなたが工夫したところ,配慮
したところ,気をつけたところはどんなところですか? また,2回目のロー

ルプレイでそのような工夫や配慮を行ったことで，教師役との話し合いは，1回目のロールプレイに比べて，どのように変わりましたか？感じた点や気づいた点を自由に記述してください」と質問をした。一方，教師役には，「1回目に比べて，2回目のロールプレイでは，心理支援者との事例の話し合いについて，どのような印象を持ちましたか？事例についての話の進み具合や，心理支援者と話していて感じた印象や感想など，気づいたことを自由に記述してください」と教示し，自由記述で感想を求めた。

　プログラム1の最後（A-8）には，本授業プログラムの感想アンケートを実施した。

⑵シェアリングでの録音データ

　心理支援者役と教師役の振り返りを録音したデータ（A-7で実施）に基づいて学生の気づきや学習体験を捉えることとした。

6）授業プログラム実施手続き

　教育臨床・スクールカウンセリングに関する授業の一環として，「心理支援者と教師の連携に関する授業プログラム〜心理支援者と教師による事例検討場面を中心に〜」と題した授業を実施した。プログラムの実施・進行は筆者が主に担当した。

　本研究で実施した授業プログラムは，もともと教育臨床・スクールカウンセリングに関する授業が行われていた講義の授業時間内に実施した。そのため，当該授業で学ぶべき教育内容・教育目標に沿った内容として位置づくように配慮した。また，心理支援者役の学生は基本的にカウンセリングに関する傾聴等のロールプレイをすでに経験しており，カウンセリングの基礎的な学習は経験済みであった。

　プログラム1（ロールプレイ実習①②）の実施時期は2013年10月であり，所要時間は90分であった。本研究は所属大学の研究倫理審査委員会の承認を得

て行われた。

3．結果と考察

1）プログラム1における尺度得点の変化

　ロールプレイ①②におけるアセスメント共有方略尺度得点，チーム内葛藤尺度得点，事例援助における SC と教師の協働尺度得点の変化について，役柄（対応なし）およびロールプレイ①②（対応あり）を独立変数とした2要因分散分析を行った（Table 7-1）。その結果，「苦労への労い」においてロールプレイの主効果がみられ（$F(1, 20) = 23.4$, $p < .01$），ロールプレイ①＜ロールプレイ②であった。また，「見解の不一致時の対処」においてロールプレイの主効果が有意傾向であり（$F(1, 20) = 4.20$, $p < .10$），また交互作用が有意で（$F(1, 20) = 8.23$, $p < .05$），単純主効果を検討した結果，心理支援者役においてロールプレイ①＜②であった。さらに，アセスメントの共有方略全体として，ロールプレイの主効果が有意であり（$F(1, 20) = 15.20$, $p < .01$），交互作用も有意傾向で（$F(1, 20) = 4.04$, $p < .10$），心理支援者役においてロールプレイ①＜②であった。さらに，事例援助における SC と教師の協働において，役割の主効果（$F(1, 20) = 3.53$, $p < .10$），ロールプレイの主効果がみられ（$F(1, 20) = 6.80$, $p < .05$），多重比較の結果，それぞれ教師役＜心理支援者役，ロールプレイ①＜②であった。それ以外の尺度得点については数値上は変動は見られたものの，統計的な有意差は見られなかった。

　また，ロールプレイ①～②にかけて，尺度得点がプラスあるいはマイナスの方向に変化した学生の人数・割合を算出した（Table 7-2）。その結果，尺度全体を通して，特に，ロールプレイ①から②にかけてプラスの変化が生じている学生の割合が多くみられた。特に心理支援者役の学生にとっては全ての尺度において半数以上の学生がロールプレイ①から②にかけて共有方略や教師役との協働に肯定的な変化を感じていることが示された。教師役も，ロールプレイ①から②にかけて，特に，「見解の不一致時の対処」や「チーム

Table 7-1　ロールプレイ①から②にかけての尺度得点の変化

		プログラム1：ロールプレイ実習①②		役柄	ロールプレイ	交互作用
		ロールプレイ①	ロールプレイ②	F値	F値	F値
積極的かつ迅速な情報・意見交換						
心理支援者役（$N=11$）	M	4.18	4.46			
	SD	.56	.35			
教師役（$N=11$）	M	4.18	4.23	n.s.	n.s.	n.s.
	SD	.68	.61			
全体（$N=22$）	M	4.18	4.34			
	SD	.61	.50			
苦労への労い						
心理支援者役（$N=11$）	M	2.32	4.23			
	SD	1.17	.68			
教師役（$N=11$）	M	2.55	3.45	n.s.	23.40** (①<②)	n.s.
	SD	1.11	1.39			
全体（$N=22$）	M	2.43	3.84			
	SD	1.12	1.14			
専門的見解の伝達						
心理支援者役（$N=11$）	M	4.05	4.32			
	SD	.61	.51			
教師役（$N=11$）	M	3.91	4.14	n.s.	n.s.	n.s.
	SD	.94	.74			
全体（$N=22$）	M	3.98	4.23			
	SD	.78	.63			
見解の不一致時の対処						
心理支援者役（$N=11$）	M	3.59	4.41			
	SD	.77	.58			
教師役（$N=11$）	M	3.95	3.82	n.s.	4.20† (①<②)	8.23* (心理：①<②)
	SD	.79	1.10			
全体（$N=22$）	M	3.77	4.11			
	SD	.78	.91			

アセスメントの共有方略

心理支援者役 ($N=11$)	M	3.54	4.35			
	SD	.48	.34			
教師役 ($N=11$)	M	3.65	3.91	*n.s.*	15.20**	4.04†
	SD	.55	.59		(①<②)	(心理：①<②)
全体 ($N=22$)	M	3.59	4.13			
	SD	.51	.52			

チーム内葛藤

心理支援者役	M	2.27	2.07			
	SD	.96	.90			
教師役	M	2.11	2.35	*n.s.*	*n.s.*	*n.s.*
	SD	.87	.84			
全体	M	2.19	2.21			
	SD	.90	.86			

事例援助における協働

心理支援者役	M	3.96	4.56			
	SD	.66	.25			
教師役	M	3.82	4.04	3.53†	6.80*	*n.s.*
	SD	.64	.58	(教師<心理)	(①<②)	
全体	M	3.89	4.30			
	SD	.64	.51			

$^\dagger p<.10,$ *$p<.05,$ **$p<.01$

　内葛藤」を除いて，全ての尺度において半数以上が心理支援者役とのロールプレイにおいて肯定的な変化を感じていることが示された。

Table 7-2　ロールプレイ①から②にかけての尺度得点の変化に関する学生数・割合

尺度		人数	%
		ロールプレイ①から ロールプレイ②への 変化	
積極的かつ迅速な情報・意見交換			
全体（$N=22$）	プラス	12	54.55
	マイナス	6	27.27
	変化なし	4	18.18
心理支援者役（$N=11$）	プラス	6	54.55
	マイナス	3	27.27
	変化なし	2	18.18
教師役（$N=11$）	プラス	6	54.55
	マイナス	3	27.27
	変化なし	2	18.18
苦労への労い			
全体（$N=22$）	プラス	18	81.82
	マイナス	4	18.18
	変化なし	0	0.00
心理支援者役（$N=11$）	プラス	11	100.00
	マイナス	0	0.00
	変化なし	0	0.00
教師役（$N=11$）	プラス	7	63.64
	マイナス	4	36.36
	変化なし	0	0.00
専門的見解の伝達			
全体（$N=22$）	プラス	12	54.55
	マイナス	6	27.27
	変化なし	4	18.18
心理支援者役（$N=11$）	プラス	6	54.55
	マイナス	3	27.27
	変化なし	2	18.18
教師役（$N=11$）	プラス	6	54.55
	マイナス	3	27.27
	変化なし	2	18.18
見解の不一致時の対処			
全体（$N=22$）	プラス	12	54.55
	マイナス	3	13.64
	変化なし	7	31.82

心理支援者役（$N=11$）	プラス	9	81.82
	マイナス	0	0.00
	変化なし	2	18.18
教師役（$N=11$）	プラス	3	27.27
	マイナス	3	27.27
	変化なし	5	45.45
アセスメントの共有方略			
全体（$N=22$）	プラス	17	77.27
	マイナス	4	18.18
	変化なし	1	4.55
心理支援者役（$N=11$）	プラス	10	90.91
	マイナス	0	0.00
	変化なし	1	9.09
教師役（$N=11$）	プラス	7	63.64
	マイナス	4	36.36
	変化なし	0	0.00
チーム内葛藤			
全体（$N=22$）	プラス	11	50.00
	マイナス	10	45.45
	変化なし	1	4.55
心理支援者役（$N=11$）	プラス	7	63.64
	マイナス	4	36.36
	変化なし	0	0.00
教師役（$N=11$）	プラス	4	36.36
	マイナス	6	54.55
	変化なし	1	9.09
事例援助における協働			
全体（$N=22$）	プラス	15	68.18
	マイナス	6	27.27
	変化なし	1	4.55
心理支援者役（$N=11$）	プラス	8	72.73
	マイナス	2	18.18
	変化なし	1	9.09
教師役（$N=11$）	プラス	7	63.64
	マイナス	4	36.36
	変化なし	0	0.00

2）プログラム1における質的データに基づく効果検討

⑴心理支援者役と教師役の事例に関する情報や理解・方針の違いに関する記述

　心理支援者役と教師役の事例の情報，問題の捉え方，援助の方針について，対象者がどのような違いを認識していたかに関する記述内容を整理・分析した。記述内容の整理・分析にあたっては同一対象者が質の異なる記述をしていた場合はそれぞれのカテゴリーに分類し，同じカテゴリーに言及した記述が複数あっても一人あたり1カウントとした。以下，質問紙の自由記述に関するデータの整理・分析はこの方法に基づいて実施した。

　その結果を示したのが Table 7-3 である。全体としては主に事例に関してそれぞれの職種で有している情報が異なること，事例に対してどのような問題理解をしているか，またどのような援助方針が必要かという点で心理支援者役と教師役で違いを感じている点が示された。また，情報交換を中心とす

Table 7-3　ロールプレイ①②における事例情報，理解，方針等の相違に関する気づき

職種間の相違に関する記述内容		ロールプレイ①		ロールプレイ②	
		度数	%	度数	%
事例に関する情報の相違	心理支援者役	1	4.00	2	7.41
	教師役	1	4.00	3	11.11
問題理解の相違	心理支援者役	6	24.00	11	40.74
	教師役	3	12.00	2	7.41
援助方針の相違	心理支援者役	5	20.00	1	3.70
	教師役	6	24.00	4	14.81
話の進め方の相違	心理支援者役	1	4.00	0	0.00
	教師役	2	8.00	1	3.70
無回答・相違を感じていない	心理支援者役	0	0.00	1	3.70
	教師役	0	0.00	2	7.41
合計	心理支援者役	13	52.00	15	55.56
	教師役	12	48.00	12	44.44
	総計	25	100.00	27	100.00

るのか援助案を様々に考えるのかなど，話し合いの進め方について認識の違いを感じている学生も見られた。特に，事例検討において事例の問題状況をどのように捉えるか，援助方針をどのように設定するかについては心理支援者役と教師役で多くの違いを認識していた可能性がある。さらに，ロールプレイ①から②にかけて，心理支援者役として「問題理解の違い」の記述数が増加し，「援助方針の違い」の記述数は減少していた。

(2)心理支援者役および教師役が相互に受けた影響

　次に，心理支援者役および教師役の双方が，相手が有する事例に関する情報，問題の捉え方，援助方針の考え方によって自分自身が受けた影響にはどのようなものがあったかを尋ねた。各役割の学生の記述内容を分類した結果，以下のような結果が得られた（Table 7-4）。

　ロールプレイ①②において，他職種から受けたプラスの影響としては，心理支援者役も教師役も，双方が互いに有する情報を交換し合うことで，相互に事例に関する新たな情報を得ることができたこと（事例情報の獲得），今後どのように事例を援助していけばよいのか新たな方針・方策を得ることができたこと（新たな援助方針）などに関する回答が多く得られた。

　特に教師役においては，心理支援者役と事例検討を行うことで今まで理解していたものとは異なる新たな問題理解の視点が得られたこと（新たな問題理解），心理支援者役と共に事例について話し合うことで安心や前向きな気持ちになることができたこと（安心感・前向きな気持ち），心理支援者側による配慮や事例の子どもを理解・援助していきたい熱意・姿勢を感じることができたこと（他職種の配慮・熱意），教師役として迷いを抱えながら関与している事例に対して，これまでの理解・方針を肯定的に支持され自信を持って関与できる感覚が得られたこと（理解・方針への自信と確証）などに関する記述がみられた。ロールプレイ①から②にかけて心理支援者役の「事例情報の獲得」および教師役の「新たな援助方針」の記述数は減少し，一方では教師

Table 7-4　ロールプレイ①②における他職種から受けたプラスの影響

他職種から受けたプラスの影響に関する記述内容		ロールプレイ①		ロールプレイ②	
		度数	%	度数	%
事例情報の獲得	心理支援者役	13	30.95	7	17.07
	教師役	5	11.90	4	9.76
新たな問題理解	心理支援者役	0	0.00	1	2.44
	教師役	3	7.14	5	12.20
新たな援助方針	心理支援者役	6	14.29	3	7.32
	教師役	7	16.67	4	9.76
安心感・前向きな気持ち	心理支援者役	1	2.38	1	2.44
	教師役	4	9.52	4	9.76
他職種の配慮・熱意	心理支援者役	0	0.00	0	0.00
	教師役	1	2.38	4	9.76
理解・方針の違いの発見	心理支援者役	0	0.00	3	7.32
	教師役	0	0.00	0	0.00
理解・方針への自信と確証	心理支援者役	0	0.00	1	2.44
	教師役	1	2.38	3	7.32
理解・方針の反省的振り返り	心理支援者役	0	0.00	0	0.00
	教師役	1	2.38	1	2.44
合計	心理支援者役	20	47.62	16	39.02
	教師役	22	52.38	25	60.98
	総計	42	100.00	41	100.00

役の「他職種の配慮・熱意」および心理支援者役の「理解・方針の違いの発見」には増加傾向が見られた。

　一方，ロールプレイ①②において他職種から受けたマイナスの影響として（Table 7-5），心理支援者役は教師役の考える援助方針と自身の考える援助方針をすり合わせ，共有することに難しさを感じ（援助方針の共有の難しさ），一方，教師役にとっては，現在考えている援助を進めることで本当に子どものためになるのか，具体的にどのように援助を進めていけばよいのか不安や焦り，戸惑いを感じたという記述や（援助への不安・焦り・戸惑い），自身の知

Table 7-5　ロールプレイ①②における他職種から受けたマイナスの影響

他職種から受けたマイナスの影響に関する記述内容		ロールプレイ①		ロールプレイ②	
		度数	%	度数	%
援助方針の共有の難しさ	心理支援者役	5	20.83	4	19.05
	教師役	0	0.00	0	0.00
援助への不安・焦り・戸惑い	心理支援者役	1	4.17	2	9.52
	教師役	4	16.67	4	19.05
事例情報に関する不信・戸惑い	心理支援者役	3	12.50	1	4.76
	教師役	4	16.67	5	23.81
率直な意見交換の難しさ	心理支援者役	0	0.00	0	0.00
	教師役	1	4.17	0	0.00
なし・無回答	心理支援者役	2	8.33	4	19.05
	教師役	4	16.67	1	4.76
合計	心理支援者役	11	45.83	11	52.38
	教師役	13	54.17	10	47.62
	総計	24	100.00	21	100.00

らない生徒に関する情報を心理支援者役から知らされることで不信や戸惑いを覚えたり，他に持っている情報は無いのかなどの気持ちを感じる記述もみられた（事例情報に関する不信・戸惑い）。このマイナスの影響についてはロールプレイ①から②にかけて具体的な記述数に大きな変化は見られなかった。

(3)ロールプレイ①から②にかけての双方の話し合いの変化

　また，ロールプレイ①と②において心理支援者役に自由記述式の質問項目を用いて，「教師役と意見交換する際に，工夫したこと，気を付けたこと，効果的だったと思うことはどんなことか」，「次に，教師役と事例について円滑に話し合うために，工夫・配慮した方が良いと思うことはどんなことか」を尋ね，一方，教師役には「心理支援者側の話し方，意見の伝え方・聴き方，態度などで良かったところはどのようなところか」，「次に心理支援者と話し

合うとしたら，心理支援者にどのような工夫や配慮をしてほしいと思うか」
を尋ねた。

　以上の記述内容を分類してカウントした結果を示したのが Table 7-6 であ
る。心理支援者役はあいづち，うなずきなど基本的な傾聴技術を用いて教師
役と情報交換を行うこと（傾聴），教師役との事例検討の際に丁寧かつ対等
に話し合いを進めること（丁寧かつ対等な話し合い）などを中心的に配慮して
いたことが示された。一方，教師役は，心理支援者役のロールプレイ①での
対応で良かった点として，「傾聴」や「情報・理解・方針の伝達」を多くあ
げており，それらの態度に対して肯定的に感じていたことが示された。

　さらに，心理支援者役としては，ロールプレイ②に向けて配慮したい点と
して，教師役が抱えている事例に向き合う際の苦労や困難へ気を配ること
（苦労・困惑への配慮），心理支援者側からの事例に関する率直な情報・意見を
伝達すること（情報・理解・方針の伝達），さらに，事例に対してどのように
援助方針を立てて共有していくか（援助方針の共有・具体化・分担）を多く目
標として設定したことが示された。一方，教師役は，苦労・困惑への配慮，
援助方針の共有・具体化・分担などを心理支援者役側に求める回答が得られ
た。

　また，ロールプレイ②で心理支援者役が特に留意した点とそれに伴う話し
合いの変化の印象について自由記述式の質問項目で尋ね，一方，教師役に対
しては，ロールプレイ②における心理支援者役との話し合いの印象を尋ねた。
その記述内容を分類した結果が Table 7-7 である。この結果に示されるよう
に，ロールプレイ②で心理支援者役は「苦労・困惑への配慮」，「情報・理
解・方針の伝達」，「傾聴」に特に配慮できていたと認識していることが示さ
れた。さらに，その結果としてどのように話し合いが進んだかについて心理
支援者役は，「情報・理解・方針の共有と分担ができた」，「スムーズな話し
合いができた」などの結果を多く認識していた。教師役は，ロールプレイ②
において「スムーズな話し合いができた」，「傾聴され，自らの考え・意見を

Table 7-6　ロールプレイ①から②に向けての心理支援者役と教師役の意識

記述内容	ロールプレイ①で教師役と意見交換する際に配慮したこと（心理支援者役）		ロールプレイ①で心理支援者役側の話し方・話の聴き方，態度などで良かったところ（教師役）		ロールプレイ②で配慮したいこと（心理支援者役）		ロールプレイ②で心理支援者役に臨むこと（教師役）	
	度数	%	度数	%	度数	%	度数	%
傾聴	8	100.00	10	52.63	0	0.00	2	20.00
苦労・困惑への配慮	0	0.00	0	0.00	6	35.29	3	30.00
情報・理解・方針の伝達	4	50.00	6	31.58	4	23.53	0	0.00
丁寧かつ対等な話し合い	5	62.50	2	10.53	0	0.00	1	10.00
援助方針の共有・具体化・分担	1	12.50	1	5.26	5	29.41	3	30.00
話し合いの整理・確認	0	0.00	0	0.00	2	11.76	1	10.00
合計	18	100.00	19	100.00	17	100.00	10	100.00

Table 7-7　ロールプレイ②での心理支援者役と教師役の体験

ロールプレイ②で配慮できたこと（心理支援者役）			ロールプレイ①に比べ，教師との話し合いがどのように変わったか（心理支援者役）			ロールプレイ②の心理支援者役との話し合いの印象（教師役）		
	度数	%		度数	%		度数	%
苦労・困惑への配慮	7	35.00	情報・理解・方針の共有と分担ができた	12	60.00	スムーズな話し合いができた	4	28.57
情報・理解・方針の伝達	6	30.00	互いの立場を尊重することができた	2	10.00	傾聴・受容してもらえた	5	35.71
傾聴	5	25.00	スムーズな話し合いができた	3	15.00	援助の方向性を共有できた	2	14.29
援助方針の共有・具体化・分担	2	10.00	負担感が減少した	1	5.00	援助方針への戸惑い・困惑が生じた	3	21.43
意見・考えを押し付けない	0	0.00	自己の立場の揺らぎが生じた	1	5.00			
		0.00	変化なし	1	5.00			
合計	20	100.00		20	100.00		14	100.00

受容してもらえた」という回答が多く得られた一方で，ロールプレイ②においても，心理支援者役と話し合って援助方針に向けての戸惑い，あるいは困惑を感じていることが示された。

　以上から，基本的な傾聴に関しては心理支援者役も教師役もロールプレイ①において肯定的な評価がなされていた一方，心理支援者役はロールプレイ②に向けて教師役の苦労や困難を配慮ことや，事例に関する情報，自身の問題理解，援助の方針について伝達していくことを心がけ実行したことで，結果的にロールプレイ②では，情報・理解・方針の共有やスムーズな話し合いにつながっていたと考えることができる。

⑷プログラム 1 に関する感想

　プログラム 1 （ロールプレイ実習①②）において，心理支援者役および教師役の双方に，（心理支援者が学校現場で教師と連携することを想定した場合）本授業の内容で役立つと感じた点について自由記述で回答を求めた。その結果の要点をまとめると以下のような記述がみられた。「職種（役柄）への理解の深まった（心理支援者役 6 名，教師役 5 名）」，「職種間の事例に対する考え方の違いが理解できた（心理支援者 3 名，教師役 4 名）」，「他職種への配慮が必要ということが理解できた（心理支援者役 3 名，教師役 0 名）」，「今後の自分の活動に活かしていきたい（心理支援者役 3 名，教師役 2 名)」，「自分自身の面接中の課題について反省・振り返ることができた（心理支援者役 3 名，教師役 2 名)」，「情報共有や自分の意見を率直に伝えることが重要とわかった（心理支援者役 4 名，教師役 1 名)」，「傾聴することや相手の立場を尊重することが大切と感じた（心理支援者役 2 名，教師役 2 名)」などの回答が得られた。全体を通して，本授業プログラムで学んでほしい点や，アセスメントを基盤とした協働的援助において学ぶ必要のある点が感想として示されていると考えられる。

⑸プログラム 1 全体を通しての学生の学び

　全体を通して心理支援者役の学生にとって，教師役に対する「苦労・困惑への配慮ができた」，「情報・理解・方針の共有と分担ができた」などの学びが展開され，一方，教師役にとっても「事例に関する情報や新たな問題理解が得られた」，「スムーズな話し合いができた」，「教師役の事例に対する気持ちを傾聴・受容してもらえた」などの効果を感じていることが示された。以上の結果から特に心理支援者役の学生にとっては，カウンセリングにおける基本的な傾聴姿勢に加え，本研究で焦点を当てた教師役とのアセスメントの共有を踏まえて事例理解を深めることの重要性を感じ，それをある程度ロールプレイ上で実践できていたと考えられる。しかし，その一方では，心理支援者役・教師役双方にとって，援助方針の構築まで検討を進め，すり合わせることへの困難感なども多く指摘された。

　以上の成功・困難経験に基づき，プログラム 1（ロールプレイ実習①②）での体験を，詳細に振り返りながら，各学生にとっての学習体験をさらに深める必要があると考えられる。

第 3 節　教育訓練プログラムの実践と効果検討②（研究4-2）

1．目的

　【研究4-1】（プログラム 1：ロールプレイ実習①②）での体験を詳細に振り返りながら，心理支援者役の学生が教師役の学生と協働的に事例に関与するための知識・技能についての学習体験を深めること（プログラム 2：ロールプレイ実習①②の振り返り面接）を目的とした。

2．方法

1）対象

　【研究4-1】と同様の大学生・大学院生22名であった。各学生それぞれ，心理支援者役および教師役の役柄と組み合わせのペアについても，【研究4-1】

と同様であった。

2）プログラム2の手続き

　【研究4-2】におけるプログラム2（ロールプレイ実習①②の振り返り面接）では，プログラム1でのロールプレイ①②（A-2，A-5）およびシェアリング（A-7）の録音データを振り返りながら，特に心理支援者役にとって教師役との情報・意見交換，事例検討のあり方について振り返る学習体験となるよう構成した。プログラムの具体的な流れについてはFigure 7-2に示した。

　プログラム2（ロールプレイ実習①②の振り返り面接）の実施時期は2013年11月であり，所要時間は心理支援者役 - 教師役のペアごとに60分であった。本研究は所属大学の研究倫理審査委員会の承認を得て行われた。

B-1：導入と説明（5分）

　プログラム1のロールプレイ①②で録音したデータを聴きながら，どのような印象や感想を持ったか，特に心理支援者役が教師役と協働するためにど

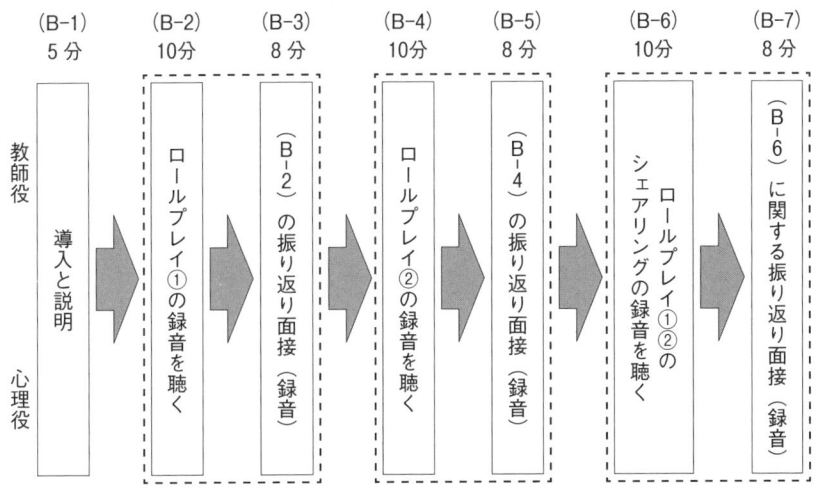

Figure 7-2　プログラム2（ロールプレイ実習①②の振り返り面接）の流れ（60分）

のような点が良かったか，どのような工夫や配慮をすれば，より効果的な事例理解・援助方針の構築につながるかを振り返る面接を行うことを説明した。

B-2：ロールプレイ①（A-2）の録音を聴く（10分）

プログラム1におけるロールプレイ①（A-2）において，IC レコーダーで録音したデータを再生し，心理支援者役と教師役で10分間，各自のやり取りを聴いてもらった。

B-3：B-2の振り返り（8分）

IC レコーダーで聴いた各自のロールプレイにおける録音データを聴いたうえで，教師役と心理支援者役を対象とした振り返り面接を行った。基本的には，教師役と心理支援者役で，「録音を聞いて改めて気づいたこと，感じたこと」，「心理支援者役の良かったところや，改善するともっと良く教師役と話し合いを進め事例理解を深めていくことができると思われるところ」を振り返えるよう教示した。なお，その際，筆者がインタビュアーの役割として，教師役と心理支援者役の振り返りが円滑に進むよう適宜，質問やコメントを行った。これは，心理支援者役と教師役の学生のみに振り返りを任せるのではなく，この振り返り面接の過程を通して，心理支援者役にとって教師役との事例に関する意見交換や協働するための学習体験につながるような質問やコメントをすることを意図したためである。インタビュアー（筆者）の基本的な姿勢としては，先述のように「心理支援者役の良かった点や，改善するともっと良く教師役と話し合いを進め事例理解を深めていくことができると思われる点」を適宜コメントするようにした。この際，各学生に固有の長所や課題を見出し，振り返り面接が学生にとっての学習体験となるよう配慮した。ここでの会話は，IC レコーダーに録音をした。

B-4：ロールプレイ②（A-5）の録音を聴く（10分）

B-2同様，プログラム1のロールプレイ②（A-5）において IC レコーダーで録音したデータを再生し，心理支援者役と教師役で10分間，各自のやり取りを聴いてもらった。

B-5：ロールプレイ②の振り返り（8分）

B-3 と同様の手続きで振り返り面接を行った。

B-6：シェアリングの録音を聴く（10分）

プログラム1における教師役と心理支援者役によるロールプレイ①②のシェアリング（A-7）で録音したデータを再生し，心理支援者役と教師役で，各自のやり取りを聴いてもらった。

B-7：シェアリングの振り返り（8分）

B-3，B-5 と同様の手続きで振り返りを行った。

3）効果指標

ロールプレイ①②の録音を聴いた上で行った振り返り面接（B-3，B-5，B-7）を IC レコーダーに録音した。ここでの振り返りで語られた内容を，学生の振り返り体験に関する効果指標とした。

3．結果と考察

1）プログラム2における心理支援者役の振り返り内容

心理支援者役11名の振り返り面接全体（B-3，B-5，B-7）の要点をまとめると，以下の点として整理できる。

第一に，基本的な情報交換の重要性やその際の話し合い方に関する振り返りである。具体的には，「なるべく多くの情報をシェアする意識を十分に持つことができた。その都度，話を整理する作業も必要と感じた」，「それぞれ持っている情報や生徒を見る視点が違うため，情報共有して，生徒理解を深めることが大切と思った」，「次から次へと話や情報提供するのではなく，考える"間"を意識して話し合うことが大切と感じた。考える"間"があると，事例情報を整理・消化できる」などの振り返りがみられた。【研究1】や各種先行研究にも示されるように，心理専門職と教師では事例に対して有する情報や着眼する視点に相違があるため，それらを補い合うように情報交換す

ることで，包括的な事例理解の発展につながると考えられる。また【研究2】や【研究3】においても，積極的な事例情報に関する意見交換を行うことや，各職種の視点を相互に取り入れることで事例理解が発展する可能性が見出されている。以上を踏まえると，上記の学生の体験は，アセスメントを基盤とした職種間協働の基本姿勢に関する重要な振り返りであると考えられる。

　第二に，対象となる教師役への配慮の必要性に関する振り返りである。具体的には，「教師のことを認めていくことや，相手の情報・意見もしっかり聞いて参考にしつつ，自分の情報・意見も伝えることが大切と感じた」，「教師に情報を与えるだけではなく，教師の立場も考えて話をすることで，スムーズな情報・意見交換をすることができる」，「教師のことを一人の人間として大切にする意識が大切と思った。教師を情報を引き出すものではなく一人の人間として大切にすることで，聴く姿勢が穏やかになり，スムーズな情報・意見交換をすることができることがわかった」，「生徒中心で教師にアドバイスするよりも，教師の立場を考えながら教師と事例について一緒に考えていく態度が大切と感じた」，「教師の立場に理解の気持ちを示しながら，話をすることが大切と感じた」，「教師への労いや，教師の中で出来ていること積極的に伝えることが大切と思った」などのように，事例の生徒のことばかりに目を向けるのではなく，教師役と共に事例に関与していこうとする姿勢の重要性について気づく振り返りが見られた。【研究2】においても，職種間協働において苦労への労いが1つの重要なアセスメント共有方略であり，互いの苦労を分かち合えるような関係づくりや話し合い方によって，結果的に事例理解が進んだり，協働的に事例に関与している感覚が促進されることが示されている。以上を踏まえると，上記の学生の体験は，アセスメントを基盤とした職種間協働の基本姿勢に関する重要な振り返りであると考えられる。

　第三に，今後の援助方針について話し合うことの重要性である。具体的には，「生徒に関する情報をシェアして終わるのではなく，今後どうしていっ

たらよいのか，具体的な援助の方向性まで話し合うことが必要と感じた。教師としてできること，心理支援者として何ができるかを確認できると良いと感じた」「教師役の代わりに自分が何ができるかではなく，心理支援者役の立場として何ができるかを意識して話し合うことが重要と思った。その場で指針を示せなくても，継続的に生徒へのより良い対応・対策について考えていく意思を伝えることが重要と感じた」などの振り返りが見られた。【研究4-1】の振り返りシートの回答でも示されるように，教師役も援助方針を話し合い，定めていくことを事例援助の前提として求めている。【研究3】においても心理専門職としての見解を伝えつつ，教師の考えを取り入れながら相互の支援を踏まえた理解・方針を構築する姿勢が重要であることが示されている。以上を踏まえると，心理支援者にとって教師と共に援助方針を創り上げる意識を高く持つことの重要性について学生の振り返りが見られたと考えられる。

　第四に，「教師主導で進める中で，心理支援者役ならではの意見を伝えるのが難しいと感じた。心理支援者役の意見もすんなりと伝わらない状況の中でも，耐え抜く力が必要と感じた」といったように，教師役と事例検討を行う中での難しさや葛藤に対する気づきと，それらを含めて協働的に事例に関与していこうとする姿勢が見られた。【研究3】の結果にも示されるように，相互のアセスメントの共有の際には，事例理解や援助方針に関する肯定的影響だけでなく，見解の相違に伴う葛藤やジレンマが生じることがある。それらの葛藤を持ちながらも教師役と事例に関与していこうとする姿勢は，心理支援者役として重要な振り返り体験であると考えられる。

2）プログラム2における教師役の振り返り内容

　教師役11名の振り返り全体（B-3，B-5，B-7）の要点をまとめると，以下の点として整理できる。
　第一に，心理支援者役の話し方に関する基本姿勢についての振り返りであ

る。具体的には，「あいづち，うなずきなど，非言語的に丁寧に聴く姿勢が良かった。落ち着いた態度・トーンで話をする姿勢が誠実に感じた」，「教師役の話を簡単にまとめて返していく聴き方（要約）が良かった」などの振り返りが見られた。心理支援者役の学生は先述のように傾聴スキルなど基本的なカウンセリング学習を学び，学校現場での心理支援に携わった経験のある学生である。これらの基本姿勢が，事例の効果的な情報交換や事例検討の前提として重要であることが教師役から語られたと考えられる。

　第二に，教師役への配慮についての振り返りである。具体的には「教師役の立場を考えながら一緒に考えていく態度を示してもらえると，生徒理解のための部品・ピースを丁寧に集めて，援助方針まで考えることができる」，「教師役は，教師役に話さないことを生徒が心理支援者役に話すことでショックを受けることもある。生徒が教師役に話をしなかった理由などを含めて情報提供してもらえると，ショックも和らぐかもしれない」，「生徒のことをどうにかする意識だけでなく，教師役の苦労を労ったり，教師役の思いや良いところを認めることが必要と思う。そのような姿勢によって，結果的に心理支援者役の意見も教師役に伝わりやすくなる」，「労いの言葉が欲しい状況と，特に必要の無い状況がある。あれこれ手を尽くしているのに生徒がなかなか改善しなくて困っている時には，労いは欲しい」，「教師役よりも生徒のことを理解しているかのような態度は控えた方が良い。日々の生活で生徒のことを見ている主役はやはり教師役であるため，心理支援者役は立ち位置が教師役の横か，少し下になるくらいが丁度良い」などの振り返りがみられた。以上に示されるように，心理支援者役にとっては事例の問題解決に向けての意見交換を単に積み重ねれば良いというのではなく，協働する教師役への労い，配慮を積み重ねることが，結果的にスムーズな情報交換，事例理解の共有の基礎となると考えられる。

　第三に，職種間で事例検討することの利点や意義に関する振り返りである。具体的には，「教師役が知らない生徒に関する情報，教師役では捉えきれな

い生徒の様々な情報・側面を教えてもらえるのは助かった。その際，教師役が話題に出さない側面にも積極的に目を向けてもらえると良い（例：教師役が家庭状況の話ばかりをしていても，心理支援者役から，その他の友達関係や，学習面などの側面を尋ねてもらえると，生徒理解が深まる）」，「心理支援者役が知り得る情報は，出来る限り伝えてもらうと生徒理解が深まって助かる」，「色々な情報を整理して，具体的な援助方針・対応策まで話し合えると良い。ただ，生徒の抱える問題はすぐに解決できるようなものばかりとは限らない。教師役も焦ってしまうが，長期的な目線で丁寧に支援することが大切と話し合うことも重要と思う。その際，教師役にできることだけでなく，心理支援者役の立場からどのような支援ができるかを伝えてもらえると良い」，「教師役の話を聴きながらも，受け身ではなく心理支援者役ならではの情報や意見を率直に教師役に伝える姿勢が大切と感じた。教師役を評価するような言い方でなければ，ある程度関係を築いた上で，心理支援者役の意見を伝えることは重要と思う」，「教師役として自分にできること，できないことを確認する意見交換ができて良かった。また，心理支援者として何ができるか，教師役のことを具体的にフォローしてくれるアイデアが良かった」などの振り返りが見られた。教師役は協働的援助にあたって，心理支援者役に対して，より包括的で深みのある事例理解に向けての情報交換や，今後の援助の方向性を左右する方針に関する話し合いを期待していると考えられる。

3）心理支援者役および教師役のロールプレイ実習①②の振り返り内容のまとめ

　以上のプログラム 2 における振り返り内容を要約すると，心理支援者役が教師と円滑に事例検討し，効果的な協働へとつなげていくために，以下の点が重要であることが明らかとなった。

　第一に聴く姿勢・態度（うなずき，あいづち，相手を見る，繰り返し…など）」が基本として重要であること，第二に生徒のことだけでなく教師のことも一

人の人間として大切に話をすること，第三に教師と対等か少し下くらいの立場・姿勢で話し合うこと，第四に生徒理解を包括的に膨らませるように幅広く丁寧な情報交換を意識すること，第五に情報共有に加えて，事例の問題解決につなげるための今後の援助方針を共に考えること，第六に教師との意見の相違・葛藤も引き受ける意識をもちつつ，教師と共に協働できるところを探すという点である。

　以上の振り返りを定着させるため，このプログラム2で認識を深めた学習体験を踏まえ，再度，心理支援者役にとって教師役との情報交換・事例検討の訓練につなげる必要がある。

第4節　教育訓練プログラムの実践と効果検討③（研究4-3）

1．目的

　【研究4-1】（プログラム1：ロールプレイ実習①②）および【研究4-2】（プログラム2：ロールプレイ実習①②の振り返り面接）を踏まえ，再度，心理支援者役として教師役と協働的に事例に関与するためのロールプレイ実習を実施し，学生にとっての学習体験，およびプログラムの有効性や課題について検討する。

2．方法
1）対象

　【研究4-1，4-2】と同様の大学生・大学院生22名であった。各学生それぞれの役柄の変更は行わなかったが，様々な相手とのロールプレイ実習の経験を積んでもらうため，【研究4-1，4-2】とは異なるペアに組み換えた。

2）プログラム3（ロールプレイ実習③④）の内容

　プログラム1・2を経て，それまでの学びや体験を活かしながら，プログラム3のロールプレイ実習③④へと進む構成とした。プログラム3全体の流れを Figure 7-3 に示した。特に，心理支援者役への説明（C-1，資料2，3）

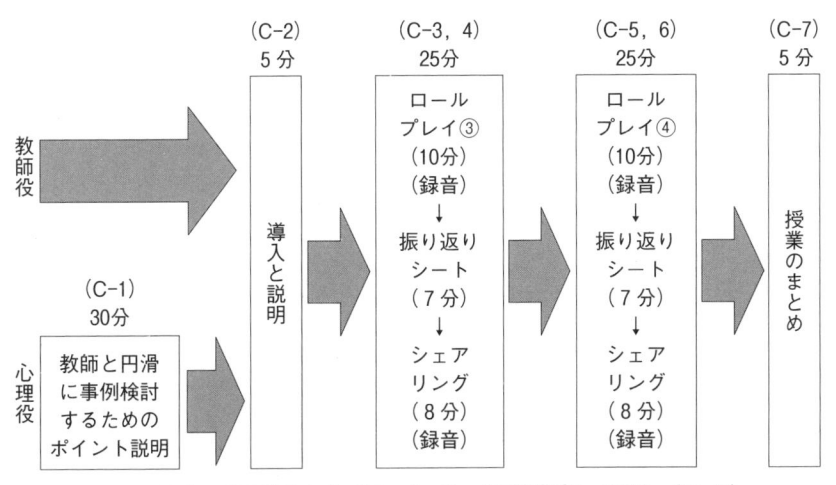

Figure 7-3　プログラム 3 （ロールプレイ実習③④）の流れ（90 分）

では，プログラム 1 および 2 を通して得られた心理支援者役の学生全体に共通した成功体験や課題点に加え，各学生個々人の特性に合った学習体験につながる内容も含めた。

C-1：心理支援者役を対象とした教師役と円滑に事例検討するポイントの説明（30分）

資料 2 を用いて心理支援者役を対象に，教師役と円滑に事例検討するためのポイントに関する説明を実施した（教師役には続く（C-2）導入と説明から参加してもらうよう時間設定した）。資料 2 は，プログラム 1 で説明した資料 1 の内容に加え，プログラム 2 の振り返り面接を通して得られた教師役と円滑に事例検討を行うためのポイントを筆者が整理し，心理支援者役の学生全体の学びにつながるよう構成したものである。

　しかし，心理支援者役の学生の学びや長所，課題には個人差があり，それに応じた学習体験が必要である。そこで資料 3 では，個別のインタビュー振り返り内容の確認として，心理支援者役それぞれ個別の特徴・課題を記述した。その上で，可能な限り各学生の教育体験を促し励ますよう授業者（筆

者）からのコメントを記述し，最後に，プログラム3（ロールプレイ実習③④）での個々人の目標設定を行ってもらうように教示した。

C-2：授業の導入と説明（5分）

プログラム1（ロールプレイ実習①②）同様，教師役と心理支援者役の円滑な情報・意見交換に関するロールプレイ実習として説明した。ロールプレイの実施と振り返りシートの記入，シェアリングを計2回実施する今回の授業の流れを説明し，改めて倫理的配慮やロールプレイやシェアリングでのICレコーダーによる録音の可否について確認をとった。

なお，各学生にとって様々な相手とロールプレイを行うことによって学習体験の幅を広げるため，プログラム1およびプログラム2で設定した心理支援者役と教師役のペアを組みかえて，新しくペアを設定した。

C-3：ロールプレイ③の実施（10分）

事例シナリオとして心理支援者役用および教師役用のシナリオを作成し，配布した。心理支援者役，教師役にはそれぞれの役柄を押さえつつ，ロールプレイに臨んでもらえるよう教示した。なお，事例シナリオの実施順序による学習体験に違いが生じる影響を考慮し，心理支援者役6名と教師役6名（計12）には不安・緊張事例をロールプレイ③で実施し，いじめ事例をロールプレイ④で実施した。一方，心理支援者役5名と教師役5名（計10名）にはいじめ事例をロールプレイ③で，不安・緊張事例をロールプレイ④で実施した。ここでの会話は，ペアごとにICレコーダーに録音をした。

C-4：ロールプレイ③の振り返り（15分）

振り返りシートの記入と（7分），その後，心理支援者役と教師役でシェアリング（8分）を行ってもらった（計15分）。特にシェアリングで振り返ってもらう内容は以下の通りであった。ロールプレイ③の振り返りとして，「ロールプレイを行ってみて，思ったこと，感じたこと」，「心理支援者役が教師役と情報・意見交換する際に，工夫・配慮したことや難しかったところ」，「教師役からみて心理支援者役の良かったところ，改善すると良いとこ

ろ」，さらに，ロールプレイ④に向けて「心理支援者役が教師役と話し合うために，工夫・配慮したいこと」，「教師役が心理支援者役に工夫・配慮してほしいこと」をシェアリングしてもらうようにした。ここでのシェアリングの会話は，ペアごとに IC レコーダーに録音をした。

C-5：ロールプレイ④の実施（10分）

再度，ロールプレイ④を行った。その他の手続きは（C-3）と同様であった。

C-6：ロールプレイ④の振り返り（15分）

振り返りシートの記入と（7分），その後，心理支援者役と教師役でシェアリング（8分）を行ってもらった（計15分）。ロールプレイ④の振り返りとして，「ロールプレイを行ってみて，思ったこと，感じたこと（特にロールプレイ③と比べてどう思ったか，感じたかを中心に）」，「心理支援者役にとって教師役と情報・意見交換する際に，工夫・配慮したことや難しかったところ」，「教師役にとって，心理支援者役の良かったところ，今後教師と話をしていく際に改善すると良いと思われるところ」をシェアリングしてもらうようにした。ここでのシェアリングの会話は，ペアごとに IC レコーダーに録音をした。

C-7：まとめ（10分）

本授業全体を通しての感想アンケートへの記入を求め，まとめを行った。また，プログラム1（ロールプレイ実習①②）同様，学生への教育的配慮の観点から，教師役の学生に対しても，心理支援者役に説明した冊子（資料2）を配布・説明した。

3）プログラム3（ロールプレイ実習③④）の事例シナリオ

可能な限り幅広い事例を体験できるように，プログラム3（ロールプレイ実習③④）では【研究4-1】で用いた事例と異なる不安・緊張事例，いじめ事例を取り上げた。【研究4-1】で記述したように，以上の事例シナリオにおけ

る心理支援役と教師役の役柄や設定に関しては，主として第4章【研究1】で見出された知見，およびそれに関連する各種の先行研究の知見を参考として作成した。これらの事例シナリオでは，異職種間協働の重要性を学習してもらうため，心理支援者役と教師役双方で各職種のアセスメント（事例に関して有する情報，基本的な生徒理解・援助方針）には若干の相違があるように設定した。

4）効果指標

　プログラムの効果指標および学生の学びや体験に関するデータを収集するため，プログラム3のロールプレイ実習③④では(1)振り返りシート（C-4，C-6，C-7で実施），および(2)シェアリングにおける録音データ（C-4，C-6で実施）の2点から，データ収集を行った。振り返りシートについては，基本的にはプログラム1で実施したシートを用いた。プログラム3の最後（C-7）には，本授業プログラムの感想アンケートを実施した。

5）プログラム3の実施手続き

　【研究4-1】におけるプログラム1同様，教育臨床・スクールカウンセリングに関する授業の一環として，「心理支援者と教師の連携に関する授業プログラム～心理支援者と教師による事例検討場面を中心に～」と題した授業を実施した。プログラムの実施・進行は筆者が主に担当した。【研究4-1】同様に，本研究で実施した授業プログラムは，もともと教育臨床・スクールカウンセリングに関する授業が行われていた講義の授業時間内に実施した。そのため，当該授業で学ぶべき教育内容・教育目標に沿った内容として位置づくように配慮した。

　プログラム3（ロールプレイ実習③④）の実施時期は2013年12月であり，所要時間は90分とした。本研究は所属大学の研究倫理審査委員会の承認を得て行われた。

3．結果と考察

　ここでは，【研究4-1】におけるプログラム1（ロールプレイ実習①②）および【研究4-2】におけるプログラム2（ロールプレイ実習①②の振り返り面接）での学習体験を踏まえて，プログラム3における学生の学びやプログラムの効果検討を行うこととした。そこでここでは，プログラム1からの尺度得点や質的な体験の変化を含めて検討した。

1）プログラム3における尺度得点の変化

　プログラム3における尺度得点の変化を検討するため，ロールプレイ①②③④におけるアセスメント共有方略尺度得点，チーム内葛藤尺度得点，事例援助における SC と教師の協働尺度得点の変化について，役柄（対応なし）およびロールプレイ（対応あり）を独立変数とした2要因分散分析を行った（Table 7-8）。その結果，「苦労への労い」においてロールプレイの主効果がみられ（$F(3, 18) = 11.03$, $p < .01$），多重比較を行った結果，ロールプレイ①＜ロールプレイ②③④であった。「見解の不一致時の対処」においてロールプレイの主効果（$F(3, 18) = 3.85$, $p < .05$），および交互作用の有意傾向がみられ（$F(3, 18) = 2.86$, $p < .10$），心理支援者役においてロールプレイ①＜ロールプレイ②であった。アセスメントの共有方略全体として，ロールプレイの主効果が有意であり（$F(3, 18) = 6.41$, $p < .01$），ロールプレイ①＜②③であった。それ以外の尺度得点については，数値上は変動は見られたものの，統計的な有意差は見られなかった。

　また，ロールプレイ①〜④にかけて，尺度得点がプラスあるいはマイナスの方向に変化した学生の人数・割合を算出した（Table 7-9-1〜7-9-2）。その結果，【研究4-1】で示されたように尺度全体を通して，心理支援者役と教師役のどちらにおいても，ロールプレイ①から②にかけて肯定的な変化を感じている学生の割合が多くみられた。中でも特に，「苦労への労い」に関しては，ロールプレイ①から④にかけて一貫して，半数以上の教師役が心理支援

Table 7-8　ロールプレイ①から④にかけての尺度得点の変化

| | | プログラム1：ロールプレイ実習①② | | プログラム3：ロールプレイ実習③④ | | 役柄 | ロールプレイ | 交互作用 |
		ロールプレイ①	ロールプレイ②	ロールプレイ③	ロールプレイ④	F値	F値	F値
積極的かつ迅速な情報・意見交換								
心理支援者役	M	4.18	4.46	4.14	4.14			
(N=11)	SD	.56	.35	.67	.78			
教師役	M	4.18	4.23	4.32	4.05			
(N=11)	SD	.68	.61	.60	.91	n.s.	n.s.	n.s.
全体	M	4.18	4.34	4.23	4.09			
(N=22)	SD	.61	.50	.63	.83			
苦労への労い								
心理支援者役	M	2.32	4.23	3.77	3.64			
(N=11)	SD	1.17	.68	.82	1.34			
教師役	M	2.55	3.45	3.55	3.50		11.03**	
(N=11)	SD	1.11	1.39	1.01	1.40	n.s.	(①<②③④)	n.s.
全体	M	2.43	3.84	3.66	3.57			
(N=22)	SD	1.12	1.14	.90	1.34			
専門的見解の伝達								
心理支援者役	M	4.05	4.32	4.27	4.36			
(N=11)	SD	.61	.51	.61	.60			
教師役	M	3.91	4.14	4.36	4.32	n.s.	n.s.	n.s.
(N=11)	SD	.94	.74	.67	.78			
全体	M	3.98	4.23	4.32	4.34			
(N=22)	SD	.78	.63	.63	.68			

見解の不一致時の対処

						検定
心理支援者役 (N=11)	M	3.59	4.41	4.32	4.05	n.s.
	SD	.77	.58	.64	.82	
教師役 (N=11)	M	3.95	3.82	4.18	3.91	3.85*
	SD	.79	1.10	.87	.74	
全体 (N=22)	M	3.77	4.11	4.25	3.98	2.86† (心理：①<②)
	SD	.78	.91	.75	.76	

アセスメントの共有方略

						検定
心理支援者役 (N=11)	M	3.54	4.35	4.13	4.05	n.s.
	SD	.48	.34	.41	.62	
教師役 (N=11)	M	3.65	3.91	4.10	3.95	6.41** (①<②③)
	SD	.55	.59	.54	.57	
全体 (N=22)	M	3.59	4.13	4.12	4.00	n.s.
	SD	.51	.52	.47	.58	

チーム内葛藤

						検定
心理支援者役 (N=11)	M	2.27	2.07	2.33	2.22	n.s.
	SD	.96	.90	.90	1.19	
教師役 (N=11)	M	2.11	2.35	2.36	2.65	n.s.
	SD	.87	.84	1.00	1.20	
全体 (N=22)	M	2.19	2.21	2.35	2.44	n.s.
	SD	.90	.86	.93	1.19	

事例援助における協働

						検定
心理支援者役 (N=11)	M	3.96	4.56	3.95	3.95	n.s.
	SD	.66	.25	.83	.87	
教師役 (N=11)	M	3.82	4.04	3.91	3.78	n.s.
	SD	.64	.58	.79	.70	
全体 (N=22)	M	3.89	4.30	3.93	3.86	n.s.
	SD	.64	.51	.79	.78	

†$p<.10$, *$p<.05$, **$p<.01$

Table 7-9-1　ロールプレイ①から④にかけての尺度得点の変化に関する学生数・割合

| | | ロールプレイ①から
ロールプレイ②への変化 | | ロールプレイ②から
ロールプレイ③への変化 | | ロールプレイ③から
ロールプレイ④への変化 | |
		人数	%	人数	%	人数	%
積極的かつ迅速な情報・意見交換							
全体（N=22）	プラス	12	54.55	6	27.27	7	31.82
	マイナス	6	27.27	8	36.36	8	36.36
	変化なし	4	18.18	8	36.36	7	31.82
心理支援者役（N=11）	プラス	6	54.55	2	18.18	6	54.55
	マイナス	3	27.27	5	45.45	3	27.27
	変化なし	2	18.18	4	36.36	2	18.18
教師役（N=11）	プラス	6	54.55	4	36.36	1	9.09
	マイナス	3	27.27	3	27.27	5	45.45
	変化なし	2	18.18	4	36.36	5	45.45
苦労への労い							
全体（N=22）	プラス	18	81.82	6	27.27	9	40.91
	マイナス	4	18.18	11	50.00	9	40.91
	変化なし	0	0.00	5	22.73	4	18.18
心理支援者役（N=11）	プラス	11	100.00	1	9.09	3	27.27
	マイナス	0	0.00	6	54.55	5	45.45
	変化なし	0	0.00	2	18.18	3	27.27
教師役（N=11）	プラス	7	63.64	5	45.45	6	54.55
	マイナス	4	36.36	5	45.45	4	36.36
	変化なし	0	0.00	3	27.27	1	9.09
専門的見解の伝達							
全体（N=22）	プラス	12	54.55	11	50.00	7	31.82
	マイナス	6	27.27	8	36.36	8	36.36
	変化なし	4	18.18	3	13.64	7	31.82

		n	%	n	%	n	%
心理支援者役 (N=11)	プラス	6	54.55	5	45.45	5	45.45
	マイナス	3	27.27	4	36.36	4	36.36
	変化なし	2	18.18	3	27.27	2	18.18
教師役 (N=11)	プラス	6	54.55	6	54.55	2	18.18
	マイナス	3	27.27	4	36.36	4	36.36
	変化なし	2	18.18	0	0.00	5	45.45
見解の不一致時の対処							
全体 (N=22)	プラス	12	54.55	10	45.45	5	22.73
	マイナス	3	13.64	7	31.82	11	50.00
	変化なし	7	31.82	5	22.73	6	27.27
心理支援者役 (N=11)	プラス	9	81.82	3	27.27	2	18.18
	マイナス	0	0.00	4	36.36	5	45.45
	変化なし	2	18.18	4	36.36	4	36.36
教師役 (N=11)	プラス	3	27.27	7	63.64	3	27.27
	マイナス	3	27.27	3	27.27	6	54.55
	変化なし	5	45.45	1	9.09	2	18.18
アセスメントの共有方略							
全体 (N=22)	プラス	17	77.27	9	40.91	10	45.45
	マイナス	4	18.18	10	45.45	11	50.00
	変化なし	1	4.55	3	13.64	1	4.55
心理支援者役 (N=11)	プラス	10	90.91	3	27.27	5	45.45
	マイナス	0	0.00	6	54.55	6	54.55
	変化なし	1	9.09	2	18.18	0	0.00
教師役 (N=11)	プラス	7	63.64	6	54.55	5	45.45
	マイナス	4	36.36	4	36.36	5	45.45
	変化なし	0	0.00	1	9.09	1	9.09

Table 7-9-2 ロールプレイ①から④にかけての尺度得点の変化に関する学生数・割合

| | | ロールプレイ①から
ロールプレイ②への変化 | | ロールプレイ②から
ロールプレイ③への変化 | | ロールプレイ③から
ロールプレイ④への変化 | |
		度数	%	度数	%	度数	%
チーム内葛藤							
全体（N=22）	プラス	11	50.00	8	36.36	8	36.36
	マイナス	10	45.45	11	50.00	9	40.91
	変化なし	1	4.55	3	13.64	6	27.27
心理支援者役（N=11）	プラス	7	63.64	3	27.27	4	36.36
	マイナス	4	36.36	4	36.36	3	27.27
	変化なし	0	0.00	3	27.27	4	36.36
教師役（N=11）	プラス	4	36.36	5	45.45	4	36.36
	マイナス	6	54.55	6	54.55	6	54.55
	変化なし	1	9.09	0	0.00	2	18.18
事例援助における協働							
全体（N=22）	プラス	15	68.18	7	31.82	8	36.36
	マイナス	6	27.27	12	54.55	12	54.55
	変化なし	1	4.55	3	13.64	2	9.09
心理支援者役（N=11）	プラス	8	72.73	2	18.18	4	36.36
	マイナス	2	18.18	7	63.64	6	54.55
	変化なし	1	9.09	3	27.27	1	9.09
教師役（N=11）	プラス	7	63.64	5	45.45	4	36.36
	マイナス	4	36.36	5	45.45	6	54.55
	変化なし	0	0.00	0	0.00	1	9.09

者役の共有方略として肯定的な変化を感じていた。しかし，一方，ロールプレイ②から③の「見解の不一致時の対処（教師役）」，「アセスメントの共有方略（心理支援者役）」，「チーム内葛藤（教師役）」，「事例援助における協働（心理支援者役）」，また，ロールプレイ③から④の「積極的かつ迅速な情報・意見交換（心理支援者役）」，「見解の不一致時の対処（教師役）」，「アセスメントの共有方略（心理支援者役）」，「チーム内葛藤（教師役）」，「事例援助における協働（心理支援者役・教師役）」では，半数以上の学生がマイナスの変化を感じていることが示された。

　以上，尺度の変化に関する統計的有意差や学生の人数・割合の観点からみると，ロールプレイ①から②にかけて肯定的な変化が生じていることが示された一方で，ロールプレイを重ねるにつれてマイナスの変化を感じる学生も増えていた。これは，第一にデータの値を含めて考えると各尺度得点（最大値・最小値）に基づく回帰効果による影響や，第二にはロールプレイを重ねることに伴う学生たちの評価の視点が厳しくなっている可能性が考えられる。すなわち，ロールプレイ①から④にかけて統計的に有意な減少傾向が示されているほどではないものの，ロールプレイ経験を重ねるにつれてプラスの側面だけではなくマイナスの側面にも気づきやすくなったり，心理支援者役の言動や姿勢をみる視点が厳しくなっていた可能性が考えられる。

2）プログラム 3 における質的データに基づく効果検討

⑴心理支援者役と教師役の事例に関する情報や理解・方針の違いに関する記述

　プログラム 1（ロールプレイ実習①②）同様に，心理支援者役と教師役の事例の情報，問題の捉え方，援助の方針の違いについてどのような違いを認識していたかに関する記述を分析した。その結果を示したのが，Table 7-10 である。プログラム 1（ロールプレイ実習①②）での結果と同様，特に事例に関する情報や問題理解，援助に向けての方針について職種間で相違を感じていた結果が示された。

Table 7-10　ロールプレイ③④における事例情報，理解，方針等の相違に関する気づき

職種間の相違に関する記述内容		ロールプレイ③		ロールプレイ④	
		度数	%	度数	%
事例に関する情報の相違	心理支援者役	3	15.79	2	10.00
	教師役	2	10.53	3	15.00
問題理解の相違	心理支援者役	3	15.79	5	25.00
	教師役	2	10.53	2	10.00
援助方針の相違	心理支援者役	4	21.05	2	10.00
	教師役	3	15.79	2	10.00
話の進め方の相違	心理支援者役	0	0.00	0	0.00
	教師役	1	5.26	0	0.00
無回答・相違を感じていない	心理支援者役	0	0.00	2	10.00
	教師役	1	5.26	2	10.00
合計	心理支援者役	10	52.63	11	55.00
	教師役	9	47.37	9	45.00
	総計	19	100.00	20	100.00

⑵心理支援者役および教師役が相互に受けた影響

　次に，心理支援者役および教師役の双方が，相手が有する事例に関する情報，問題の捉え方，援助方針の考え方によってどのような影響を受けたのかを尋ねた。学生の記述内容を分類した結果，以下のような結果が得られた（Table 7-11，7-12）。

　ロールプレイ実習①②での結果と類似して，主に，「事例情報の獲得」，「新たな援助方針」，「安心感・前向きな気持ち」，「他職種の配慮・熱意」に関する側面において，心理支援者役または教師役は相手からプラスの影響を感じていた結果が示された。ロールプレイ③から④にかけて大きな記述内容・記述数の変化は見られなかったものの，心理支援者役の「事例情報の獲得」および心理支援者役・教師役の「他職種の配慮・熱意」に若干の増加がみられた。マイナスの影響に関しては教師役の「援助方針の共有の難しさ」

Table 7-11　ロールプレイ③④における他職種から受けたプラスの影響

他職種から受けたプラスの影響に関する記述内容		ロールプレイ③		ロールプレイ④	
		度数	%	度数	%
事例情報の獲得	心理支援者役	5	14.29	8	22.22
	教師役	8	22.86	7	19.44
新たな問題理解	心理支援者役	2	5.71	1	2.78
	教師役	1	2.86	1	2.78
新たな援助方針	心理支援者役	4	11.43	2	5.56
	教師役	6	17.14	6	16.67
安心感・前向きな気持ち	心理支援者役	0	0.00	1	2.78
	教師役	3	8.57	2	5.56
他職種の配慮・熱意	心理支援者役	2	5.71	4	11.11
	教師役	1	2.86	3	8.33
理解・方針の違いの発見	心理支援者役	0	0.00	0	0.00
	教師役	0	0.00	0	0.00
理解・方針への自信と確証	心理支援者役	1	2.86	0	0.00
	教師役	1	2.86	1	2.78
理解・方針の反省的振り返り	心理支援者役	0	0.00	0	0.00
	教師役	1	2.86	0	0.00
合計	心理支援者役	14	40.00	16	44.44
	教師役	21	60.00	20	55.56
	総計	35	100.00	36	100.00

が増加傾向, 心理支援者役および教師役の「事例情報に関する不信・戸惑い」は減少傾向を示していた。

⑶ロールプレイ③④の振り返りにおける学生の体験・気づき

　ロールプレイ③の振り返り（C-4）やロールプレイ④の振り返り（C-6）における心理支援者役および教師役の振り返り内容を要約すると, 基本的にはロールプレイ①②において学生が体験した内容と類似した結果が得られた。すなわち,「心理支援者役や教師役にとって互いに事例に関する情報交換・

Table 7-12　ロールプレイ③④における他職種から受けたマイナスの影響

他職種から受けたマイナスの影響に関する記述内容		ロールプレイ③		ロールプレイ④	
		度数	%	度数	%
援助方針の共有の難しさ	心理支援者役	4	15.38	3	13.64
	教師役	0	0.00	3	13.64
援助への不安・焦り・戸惑い	心理支援者役	1	3.85	1	4.55
	教師役	4	15.38	4	18.18
事例情報に関する不信・戸惑い	心理支援者役	3	11.54	0	0.00
	教師役	4	15.38	0	0.00
率直な意見交換の難しさ	心理支援者役	2	7.69	1	4.55
	教師役	1	3.85	3	13.64
なし・無回答	心理支援者役	3	11.54	5	22.73
	教師役	4	15.38	2	9.09
合計	心理	13	50.00	10	45.45
	教師	13	50.00	12	54.55
	総計	26	100.00	22	100.00

情報共有を行うことで（心理支援者役も教師役の話題に出さない側面にも気を配って質問を投げかけるなどの工夫を行うことで）事例の生徒理解が深まった」という体験や，「事例の生徒のことを大切にするだけではなく教師の立場や思いを尊重し，苦労を労い，対等かあるいは少し下の立場で心理支援者役が教師と話をすることで事例検討がスムーズに進むことがわかった」，さらに，「できる限り具体的な援助の方針まで立てていくことは難しいが重要とわかった。教師役と心理支援者役のそれぞれで事例に対してできること，対応できることを探す話し合いの仕方ができると，スムーズに意見交換ができる」などを感じていたことが示された。以上の点は，プログラム1（ロールプレイ実習①②）におけるロールプレイ①②後の振り返り（A-3，A-6，A-7）やプログラム2の振り返り（B-3，B-5，B-7）においても同様に見られた体験である。

　しかし，ロールプレイ③④における振り返り（C-4，C-6）では，上記に加

えて以下のような気づき・体験もみられた。

　第一に，より効率的で重要な情報に焦点を当てた情報共有の必要性に関する振り返りである。具体的には，「事例に関する情報提供の仕方を考えることも重要ではないか。たとえば，優先順位を考えて話題に出すことで，現在，中心的に必要な話題に焦点化できる（教師役）」などのように，単に情報交換するにあたっても，現在中心的に話し合わなければならない事項を選択的に絞って共有する意識をもつことの重要性が心理支援者役に求められていた。

　第二に，援助方針を教師役と共に創り上げていく方法に関する振り返りである。具体的には，「教師役と協働できるところを探そうとする姿勢・話し合いを心がけると，教師役の立場を考えた援助案を考えることができる（心理支援者役）」，「心理支援者役としての事例に関する思いや見解を率直に伝えることと同時に，教師役の立場や苦労を労うことをバランスよく行うと事例検討がスムーズに進む（心理支援者役・教師役）」，「心理支援者役には，単なる意見だけではなく，より専門的な知識を交えた事例の見方，援助法についての意見をもらえたら説得力が増す（教師役）」といったように，援助方針を様々に考案するにあたっても，教師役の立場にも配慮しつつ，心理支援者役としての独自の見解を伝えながら，援助方針を探っていく姿勢の重要性が語られていた。

　第三に，教師役それぞれの特徴を踏まえた事例検討の必要性に関する振り返りである。具体的には，「（前回のロールプレイ①②と異なる教師役と事例検討を行うことで）教師役の特徴やスタイルや（積極的に意見を述べて話を進めていきたい教師役，話し合いの展開の効率性は下がったとしてもゆっくり間を取り自らの苦労も聴いてもらいたい教師役など），事例に対する問題意識・困り感に応じた事例検討の進め方，話し合いの展開が重要と気づいた（心理支援者役）」といったように，単一の方法や姿勢ではなく，個性豊かな様々な教師役に応じてどのように情報交換・事例検討を行っていけばよいのかを意識することの重要性に関する振り返りが見られた。

　以上の気づき・体験はロールプレイ③④で適切に実行できたという学生と，十分にできず難しさを感じていた学生が含まれる。しかし，ロールプレイ実習を進めるにつれて，より高度な内容にまで踏み込んで事例検討の在り方について話したり，情報・意見交換の方法の在り方まで探ろうとする振り返りが見られた。特に教師役の特徴や事例に対する思いや困り具合の程度に応じて，心理支援者役が態度や姿勢を調整する試みが取り上げられていた。これはロールプレイ①②からロールプレイ③④にかけて（個々人の役柄に変更はしていないものの）心理支援者役と教師役のペアを組みかえたことによる影響が考えられる。多くの個性豊かな教師が教育活動を行っている現実場面を想定すると，幅広い相手とともにロールプレイ実習を行う経験は現実場面に即した1つの学びとなっていたと考えられる。

⑷心理支援者役のロールプレイ実習③④で設定した目標と達成度

　心理支援者役を対象とした振り返りシートの質問項目を用いて，ロールプレイ③の前（C-1）に記述してもらった各学生の目標（資料3）とその達成度および理由について回答を求めた。よく出来た(5)，少し出来た(4)，どちらともいえない(3)，あまり出来なかった(2)，全く出来なかった(1)として数値を算出した結果，心理支援者役11名の評定値は平均3.64，標準偏差0.67であった。その評定理由について尋ねた結果，「前回のロールプレイ（①②）よりスムーズに行き解決につながった」，「実際の会話が始まると苦労を労うなど自然に行うことが難しかったが，2回目（ロールプレイ④）では自然にできた」，「（心理支援者役と教師役の）意見の相違を受け入れることができ，余裕を持って臨むことができた」，「1回目のロールプレイ（ロールプレイ③）では，自分の意見を伝えることを目標にしたが，それに囚われて教師役へのケアができなかった。2回目（ロールプレイ④）ではそれを意識することで先生との話がスムーズにいった」などの肯定的な意見がみられた。その一方，「事例の内容を消化しきれないままスタートして先生との話がスムーズに進まなかっ

た」，「先生を労うことはできたが，相手の立場を理解しようとする意識が足りなかった」，「緊張で自分なりの目標をロールプレイ中に忘れてしまうことがあった」，「おおむね達成できたと思うが客観的に見るとどうなのか判断が難しい」などといった課題に関する記述も見られた。

(5)本授業プログラムに関する感想

　【研究4-1】の結果で示されたように，プログラム１（ロールプレイ実習①②）において，心理支援者役および教師役の双方に，（心理支援者が学校現場で教師と連携することを想定した場合）本授業の内容で役立つと感じた点について自由記述で回答を求めた結果，「職種（役柄）への理解の深まった」，「職種間の事例に対する考え方の違いが理解できた」，「他職種への配慮が必要ということが理解できた」，「今後の自分の活動に活かしていきたい」，「自分自身の面接中の課題について反省・振り返ることができた」，「情報共有や自分の意見を率直に伝えることが重要とわかった」，「傾聴することや相手の立場を尊重することが大切と感じた」などの回答が得られた。

　一方，本研究の課題点としては，「事例の難易度を調整すること」，「事例についての詳細設定が必要」，「実際の心理支援者や教師役を想定しながら演じることが難しい」，「他の学生とのやり取りや，他の学生から学べるところを学ぶ機会が必要」，「ロールプレイだけではなく現場実習にそって学習できると良い」，などの回答が得られた。ロールプレイそのものの設定や学習に関する課題点と，ロールプレイ実習に限らない現場実習を含めた教育訓練の必要性について言及がなされていた。

第5節　【研究4】全体の総合考察

1．プログラムの実施に伴う学生の意識の変化とプログラムの有用性

　以上，本研究では，アセスメントを基盤として教師と協働的に事例に関与するために必要な知識・技能を学ぶ授業プログラムを作成・実施し，心理支

援に関心のある学生を対象に，その有用性と課題について検討した。

　まず，【研究4-1】において，第 4 ～ 6 章【研究 1 ～ 3】で得られた知見や関連した先行研究を参考に，事例検討場面において心理支援者役が教師役と円滑に協働していくために必要な要素を整理した。その結果，第一に職種ごとの専門的視点の相違や自らの立場や専門では気づきにくい視点の学習が必要であること，第二に，アセスメントの専門的視点の違いを乗り越えて相互の事例理解を共有するための方略に関する学習が必要であること，第三に，アセスメントにおいて他職種と相互に影響を与え合う存在としての意識・姿勢（プラスの影響を受けることもあれば，マイナスの影響を受けることもあり，その中で協働が展開されること）に関する学習が必要であることが示された。そこで，これらの学びが含まれる授業内容を構成し，プログラム 1 （ロールプレイ実習①②）において，心理支援者役と教師役に役柄を分けた大学生・大学院生を対象にプログラムの効果を検討した。続く，【研究4-2】では，【研究4-1】（プログラム 1 ）でのロールプレイ実習における体験を詳細に振り返りながら，心理支援者役の学生が教師役の学生と協働的に事例に関与するための知識・技能についての学習体験を深めた（プログラム 2 ）。最後に，【研究4-3】では，【研究4-1】（プログラム 1 ）や【研究4-2】（プログラム 2 ）での学びを踏まえ，再度，ロールプレイ実習を中心とした授業プログラム（プログラム 3 ）を実施し，学生にとっての学習体験，プログラムの効果や課題について検討した。

　以上のプログラムを実施した結果，量的データに基づく変化については，特にプログラム 1 （ロールプレイ実習①②）のロールプレイ①からロールプレイ②にかけて，いくつかの尺度得点（「苦労への労い」「見解の不一致時の対処」「アセスメントの共有方略」「事例援助における SC と教師の協働」）に肯定的な変化が生じていた。特に肯定的に変化した学生の人数・割合について算出したところ，アセスメントの共有方略，チーム内葛藤，事例援助における協働尺度すべてにおいて，役柄にかかわらず半数以上の学生が肯定的な変化を感じて

いる結果が示された。

　質的データにおいても，プログラム1（ロールプレイ実習①②）やプログラム2（ロールプレイ実習①②の振り返り面接）において学生から様々な意見が示された。特に，振り返り面接においては自己のロールプレイ録音を改めて聴き直し，教師役および筆者も含めてシェアリングを行うことで，協働的に円滑に事例理解を深めるためにどのような態度や姿勢，コミュニケーション・スキルが必要か，自らの課題点は何かを改めて再認識する様子が見られた。それらの意見を集約すると，「聴く姿勢・態度（うなずき，あいづち，相手を見る，繰り返し…など）」が基本として重要であること」，「生徒のことだけでなく教師のことも一人の人間として大切に話をすること」，「教師と対等か少し下くらいの立場・姿勢で話し合うこと」，「生徒理解を包括的に膨らませるため幅広く丁寧な情報交換を意識すること」，「情報共有に加えて今後の援助方針を考えること」，「教師との意見の相違・葛藤も引き受ける意識をもちつつ，教師と共に協働できるところを探す」など，教師と協働的にアセスメント作業を進めるにあたって必要となる基本的な要素を学んでいることが示された。

　さらに，ここまでの学びを踏まえて，プログラム3（ロールプレイ実習③④）においては，改めて心理支援者役として教師役と円滑に情報交換し，事例検討を進めていくためのポイントをまとめた冊子（資料2）を作成し，心理支援者役全体で共有した。ただし，学生にはそれぞれに特徴的な長所や個性が見られるため，それに応じたコメントの提供や個人目標を設定できるようにした。プログラム3（ロールプレイ実習③④）後の感想では心理支援者役にとって全体的におおむね自らの目標が達成されたという見解が見られた一方，円滑な事例検討に結び付けることの難しさや，十分に目標が達成できていないという回答も得られた。質問紙による量的変化においても，統計的に有意差が出るほどの減少傾向はみられなかったものの，ロールプレイ③から④にかけて，各尺度得点マイナスの変化を感じている学生がいることが示された。これは，ロールプレイ①から②にかけての肯定的な得点変化が大きく，

その後は，尺度得点そのものの最大値・最小値（上限・下限）のため肯定的
な変化が生じにくいといった影響があったかもしれない。加えて，プログラ
ム 2（ロールプレイ実習①②の振り返り面接）やプログラム 3（ロールプレイ実習
③④）での振り返りで行われたシェアリング内容も合わせて考えると，心理
支援者役・教師役双方にとってロールプレイや振り返りを繰り返す中で，基
本的な事例検討に必要なポイントは押さえつつ，さらに高度な情報交換・事
例検討のポイントの必要性について言及したり，自己や他者の様子の評定に
おいて，高い基準の態度・姿勢・コミュニケーションを求めるようになった
可能性が考えられる。専門職の教育訓練において内容や目標によっては学生
たちが難しさやわからなさを感じることは 1 つの重要な学習体験でもある
（慶野，2010）。直線的に知識や技能が向上するだけではなく，肯定的な変化
とともに難しさを抱えながら学習を進めていくことは重要な体験と捉えるこ
ともできる。

　以上，全体を通して学生は，職種の立場・専門的視点の違いがどのような
ものなのかを学ぶ体験をしていることが示された。実際の事例検討場面や，
共に事例に関与する中で他職種についてより深く学習することができ（Lee
et al., 2012），円滑な協働において自己と他者の共通性や相違性を意識するこ
とは 1 つの重要な体験とされる（高嶋ら，2007，2008）。さらに，それぞれ事
例に関する情報を交換・共有することで生徒理解が深まること，そのための
スムーズな情報・意見交換には相応のコミュニケーション・スキルが必要で
あるという点について体験的に学習できたという振り返りも見られた。それ
ぞれの専門性に基づいて他職種に補完的な観点や情報を提供しながら，共に
理解を深め目標を定めていくことは円滑な協働に必要な姿勢となる（Arre-
dondo et al., 2004）。当然のことながら，ロールプレイ実習で事例シナリオに
含まれる情報には限りがあり，加えて 1 事例につき10分で検討を進める時間
的制約もあったため，職種間で今後の具体的な援助方針を明確に定めるとこ
ろまで到達するには困難があったと考えられる。しかし，心理支援者役の学

生は，可能な限り積極的な情報・意見交換を意識しつつ，子どもを支援する
教師の立場や考えを尊重し，共感しながら共に事例理解を深める話し合いを
進める必要性を体験しており，援助的で協働的なアセスメントの実践（Thar-
inger et al., 2013）において必要な基本姿勢の学びにつながっていたのではな
いかと考えられる。

第6節　本章のまとめ

　本章【研究4】では，第4～6章【研究1～3】を通して得られた知見を
踏まえ，アセスメントに基づいて，教師と協働的に事例に関与するために必
要な心理専門職の教育訓練プログラムを試験的に作成し，その有効性と課題
について検討した。

　その結果，学生は心理支援者役として教師役と円滑に事例検討するために
必要な基礎的かつ重要なポイント（例：「聴く姿勢・態度が基本として重要であ
ること」，「生徒のことだけでなく教師のことも一人の人間として大切に話をするこ
と」，「教師と対等か少し下くらいの立場・姿勢で話し合うこと」，「幅広く丁寧な情報
交換を意識すること」，「情報共有に加えて今後の援助方針を考えること」，「教師との
意見の相違・葛藤も引き受ける意識をもちつつ，教師役と共に協働できるところを探
す」など）に関する学習体験を進めていたことが示された。心理支援者役の
学生は，可能な限り積極的な情報・意見交換を意識しつつ，子どもを支援す
る教師の立場や考えを尊重し，共感しながら共に事例理解を深める話し合い
を進める必要性を体験しており，援助的で協働的なアセスメントの実践
（Tharinger et al., 2013）において必要な基本姿勢の学びにつながっていたと考
えられる。しかし一方で，ロールプレイを重ねるにつれて，尺度得点に有意
差が出るほどではなかったものの教師との協働的に事例検討を行う際の難し
さを感じる変化もみられ，自己および他者に対する評価基準の高度化や，難
しさや葛藤体験も含めた学びが展開されていた可能性が示唆された。

第IV部
総合的考察

第8章
本研究の結論と今後の展望

　本章では，本研究の結論，限界と課題，今後の展望について総合的にまとめる。第1節において本研究の概要と本研究で得られた研究成果についてまとめ，第2節では研究成果を踏まえて，心理専門職によるアセスメントを基盤とした教師との協働的援助への実践的示唆および教育的示唆について考察する。第3節では本研究の限界・課題と本研究テーマをさらに発展させるため今後の展望について考察する。

第1節　本研究の結論

　本研究では，アセスメントを基盤として心理専門職が教師と円滑に協働し，学校不適応事例への効果的な援助・改善へとつなげるための実践的な示唆とともに，心理専門職の養成や教育訓練の在り方に新たな知見を提供することを目的とした。この目的を達成するため，大きく4つの研究を行った。第一に，協働的援助の前提として心理専門職と教師のアセスメントのプロセスにおける専門的視点にどのような相違があるのかを調査・分析し【研究1】，第二に，心理専門職および教師がアセスメントに基づく事例理解を相互に円滑に共有するために用いている方略は何か，どのような共有方略が職種間の協働的援助に効果的かを量的調査に基づいて統計的に検討した【研究2】。第三に，協働的援助が展開される過程で，心理専門職と教師のアセスメントに関して，どのような影響を相互に与え合いながら両職種の事例理解・援助方針が変容するのかを質的調査および事例研究法を用いて検討した【研究3】。第四に，【研究1～3】を通して得られた知見を踏まえ，アセスメントを基盤として心理専門職が教師と効果的に協働するための教育訓練プログ

ラムを試験的に作成・実施し，大学生・大学院生を対象にその有用性と課題
を検討した（【研究4】）。その結果，以下の点が成果として示された。

1．【研究1】における研究成果

アセスメントの一連の意思決定プロセス（Figure 1-3）（(1)事例に関する情報
の収集段階，(2)情報の解釈・援助方針の決定段階，(3)事例の変化・改善把握の段階）
の観点から，心理専門職と教師の専門的視点の特徴を比較検討した。

その結果，(1)事例の情報収集の視点では，客観的な行動・様子か主観的な
内面か，現在の状況の情報が中心か過去に遡って幅広く情報収集するか，(2)
問題理解・援助方針の特徴では，具体的かつ明確な理解・援助方針を立てる
か多面的かつ緩やかな理解・援助方針を立てるか，どのような援助スパンを
想定するか，(3)事例の変化・改善把握の視点では，子ども本人の変化を第一
に重視するか周囲の関係者の変化も重視するか，問題行動の消失の意味をど
のように捉えるかなどにおいて，職種間で重視する視点や考え方，判断に相
違があることが示された。

これらのアセスメントのプロセスの各段階に沿って職種別の特徴を簡潔に
記述すると，教師は，問題行動などの客観的な情報を収集し，社会適応を目
指した具体的な援助方針を立てて，登校日数などのような行動の変化を捉え
ようとする傾向が示された。心理専門職は，主観的な悩みや家族関係，生育
歴などの情報を収集し，多面的かつ緩やかな援助方針を立てて，悩みや周囲
の環境の変化を慎重に捉えようとする傾向が示された。養護教諭は身体症状
や生活リズムのような情報を収集し，保健室で子どもに安心感を提供しなが
ら，身体症状や保健室来室状況の変化を捉えようとする傾向が示された。

以上から，全体として心理専門職と教師のアセスメントの主な視点につい
ては，先行研究（高嶋ら，2007，2008など）と類似した結果が得られた。しか
し，本研究は職種間の特徴や相互の見解に違いが生じやすい点を，アセスメ
ントのプロセスの段階ごとに詳細に明らかにした点で先行研究の知見をさら

に洗練・発展させることができたと考えられる。

　以上の結果を踏まえ職種間の視点や考え方，方針に相違が生じやすくなる可能性に留意し，視点や考え方の違いを活かして事例の多様な側面を捉えながら，不適応事例の包括的な理解や効果的な援助につなげる実践的示唆を考察した。心理専門職にとっては，職種間のアセスメントの違いや特徴に関する知見を踏まえて，自身の立場とは異なる視点を持つ他の専門職への理解を深める，自身の立場に足りない視点を学ぶ，さらに，協働相手の視点や強みを活かしたり，互いの専門性を補い合いながら不適応事例の効果的な改善につなげるかたちで活用することが必要と考えられる。

2．【研究2】における研究成果

　心理専門職および教師の共有方略の実態を把握し，それらの共有方略が職種間の協働的援助にどのような影響を及ぼしているかを質問紙調査（量的調査研究）により検討した。

　アセスメントの共有方略尺度を因子分析した結果，6因子が抽出され，順に「積極的かつ迅速な情報・意見交換」，「情報・意見共有時の配慮」，「苦労への労い」，「他の教師を通した意見調整」，「専門的見解の伝達」，「見解の不一致時の対処」であった。他の尺度との関連を検討した結果，アセスメントの共有方略として「他の教師を通した意見調整」が職種間の葛藤を上昇させてしまう一方，「積極的かつ迅速な情報・意見交換」は，協働を促進し職種間の葛藤を低減させる方略であることが示された。職種ごとに共有方略が協働へ及ぼす影響は異なる結果も見られた。SCに関しては「見解の不一致時の対処」が教師との協働に正の影響があり，学級担任に関しては「苦労への労い」がSCとの協働に正の影響を及ぼしていた。さらに，共有方略の組み合わせパターンを検討した結果，これらの共有方略を多様に用いる群や「積極的かつ迅速な情報・意見交換」を中心的に活用している群の方が，「他の教師を通した意見調整」を中心的に用いる群やこれらの方略を用いない群よ

り，職種間の協働状態が良く葛藤状態が低いことが示された。

　以上の結果から，心理専門職にとって教師と効果的に協働するためには，他の教師を通した意見調整方略が協働に負の影響を及ぼす可能性に留意しながら，事例に関する積極的かつ迅速な情報・意見交換を意識する必要がある。本研究で見出された多様な方略を柔軟に活用する姿勢も協働的援助には有用であり，特に SC 等の心理専門職にとっては教師と事例理解や援助方針が異なる場合に，大まかな方向性が共有できていれば良いと考え対応するなどの方法（見解の不一致時の対処）を意識する必要もあると考えられる。

　なお，本研究ではアセスメントの共有方略以外にも，SC と教師の打ち合わせ状況や他職種との連携事例数が直接的に職種間の葛藤・協働状態に影響を及ぼしている点がいくつか示された。職種間で協働的に事例の情報・意見交換する前提として，まず学校組織体制の整備や SC と教師の打ち合わせ状況が適切に設定できているかどうか（土居・加藤，2011a）が実践場面において重要である。しかし，打ち合わせ状況やコーディネーターによるつなぎ，教師および SC の連携事例数だけでなく，実際に SC が教師と事例について話し合いを進める際に，アセスメントの共有方略を活用することの重要性や，具体的にどのような方略を用いることが効果的協働につながるのかが示された点で，本研究では先行研究とは異なる新たな知見を提供できたと考えられる。

3.【研究3】における研究成果

　学校不適応事例に対する協働的援助が展開される過程で，心理専門職と教師のアセスメントにどのような変容が生じ，どのような影響を相互に与え合いながら事例理解が変容・進展するのかを検討した。

　その結果，両職種共に，相手の専門的視点に影響を受けながら，自身の持つ既存の事例理解の視点や枠組みを変容させ，拡張させながら援助を展開していることが示唆された。実際には，たとえば，相互の専門的視点の相違に

伴う葛藤やネガティブ感情の生起，自己の理解・視点への固執，事例理解・援助方針が制限されたり停滞したりするといった事例援助への否定的な影響が生じる場合もある。しかし，事例援助に役立つ他職種からの視点や考えを柔軟に取り入れること，その一方で自身の専門的視点も安定的に保持することで，両職種の視点を混合した事例理解・援助方針の発展につながる可能性が示された。さらに，事例分析では SC および教師の双方のアセスメントに肯定的な影響・変容が生じた事例群，教師の視点の影響で SC のアセスメントに肯定的な影響や変容が生じたが教師側は SC から特に大きな影響は受けていない事例群，SC・教師のアセスメントにおいて葛藤やジレンマなど否定的な影響が生じつつも援助が展開された事例群といったように，心理専門職と教師のアセスメントの相互作用は事例ごとに特徴が異なっていることが示された。

　以上の結果を踏まえ，アセスメントにおいて教師に対して影響を与え得る存在，かつ教師から影響を受ける存在としての心理専門職の意識という 2 点から，効果的な協働への実践的示唆を検討した。すなわち，心理専門職は教師とは異なる専門的視点を安定的に提供するからこそ，教師の事例理解に，新しい肯定的な影響・変化を促し，効果的な事例援助を促進することができる。【研究 1】において職種間の専門的視点の多様性を活かした実践の重要性が明らかとなったが，心理専門職独自のアセスメントの視点や方針を積極的に教師に提示することで，教師のアセスメントに関する視点・理解に広がりや多様性を促す契機となる可能性がある。しかし，様々な要因や条件によっては心理専門職の視点や見解の提供が教師に揺らぎや迷いを与える可能性もあるため，心理専門職には自己の専門的視点の伝達と共有の際，教師の理解や方針に歩み寄った見解を伝える，心理専門職の見解に対しては教師の現場感覚と照らし合わせて取捨選択しながら取り入れてもらう，教師自身が心理専門職の視点に寄り過ぎず，学校を適切に機能させ子どもたちへの教育活動を展開する教師としての役割・専門性を維持できるようエンパワメントす

る，などの工夫や配慮が求められる。一方，より円滑な協働や事例の効果的改善につなげるため，心理専門職には自己の理解・方針にこだわり過ぎず教師の視点を取り入れながら事例理解を変容・発展させる柔軟性と共に，自己の専門的視点を見失わずに維持する安定性が必要になり，それらを両立する意識が求められる。

4．【研究4】における研究成果

　【研究1】～【研究3】までの研究知見および先行研究の指摘を踏まえ，実際に教師と協働的に事例に関与するために必要な心理専門職のアセスメントの実践に関する教育訓練プログラムを試験的に作成し，その有用性と課題を検討した。

　その結果，大学生・大学院生は心理支援者役として教師役と円滑に事例検討するために必要な基礎的かつ重要なポイントとして，「聴く姿勢・態度が基本として重要であること」，「生徒のことだけでなく教師のことも一人の人間として大切に話をすること」，「教師と対等か少し下くらいの立場・姿勢で話し合うこと」，「幅広く丁寧な情報交換を意識すること」，「情報の共有に加えて今後の援助方針を考えること」，「教師との意見の相違・葛藤も引き受ける意識をもちつつ，教師役と共に協働できるところを探す」などの学習体験を進めていたことが示された。しかし，ロールプレイを重ねるにつれて，尺度得点に統計的な有意差が出るほどではなかったものの，教師役との事例検討・協働に難しさを感じる変化もみられた。この結果から，自己および他者に対する評価基準の高度化や，難しさ・葛藤体験も含めた学びが展開されていた可能性が示唆された。専門職の教育訓練において内容や目標によっては学生たちが難しさやわからなさを感じることは1つの重要な学習体験でもあることから（慶野，2010），直線的に知識や技能が向上するだけではなく，肯定的な変化と共に難しさを抱えながら学習を進めていくことは重要な体験であると考えられる。

　以上，アセスメントを基盤とした職種間の協働を促す教育訓練において，他職種と関わることで新たな視点を学び事例理解を深めること，自己や他職種の役割，アセスメントの視点の振り返りの機会とすること，他職種の理解・方針を尊重しながら事例理解をすり合わせ双方の意見・考えを共有するためのコミュニケーション方法を模索すること，プラスやマイナスの影響を相互に受け合いながら事例検討が進められていくことを体験的に学習することが重要であることが示唆された。

第 2 節　心理専門職によるアセスメントを基盤とした教師との協働的援助への実践的・教育的示唆

　本節では以上の研究成果を総合的に踏まえ，アセスメントを基盤として心理専門職が教師と協働し，学校不適応事例への効果的援助や改善を進めるための実践的・教育的示唆について述べる。特に，第 1 章の専門職に求められる能力（Figure 1-1）における個々の専門職独自の能力と多職種協働に関する能力の観点を参考にし，以下，「1．心理専門職独自のアセスメントに関する能力の向上と実践」，「2．心理専門職による教師との協働を促進するアセスメントの実践」，「3．教師との協働を促進する心理専門職のためのアセスメントに関する教育訓練」の 3 点から考察する（Figure 8-1）。

1．心理専門職独自のアセスメントに関する能力の向上と実践

　これは Figure 8-1 の「個々の専門職独自の能力」の観点から見たアセスメントの実践として捉えることができ，主として第 1 章，第 2 章の先行研究の検討を通して見出された知見を活かした実践的示唆に関する考察である。
　第 1 章では，多職種との協働が求められる現代的背景を踏まえ，効果的かつ協働的な援助活動の基盤としてのアセスメント（松澤，2008; Tharinger et al., 2011; 吉川，2009）に着目し，まず，心理専門職独自に求められるアセスメント能力に関する知識，技能について概観した。特に，複雑化・多様化した

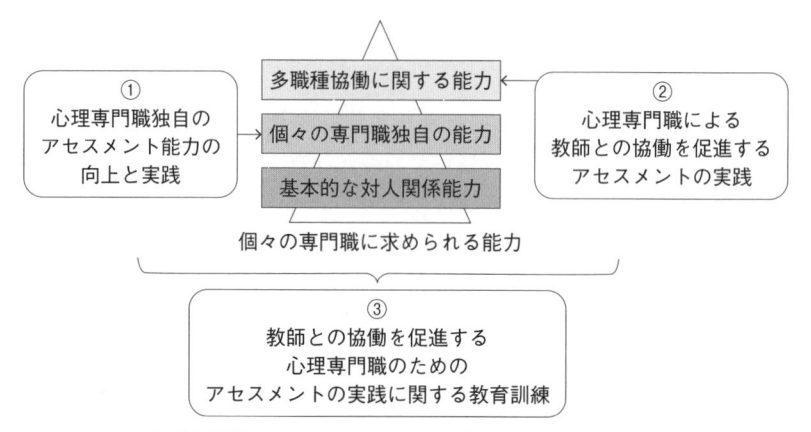

Figure 8-1 心理専門職によるアセスメントを基盤とした教師との協働的援助への実践的・教育的示唆

事例への理解・対応が求められている現状から，近年では理論横断的かつ総合的な観点に基づくアセスメントの在り方が議論されるようになっており（e.g., Ingram, 2011; Mash & Hunsley, 2007; Melchert, 2007; 村瀬・飯田，2008; 下山，2008b; 杉山ら，2007; Wilmshurst, 2008, 2013; Winters et al., 2007），本研究で提示したアセスメント・モデルは，それらの知見を参考としている。

　また，実際の臨床場面に即した検討を行うため，先行研究を踏まえ，アセスメントの一連の意志決定プロセスとして，大きく３段階のプロセスを提示した。具体的には，(1)事例に関する情報の収集段階，(2)情報の解釈・援助方針の計画段階，(3)事例の変化・改善把握の段階である。その上で，各アセスメント段階において心理専門職に求められる知識・技能を整理・概観した。

　(1)事例に関する情報の収集段階では，子どもの臨床事例において多面的な情報収集が必要であることは従来から指摘されてきたものの，近年では，より効果的な情報収集の在り方が求められている。すなわち，「多面的理解のため，事例に関する情報は集められるだけ集めたら良い」という考えのみならず，より効果的かつ有益な情報収集を行うため，「どのような対象の，ど

のような問題の時に，どのような情報を収集することが，事例理解にあたって，より効果的で必要不可欠のものなのか」といった観点に基づくアセスメントの実践を行うことが有益である。この際には，第 1 章で概観した情報提供者間の不一致（informant discrepancies）に関する研究（De Los Reyes & Kazdin, 2005; Hunsley & Mash, 2007; Smith, 2007）に示されるような実証的研究知見を参考にすることで，事例を多次元的，立体的に情報を捉えることができると考えられる。

　(2)情報の解釈・援助方針の計画段階では，数々の事例情報を整理・統合するアセスメントの枠組みとして，「生物・心理・社会モデル」，「発達的観点」，「臨床心理学の理論」，「心理学の研究知見」の 4 つの観点を意識することで効果的なアセスメントにつながると考えられる。まず，生物・心理・社会モデルにより，心理学的な視点だけではなく，生物学的かつ社会的な存在として人々を捉える包括的な視点につながると同時に，多職種協働の実践にもつなげやすくなる（高橋, 2011）。また，子どもの臨床事例では特に発達精神病理学的視点が重要となり（石川, 2006; Sroufe & Rutter, 1984），このアセスメントの視点を持つことで，通常発達を基準とした問題行動・症状の逸脱の程度の理解，各発達段階に特徴的な問題行動・症状の把握，問題行動・症状の発達的予測，発達水準に適した援助・介入方法の考案につなげることが可能となる。臨床心理学の理論においても，多種多様な理論や技法に触れ，援助対象の特徴やニーズに適した心理的援助を行うこと（Prochaska & Norcross, 2007）が現在では求められている。大河原ら（2000）の実践的なアセスメント・モデルに示されるように援助対象者の問題・ニーズに応じた理論および援助アプローチを参考とすることで，複雑かつ混沌とした事例の効果的理解につながり得ると考えられる。さらに，個々の心理専門職の臨床経験に基づくアセスメントのみならず，心理学的研究知見を積極的に活用したアセスメントも実践上，有益である。第 2 章においても学校不適応問題への理解と援助に関連したアセスメント研究を幅広く概観し，心理学的アセスメント・ツ

ールの開発や，学校不適応事例の要因やメカニズムの理解に有益な研究が蓄積されていることが示された。実証的研究知見を検索・同定し，それらを臨床に活用する研究の利用者として意識（Hunsley, 2007）を前提としたアセスメントが有用と考えられる。

　(3)事例の変化・改善把握の段階では，「数量的な情報に基づいて判断を行う方法」を用いることで，心理専門職自身や当事者および関係者にとって，事例がどのような変化を示しているかを数量的・客観的に把握しやすくするために有用となる。たとえば，心理的援助法の1つである認知行動理論に基づくアプローチでは，対象となる問題行動や症状の強さ・頻度等を数量的に測定するアセスメント・ツールを定期的に実施することで，事例の改善の程度や進展具合を把握する方法が用いられる（e.g., 小林，2005; 嶋田，2003）。また近年では，個々の事例の進展具合を子ども本人，保護者，教師，心理専門職などが定期的に評定するための尺度開発も盛んに行われている（e.g., Chorpita et al., 2010）。一方，実際の臨床現場では，量的に測定される症状の軽減だけではなく，子どもや家族，関係者の様子や言動の変化，問題改善に向けての意欲，子どもの絵や作文・詩等の精神所産の変化，遊び場面での象徴的意味，心理専門職との関係性などといった質的な変化を詳細に捉えることが，事例の変化を把握する上では重要である場合も多い（Bickman et al., 2000; 岩壁，2008; 村瀬，1995）。したがって，量的及び質的側面の両面から事例の変化を把握すること，それらの視点を相互補完的に用いることで，全体として意味のある事例の変化を捉えることができると考えられる。

　以上の観点を踏まえ，他職種との協働的な援助活動の前提として，まず心理専門職が自身の専門性に基づくアセスメントの実践を行うことが求められる。これは，心理専門職としての継続的（連続的）な専門性の発達（Continued Professional Development）（Neimeyer et al., 2010）とも関連した重要な姿勢と考えられる。

２．心理専門職による教師との協働を促進するアセスメントの実践

　これは Figure 8-1 の「多職種協働に関する能力」の観点に基づくアセスメントの実践として捉えることができ，【研究 1 ～ 3】から見出された知見を活かした実践的示唆に関する考察である。すなわち，基本的な対人関係能力や，心理専門職独自の専門的なアセスメントを基盤としながらも，教師との効果的協働を促進するアセスメントの実践を行うことが重要であり，ここではその実践的示唆として大きく 3 点指摘する。

１）アセスメントにおける専門的視点の多様性を活かした実践

　心理専門職は，教師などの他職種と自身のアセスメントの共通性や相違性を認識することで効果的協働につながる基本姿勢を身につけることができる。先行研究では職種ごとの専門的視点の違いを明らかにする研究が行われており (e.g., 高嶋ら，2007，2008; 卯月，2001)，【研究 1】においても，アセスメントのプロセスに沿って心理専門職と教師に特徴的な視点や考え方の違いが様々に見出された。職種間のアセスメントの違いや特徴を検討して得られた知見を活かすには，理解や考え方に相違が生じやすくなる観点に留意した上で，自身の立場とは異なる視点を持つ専門職への理解を深めること，自身の立場に足りない視点を知り学ぶことが前提として重要となる。

　上記の専門的視点の共通性や相違性を認識した上で，心理専門職は教師との協働において，異なる視点や考え方を一致させるばかりでなく，その多様性を生かす発想を持ちながらアセスメントの実践につなげることが重要となる。アセスメントのプロセスを踏まえると，⑴事例に関する情報の収集段階では，職種によって重視する情報，収集しやすい情報が異なるため，そもそも事例理解に相違が生じやすいことを前提として認識する必要がある。その上で，職種間の相違を自覚し，相互に不足する情報を補い合うように情報交換を行うことで，情報を包括的に収集し共有することができる。これは特定の職種だからこそ得られる情報，あるいは，気づくことのできる事例に関す

る情報を相互に補完し合うように情報交換をすることで，より深みのある生徒理解につながると考えられる。特に心理専門職にとっては，第1章第3節で検討したように，「どのような対象の，どのような問題の時に，どのような情報を収集することが，事例理解にあたって，より効果的で必要不可欠のものなのか」といった，実証的研究に裏付けられた情報収集の必要性や方法を考慮しながら（De Los Reyes & Kazdin, 2005; Smith, 2007），関係者の認識の相違も含めて問題状況を立体的に捉える（下山，2006）必要があると考えられる。(2)情報の解釈・援助方針の計画段階では，相互の役割分担の重要性を踏まえ，各職種が得意とする支援法を生かすことで協働しやすくなる可能性がある。たとえば，教師は教育的な指導や他の教員・生徒も巻き込んだ学校生活上の支援を行い，心理専門職は子どもの行動・態度の背景にある気持ちや認識に寄り添う援助や心理学的な専門的視点の提供を行い，養護教諭は指導と受容の両面を考慮しながら子どもの身体症状の理解とケアに努めるなどである。相互に役割の異なる支援を行う点に関しては共通理解をした上で，全体として多方面から子どもを援助しているというイメージを共有することが必要と考えられる。(3)事例の進展・改善把握の段階では，客観的な行動の変化は教師が把握しやすく，心理専門職は背景にある認識や気持ちの変化を捉え，養護教諭は身体症状の軽減の程度を把握するなど，複数の視点で子どもの改善状況を把握することができる。たとえ，事例の改善に関して意見が一致しなくとも，職種ごとに複数の視点・観点から把握するからこそ，変化や変動，成長発達の著しい子どもの多様性を捉えることができる，という利点として活かすことができる。

　さらに，心理専門職も自身の見方や視点に固執し過ぎず，学級担任や養護教諭にとって認識しやすい，あるいはそれぞれが大切にしている考え方や願いに合わせた事例検討，援助活動を行う工夫や配慮も有用と考えられる。たとえば，学級担任がアセスメントにおいて客観的かつ具体的な視点を用いて事例をアセスメントしている傾向を踏まえ，客観的に把握できるデータや行

動に焦点を当てて事例の意見交換をするなど，他職種にとって理解しやすい視点や方法に歩み寄った形で，相互の意見交換を図り，事例理解を深める姿勢も必要と思われる。関係者同士で理解可能なデータを活用しながら学校現場の子どもたちの実態を捉え，教師と協働しつつ今後の教育・臨床的な援助の方針を検討することは，データに基づくスクールカウンセリングの実践（野内・井上，2007; Stone & Dahir, 2007）と共通する重要な姿勢である。

2）協働的な援助活動を促進するアセスメントの共有方略の実践

この実践的な方略としては，主に「積極的かつ率直な情報・意見交換の姿勢」，「教師と苦労を分かち合い，エンパワメントする姿勢」，「完全な共通理解を求めすぎない姿勢」の 3 点にまとめることができる。

第一に「積極的かつ率直な情報・意見交換の姿勢」に関しては，互いに不足している情報を補い合うようにして生徒像を膨らませるイメージが重要であり，心理専門職の立場から伝えられる情報や意見は教師に率直に伝え，教師からも様々な情報，意見，考えを受けるようにすることが必要である。心理専門職の視点や考えを取り入れるかどうか教師は取捨選択しているものの，その情報・理解・援助の考え方が役立つと考える教師は多い。【研究 2】においても「積極的かつ迅速な情報・意見交換」方略は，様々な共有方略の中でも最も職種間協働に大きな肯定的影響を及ぼす方略であることが示されており，実践場面において重視されるべき方略と考えられる。具体的には，事例について正確に伝えるためになるべく多くの情報を伝える，事例について一人で判断せず教師の意見，アドバイスをもらう，援助方針を立てるとき教師から積極的に意見を聞く，事例に関する情報は教師に対等かつ正確に伝える，などの方法である。

第二に「教師と苦労を分かち合い，エンパワメントする姿勢」としては，教師の苦労を聴き，労い，教師の理解や関わりで子どもが助かっている点を積極的に伝えることで，心理専門職として教師に新しい視点や理解，援助案

を提供できなくとも，援助的に働く可能性が考えられる。実際に【研究2】
から，特に教師が心理専門職と困難を分かち合うことで良好な協働につなが
っていると感じられること，【研究3】においても心理専門職に自らの事例
理解や方針を支持されることで教師が自身のアセスメントに自信と確証を持
つようになり，事例援助に肯定的な影響を及ぼす点が示されている。学校現
場における関係者との協働につなげるためのアセスメント研究（Tharinger
et al., 2011）においても，心理専門職が一方向的に自らの見解を伝達するの
ではなく，関係者への共感的理解を基盤としながら，共に事例理解を創り上
げていく作業を行うことにより，援助的で協働的なアセスメントにつながる
とされている。心理専門職と教師が苦労を労い分かち合えるような関係をつ
くることによって，事例援助上の困難や負担を軽減し，結果的に相互の事例
理解の進展や，事例の効果的改善につながりやすくなる可能性がある。

　第三に「完全な共通理解を求めすぎない姿勢」として，心理専門職にとっ
て無理に共通理解を図ろうとし過ぎず相互の考えに違いがあっても良いと考
え，対処することも実践上，必要である。学校現場の状況によっては，心理
専門職の見解の通りに，事例を理解し援助したくてもできない教師の苦労や
背景事情がある一方，視点や考え方の違いに基づく関わりが，かえって事例
にとってプラスに作用する場合もある（教育的な指導を行う教師と受容・共感的
な心理支援者の両方が援助に必要…など）。心理専門職にとって自らの事例理解
を関係者へ報告・伝達する作業もアセスメントの1つの重要な過程であるが
（Curry & Hanson, 2010; 下山，2008a），【研究2】の結果に示されるように教師
の見解とは異なる場合，心理専門職としての意見を率直に伝える方略は，教
師との協働の向上には直接的に影響していない可能性がある。むしろ，心理
専門職には教師側の立場や活動を尊重する役割も同時に求められることから，
教師と事例に関する見解が異なる場合には相応の対応や配慮が必要となると
考えられる。たとえば，大河原（2008）は，事例に対する「問題の認識」
「解決への取組」にずれがある援助者による関わりによって子どもの問題が

増幅されている場合，それらの援助者の語りの中にある「共通認識」を見つけ，それを共通理解の土台として，解決への文脈を構成していく方法を提案している。このような方略に加えて，【研究2】で見出された「見解の不一致時の対処」方略のように，事例理解や援助方針の考えが教師と違っても大まかな方向性が共有できていれば良いと考える，事例理解や援助方針が教師の考えと異なる場合，無理に意見を一致させることより，まずお互いが取り組める援助から行うなどのような方略が，教師との協働的援助において効果的である可能性がある。

　以上の「教師と苦労を分かち合い，エンパワメントする姿勢」，「完全な共通理解を求めすぎない姿勢」により，教師の立場，役割，専門に基づくアセスメントの視点に対する配慮を示しながらも，「積極的かつ率直な情報・意見交換の姿勢」を踏まえて心理専門職独自のアセスメントの視点や方針を積極的に提示することで，教師自身の事例理解やアセスメントに関する視点に広がりや多様性を促すことにつながると考えられる。すなわち，【研究1】で示唆された職種間の専門的視点の多様性を踏まえたアセスメントの実践の重要性を，教師自身が認識する契機となる可能性がある。より実践的には，心理専門職による視点や方針を取り入れることで日々の教育実践や事例援助が効果的に進み，結果的に事例に肯定的な影響や変化が生じる経験を積み重ねることができれば，教師のアセスメントに新たな視点や広がりをもたらすことができると考えられる。

3）教師の視点を取り入れる柔軟性と心理専門職の視点に保持する安定性の バランスを意識したアセスメントの実践

　【研究3】の結果から，アセスメントにおいて，「教師から新たな視点や考えを取り入れ自らの理解・方針を変容しようとする柔軟性」と「自己の専門的視点を保持・維持する安定性」を同時に有することが，円滑で効果的な協働的援助につながる可能性がある。教師の事例理解に影響を及ぼす存在とし

ての心理専門職の観点から考えると，教師とは異なる心理専門職による専門的視点を安定的に提供するからこそ，教師の事例理解に新しく肯定的な影響・変化を促し，事例の改善につなげることができる。しかし，様々な要因や条件によっては心理専門職の視点や見解の提供が教師に揺らぎや迷いを与え，かえって事例援助の展開を阻害する可能性がある。したがって心理専門職には自己の専門的視点の伝達と共有の際，教師の理解や方針に歩み寄った見解を伝える，心理専門職の見解に対しては教師の現場感覚と照らし合わせて取捨選択しながら取り入れてもらう，教師自身が心理専門職の視点に寄り過ぎないよう（教師としての専門性を維持できるよう）エンパワメントするなどの工夫や配慮が重要になる。教師の視点や立場をエンパワメントしながら，自己の専門的視点を提供すること，また，スムーズに心理専門職側の理解・方針が教師に伝わらない場合でも焦らず時間をかけることが重要になる。しかし，当然のことながら事例の状態によっては，たとえ教師と見解が異なっていても，あくまで事例の子どもが抱える危機を乗り越え問題改善を優先するために心理専門職の見解を率直に伝える必要もある。したがって，心理専門職は教師とアセスメントの相互作用を行う際に，マイナスの影響を与える点に留意しつつも，心理の専門的視点によって教師の理解に肯定的な影響を与える可能性を踏まえ，事例の問題状況に応じて自己の視点を積極的に提供することが重要となる。

　一方，教師から影響を受ける心理専門職の姿勢から考えると，より効果的な協働につなげるため，心理専門職には自己の理解・方針にこだわり過ぎず教師の視点・考えを取り入れながら事例理解を変容・発展させることが重要である。特に，他職種の視点や観点を柔軟に取り入れることは，より深みのある事例理解や援助方針の構築につながるばかりでなく，専門職としての成長（Grout, 2006）とも関係する重要な要素となる。また，他職種からの考えや視点に影響を受けて事例援助に携わることで，それが一つの経験となり，その後の事例援助や職種間協働に生かされる可能性もある。このような実践

を通した経験的な学習体験の重要性も認識しておく必要がある。

3．教師との協働を促進する心理専門職のためのアセスメントの実践に関する教育訓練

これは Figure 8-1 における「1．心理専門職独自のアセスメントに関する能力の向上と実践」および「2．心理専門職による教師との協働を促進するアセスメントの実践」を可能にする心理専門職のための教育訓練に関する考察である。本研究において教育訓練に必要な要素として大きく 3 点指摘することができる。

第一に，職種間のアセスメントに関する専門的視点や理解の傾向には相違があり，その違い活かすための知識や技能の学習が必要である。事例を理解するためのアセスメントの視点が心理専門職と教師でどのように異なるのか，その違いによって職種間の協働的援助にどのような影響が生じるのかを学習することが必要となる。

第二に，アセスメントの専門的視点の違いを乗り越えて相互の事例理解を共有するための方略に関する学習が必要である。援助に有用かつ関係者との協働に結び付けるアセスメントの実践においては，一方向的に心理専門職の見解を伝えるのではなく，関係者との意見を取り入れながら共に理解・方針を創り上げていく姿勢が求められる。このような教師とのアセスメントの共有を促進する方略を学ぶ教育訓練は，心理専門職にとって教師を中心とした他職種との協働において必要不可欠な要素と考えることができる。

第三に，アセスメントにおいて他職種と相互に影響を与え得る存在としての心理専門職としての意識・姿勢に関する学習が必要である。事例におけるアセスメントの共有においても心理専門職は教師に肯定的な影響を与えることと同時に，影響を受ける存在として意識することが必要ということになる。これらの柔軟性や専門職としての安定性の両立を目指した意識・姿勢に関する学習体験や教育訓練が必要と考えられる。

　実際に,【研究4】ではこれら3点を押さえたロールプレイ学習および振り返り面接に基づき心理専門職のための教育訓練プログラムを構成し,その効果を検討した。その結果,他職種と関わることで新たな視点を学び理解が深まること,自己の振り返りの機会となること,事例理解をすり合わせ共有するためのコミュニケーション方法を模索すること,プラスやマイナスの影響を相互に受け合いながら事例検討が進められていくことの重要性と難しさについての学習体験が必要であることが示唆された。

　【研究4】における課題点も含めて考えると,心理支援に携わることを目指す学生にとってより重要な学びの体験となるよう,プログラムの実施回数を増やすこと,心理支援者役と教師役のペアでの学習だけでなく,それらの学びを全体で共有しつつさらに個別の学習へ進む構成にすること,学生相互に学び合う機会を設けることで,より有益な学習体験となる可能性がある。また,専門職養成において現場実習は必要不可欠なプログラムであり,実践現場での体験を踏まえつつ,より高度な知識・技能を学ぶ訓練が必要とされる(下山,2003)。したがって,上記の教育訓練プログラムに必要な要素を実際の現場実習との関連の中で学ぶことも重要となる。これらの現場実習は,学習指導,事務的作業など学校不適応事例への理解と対応に限らない教師の多様な役割・業務・立場を理解する経験ともなり,教師の立場・考えを考慮しながらアセスメントを行い,共有し,事例へと関与する学習体験につながると考えられる。さらに,これらを心理専門職の専門的視点を高める心理アセスメント教育と関連付けながら学びつつ,実践現場でのアセスメントの継続的な意思決定プロセスの流れの中で学習することが重要と考えられる。

第3節　本研究の限界と課題および今後の展望

1.【研究1～4】における限界と課題

　本研究では,縁故法・機縁法の手続きや,【研究2】の郵送法による調査,【研究3】における終結事例を中心とした事例研究などを行ったため,全体

を通して，心理専門職と教師の協働的援助に肯定的な対象者からのデータが多く収集されたと考えられる。したがって，本研究では協働的援助が比較的良好に進められている心理専門職と教師において，どのようなアセスメントの特徴があり，どのように職種間の特徴を認識しているのか，どのような効果的な共有方略が実践され，協働的援助を進める中でどのようにアセスメントの相互作用が生じているのかを総合的にまとめることができたと考えられる。今後は，協働的援助に肯定的ではない心理専門職と教師のデータを意図的に収集し，そのアセスメントの特徴や実態を調査し，本研究結果と比較検討することで，より包括的で有益な実践的示唆が得られる可能性がある。

　また，【研究1】～【研究4】ごとの個別の限界・課題は以下のように考えることができる。【研究1】では，対象者の語る事例に制約を設けず実践体験を自由に思い浮かべてもらいながら半構造化面接を実施することで，対象者の多様な実践体験を幅広く捉え，職種間のアセスメントの特徴を包括に検討することができた。今後は，不登校，いじめ，反社会的行動など，ある問題事例に特徴的な職種間のアセスメントの違いを詳細に明らかにすることで，本研究知見をさらに深めることができると考えられる。第二に，職種間のアセスメントの違いに焦点を当ててデータ収集を行ったため，その違いを明確に抽出することができた一方，それらが強調されて表現されている可能性に留意が必要である。職種間の視点の違いはある職種だけが特徴的に有する視点であるというより，ある職種が他の職種よりも特定の視点を比較的多く有する，重視する視点という意味であり（高嶋ら，2007），本研究で得られた知見もそれと同様の理解が必要である。関連して，相互の共通点（高嶋ら，2007）や違いを生み出す要因・背景にも積極的に目を向けたデータ収集・分析が今後求められる。

　【研究2】では，第一に，調査手続き上，SCと教師の関係が良好な学校からの回答が中心に収集された可能性があり，共有方略尺度に天井効果が見られたことなどもこれが一因と考えられる。尺度をより洗練させるため幅広

いSCや教師を対象とした調査を実施する工夫が求められる。項目数が少なく信頼性係数にも課題が残る見解の不一致時の対処の再検討も必要である。第二に，学校現場で対応する問題や事例の多様さを考慮すると，共有方略と協働的援助との関連は問題の性質や状況によって異なる可能性がある。問題や状況に応じたさらなる調査・検討が必要である。第三に，本調査において共有方略の活用や協働的援助が円滑に進められているかどうかは回答者の主観に基づくものであり，協働相手の認識や実際の事例の変化も含めた検討はできていない。さらに実際の場面では，SCと教師が用いる方略が相互作用することで事例に関する情報・意見交換が展開されるため，共有方略の組み合わせに基づいて職種間の協働状態を双方がどう捉えているか，当該事例にどのような影響や変化が生じているかを具体的に検討する必要がある。その際には縦断調査により共有方略および職種間協働の変動を追いつつ，その関連性を検討することも有用であろう。

　【研究3】では，回顧的な面接調査を行ったことで，協働的援助に伴うアセスメントの相互作用において，特に重要な影響・変容体験を中心的に把握することができた。今後は，十分な倫理的配慮を行った上での縦断的調査やグループ面接等に基づくデータ収集を加えることで，心理専門職と教師の相互作用だけでなく，教師間の相互作用や事例の変化に伴う両職種のアセスメントの変容の実態なども含めた実践の経過に伴うダイナミックな実態を検討でき，本研究知見をさらに発展させることできると考えられる。また，今後は，本研究の知見を基盤とし，心理専門職と教師のアセスメントに肯定的かつ否定的な影響・変容が生じる条件や要因とは何か，アセスメントに基づく協働的援助を実践する上で必要な職種間の葛藤，不必要な葛藤の実際などを詳細に探索することで，さらに有益な実践的示唆が得られる可能性がある。

　【研究4】では，第一に，統制群が設定されていないため，プログラムの効果や有効性について厳密に検討することが難しい。加えて，学生への教育的配慮の観点から，教師役にも心理支援者役に配布・説明した円滑な協働に

結び付けるための資料を配布した。本研究の内容を知らされない統制群の学生と比較検討する工夫をしながら，プログラムの効果検討を行う必要がある。第二に，本研究ではロールプレイを中心とした授業プログラムであり，事例シナリオの情報も限られていたことから，現実場面の事例検討の展開とは異なる可能性がある。ロールプレイ実習の性質・限界をふまえ，本授業内容を実際の現場実習との関連の中で学ぶことも重要になる。第三に，心理学的なアセスメント教育とのつながりを意図したプログラム構築が必要である。心理専門職としてのアセスメント能力の向上と，他職種との効果的協働へとつなげるアセスメントの教育訓練の関連性を意識した教育訓練プログラムの検討が今後はさらに求められる。その際には，心理援助について学び始めた学生だけでなく，心理専門職として経験を積んだ実践者を対象としたプログラムの構築・検討を行うことで，専門職としての発達段階に適したプログラムのあり方を検討することができると考えられる。

2．本研究のテーマを多様に発展させるための今後の研究課題

　上述したように第 4 ～ 7 章【研究 1 ～ 4】においてはそれぞれ検討されるべき固有の研究課題が残されている。今後はそれらの課題に踏み込んだ研究を進めることで，本研究の知見を発展させることができると考えられる。

　さらに，アセスメントを基盤として心理専門職が教師と協働し，学校不適応事例への効果的援助へとつなげていくという本研究のテーマを，さらに別の角度から多様に発展させるための展望として，3 点指摘することができる。

　第一に，アセスメントに着目した心理専門職による教師との協働的援助に関する実践的研究である。すなわち，各種研究によって得られた知見は，科学性が高くても，個別の具体的な事例に対して有効な実践的対応につながらなければ意味がないため（下山，2000），研究を通して得られた知見・仮説を，実践を通してさらに検討しつつ，洗練させる作業が必要である（原田，2004）。したがって，本研究で得られた様々な知見を踏まえ，今後は心理専門職と教

師の協働的な援助活動において，アセスメントに着目した実践の有用性や適用可能性を，実践場面を通して検討し，研究知見を洗練および精緻化する必要があると考えられる。その際には，研究者自身が実践者として学校不適応事例に関与しながら検討を行う事例研究・実践的フィールドワークなどの手法を用いることによって，複雑な実践現場の様相に基づく知見を見出すことができると考えられる。

　第二に，各種のアセスメント・ツールを活用した心理専門職と教師の協働的援助に関する研究の蓄積である。本研究においても，心理専門職と教師の専門的視点の違いを認識しつつ協働的援助につなげる方法の1として各種アセスメント・ツールを活用することの必要性について言及したものの，心理学的アセスメント・ツールを踏まえた教師との協働的実践の在り方については十分に検討できていない。実際に，日本では心理臨床活動において実証的研究の知見を活用する姿勢の不足から，事例理解を深めるために様々なアセスメント・ツールを積極的に活用しようとする意識が低く（山口，2011），本研究で対象とした心理専門職においても，これらのアセスメント・ツールを活用することに関する見解はほとんど見出されなかった。

　しかし，近年，エビデンスに基づく実践（Evidence Based Practice: EBP）の観点から，客観的なデータに基づいて関係者で協働的援助へとつなげる必要性は各種文献・研究において指摘されている（e.g., Skinner et al., 2013）。すなわち，関係者で共有しやすいデータを用いたり，あるいは客観的に把握できる「行動」に焦点を当てて，事例の問題状況を把握し意見交換することが，関係者との協働や円滑なチーム援助につながりやすくする方法の1つとされている（望月，2004; 下山，2008b）。心理専門職の立場から伝えられること，把握できる専門的視点を有することも重要であるが，アセスメント・ツールを活用しながら他職種にとっても理解しやすい視点や方法に歩み寄った形で，相互の意見交換を図り，事例理解を深める姿勢も必要である。日本では，学級生活満足度尺度を活用して，問題行動を示す児童を含めた学級全体の特徴

把握および支援の方向性を，教師と心理専門職で協働して検討した研究
（佐々木・苅間澤，2009）などが行われているが，十分に研究の蓄積がなされ
ているとは言い難い。どのような問題の時に，どのようなツールを活用する
ことで，どのような実践的効果につながり得るのか，多様なツールを柔軟に
活用し，教師と効果的に協働し，多様な学校不適応事例の改善につなげる研
究知見の蓄積が必要である。

　第三に，一次的・二次的な心理教育的援助におけるアセスメントの実践に
関する研究知見の蓄積が必要である。本研究では，学校不適応事例への援助
を想定し，アセスメントを基盤とした教師と心理専門職の効果的な協働的援
助の可能性を検討した。しかし，当然のことながら，学校には，実に多種多
様な子どもたちが過ごしており，実際に不適応を示している子どものみなら
ず，問題や援助ニーズの程度も様々である。コミュニティ心理学や学校心理
学の分野では，問題の重篤度やニーズに応じた援助として，一次的援助（問
題発生の未然防止），二次的援助（問題の早期発見・早期対応），三次的援助（複
雑な問題を抱えた事例に対する援助・介入）といった三段階の援助アプローチを
意識することで，多様な子どもたちを包括的に支援することが求められるこ
とが多い（石隈，1999; 伊藤，2004）。この枠組みを参考にすると，本研究は，
主として三次的援助に相当する臨床事例へのアセスメントおよび職種間協働
を想定した検討が中心となっている。

　しかし，学校現場において，一次的・二次的援助を効果的に実践するため
にも，アセスメントが重要な役割を果たすことを示唆した研究も積極的に行
われている（e.g., 新井，2010; Glover & Albers, 2007; 本田・大島・新井，2009;
Kettler, Glover, Albers, & Feeney-kettler, 2013）。複雑な問題を抱えた学校不適応
事例に留まらず，多種多様な子どもたちを包括的に援助するためには，様々
な援助ニーズを抱えた子どもを想定しつつ教師を中心とした他職種との協働
的実践においてアセスメントの視点を活かすことが今後の重要な課題になる
と考える。

引 用 文 献

阿部志郎（2006）．ヒューマン・サービス論　中央法規出版

Achenbach, T. M. (2005). Advancing assessment of children and adolescents: Commentary on evidence-based assessment of child and adolescent disorders. *Journal of Clinical Child and Adolescent Psychology, 34,* 541-547.

Achenbach, T. M., McConaughy, S. H., & Howell, C. T. (1987). Child/adolescent behavioral and emotional problems: Implications of cross-informant correlations for situational specificity. *Psychological Bulletin, 101,* 213-232.

上里一郎（監）（2001）．心理アセスメントハンドブック第2版　西村書店

American School Counselor Association (2003). *The ASCA National Model: A framework for school counseling programs.* American School Counselor Association（米国スクールカウンセラー協会　中野良顕（訳）（2004）．スクールカウンセリングの国家モデルー米国の能力開発型プログラムの枠組みー　学文社）

安藤　徹（2012）．学級アセスメントを活用した教師支援の形成ー継続的フィードバック面接による支援方法の検討ー　心理臨床学研究, 29, 750-761.

安養　貢・下田芳幸（2010）．学校臨床におけるコラボレーションに関する研究ーインタビュー調査の整理に基づいた提案ー　富山大学人間発達科学研究実践総合センター紀要　教育実践研究, 4, 7-15.

新井　雅（2010）．日本における小中学生を対象とした心理教育プログラム研究の展望ーアセスメントに基づくプログラムの統合的実践の提案ー　臨床心理学, 10, 885-894.

新井利民（2007）．英国における専門職連携教育の展開　社会福祉学, 48, 142-152.

有薗　格・齋藤陽子（2008）．現代社会と教育ー知識基盤社会にむけたこれからの教育ー教育開発研究所

Arredondo, P., Shealy, C., Neale, M., & Winfrey, L. L. (2004). Consultation and interprofessional collaboration: Modeling for the future. *Journal of Clinical Psychology, 60,* 787-800.

Arthur, N., & Russell-Mayhew, S. (2010). Preparing counsellors for interprofessional collaboration through supervision and lateral mentoring. *Canadian Journal of Counselling, 44,* 258-271.

Barden, J. P. (2003). Psychological assessment in school settings. In J. R. Graham. & J. A. Naglieri (Eds.), *Handbook of psychology: Vol. 10. Assessment psychology* (pp. 261-290). Hoboken, New Jersey: John Wiley & Sons.

Baxter, S. K., & Brumfitt, S. M. (2008). Professional differences in interprofessional working. *Journal of Interprofessional Care, 22,* 239-251.

Bickman, L., Rosof-Williams, J., Salzer, M. S., Summerfelt, W. T., Noser, K., Wilson, S. J., & Karver, M. S. (2000). What information do clinicians value for monitoring adolescent client progress and outcomes? *Professional Psychology: Research and Prac-*

    tice, **31**, 70-74.
Bieschke, K. J., Fouad, N. A., Collins, F. L. Jr., & Halonen, J. S. (2004). The scientifically-minded psychologist: Science as a core competency. *Journal of Clinical Psychology*, **60**, 713-723.
British Psychological Society (2006). *Good practice for UK clinical psychology training providers: Training and consolidation of clinical practice in relation to children and young people.* ⟨http://www.ucl.ac.uk/dclinpsy/training-handbook/chapters/handbook-pdf/appendix18⟩ (March 28, 2014)
British Psychological Society (2007). *New ways of working for applied psychologists in health and social care working psychologically in teams.* ⟨http://www.wiltshirepsychology.co.uk/Working%20Psychologically%20in%20Teams.pdf⟩ (March 28, 2014)
British Psychological Society (2008). *Generic professional practice guidelines.* ⟨http://www.bps.org.uk/sites/default/files/documents/generic_professional_practice_guidelines.pdf⟩ (March 28, 2014)
British Psychological Society (2010). *Clinical psychology leadership development framework.* ⟨http://www.oxicpt.co.uk/attachments/041_LeadershipFramework Sept2010.pdf⟩ (March 28, 2014)
British Psychological Society (2011). *Good practice guidelines on the use of psychological formulation.* ⟨http://www.canterbury.ac.uk/social-applied-sciences/ASPD/documents/DCPGuidelinesforformulation2011.pdf⟩ (March 28, 2014)
British Psychological Society (2013). *Good practice guidelines for UK clinical psychology training providers: Training and consolidation of clinical practice in clinical health psychology.* ⟨http://www.ucl.ac.uk/dclinpsy/handbook-publication/handbook-pdf/SECTION_8_Appendix_4_guidance_of_content_of_OA_placements_June_2013⟩ (March 28, 2014)
Campbell, C. A., & Dahir, D. A. (1997). *The national standards for school counseling programs.* American school counselor association. (キャンベル, C. A. & ダヒア, C. A. 中野良顕 (訳) (2000). スクールカウンセリングスタンダードーアメリカのスクールカウンセリングプログラム国家基準ー 図書文化)
Center for Educational Research and Innovation (2007). *Understanding the Social Outcomes of Learning.* Organisation for Economic Co-operation and Development. (OECD 教育研究革新センター (編著) NPO 法人教育テスト研究センター (監訳)・坂巻弘之・佐藤郡衛・川崎誠司 (訳) (2008). 学習の社会的成果ー健康, 市民・社会的関与と社会関係資本ー 明石書店)
Center for Educational Research and Innovation (2008). *Trends Shaping Education.* Organisation for Economic Co-operation and Development. (OECD 教育研究革新センター (編著) 立田慶裕 (監訳)・座波圭美 (訳) (2009). 教育のトレンドー図表でみる世界の潮流と教育の課題ー 明石書店)
Chong, W. W., Aslani, P., & Chen, T. F. (2013). Shared decision-making and interprofes-

sional collaboration in mental healthcare: A qualitative study exploring perceptions of barriers and facilitators. *Journal of Interprofessional Care*, **27**, 373-379.

Chorpita, B. F., Reise, S., Weisz, J. R., Grubbs, K., Becker, K. D., & Krull, J. L. (2010). Evaluation of the brief problem checklist: Child and caregiver interviews to measure clinical progress. *Journal of Consulting and Clinical Psychology*, **78**, 526-536.

Coffey, A., & Atkinson, P. (1996). *Making sense of qualitative data: Complementary research strategies*. Thousand Osks, CA: Sage Publications.

Connor, D. F. (2002). *Aggression and antisocial behavior in children and adolescents*. New York: Guilford Press.

Curry, K. T., & Hanson, W. E. (2010). National survey of psychologists' test feedback training, supervision, and practice: A mixed methods study. *Journal of Personality Assessment*, **92**, 327-336.

D'Amour, D., & Oandasan, I. (2005). Interprofessionality as the field of interprofessional practice and interprofessional education: An emerging concept. *Journal of Interprofessional Care*, **1**, 8-20.

De Los Reyes, A., & Kazdin, A. E. (2005). Informant discrepancies in the assessment of childhood psychopathology: A critical review, theoretical framework, and recommendations for further study. *Psychological Bulletin*, **131**, 483-509.

土居正城・加藤哲文（2011a）．スクールカウンセラーと教員の連携促進要因の探索的研究　カウンセリング研究，**44**，288-298．

土居正城・加藤哲文（2011b）．スクールカウンセラーの職務内容の明確化がスクールカウンセラーと教員の連携促進に及ぼす効果　カウンセリング研究，**44**，189-198．

土居正城・加藤哲文（2011c）．中学校におけるスクールカウンセラーと教員の連携促進に関する一事例—スクールカウンセラーが児童生徒の問題に積極的に関わることの意義—　学校メンタルヘルス，**14**，199-210．

Dougherty, A. M. (2008). *Psychological consultation and collaboration in school and community settings*. 5th ed. Belmont, California: Brooks/Cole.

Engel, G. L. (1980). The clinical application of the biopsychosocial model. *The American Journal of Psychiatry*, **137**, 535-544.

Eriksen, K. (1981). *Human service today*. 2nd ed. Virginia. Reston Publication Company. (エリクセン，K. 豊原廉次郎（訳）（1982）．ヒューマン・サービス—新しい福祉サービスと専門職—　誠信書房)

Fernández-Ballesteros, R., De Bruyn, E. E. J., Godoy, A., Hornke, L. F., Ter Laak, J., Vizcarro, C., Westhoff, K., Westmeyer, H., & Zaccagnini, J. L. (2001). Guidelines for the assessment process (GAP): A proposal for discussion. *European Journal of Psychological Assessment*, **17**, 187-200.

Finn, S. E., & Tonsager, M. E. (1997). Information-gathering and therapeutic models of assessment: Complementary paradigms. *Psychological Assessment*, **9**, 374-385.

Flanagan, R. (2007). Comments on the miniseries: Personality assessment in school psychology, *Psychology in the Schools*, **44**, 311-318.

藤垣裕子（2003）．専門知と公共性―科学技術社会論の構築へ向けて―　東京大学出版会

藤平　敦（2009）．初等中等教育現場に配置されている心理専門家の役割，養成課程等の日米比較における考察―我が国のスクールカウンセラー養成課程における課題―　国立教育政策研究所紀要，**138**，169-182.

藤井明日香・川合紀宗（2012）．特別支援学校高等部の就労支援における関係機関との連携―多機関・多職種連携を困難にする要因の考察から―　広島大学大学院教育学研究科附属特別支援教育実践センター研究紀要，**10**，15-23.

藤川　麗（2007a）．臨床心理のコラボレーション―統合的サービス構成の方法―　東京大学出版会

藤川　麗（2007b）．異職種とのコラボレーションをどう教育するか(2)―イギリスの教育・訓練制度から―　駒沢学園心理相談センター紀要，**3**，12-16.

藤川　麗（2009）．異職種間コラボレーションを目的とした臨床心理職トレーニングの開発研究　日本学術振興会科学研究費補助金研究成果報告書〈https://kaken.nii.ac.jp/pdf/2009/seika/mext/32696/18730446seika.pdf〉（2014年3月28日）

Fujikawa, U. (2009). Development of training system for clinical psychologists in Japan: Program for advancement of collaboration　駒沢学園心理相談センター紀要，**5**，23-28.

藤本　修（2002）．現代社会とメンタルヘルス　教育と医学，**50**，568-575.

藤原勝紀（1999）．心理臨床家の養成をめぐる課題―心理臨床指導に関する実践研究と臨床実践指導者の養成―　京都大学大学院教育学研究科附属臨床教育実践研究センター紀要，**3**，77-86.

藤原勝紀（2003）．臨床心理士養成大学院の教育研究体制と臨床実践指導研究分野の新しい展開―京都大学型総合大学院モデルの提案―　京都大学大学院教育学研究科附属臨床教育実践研究センター紀要，**7**，27-36.

Fouad, N. A., Grus, C. L., Hatcher, R. L., Kaslow, N. J., Hutchings, P. S., Madson, M. B., Collins Jr., F. L., & Crossman, R. E. (2009). Competency benchmarks: A model for understanding and measuring competence in professional psychology across training levels. *Training and Education in Professional Psychology*, **3**, S5-S26.

Frick, P. J., Barry, C. T., & Kamphaus, R. W. (2010). Report writing. In P.J. Frick., C.T. Barry., & R.W. Kamphaus (Eds.), *Clinical assessment of child and adolescent personality and behavior.* (pp. 357-376). New York: Springer.

福山和女（2009）．ソーシャルワークにおける協働とその技法　ソーシャルワーク研究，**34**，278-290.

不登校問題に関する調査研究協力会議（2003）．今後の不登校への対応の在り方について（報告）〈http://warp.ndl.go.jp/info:ndljp/pid/286794/www.mext.go.jp/b_menu/public/2003/03041134.htm〉（2014年3月28日）

古田雅明・八城　薫・乾　吉佑（2008）．臨床心理士の専門性に関する基礎的研究―臨床心理士，看護師，訓練生の比較―　心理臨床学研究，**26**，218-223.

Garland, A. F., Kruse, M., Aarons, G. A. (2003). Clinicians and outcome measurement: What's the use? *The Journal of Behavioral Health Services & Research*, **30**,

393-405.

Glover, T. A., & Albers, C. A. (2007). Considerations for evaluating universal screening assessments. *Journal of School Psychology*, 45, 117-135.

Greenstein, D. K., Franklin, M. E., McGuffin, P. (1999). Measuring motivation to change: An examination of the University of Rhode Island Change Assessment Questionnaire (URICA) in an adolescent sample. *Psychotherapy: Theory, Research, Practice, Training*, 36, 47-55.

Gresham, F. M., Elliott, S. N., Cook, C. R., Vance, M. J., & Kettler, R. (2010). Cross-informant agreement for ratings for social skill and problem behavior ratings: An investigation of the Social Skills Improvement System-Rating Scales. *Psychological Assessment*, 22, 157-166.

Grout, C. (2006). CPD: The multiprofessional context. In L. Golding., & I. Gray, (Eds.), *Continuing professional development for clinical psychologists: A practical handbook*. (pp. 190-204). British Psychological Society and Blackwell Publishing.

Hall, P. (2005). Interprofessional teamwork: professional cultures as barriers. *Journal of Interprofessional Care*, 1, 188-196.

Handler, L. (2008). Supervision in therapeutic and collaborative assessment. In A. K. Hess, K. D. Hess,, & T. H. Hess (Eds.), *Psychotherapy supervision: Theory, research, and practice*. 2nd ed. (pp. 200-222). Hoboken, New Jersey: John Wiley & Sons.

原田杏子 (2004). 専門的相談はどのように遂行されるか―法律相談を題材とした質的研究― 教育心理学研究, 52, 344-355.

Harris, H. S., Moloney, D. C., & Rother, F. M. (2004). *Human services: Contemporary issues and trends*. 3rd ed. Pearson Education, Inc. (ハリス, H. S., マロニィ, D. C. & ロザー, F. M. 山崎美貴子 (監訳)・臼井正樹・田中暢子・ヒューマンサービス翻訳グループ (訳) (2009). ヒューマンサービス―現代における課題と潮流― 第一出版)

長谷川啓三 (2003). 集団守秘義務の考え方 臨床心理学, 3, 122-124.

橋本鉱市 (2006). 専門職の「量」と「質」をめぐる養成政策―資格試験と大学教育― 東北大学大学院教育学研究科研究年報, 54, 111-135.

橋本鉱市 (2009). 専門職養成の日本的構造 玉川大学出版部

Hatfield, D. R., & Ogles, B. M. (2004). The use of outcome measures by psychologists in clinical practice. *Professional Psychology: Research and Practice*, 35, 485-491.

Havighurst, S. S., & Downey, L. (2009). Clinical reasoning for child and adolescent mental health practitioners: The mindful formulation. *Clinical Child Psychology and Psychiatry*, 14, 251-271.

Hayes, R. L. (2001). カウンセリングにおけるコラボレーション 東京大学大学院教育学研究科心理教育相談室紀要, 24, 108-113.

姫野弥栄奈・嶋田洋徳 (2008). 社会恐怖傾向を示す児童における社会的スキルの獲得と遂行との関連 カウンセリング研究, 41, 12-19.

広井良典（2000）．ケア学―越境するケアへ―　医学書院

広瀬真紀子・渡辺あさよ（2010）．授業観察における「わたしの視点」に焦点を当てた教師支援　心理臨床学研究, **28**, 445-455.

久野弘幸・渡邊沙織（2009）．知識基盤社会に対応する学力観に関する研究　愛知教育大学教育実践総合センター紀要, **12**, 77-86.

本田恵子（1999）．スクールカウンセラー養成課程におけるコンサルテーション実習モデル（Teachers College Consultation Model）の検証―学内の援助資源の活性化と変容維持のための6ステップモデルとインターンのバックアップ体制の整備をめざして―　カウンセリング研究, **32**, 55-65.

本田真大・大島由之・新井邦二郎（2009）．不適応状態にある中学生に対する学級単位の集団社会的スキル訓練の効果―ターゲット・スキルの自己評定，教師評定，仲間評定を用いた検討―　教育心理学研究, **57**, 336-348.

堀越あゆみ・堀越　勝（2002）．対人援助専門職の基礎にあるもの　精神療法, **28**, 425-432.

堀越　勝（2001）．DSMと心理臨床　精神療法, **27**, 495-503.

堀越　勝（2002）．臨床心理学における統合的活動モデル　下山晴彦・丹野義彦（編著）講座臨床心理学6―社会臨床心理学―（pp. 43-60）　東京大学出版会

House, A. E. (2002). *DSM-IV Diagnosis in the schools: Updated 2002*. New York: Guilford Press.（ハウス, A. E. 上地安昭（監訳）・宮野素子（訳）（2003）．学校で役立つDSM-IV-TR対応最新版　誠信書房）

法政大学大原社会問題研究所（2003）．日本労働年鑑第73集　メンタルヘルス問題と職場の健康―その現状と対策―　旬報社

Howard, K. I., Moras, K., Brill, P. L., Martinovich, Z., Lutz, W. (1996). Evaluation of psychotherapy: Efficacy, effectiveness, and patient progress. *American Psychologist*, **51**, 1059-1064.

Hunsley, J. (2007). Training psychologists for evidence-based practice. *Canadian Psychology*, **48**, 32-42.

Hunsley, J., & Mash, E. J. (2007). Evidence-based assessment. *Annual Review of Clinical Psychology*, **3**, 29-51.

家近早苗・石隈利紀（2003）．中学校における援助サービスのコーディネーション委員会に関する研究―A中学校の実践を通して―　教育心理学研究, **51**, 230-238.

家近早苗・石隈利紀（2007）．中学校のコーディネーション委員会のコンサルテーションおよび相互コンサルテーション機能の研究―参加教師の体験から―　教育心理学研究, **55**, 82-92.

家近早苗・石隈利紀（2011）．心理教育的援助サービスを支えるコーディネーション委員会の機能尺度（中学校版）の開発―学校全体の援助サービスの向上をめざして―　学校心理学研究, **11**, 57-68.

Ihilevich, D., Gleser, G. C., Gritter, G. W., Kroman, L. J., & Watson, A. S. (1982). The Progress Evaluation Scales: A system for assessing child and adolescent programs. *Professional Psychology*, **13**, 470-478.

飯田順子（2008）．学校心理学に関する研究の動向と課題－援助サービスの統合に向けて－ 教育心理学年報, 47, 137-147.

飯田順子・石隈利紀・山口豊一（2009）．高校生の学校生活スキルに関する研究－学校生活スキル尺度（高校生版）の開発－ 学校心理学研究, 9, 25-35.

今田 寛（1996）．心理学専門家の養成について－基礎心理学の立場から－ 心理学評論, 39, 5-20.

Ingram, B. I. (2011). *Clinical case formulations: Matching the integrative treatment plan to the client.* Hoboken, New Jersey: John Wiley & Sons.

乾 吉佑（2003）．日本における臨床心理専門家養成の展望と課題 心理臨床学研究, 21, 201-214.

石垣琢磨（2001）．アセスメントとしての見立て 臨床心理学, 1, 317-322.

石原邦雄（2008）．社会変動とメンタルヘルス 精神保健福祉, 39, 11-15.

石川信一（2006）．臨床心理学における発達的観点 心理学評論, 49, 613-626.

石川信一・坂野雄二（2005）．児童における不安症状と行動的特徴の関連－教師の視点からみた児童の社会的スキルについて－ カウンセリング研究, 38, 1-11.

石隈利紀（1999）．学校心理学－教師・スクールカウンセラー・保護者のチームによる心理教育的援助サービス－ 誠信書房

石隈利紀（2001）．不登校児やLD（学習障害児）のための援助チームに関する研究－小学校におけるスクールカウンセラーの効果的な活用をめざして－ 安田生命社会事業団研究助成論文集, 36, 18-28.

石隈利紀・田村節子（2003）．石隈・田村式援助シートによるチーム援助入門－学校心理学・実践編－ 図書文化

石津憲一郎（2012）．中学生の「自己解決」ビリーフと過剰適応の学校適応に対する作用 学校心理学研究, 12, 41-51.

礒邉 聡（2009）．緊急支援に対応できるSCおよび教員養成のための系統的な研修プログラムの開発 日本学術振興会科学研究費補助金研究成果報告書〈https://kaken.nii.ac.jp/pdf/2009/seika/jsps-1/12501/19530583seika.pdf〉（2014年3月28日）

伊藤亜矢子（2004）．学校コミュニティ・ベースの包括的予防プログラム－スクール・カウンセラーと学校との新たな協働にむけて－ 心理学評論, 47, 348-361.

伊藤美奈子（1999）．スクールカウンセラーによる学校臨床実践評価ならびに学校要因との関連 教育心理学研究, 47, 521-529.

伊藤美奈子（2000）．思春期の心さがしと学びの現場 北樹出版

伊藤美奈子（2002a）．スクールカウンセラーの仕事 岩波書店

伊藤美奈子（2002b）．学童期・思春期－不登校－ 下山晴彦・丹野義彦（編著） 講座臨床心理学5－発達臨床心理学－（pp. 113-131） 東京大学出版会

伊藤美奈子（2003）．保健室登校の実態把握ならびに養護教諭の悩みと意識－スクールカウンセラーとの協働に注目して－ 教育心理学研究, 51, 251-260.

伊藤直文・村瀬嘉代子・塚崎百合子・片岡玲子・奥村茉莉子・左保紀子・吉野美代（2001）．心理臨床実習の現状と課題－学外臨床実習に関する現状調査－ 心理臨床学研究, 19, 47-59.

346 引用文献

岩壁　茂（2008）．クライエントの変容プロセスを記述する同化分析　小山充道（編著）
　　必携臨床心理アセスメント（pp. 381-397）　金剛出版
岩壁　茂・小山充道（2002）．心理臨床研究における科学性に関する一考察　心理臨床学
　　研究，**20**，443-452.
Johnson, C. E., Stewart, A. L., Brabeck, M. M., Huber, V. S., & Rubin, H. (2004). Inter-
　　professional collaboration: Implications for Combined-Integrated doctoral training in
　　professional psychology. *Journal of Clinical Psychology*, **60**, 995-1010.
Johnston, C., & Murray, C. (2003). Incremental validity in the psychological assessment
　　of children and adolescents. *Psychological Assessment*, **15**, 496-507.
亀口憲治（2002）．概説 コラボレーション―協働する臨床の知を求めて―　現代のエスプ
　　リ，**419**，5-19.
神尾直子・生島　浩（2004）．スクールカウンセラーが外部の専門家として学校システム
　　に介入する意義について　福島大学教育実践研究紀要，**46**，41-48.
神山裕美・伊藤健次・佐藤悦子・吉澤千登勢・清水惠子・田中彰子・望月宗一郎・山本奈
　　央・小野興子・大澤準一・河野由乃・下村幸仁・柳田正明・横山貴美子・山田千明・
　　井出成美・泉宗美恵・須田由紀・中橋淳子・森田祐代・三井知波留・平形満美子・松
　　橋昌代（2011）．英米教育成果に基づく専門職連携教育の開発―学際統合型専門職連
　　携プログラムより―　山梨県立大学人間福祉学部紀要，**6**，47-56.
加茂　陽（1998）．ヒューマンサービス論―その社会理論の批判的吟味―　世界思想社
金沢吉展（2002a）．臨床心理学の社会性　下山晴彦・丹野義彦（編著）　講座臨床心理学
　　1―臨床心理学とは何か―（pp. 155-169）　東京大学出版会
金沢吉展（2002b）．臨床心理学における心理療法教育の目標，方法，および今後の課題
　　精神療法，**28**，410-418.
Kaplan, D. M., & Gladding, S. T. (2011). A vision for the future of counseling: The 20/20
　　principles for unifying and strengthening the profession. *Journal of Counseling &
　　Development*, **89**, 367-372.
葛西真紀子（2007）．評価のできるスクールカウンセラーの養成を考える　コミュニティ
　　心理学研究，**11**，26-34.
葛西真記子・中津郁代・末内佳代・久米禎子・粟飯原良造・山下一夫・塩路晶子（2009）．
　　乳幼児との情動調律による感受性訓練の効果―心理療法家を目指す大学院生を対象
　　に―　鳴門教育大学研究紀要，**24**，130-141.
Kaslow, N. J., Rubin, N. J., Bebeau, M. J., Leigh, I. W., Lichtenberg, J. W., Nelson, P. D.,
　　Portnoy, S. M., & Smith, I. L. (2007). Guiding principles and recommendations for
　　the assessment of competence. *Professional Psychology: Research and Practice*, **38**,
　　441-451.
河村茂雄・武蔵由佳・粕谷貴志（2005）．中学校のスクールカウンセラーの活動に対する
　　意識と評価―配置校と非配置校の比較―　カウンセリング研究，**38**，12-21.
Kazak, A. E., Hoagwood, K., Weisz, J. R., Hood, K., Kratochwill, T. R., Vargas, L. A., &
　　Banez, G. A. (2010). A meta-systems approach to evidence-based practice for chil-
　　dren and adolescents. *American Psychologist*, **65**, 85-97.

Kazdin, A. E. (2005). Evidence-based assessment for children and adolescents: Issues in measurement development and clinical application. *Journal of Clinical Child and Adolescent Psychology, 35*, 548-558.

慶野遥香 (2010). 初学者の倫理的困難場面における判断と気づきの検討　心理臨床学研究, **28**, 643-653.

Kelley, S. D., & Bickman, L. (2009). Beyond outcomes monitoring: Measurement feedback systems in child and adolescent clinical practice. *Current Opinion in Psychiatry, 22*, 363-368.

Kettler, R. J., Glover, T. A., Albers, C. A., & Feeney-kettler, K. A. (2013). *Universal screening in educational settings: Evidence-based decision making for schools.* American Psychological Association.

菊地和則 (2004). 多職種チームのコンピテンシー―インディビデュアル・コンピテンシーとチーム・コンピテンシーに関する基本的概念整理―　社会福祉学, **44**, 23-31.

紀国谷恵子 (2007). 国際生活機能分類 (International Classification of Functioning, Disability and Health: ICF) にみた福祉・保健・医療の専門職協働における連携に関する貢献と課題　東北福祉大学大学院総合福祉学研究科社会福祉学専攻紀要, **5**, 52-63.

北村陽英 (1997). 学校精神保健相談と養護教諭への期待　児童青年精神医学とその近接領域, **38**, 155-159.

Klein, D. N., Dougherty, L. R., & Olino, T. M., (2005). Toward guidelines for evidence-based assessment of depression in children and adolescents. *Journal of Clinical Child & Adolescent Psychology, 34*, 412-432.

小林正幸・平野千花子・伊藤　透・木村　愛・江尻華奈・金　暎・早川恵子・村松綾子 (2006). 不登校半減計画プロジェクトに対する学校関係者の評価に関する研究―不登校問題の改善効果とプロジェクトに対する評価を中心に―　東京学芸大学紀要　総合教育科学系, **57**, 415-426.

小林正幸・小野昌彦 (2005). 教師のための不登校サポートマニュアル―不登校ゼロへの挑戦―　明治図書

小林朋子 (2005). スクールカウンセラーによる行動コンサルテーションが教師の援助行動および児童の行動に与える影響について―周囲とのコミュニケーションが少ない不登校児童のケースから―　教育心理学研究, **53**, 263-272.

兒玉憲一・小池眞規子・笠井　仁・服巻　豊 (2011). 臨床心理士養成大学院間連携による緩和ケア卒前・卒後教育プログラムの構築の試み　広島大学大学院心理臨床教育研究センター紀要, **10**, 60-72.

國分康孝 (監) (2008). カウンセリング心理学事典　誠信書房

国立教育政策研究所生徒指導研究センター (2009). 生徒指導上の諸問題の推移とこれからの生徒指導―データに見る生徒指導の課題と展望―〈https://www.nier.go.jp/shido/centerhp/1syu-kaitei/1syu-kaitei090330/1syu-kaitei.zembun.pdf〉(2014年8月6日)

国立教育政策研究所生徒指導研究センター (2010). 問題事象の未然防止に向けた生徒指導の取り組み方〈https://www.nier.go.jp/shido/centerhp/shienshiryou2/2.pdf〉

（2014年8月6日）

近藤清美・河合祐子・漆原宏次・坂野雄二・土肥聡明・中野倫仁・森　伸幸（2010）．わが国の臨床心理学教育の現状と課題―心理学系大学院の心理臨床家養成教育に関するアンケート調査から―　北海道医療大学心理科学部心理臨床・発達支援センター研究, **6**, 1-11.

近藤邦夫（1995）．スクールカウンセラーと学校臨床心理学　村山正治・山本和郎（編）スクールカウンセラー―その理論と展望―（pp. 12-26）　ミネルヴァ書房

Körner, M., Ehrhardt, H., & Steger, A. (2013). Designing an interprofessional training program for shared decision making. *Journal of Interprofessional Care*, **27**, 146-154.

厚生労働省労働基準局（2010）．職場におけるメンタルヘルス対策検討会報告書〈http://www.mhlw.go.jp/stf/houdou/2r9852000000q72m-img/2r9852000000q7tk.pdf〉（2014年3月28日）

小山充道（2008）．心理アセスメントのフィードバック―心理テストを中心として―　小山充道（編）　必携臨床心理アセスメント（pp. 483-495）　金剛出版

Kraemer, H. C., Measelle, J. R., Ablow, J. C., Essex, M. J., Boyce, W. T., & Kupfer, D. J. (2003). A new approach to integrating data from multiple informants in psychiatric assessment and research: Mixing and matching contexts and perspectives. *American Journal of Psychiatry*, **160**, 1566-1577.

Krishnamurthy, R., VandeCreek. L., Kaslow, N. J., Tazeau, Y. N., Miville, M. L., Kerns, R., Stegman, R., Suzuki, L. & Benton, S. A. (2004). Achieving competency in psychological assessment: Directions for education and training. *Journal of Clinical Psychology*, **60**, 725-739.

倉光　修（2000）．教師とカウンセラーの違い　村瀬喜代子・近藤邦夫・三浦香苗・西林克彦（編）　青年期の課題と支援（pp. 82-87）　新曜社

栗原慎二・上地安昭（2001）．学校におけるカウンセリングの動向と今後の方向性―ブリーフカウンセリングを中心に―　カウンセリング研究, **34**, 329-340.

黒沢幸子（2007）．学校コミュニティにおけるシステマティックな評価研究―プログラム評価の観点から―　コミュニティ心理学研究, **11**, 44-55.

黒沢幸子（2010）．臨床心理学の研究動向および今後に向けて―社会的要請に応える実践のために―　教育心理学年報, **49**, 120-129.

Lambert, M. J., & Lambert, J. M. (1999). Use of psychological tests for assessing treatment outcome. In M. E. Maruish (Ed.), *The use of psychological testing for treatment planning and outcomes assessment* 2nd Ed. (pp. 115-151). New Jersey: Lawrence Erlbaum Associates.

Lavigne, J. V., Cromley, T., Sprafkin, J., & Gadow, K. D. (2009). The Child and Adolescent Symptom Inventory-Progress Monitor: A brief Diagnostic and Statistical Manual of Mental Disorders, 4th edition-referenced parent-report scale for children and adolescents. *Journal of Child and Adolescent Psychopharmacology*, **19**, 241-52.

Lee, C. M. (2007). From clinical trials to professional training: A graduate course in evidence-based interventions for children, youth, and families. *Training and Educa-*

tion in Professional Psychology, 1, 215-223.

Lee, C. M., Schneider, B. H., Bellefontaine, S., Davidson, S., & Robertson, C. (2012). Interprofessional collaboration: A survey of canadian psychologists and psychiatrists. *Canadian Psychology*, 53, 159-164.

Loeber, R., Green, S. M., Lahey, B. B., & Stouthamer-Loeber, M. (1991). Differences and similarities between children, mothers, and teachers as informants on disruptive child behavior. *Journal of Abnormal Child Psychology*, 19, 75-95.

Lown, B. A., Kryworuchko, J., Bieber, C., Lillie, D. M., Kelly, C., Berger, B., & Loh, A. (2011). Continuing professional development for interprofessional teams supporting patients in healthcare decision making. *Journal of Interprofessional Care*, 25, 401-408.

Lueger, R. J., Howard, K. I., Martinovich, Z., Lutz, W., Anderson, E. E., Grissom, G. (2001). Assessing treatment progress of individual patients using expected treatment response models. *Journal of Consulting and Clinical Psychology*, 69, 150-158.

Lutz, W., Saunders, S. M., Leon, S. C., Martinovich, Z., Kosfelder, J., Schulte, D., Grawe, K., & Tholen, S. (2006). Empirically and clinically useful decision making in psychotherapy: Differential predictions with treatment response models. *Psychological Assessment,* 18, 133-141.

前川あさ美（編著）(2011)．学校・地域で役立つ子どものこころの支援 連携・協働ワークブック　金子書房

牧　郁子・関口由香・根建金男（2006)．中学生における無気力感モデル検討の試み―随伴性とコーピング・エフィカシーの影響から―　カウンセリング研究, 39, 181-191.

Maruish, M. E. (2012). Psychological assessment in treatment In I. B. Weiner, J. R. Graham., & J. A. Naglieri (Eds.), *Handbook of Psychology: Vol. 10. Assessment Psychology.* (pp. 140-159). Hoboken, New Jersey: John Wiley & Sons.

Marziller, J., & Hall, J. (1999). *What is clinical psychology?* 3rd ed. Oxford University Press.（マチィリア，J.＆ホール，H. 下山晴彦（編訳）(2003)．専門職としての臨床心理士　東京大学出版会）

Mash, E. J., & Hunsley, J. (2005). Evidence-based assessment of child and adolescent disorders: Issues and challenges. *Journal of Clinical Child and Adolescent Psychology*, 35, 362-379.

Mash, E. J., & Hunsley, J. (2007). Assessment of child and family disturbance: A developmental-systems approach. In E. J. Mash, & R. A. Barkley, (Eds.), *Assessment of child disorders.* (pp. 3-50). New York: The Guilford Press.

松見淳子（2002)．米国における心理療法の基礎訓練―現状と課題―　精神療法, 28, 433-442.

松本　剛・嘉ノ海仁士・上地安昭・高橋和利（2008)．教師とスクールカウンセラーの相互理解に関する研究―教師カウンセラー事例を通して―　兵庫教育大学研究紀要, 32, 1-12.

松岡千代（2009)．多職種連携のスキルと専門職教育における課題　ソーシャルワーク研

究，**34**，314-320.

松岡靖子（2011）．スクールカウンセラーが学校現場で機能するための活動と工夫について―教師との連携に焦点を当てて―　名古屋大学大学院教育発達科学研究科紀要心理発達科学，**58**，35-45.

松澤広和（2004）．介入方針の形成　下山晴彦（編）　臨床心理学の新しいかたち（pp. 63-83）　誠信書房

松澤広和（2008）．心理アセスメントとチームアプローチ　下山晴彦・松澤広和（編）　実践心理アセスメント（pp. 21-24）　日本評論社

Mcleod, J. (1997). *Narrative and psychotherapy*. London: Sage Pabulication.（マクレオッド，J. 下山晴彦（監訳）・野村晴夫（訳）（2007）．物語りとしての心理療法―ナラティブセラピィの魅力―　誠信書房）

Melchert, T. P. (2007). Strengthening the scientific foundations of professional psychology: Time for the next steps. *Professional Psychology: Research and Practice*, **38**, 34-43.

Melchert, T. P. (2013). Beyond theoretical orientations: The emergence of a unified scientific framework in professional psychology. *Professional Psychology: Research and Practice*, **44**, 11-19.

Mellin, E. A., Hunt, B., & Nichols, L. M. (2011). Counselor professional identity: Findings and implications for counseling and interprofessional collaboration. *Journal of Counseling and Development*, **89**, 140-147.

Merrell, K. W. (2008). *Behavioral, social, and emotional assessment of children and adolescents*. 3rd ed. New Jersey: Lawrence Erlbaum Associates.

三浦正江（2006）．中学校におけるストレスチェックリストの活用と効果の検討―不登校の予防といった視点から―　教育心理学研究，**54**，124-134.

宮垣　元（2003）．ヒューマンサービスと信頼―福祉 NPO の理論と実証―　慶應義塾大学出版会

宮本義信（2004）．アメリカの対人援助専門職―ソーシャルワーカーと関連職種の日米比較―　ミネルヴァ書房

望月　昭（2004）．行動でつなぐ対人援助　現代のエスプリ，**441**，198-205.

望月　昭・中村　正・武藤　崇・サトウタツヤ（2010）．対人援助学の可能性―「助ける科学」の創造と展開―　福村出版

文部科学省（2003）．通常の学級に在籍する特別な教育的支援を必要とする児童生徒に関する全国実態調査〈http://www.mext.go.jp/b_menu/shingi/chousa/shotou/018/toushin/030301i.htm〉（2014年 8 月 6 日）

文部科学省（2008）．教育振興基本計画〈http://www.mext.go.jp/a_menu/keikaku/pamphlet/001.pdf〉

文部科学省（2009）．児童生徒の教育相談の充実について―生き生きとした子どもを育てる相談体制づくり―〈http://www.mext.go.jp/component/b_menu/shingi/toushin/__icsFiles/afieldfile/2010/01/12/1287754_1_2.pdf〉（2014年 8 月 6 日）

文部科学省（2013）．平成24年度 児童生徒の問題行動等生徒指導上の諸問題に関する調査

〈http://www.mext.go.jp/b_menu/houdou/25/12/1341728.htm〉（2014年8月6日）

森　俊夫（2002）．スクールカウンセリング・システムの評価研究　日本学術振興会科学研究費補助金研究成果報告書〈https://kaken.nii.ac.jp/d/p/10610100/2001/6/ja.ja.html〉（2014年3月28日）

森野礼一（1995）．臨床心理学の歴史　山中康裕・森野礼一・村山正治（編）　臨床心理学1―原理・理論―（pp.31-72）創元社

森田美弥子（2009）．臨床心理アセスメントにおけるフィードバックと治療的関係　竹内健児（編）　事例でわかる心理検査の伝え方・活かし方（pp.64-71）　金剛出版

森田美弥子・永田雅子（2012）．臨床心理学的援助におけるアセスメント・スキルに関する研究　日本学術振興会科学研究費補助金研究成果報告書〈https://kaken.nii.ac.jp/pdf/2011/seika/C-19/13901/21530724seika.pdf〉（2014年3月28日）

村上宣寛・村上千恵子（2008）．改訂臨床心理アセスメントハンドブック　北大路書房

村瀬嘉代子（1995）．子どもと大人の心の架け橋―心理療法の原則と過程―　金剛出版

村瀬嘉代子（2011）．社会からの臨床心理学への期待　臨床心理学，11，9-13.

村瀬嘉代子・飯田昭人（2008）．精神療法―児童期・青年期の統合的アプローチ―　精神科治療学，23，82-86.

村瀬嘉代子・津川律子（2012）．事例で学ぶ臨床心理アセスメント入門　臨床心理学増刊，4，金剛出版

村椿智彦・富家直明・坂野雄二（2010）．実証的臨床心理学教育における科学者実践家モデルの役割　北海道医療大学心理科学部研究紀要，6，59-68.

村山　綾・三浦麻子（2012）．集団内の関係葛藤と課題葛藤―誤認知の問題と対処行動に関する検討―　社会心理学研究，28，51-59.

無藤清子（2009）．臨床心理学の研究の動向および今後に向けて―研究・実践のためのシステム論的視点と倫理―　教育心理学年報，48，130-142.

長崎　勤（2006）．特別支援教育においてなぜ発達的観点が必要か？　別冊発達，28，1-7.

内閣府（2013）．平成25年版子ども・若者白書　第3章成育環境〈http://www8.cao.go.jp/youth/whitepaper/h25honpen/b1_03_01.html〉（2014年3月28日）

中川美保子（2010）．臨床心理士養成大学院の現職教員及び社会人院生の現状と資格取得後の活用について　日本学術振興会科学研究費補助金研究成果報告書〈https://kaken.nii.ac.jp/pdf/2010/seika/jsps/13902/19530693seika.pdf〉（2014年3月28日）

Nakamura, B. J., Daleiden, E. L., & Mueller, C. W.（2007）. Validity of treatment target progress ratings as indicators of youth improvement. *Journal of Child and Family Studies*, 16, 729-741.

中野秀一郎（1981）．プロフェッションの社会学―医師，大学教師を中心として―　木鐸社

National Association of School Psychologists（2010）. *Model for comprehensive and integrated school psychological services*〈http://www.nasponline.org/standards/2010standards/2_PracticeModel.pdf〉（March 28, 2014）

夏野良司・幸　美砂子・浜名昭子・辻河昌登・浅川潔司（2001）．学校現場におけるスクールカウンセラー実習の検討(I)　兵庫教育大学研究紀要　第1分冊　学校教育・幼

年教育・教育臨床・障害児教育，**21**，105-115.

Neimeyer, G. J., Taylor, J. M., & Philip, D.（2010）. Continuing education in psychology: Patterns of participation and perceived outcomes among mandated and nonmandated psychologists. *Professional Psychology: Research and Practice*, **41**, 435-441.

Nellis, L. M.（2012）. Maximizing the effectiveness of building teams in response to intervention implementation. *Psychology in the Schools*, **49**, 245-256.

根塚明子・伊東真理子（2010）. 学校臨床における多分野協働の実際―「子ども支援会議」の実践をとおして―　心理臨床学研究，**28**，490-501.

日本臨床心理士会（2013）. 資格問題の諸情報・電子版速報 No 12〈http://www.jsccp.jp/suggestion/license/〉（2014年 3 月28日）

日本心理学諸学会連合（2010）. 国資格に係るカリキュラムについての基本的枠組み〈http://jupa.jp/side/curriculum2010.pdf〉（March 28, 2014）

日本心理学諸学会連合（2012）. 大学院共通カリキュラム案〈http://jupa.jp/side/curriculum2012.pdf〉（2014年 3 月28日）

西村昭徳（2005）. 児童・生徒への対応をめぐる教師間の葛藤と対処方略―葛藤状況及び教師に対する認知的評価の視点から―　学校メンタルヘルス，**8**，57-67

野内　類・井上孝代（2007）. 日本の学校への新しいコミュニティ心理学的アプローチ―米国の MEASURE を参考にしたスクールカウンセリングの役割―　コミュニティ心理学研究，**11**，14-25.

小保方晶子・無藤　隆（2005）. 親子関係・友人関係・セルフコントロールから検討した中学生の非行傾向行為の規定要因および抑止要因　発達心理学研究，**16**，286-299.

小川捷之・永井　撤（1997）. 臨床心理学における専門教育について　心理学評論，**40**，163-168.

大河原美以（2008）. スクールカウンセリングにおけるシステムズアプローチ　日本家族心理学会（編）　日本家族心理学年報26号―家族心理学と現代社会―（pp. 163-175）金子書房

大河原美以・小林正幸・海老名真紀・松本裕子・吉住あさか・林　豊（2000）. 子どもの心理治療における見立てと方法論―エコシステミックな見立てモデルの確立に向けて―　カウンセリング研究，**33**，82-94.

大野　裕（2001）. DSM-Ⅳ―その特徴と臨床的意義―　精神療法，**27**，19-27.

大対香奈子・大竹恵子・松見淳子（2007）. 学校適応アセスメントのための三水準モデル構築の試み　教育心理学研究，**55**，135-151.

大塚義孝（1999）.「臨床心理士」養成と大学院体制　心理臨床学研究，**17**，307-314.

Phelps, L., & Power, T. J.（2008）. Integration of educational and health services through comprehensive school-based service delivery: Commentary on special issue. *Psychology in the Schools*, **45**, 88-90.

Prochaska, J. O., & Norcross, J. C.（2007）. *Systems of psychotherapy: A transtheoretical analysis*. 6th ed. Belmont, CA: Brooks/Cole.（プロチャスカ，J. O. 津田　彰・山崎久美子（監訳）（2010）. 心理療法の諸システム―多理論統合的分析―　金子書房）

Renk, K.（2005）. Cross-informant ratings of the behavior of children and adolescents:

The "gold standard". *Journal of Child and Family Studies*, **14**, 457-468.

Reschly, D. J., & Bergstrom, M. K. (2009). Response to intervention. In C.R. Reynolds., & T. B. Gutkin, (Eds.), *The Handbook of School Psychology*. 4th ed. (pp. 434-460). Hoboken, New Jersey: John Wiley & Sons.

Riccio, C. A., & Rodriguez, O. L. (2007). Integration of psychological assessment approaches in school psychology. *Psychology in the Schools*, **44**, 243-255.

Rodolfa, E., Greenberg, S., Hunsley, J., Smith-Zoeller, M., Cox, D., Sammons, M., Caro, C., & Spivak, H. (2013). A competency model for the practice of psychology. *Training and Education in Professional Psychology*, **7**, 71-83.

Rubin, K. H., Chen, X., McDougall, P., Bowker, A., & McKinnon, J. (1995). The Waterloo longitudinal project: predicting internalizing and externalizing problems in adolescence. *Development and Psychopathology*, **7**, 751-764.

相模健人 (2004). スクールカウンセラーの学校システムへのジョイニングの実際—自らの体験を振り返って—　愛媛大学教育学部紀要, **51**, 77-82.

坂本真士・伊藤絵美・杉山　崇 (編) (2010). 臨床に活かす基礎心理学　東京大学出版会

坂本真士・杉山　崇・伊藤絵美 (2010). これからの心理臨床—研究と臨床のコラボレーション—　坂本真士・杉山　崇・伊藤絵美 (編)　臨床に活かす基礎心理学 (pp. 1-16)　東京大学出版会

San Martín-Rodríguez, L., Beaulieu, M., D'Amour, D., & Ferrada-Videla, M. (2005). The determinants of successful collaboration: A review of theoretical and empirical studies. *Journal of Interprofessional Care*, **19**, 132-147.

佐々木佳穂・苅間澤勇人 (2009). スクールカウンセラーによる学級経営への支援—学級生活満足度尺度を活用したコンサルテーション—　カウンセリング研究, **42**, 322-331.

佐藤郁哉 (2008). 質的データ分析法—原理・方法・実践—　新曜社

Seiffge-Krenke, I., & Kollmar, F. (1998). Discrepancies between mothers and fathers perceptions of sons and daughters problem behaviour: a longitudinal analysis of parent-adolescent agreement on internalising and externalising problem behaviour. *Journal of Child Psychology and Psychiatry*, **39**, 687-697.

瀬戸健一 (2006). 協働性にもとづく学校カウンセリングの構築—高校における学校組織特性に着目して　風間書房

瀬戸美奈子 (2010). 学校におけるチーム援助のコーディネーションに関する研究の動向　関西福祉科学大学紀要, **14**, 77-86.

瀬戸美奈子・石隈利紀 (2003). 中学校におけるチーム援助に関するコーディネーション行動とその基盤となる能力および権限の研究—スクールカウンセラー配置校を対象として—　教育心理学研究, **51**, 378-389.

瀬戸美奈子・石隈利紀 (2008). コーディネーション行動がチーム援助の有用性に与える影響—中学校における事例を通して　教育相談研究, **45・46**, 25-33.

瀬戸瑠夏・下山晴彦 (2003). 日本におけるスクールカウンセリングの現状分析—文献レビューによる活動モデル構築への展望—　東京大学大学院教育学研究科紀要, **43**,

133-145.

渋沢田鶴子（2002）．対人援助における協働－ソーシャルワークの観点から－　精神療法，**28**，10-16.

滋野井一博（2009）．ミクロとしてのアセスメント　吉川　悟（編）　システム論からみた援助組織の協働－組織のメタ・アセスメント－（pp. 251-263）　金剛出版

嶋田洋徳（2003）．中学生における社会的スキル訓練が心理的ストレス反応に及ぼす影響　行動療法研究，**29**，37-48.

清水　繁・河合隼雄・大塚義孝（2003）．高等教育としての臨床心理士養成　大塚義孝（編著）　臨床心理士入門－指定大学院編－（pp. 2-9）　日本評論社

下田芳幸・寺坂明子（2012）．学校での怒りの多次元尺度日本語版の信頼性・妥当性の検討　心理学研究，**83**，347-356.

下山晴彦（2000）．心理臨床の発想と実践　岩波書店

下山晴彦（2001）．診断からケースフォーミュレーションへ　臨床心理学，**1**，323-330.

下山晴彦（2002）．臨床心理学における異常心理学の役割　下山晴彦・丹野義彦（編）　講座臨床心理学 3 －異常心理学 I －（pp. 21-40）　東京大学出版会

下山晴彦（編）（2003）．臨床心理実習論　誠信書房

下山晴彦（2006）．初回面接では何をするのか（1）－協働関係の形成を中心に－　臨床心理学，**6**，518-523.

下山晴彦（2008a）．心理アセスメントとは何か　下山晴彦・松澤広和（編）　実践心理アセスメント（pp. 2-8）　日本評論社

下山晴彦（2008b）．臨床心理アセスメント入門－臨床心理学は，どのように問題を把握するのか－　金剛出版

下山晴彦（2009a）．心理社会的介入（認知行動療法，家族療法，治療共同体など）の説明　林　直樹（編）　精神科診療における説明とその根拠（pp. 161-174）　中山書店

下山晴彦（2009b）．医療領域における臨床心理研修プログラムの開発研究　東京大学大学院教育学研究科臨床心理学コース紀要，**32**，115-116.

下山晴彦（2010）．医療領域における臨床心理研修プログラムの研修マニュアル　東京大学大学院教育学研究科臨床心理学コース紀要，**33**，56-64.

下山晴彦・村瀬嘉代子（編）（2010）．今，心理職に求められていること－医療と福祉の現場から－　誠信書房

新保幸洋（2000）．カウンセラーの熟達化及び成長・発達モデルの構築に関する研究動向　大正大学臨床心理学専攻紀要，**3**，8-23.

Skinner, C. H., Mccleary, D. F., Skolits, G. L., Poncy, B. C., & Cates, G. L. (2013). Emerging opportunities for school psychologists to enhance our remediation procedure evidence base as we apply response to intervention. *Psychology in the Schools*, **50**, 272-289.

Smith, J. D. (2010). Therapeutic Assessment with children and families: Current evidence and future directions. *Behavioral and Emotional Disorders in Youth*, **10**, 39-43.

Smith, S. R. (2007). Making sense of multiple informants in child and adolescent psychopathology. *Journal of Psychoeducational Assessment*, **25**, 139-149.

Splett, J. W., Fowler, J., Weist, M. D., McDaniel, H., & Dvorsky, M. (2013). The critical role of school psychology in the school mental health movement. *Psychology in the Schools*, **50**, 245-258.

Splett, J. W., Reflections, S. C. L., Maras, M. A., Gibson, J. E., & Ball. (2011). Learning by teaching: Reflections on developing a curriculum for school mental health collaboration. *Advances in School Mental Health Promotion*, **4**, 27-38.

Steve W. J. K., & Daniel R. I. (2006). Enhancing the effectiveness of work groups and teams. *Psychological Science in The Public Interest*, **7**, 77-124.

Stone, C. B., & Dahir, C. A. (2007). *School counselor accountability: A MEASURE of student success*. Prentice Hall. (ストーン，C. B. & ダヒア，C. A. 井上孝代（監訳）・伊藤武彦・石原静子（訳）(2007)．スクールカウンセリングの新しいパラダイム－MEASURE法による全校参加型支援－　風間書房)

Sroufe, L. A., & Rutter, M. (1984). The domain of developmental psychopathology. *Child Development*, **55**, 17-29.

杉山　崇 (2007)．村瀬孝雄の基礎学論再考－心理臨床における「基礎」はいかにあるべきか？－　杉山　崇・坂本真士・前田泰宏（編）　これからの心理臨床－基礎心理学と統合・折衷的心理療法のコラボレーション－ (pp. 21-39)　ナカニシヤ出版

杉山　崇・坂本真士・前田泰宏（編）(2007)．これからの心理臨床－基礎心理学と統合・折衷的心理療法のコラボレーション－　ナカニシヤ出版

少年の問題行動等に関する調査研究協力者会議 (2001)．心と行動のネットワーク－心のサインを見逃すな，「情報連携」から「行動連携」へ－〈http://www.mext.go.jp/a_menu/shotou/renkei/booklet/010.pdf〉(2014年8月6日)

高橋美保 (2011)．大学教員として臨床心理学の発展を考える(2)　臨床心理学，**11**，50-55.

高岡文子 (1998)．日本におけるスクールカウンセラーの養成に関する一考察－米国大学院におけるスクールカウンセラー養成プログラム経験をもとに－　東京大学大学院教育学研究科紀要，**38**，327-336.

高嶋雄介・須藤春佳・高木　綾・村林真夢・久保明子・畑中千紘・重田　智・田中史子・西嶋雅樹・桑原知子 (2008)．学校現場における事例の見方や関わり方にあらわれる専門的特徴－教師と心理臨床家の連携に向けて－　心理臨床学研究，**26**，204-217.

高嶋雄介・須藤春佳・高木　綾・村林真夢・久保明子・畑中千紘・山口　智・田中史子・西嶋雅樹・桑原知子 (2007)．学校現場における教師と心理臨床家の視点に関する研究　心理臨床学研究，**25**，419-430.

竹森元彦 (2000)．スクールカウンセリングにおける，生徒，学校，家庭の支え方について　心理臨床学研究，**18**，313-324.

竹内健児（編）(2009a)．事例でわかる心理検査の伝え方・活かし方　金剛出版

竹内健児 (2009b)．心理検査の伝え方と活かし方　竹内健児（編）　事例でわかる心理検査の伝え方・活かし方 (pp. 7-23)　金剛出版

田村節子 (2003)．スクールカウンセラーによるコア援助チームの実践－学校心理学の枠組みから－　教育心理学年報，**42**，168-181.

田村節子・石隈利紀（2003）．教師・保護者・スクールカウンセラーによるコア援助チームの形成と展開－援助者としての保護者に焦点を当てて－　教育心理学研究, **51**, 328-338.

田中志帆（2009）．どのような動的学校画の特徴が学校適応状態のアセスメントに有効なのか？－小・中学生の描画からの検討－　教育心理学研究, **57**, 143-157.

田中輝美・井上忠典（2001）．教員とスクールカウンセラーの機能的な連携のための一考察　筑波大学学校教育論集, **24**, 1-7.

丹野義彦（2001）．エビデンス臨床心理学　日本評論社

丹野義彦（2002）．異常心理学の成立に向けて　下山晴彦・丹野義彦（編）　講座臨床心理学3－異常心理学Ⅰ－（pp.3-20）　東京大学出版会

丹野義彦（2006）．認知行動アプローチと臨床心理学－イギリスに学んだこと－　金剛出版

丹野義彦・坂本真士（2001）．自分のこころからよむ臨床心理学入門　東京大学出版会

Tharinger, D. J., Finn, S. E., Hersh, B., Wilkinson, A., Christopher, G. B., & Tran, A. (2008). Assessment feedback with parents and preadolescent children: A collaborative approach. *Professional Psychology: Research and Practice*, **39**, 600-609.

Tharinger, D. J., Finn, S. E., Wilkinson, A. DeHay, T., Parton, V. T., Bailey, K. E., & Tran, A. (2008). Providing psychological assessment feedback to children through individualized fables. *Professional Psychology: Research and Practice*, **39**, 610-618.

Tharinger, D. J., Gentry, L. B., & Finn, S. E. (2013). Therapeutic Assessment with adolescents and their parents: A comprehensive model. In D. H. Saklofske, C. R. Reynolds., & V. L. Schwean, (Eds.), *The Oxford Handbook of Child Psychological Assessment.* (pp. 385-419). Oxford University Press.

Tharinger, D. J., Krumholz, L. S., Austin, C., & Matson, M. (2011). The development and model of Therapeutic Assessment with children: Application to school-based assessment. In M. A. Bray., & T. J. Kehle, (Eds.), *The Oxford Handbook of School Psychology.* (pp 224-259). Oxford University Press.

Tharinger, D. J., Pryzwansky, W. B., Miller, J. A. (2008). School psychology: A specialty of professional psychology with distinct competencies and complexities. *Professional Psychology: Research and Practice*, **39**, 529-536.

戸田まり・渡辺恭子（2012）．あいまいな攻撃に対する解釈と対処行動の発達－社会的情報処理の視点から－　発達心理学研究, **23**, 214-223.

特別支援教育の在り方に関する調査研究協力者会議（2003）．今後の特別支援教育の在り方について（最終報告）〈http://www.mext.go.jp/b_menu/shingi/chousa/shotou/018/toushin/030301.htm〉（2014年8月6日）

徳田仁子（2000）．スクールカウンセリングにおける統合的アプローチ－心理的援助と学校教育の相互作用－　心理臨床学研究, **18**, 117-128.

徳永亜希雄（2007）．ICFの教育への活用－ICF-CYの動向も踏まえつつ－　発達障害研究, **29**, 218-227.

友清由希子（2006）．スクールカウンセリングにおける守秘と情報の共有のための見立て

に関する一考察　福岡教育大学心理教育相談研究, **10**, 33-40.

Toogood, R.（2006）. The NHS knowledge and skills framework In L. Golding, & I. Gray（Eds.）, *Continuing professional development for clinical psychologists: A practical handbook.*（pp. 190-204）. British Psychological Society and Blackwell Publishing.

Truscott, S. D., Kreskey, D., Bolling, M., Psimas, L., Graybill, E., Albritton, K., & Schwartz, A.（2012）. Creating consultee change: A theory-based approach to learning and behavioral change processes in school-based consultation. *Consulting Psychology Journal: Practice and Research*, **64**, 63-82.

坪井裕子・森田美弥子・松本真理子（2007）. 被虐待体験をもつ小学生のロールシャッハ反応　心理臨床学研究, **25**, 13-24.

坪井裕子・李　明憙（2007）. 虐待を受けた子どもの自己評価と他者評価による行動と情緒の問題－Child Behavior Checklist（CBCL）と Youth Self Report（YSR）を用いた児童養護施設における調査の検討－　教育心理学研究, **55**, 335-346.

土田まつみ・三浦正江（2011）. 小学校におけるストレス・チェックリストの予防的活用－不登校感情の低減を目指して－　カウンセリング研究, **44**, 323-335.

内山喜久雄（編著）（1996）. 臨床教育相談学　金子書房

上田　敏（2008）. ICF（国際生活機能分類）の理解と活用　精神療法, **34**, 10-19.

上野一彦・牟田悦子・小貫　悟（編著）（2001）. LDの教育－学校におけるLDの判断と指導－　日本文化科学社

植山起佐子（2008）. 学校臨床におけるコラボレーションの実際　臨床心理学, **8**, 204-210.

植山起佐子（2011）. 教育領域から臨床心理学の発展に向けて　臨床心理学, **11**, 28-35.

氏原　寛・小川捷之・近藤邦夫・鑪　幹八郎・東山紘久・村山正治・山中康裕（編）（1999）. カウンセリング辞典　ミネルヴァ書房

鵜養美昭（2001）. スクールカウンセラーと教員との連携をどう進めるか　臨床心理学, **1**, 147-152.

宇留田　麗（2004）. 協働－臨床心理サービスの社会的構成－　下山晴彦（編著）臨床心理学の新しいかたち（pp. 219-242）　誠信書房

宇留田　麗・高野　明（2003）. 心理相談と大学教育のコラボレーションによる学生相談のシステム作り　教育心理学研究, **51**, 205-217.

卯月研次（2001）. 教育臨床における生きたアセスメントとは　大正大学カウンセリング研究所紀要, **24**, 22-32.

卯月研次（2005）. 学校教育現場における事例検討の方法－臨床心理学との比較から－　大正大学カウンセリング研究所紀要, **28**, 16-27.

van den Bossche, P., Gijselaers, W. H., Segers, M., & Kirschner, P. A.（2006）. Social and cognitive factors driving teamwork in collaborative learning environments: Team learning beliefs and behaviors. *Small Group Research*, **37**, 490-521.

Weiner, I. B.（2012）. The assessment process. In I. B. Weiner, J. R. Graham., & J. A. Naglieri（Eds.）, *Handbook of psychology: Vol. 10. Assessment psychology.*（pp. 3-25）. Hoboken, New Jersey: John Wiley & Sons.

Wells, M. G., Burlingame, G. M., Lambert, M. J. (1999). The use of psychological testing for treatment planning and outcomes assessment. In M.E. Maruish (Ed.), *The use of psychological testing for treatment planning and outcomes assessment.* 2nd ed. (pp. 497-534). New Jersey: Lawrence Erlbaum Associates.

Wilmshurst, L. (2008). *Abnormal child psychology: A developmental perspective.* New York: Taylor & Francis Group.

Wilmshurst, L. (2013). *Clinical and educational child psychology: An ecological-transactional approach to understanding child problems and interventions.* West Sussex: John Wiley & Sons.

Winters, N. C., Hanson, G., & Styanova, V. (2007). The case formulation in child and adolescent psychiatry. *Child and Adolescent Psychiatric Clinics of North America,* **16**, 111-132.

World Health Organization, WHO (1980). *International Classification of Impairments, Disability and Handicaps* (ICIDH). (厚生省大臣官房統計情報部 (1985). 国際障害分類試案　厚生統計協会)

World Health Organization, WHO (2001). *International Classification of Functioning, Disability and Health* (ICF). (障害者福祉研究会 (2002). ICF—国際生活機能分類—　中央法規出版)

山口正二 (2011). 心理アセスメント概論(1)—心理アセスメント—　松原達哉・福島脩美 (編)　カウンセリング心理学ハンドブック (pp. 3-33)　金子書房

山口豊一・伊藤花奈・下平幸枝 (2012). 学校コミュニティにおける心理職活用システムに関する基礎的研究—修正版グラウンデット・セオリー・アプローチによるカテゴリーの生成—　跡見学園女子大学文学部紀要, **47**, 107-120.

山口祐子 (2012). 抑うつ傾向の高い中学生における不登校・身体症状・社会的スキルによる類型化と抑うつとの関連　心理臨床学研究, **29**, 803-807.

山本　渉 (2012). 担任教師にスクールカウンセラーとの協働の開始を促す状況—グラウンデッド・セオリー・アプローチによる仮説モデルの生成—　教育心理学研究, **60**, 28-47.

横尾　俊・松村勘由・大内　進・笹本　健・西牧謙吾・小田侯朗・當島茂登・藤井茂樹・笹森洋樹・牧野泰美・徳永亜希雄・滝川国芳・太田容次・渡邉正裕・伊藤由美・植木田潤・亀野節子 (2009). 特別支援教育への理解と対応の充実に向けた小・中学校の取組　国立特別支援教育総合研究所研究紀要, **36**, 29-44.

横谷祐輔・田部絢子・石川衣紀・高橋　智 (2010). 「発達障害と不適応」問題の研究動向と課題　東京学芸大学紀要　総合教育科学系, **61**, 359-373.

横山典子 (2009). カウンセラーが行う担任教師の援助　石隈利紀 (監)・水野治久 (編) 学校での効果的な援助を目指して—学校心理学の最前線— (pp. 137-149)　ナカニシヤ出版

吉川　悟 (2009). マクロとしてのアセスメント　吉川　悟 (編著) システム論からみた援助組織の協働—組織のメタ・アセスメント— (pp. 264-284)　金剛出版

芳川玲子 (2006). 臨床心理学の研究とその動向—「科学性」と「実践性」を基軸に—

教育心理学年報，**45**，104-113.

吉村隆之（2012）．スクールカウンセラーが学校へ入るプロセス　心理臨床学研究，**30**，536-547.

Youngstrom, E. A. (2013). Future directions in psychological assessment: Combining evidence-based medicine innovations with psychology's historical strengths to enhance utility. *Journal of Clinical Child & Adolescent Psychology*, **42**, 139-159.

初 出 一 覧

　本書の各章は，以下の初出論文を加筆・修正したものである。

第 1 ～ 3 章

新井　雅・庄司一子（2012）．協働的な援助活動の基盤としてのアセスメントの役割
　　と可能性の検討　日本カウンセリング学会第45回大会発表論文集，117.

新井　雅・庄司一子（2013）．他職種との協働に基づく心理援助活動の展開　筑波大
　　学発達臨床心理学研究，24，1-7.

新井　雅・庄司一子（2014）．心理専門職によるアセスメントのプロセスに関する展
　　望―児童・青年期の臨床事例を中心に―　カウンセリング研究，**47**，11-19.

第 4 章【研究 1】

新井　雅・庄司一子（2012）．学校不適応事例における教師，養護教諭，心理専門職
　　による事例理解の相互比較に関する研究　日本学校心理学会第14回大会発表論文
　　集，19.

新井　雅・庄司一子（2013）．心理専門職と教師の効果的協働に向けた事例アセスメ
　　ントの比較検討―事例に関する情報収集および援助方針の視点に焦点を当てて―
　　日本心理学会第77回大会発表論文集，436.

新井　雅・庄司一子（2013）．心理専門職と教師の効果的協働に向けた事例アセスメ
　　ントの比較検討―事例の変化・改善の把握に焦点を当てて―　日本学校心理学会
　　第15回大会発表論文集，57.

新井　雅・庄司一子（2014）．臨床心理士，教師，養護教諭によるアセスメントの特
　　徴の比較に関する研究　心理臨床学研究，**32**，215-226.

第 5 章【研究 2】

新井　雅・庄司一子（2013）．心理専門職と教師による事例アセスメントの共有方略
　　の比較検討　日本心理臨床学会第32回秋季大会発表論文集，582.

新井　雅・庄司一子（2014）．スクールカウンセラーと教師のアセスメントの共有方
　　略パターンと職種間協働の関連　日本学校心理学会第16回大会発表論文集，30.

新井　雅・庄司一子（2014）．スクールカウンセラーと教師のアセスメントの共有方
　　略が協働的援助に及ぼす影響―学校における打ち合わせ状況別の検討―　日本教

育心理学会第56回大会発表論文集，257.

新井　雅・庄司一子（2015）．スクールカウンセラーと教師のアセスメントの共有方略パターンに関する検討—職種別の特徴の検討—　日本教育心理学会第57回大会発表論文集，424.

Masaru Arai & Ichiko Shoji (2015). Relationship between sharing methods by school psychologist and teachers' case assessment and interprofessional collaboration. *The 14th European Congress of Psychology*

新井　雅・庄司一子（2015）．心理専門職と教師によるアセスメントの共有方略に関する探索的検討—協働的援助への示唆—　筑波大学発達臨床心理学研究，**26**，17-25.

第6章【研究3】

新井　雅・庄司一子（2013）．心理専門職と教師の協働的援助活動における事例アセスメントの変容　日本教育心理学会第55回大会発表論文集，239.

Masaru Arai & Ichiko Shoji (2013). School counselors and teachers' collaborative interaction concerning the assessment for maladjustment cases. *The Annual Conference of the Korean Psychological Association*, 222.

新井　雅・庄司一子（2015）．協働的援助活動の展開に伴う心理専門職と教師のアセスメントの相互作用に関する検討—仮説モデルの生成—　日本学校心理学会第17回大会発表論文集，92.

新井　雅・庄司一子（印刷中）．協働的な援助活動の展開に伴う心理専門職と教師のアセスメントの相互作用の検討　筑波大学発達臨床心理学研究

第7章【研究4】

新井　雅・庄司一子（2013）．心理専門職の養成・教育訓練に関する検討—他職種との協働的援助基盤としてのアセスメントの観点から—　日本カウンセリング学会第46回大会発表論文集，85.

Masaru Arai & Ichiko Shoji (2014). The effects of training college students to collaborate with teachers based on case assessment. *36th Annual Conference of International School Psychology Association*, 90.

資　　料

スライド1

資料1

心理支援者と教師の連携に関する
授業プログラム

～心理支援者と教師による事例検討場面を中心に～

1

スライド2

本プログラムのねらい

教師と円滑に連携するための要素の1つとして,

事例についての話し合い

効果的な連携のためには・・・
「どのような視点で生徒の抱える問題を理解し,
　どのような援助方針を立てるか」を
教師と心理支援者で円滑に話し合うことが必要

しかし、両者には立場, 役割, 専門性の違いから
事例理解の視点や考え方に違いがでる場合も・・・

2

スライド3

本プログラムのねらい

そこで今回は・・・

(1)：事例をみる視点、問題理解、援助方針の
　　　考え方で両者に違いが生じやすい点は何か？

(2)：(1)を踏まえて, 心理支援者側が
　　　教師と円滑に情報交換、意見交換するために、
　　　どんな工夫や配慮ができるか？

この(1)(2)のポイントを整理・共有して・・・

第2回目のロールプレイで活かす

皆さんの現在or将来的な活動にも役立つ機会に。

3

スライド4

＜　ねらい (1)　＞

心理支援者　　　　　　　教師

それぞれの事例を理解するときの
視点や考え方の特徴は？

4

スライド5

心理支援者ならではの
事例に対する視点や考え方の特徴は？

●子ども（や保護者）の主観的な悩みや辛さ
●家族関係（両親や子どもの関係性など）
●現在だけでなく過去の情報
　（客観的な経過だけでなく、主観的に、
　　どのような思いで、これまで過ごしてきたか）
●事例の個別のニーズにあった援助の方法
●心理的問題の理解と援助法

・・・などなど

これらの情報や考えを積極的に「提供する」
ことで教師の生徒理解に役立つ・プラスの影響

5

スライド6

教師ならではの
事例に対する視点や考え方の特徴は？

●客観的な行動・態度, 学習態度, 成績,
●学校での対人関係, コミュニケーション
●集団場面での子どもの行動や様子
●他の生徒、他の教員からの情報,
●具体的で明確な目標を持った理解と援助
●授業や学校の活動・行事を活用した援助方針
●クラスの人間関係を利用した支援法　　・・・などなど

これらの情報・考えを積極的に「受ける」ことで
心理支援者自身の生徒理解に役立つ・プラスの影響

6

「心理支援者」と「教師」に特徴的な
視点や考え方の**違いがある**ということは・・・

事例理解や援助の方針をめぐって
相互の見解に**くい違い**が生じ・・・

連携や援助にマイナスの影響がでる可能性も？

7

教師と情報・意見交換する際に
＜心理支援者が感じる「戸惑い」の例＞

●早期の問題解決を求められる場合
⇒気持ちの変化・心理的安定には時間がかかる場合も

●子どもの気持ちが前向きになっても・・・
⇒実際の態度や行動に表れていないと前向きな変化と
　感じてもらいにくい

●学校では教師が子ども支援の主役。
⇒教師の考えによっては、心理支援者側の意見が
　伝わりにくい。

8

心理支援者と情報・意見交換する際に
＜教師が感じる「戸惑い」の例＞

●子どもの悩みや内面的葛藤への共感
⇒日常の教育的指導が行いづらくなる側面

●事例の子どもに対する個別的配慮
⇒他の生徒達へ指導や、学校・学年の方針との
　バランスの難しさ

・・・などなど

9

それでは・・・

ねらい（２）
心理支援者と教師の視点や考え方の違いを踏まえ

**心理支援者として教師と、どのように
情報交換・意見交換をしていけば良いか？**

４つのポイント

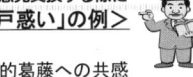

10

1．積極的に情報交換・意見交換をする姿勢

●**互いに不足している情報を補い合うようにして
生徒像を膨らませるイメージで**
⇒パズルのピースをつなぎ合わせるような感覚

●**心理支援者の立場から伝えられる情報や意見は
率直に伝える**
⇒心理支援者からの情報・理解・援助の考え方が
　役立つと考える教師は多い。
（※取り入れるかどうかは教師も取捨選択している）

11

2．苦労への労い・エンパワメント

●**教師の苦労を聴き・労い、教師の理解や関わり
で子どもが助かっている点を積極的に伝える**
↓↓
心理支援者として新しい視点や理解、援助案を
提供できなくても、この姿勢をもって
話し合うだけで、援助的に働く。

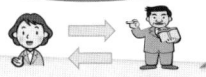

12

3. 無理に共通理解を図ろうとし過ぎず 相互の考えに違いがあっても良いと考える

● 心理支援者の意見の通りに、事例を理解し援助したくてもできない教師の苦労や事情もある

● 視点や考え方の違いに基づく関わりが、かえって事例にとって良い場合もある。

・教育的な指導を行う教師
・受容・共感的な心理支援者 ｝ 両方が援助に必要

● 視点や考え方、関わり、役割がそれぞれ違うことを共通理解できれば, なお良い。

13

4. 教師から影響を受ける心理支援者の態度

● 教師の視点・考え・方針を取り入れる「柔軟性」

⇒ 自分に足りない（自分では思いつかない）情報・視点・考えを教師から積極的に取り入れる姿勢

⇒ 自己の理解や支援方針の限界を振り返る機会にも。

● 心理支援者としての考えを大切にする「安定性」

⇒ 心理支援者だからこそゆずれない考えもある。

※「柔軟性」と「安定性」のバランス

14

第2回

資料2

心理支援者と教師の連携に関する授業プログラム

～心理支援者と教師による事例検討場面を中心に～

1

本プログラムのねらい

効果的な連携のためには・・・

「どのように生徒の抱える問題を理解し、
　　　どのような援助方針を立てるか」

教師と心理支援者で検討することが必要

> 事例についての話し合い

⬇

教師と円滑に情報交換、意見交換するために、
心理支援者側がどんな工夫・配慮が必要か？

2

4つのポイントのおさらい

1．積極的に情報交換・意見交換をする姿勢

2．苦労への労い・エンパワメント

3．無理に共通理解を図ろうとし過ぎず
　相互の考えに違いがあっても良いと考える

4．教師から影響を受ける心理支援者の態度

3

カウンセラー役　　　教師役

みなさんへの
インタビュー・振り返り

⬇

スムーズな情報・意見交換のための
6つのポイント

4

---

① 「聴く姿勢・態度」が基本として重要

●うなずき、あいづち、相手を見る、繰り返し・・・など

②生徒のことだけでなく、教師のことも
　一人の人間として大切に話をする

●先生の苦労をねぎらう言葉かけ
●先生の理解・対応の良い点（子どもに良い影響が
　ある点）を伝える

①②を意識できれば・・・
カウンセラーの情報や意見が教師に伝わりやすくなる。
教師の立場・考えも受け入れやすくなる。

5

---

③教師と対等か少し下くらいの
　立場・姿勢で話し合う

●上過ぎると上から目線で意見を言ってしまう。
　下過ぎるとカウンセラーとしての意見が言えなくなる
　（※「副担任」or「副々担任」くらいの姿勢）

●経験年数の差を考慮
　・ベテランの教師にも、自分の意見は丁寧に伝える
　・若手の教師でも、一人の教師として尊重する

6

④幅広く・丁寧な情報交換を意識する

●それぞれの情報を共有して生徒像を膨らませる意識

●生徒理解にとって重要な側面を幅広く尋ねる。

（例：教師の情報・話が家庭状況が中心でも、友達関係はどうかなど、生徒の様々な側面を尋ねることが、お互いの気づきや理解につながる）

●様々な情報があるため、適宜、情報を整理・まとめる。

7

⑤情報共有に加えて、今後の援助方針を考える

●教師にできること（お願いしたいこと）を確認する

●カウンセラーの立場でできることを伝える

●援助案が思い浮かばない場合でも、今後の援助・支援について継続的に考えていく意思を伝える。

（一緒に子どもを支えていきたい意思を伝える）

8

⑥意見の相違・葛藤も引き受ける意識をもつ

●教師との話し合いの中で、意見の相違や葛藤が全く生じないようにすることは難しい。

●カウンセラー側の考え・意見がスムーズに伝わらないという状況の中でも、根気良く耐え抜く力が必要

●意見の相違や葛藤を感じつつも、それぞれの立場で出来ること、教師と共に協働できるところを探す。

9

さん

個別：振り返りポイント
～インタビューで出された個別の振り返り～

-
-
-
-
-

授業者からのコメント

今回のロールプレイでのあなたの目標

教師と円滑に情報・意見交換するため、あなたはどんなことに気をつけたいと思いますか？
「冊子」や上記の「個別：振り返りポイント」をふまえて、今回のロールプレイでの
あなたの目標を自由に記述してください。複数の目標を設定してもかまいません。

謝　辞

　本書は，2014年8月に筑波大学から博士（教育学）の学位を授与された博士論文を，加筆修正したものです。本書を執筆するにあたり，これまで実に多くの先生方，関係者の皆様のご指導，ご助言，ご協力をいただきました。この場をお借りして厚く御礼申し上げます。

　まず何より，博士論文の指導教員でありました筑波大学の庄司一子教授には，本研究を進めるにあたって大変多くのご指導とご助言，励ましのお言葉をいただきました。他大学で修士課程を終えた後，しばらくの間，心理臨床の現場に身を置いていた自分にとっては，研究を行いたいという意思はあったものの，やはり業務の関係上，研究活動とはどうしても遠ざかってしまう日々を過ごしていました。しかし，そのような中でも，研究室訪問の際に，庄司先生は私の話を親身に聴いて相談にのってくださり，自らの研究テーマを探求し，博士論文をまとめたいという前向きな気持ちになることができました。入学時は，東日本大震災の直後であったこともあり，複雑な思いを抱きながら入学したことを今でも覚えています。しかし，庄司先生はとても温かく迎えてくださり，安心して筑波大学での研究や活動をはじめることができました。研究を実施し論文を執筆する過程では困難に直面することも多くありましたが，博士論文をまとめることができたのも，何より庄司先生のご指導と支えがあったからこそと思います。

　博士論文の審査にあたっては，筑波大学の水上勝義教授，岡本智周准教授，山田一夫准教授に，論文の構成，内容等に加え，そもそもの根本となる本研究の意義を改めて振り返るための貴重なご指摘を数多くいただきました。先生方の丁寧で温かなご指摘の一つ一つが，本論文の完成度を高める大きなきっかけとなりました。また，筑波大学の飯田浩之准教授，水本徳明准教授

（現在，同志社女子大学特任教授）には，副指導教員として入学当初から研究についての様々なご指導・ご助言をいただきました。教育社会学，教育経営学の視点に基づく先生方からの懇切丁寧なご指導をいただくことで，研究内容を充実させることができたと同時に，研究上の課題や，今後の方向性を見失わずに進めることができました。

　また，筑波大学副学長の石隈利紀先生には，高等学校でのスクールカウンセリング活動における貴重なスーパービジョンをいただいたと同時に，常に私の博士論文の進捗状況を気にかけてくださり，温かな励ましをいただきました。筑波大学の松田ひとみ教授，濱口佳和教授，森田展彰准教授，大谷保和助教をはじめとして，筑波大学人間総合科学研究科ヒューマン・ケア科学専攻の先生方にも，これまでに様々なかたちで，励ましのお言葉やご助言をいただきました。先生方からいただいた数々のお言葉が，博士論文をまとめるにあたって大きな励みとなりました。

　研究を進めるにあたっては，庄司研究室（教育臨床学研究室）の皆様にも多大な支援を頂きました。先輩である今岡多恵氏，折笠国康氏，松永恵氏，崔玉芬氏，山田有芸氏，後輩である江角周子氏には研究に関する有益なご意見，ご協力をいただいたと当時に，大学生活全般にわたって様々なサポートをいただきました。秀明大学の花屋哲郎准教授，北海道教育大学の瀬戸健一教授，信州大学の茅野理恵助教，愛知教育大学の五十嵐哲也准教授，静岡大学の小林朋子教授，聖徳大学の都丸けい子講師，目白大学の杉本希映准教授，国際学院埼玉短期大学の森下剛教授，愛知教育大学の中井大介准教授には，学会や研究会等でお会いした際に，研究室における大先輩として数多くのご助言や励ましのお言葉を頂きました。先生方の多様な経験に基づくご助言やお言葉は，論文をまとめるにあたっての大きな原動力となり，将来的に目指すべき研究者としての良きモデルともなりました。

　加えて，新潟大学の故本田仁視教授には私が学部生であった時に，科学的な視点で心理学研究を進めるための基礎・基本を大変丁寧に学ばせていただ

きました。東京学芸大学の小林正幸教授には修士課程において，臨床心理的援助に必要とされる様々な知識・技能・素養と共に，教育現場の現実に即した実践的な研究活動のあり方についてご指導をいただきました。本論文をまとめることができたのも，先生方からいただきました数々のご指導が，今でも私の実践・研究活動を支える大切な基盤となっているためであると感じます。

　そして何より，研究を進めるにあたっては数多くの学校の先生方，カウンセラーの方々，大学生，大学院生の皆様にご協力をいただきました。教育心理，心理臨床関係の研究においては，どのような研究方法であれ，子どもたちや保護者，関係職種の方々の声を聴くこと，活動現場・地域の実際を丁寧に把握すること，子どもたちや保護者，関係職種の方々と共に話し合い関わり合いながら，より良い教育，臨床活動のあり方を模索することが基本になるかと思います。その意味では，各先生方の思いや熱意，現場ならではの難しさ，実践上の工夫や意義をじっくりと感じながら研究を進めることができたことは，大変貴重な経験となりました。調査依頼等では，茨城県の川村重男教諭，秋山緑教諭をはじめ研究室の関係者の皆様に大変なご助力を頂きました。皆様のご協力がなければ，本書の完成はなしえませんでした。

　さらに，本書の刊行に際し，様々なご尽力や励ましのお言葉を頂きました，風間書房の風間敬子氏に厚く御礼申し上げます。書籍の出版について経験の浅い私に，何度も温かく丁寧なご助言を頂き，そのような数々のお力添えを頂いたからこそ，この本書を無事刊行することができました。

　最後になりますが，博士後期課程への進学を応援し，日々の生活や活動を励ましてくれた家族に感謝したいと思います。研究に臨床に忙しく，年に1，2回ほどしか帰省できない状況であっても，私が帰省した時には温かく迎えてくれました。多くの困難や先の見えない不安な状況であっても，本論文を書き上げることができたのは，このような家族の温かな応援があったからこそと思います。本当にありがとうございました。

　博士論文提出から本書の刊行に至る間にも，日本の心理専門職にとっては半世紀にわたる悲願ともいわれる国家資格「公認心理師法案」が成立するなど，社会の諸領域において心理専門職の果たすべき役割や責任は非常に大きくなっています。学校教育においても，近年の社会状況の変化に伴って複雑化・多様化した問題を抱える子ども達への対応のため，「チーム学校」として学校の教師と多様な専門職が円滑に協働することの重要性はますます高まっています。そのため，本書で示したように，子どもたちへの心理教育的援助の一翼を担う心理専門職にも，教師を中心とした他の関係職種と事例に関する情報・意見交換，事例検討を重ねながら，いかにより良い協働的な関係を構築し援助活動につなげていくかが問われており，それが結果的に援助の成否を大きく左右します。本書の成果と知見が，心理専門職と教師の効果的な協働的援助に生かされ，学校不適応を抱えた子ども達の問題の改善と豊かな成長・発達につながると同時に，批判的検討が加えられながら本研究テーマがさらに大きく発展していくことを願っております。

　私自身も，本書の刊行は新たなスタートであることを認識し，複雑かつ混沌とした実践現場の中で子ども達・人々のより良い生活のために日々奮闘しておられる援助実践者の皆様，日本および世界各国における心理学内外の多種多様な専門性を有する研究者の皆様とともに，さらなる研究活動，実践活動に精進していきたいと考えています。

　　2016年2月

　　　　　　　　　　　　　　　　　　　　　　　　新井　雅

【著者略歴】

新井　雅（あらい　まさる）

1981年　北海道に生まれる
2014年　筑波大学大学院人間総合科学研究科
　　　　ヒューマン・ケア科学専攻博士後期課程修了
現　在　健康科学大学健康科学部福祉心理学科助教
　　　　博士（教育学），臨床心理士，学校心理士

心理専門職によるアセスメントを基盤とした教師との協働的援助

2016年2月25日　初版第1刷発行

著　者　　新　井　　　雅

発行者　　風　間　敬　子

発行所　　株式会社風間書房

〒101-0051　東京都千代田区神田神保町 1-34
電話 03(3291)5729　FAX 03(3291)5757
振替 00110-5-1853

印刷　太平印刷社　　製本　高地製本所